VIS-À-VIS

SCHOTTLAND

Hauptautoren **Juliet Clough, Keith Davidson, Sandie Randall, Alastair Scott**

DK

London • New York • München
Melbourne • Delhi

www.dorlingkindersley.de

Texte Juliet Clough, Keith Davidson, Alan Freeman, Sandie Randall, Alastair Scott, Roger Smith

Fotografien Joe Cornish, Paul Harris, Stephen Whitehorn

Illustrationen Richard Bonson, Gary Cross, Jared Gilby, Paul Guest, Kevin Jones Associates, Claire Littlejohn, Chris Orr & Associates, Ann Winterbotham

Kartografie
Ben Bowles, Rob Clynes (Colourmap Scanning, London)

Redaktion und Gestaltung
Dorling Kindersley London: Rosalyn Thiro, Marisa Renzullo, Felicity Crowe, Emily Green, Paul Jackson, Fay Franklin, Maite Lantaron, Lee Redmond, Louise Bostock Lang, Annette Jacobs, Helen Townsend, Vivian Crump, Gillian Allan, Douglas Amrine

Titel der englischen Originalausgabe: Eyewitness Travel Guide *Scotland*
Zuerst erschienen 1999 in Großbritannien bei Dorling Kindersley Ltd.
A Penguin Random House Company

Aktualisierte Neuauflage 2018/2019

Programmleitung
Dr. Jörg Theilacker, DK Verlag
Projektleitung
Stefanie Franz, DK Verlag
Projektassistenz
Antonia Wiesmeier, DK Verlag
Übersetzung Ursula Pesch und Cornelia Maier
Redaktion Gerhard Bruschke, München
Schlussredaktion Philip Anton, Köln
Umschlaggestaltung Ute Berretz, München
Satz und Produktion DK Verlag
Druck Vivar Printing Sdn Bhd, Malaysia

ISBN 978-3-7342-0188-2
14 15 16 17 20 19 18 17

Bleiglasfenster in der Kathedrale von Glasgow *(siehe S. 105)*

Schottland stellt sich vor

Dramatisches Farbenspiel einer typischen schottischen Landschaft

Dieser Reiseführer wird regelmäßig aktualisiert. Angaben wie Telefonnummern, Öffnungszeiten, Adressen, Preise und Fahrpläne können sich jedoch ändern. Der Verlag kann für fehlerhafte oder veraltete Angaben nicht haftbar gemacht werden. Für Hinweise, Verbesserungsvorschläge und Korrekturen ist der Verlag dankbar. Bitte richten Sie Ihr Schreiben an:

Dorling Kindersley Verlag GmbH
Redaktion Reiseführer
Arnulfstraße 124 • 80636 München
travel@dk-germany.de

◀ **Eilean Donan Castle und Loch Duich in Glen Shiel** *(siehe S. 155)*

◀◀ **Umschlag: Doune Castle nordwestlich von Stirling** *(siehe S. 126)*

Inhalt

Die Regionen Schottlands

Hafen von Tobermory an der Nordküste von Mull *(siehe S. 137)*

Dudelsackspieler

Zu Gast in Schottland

Grundinformationen

Edinburgh Castle *(siehe S. 64f)*

SCHOTTLAND STELLT SICH VOR

Schottland entdecken

Die folgenden Touren sind so konzipiert, dass Sie möglichst viele Highlights sehen, ohne allzu lange Wege zurücklegen zu müssen. Zunächst werden Edinburgh und Glasgow, die beiden großen Rivalinnen, in jeweils zweitägigen Touren vorgestellt. Es gibt eine Drei-Tage-Tour in die Lowlands, die sich südlich der Highlands erstrecken. Man kann diese Touren ganz individuell gestalten oder sie zu einer Sieben-Tage-Tour zusammenstellen. Es folgt eine Zehn-Tage-Tour in die Highlands und auf die Inseln, die mit außergewöhnlich schönen Landschaften besticht. Auf dieser Fahrt sieht man imposante Burgen, den geheimnisvollen Loch Ness, die Eilande vor Mull, Berge und Glens und viele gute Whisky-Brennereien. Suchen Sie die Ihnen genehme Tour aus, oder folgen Sie Ihrem eigenen Weg.

Dryburgh Abbey
Eine der eindrucksvollsten Klosteranlagen in den schottischen Borders. In Dryburgh befindet sich die letzte Ruhestätte des Schriftstellers Sir Walter Scott. In der Nähe liegt Scott's View; von dort bietet sich ein herrlicher Panoramablick.

Drei Tage in den Lowlands

- Besuchen Sie die symbolträchtige **Rosslyn Chapel**, die in der Verfilmung des *Da Vinci Code* auftaucht.
- Folgen Sie den kurvenreichen Straßen übers Land und durch die Dörfer, die die größten Schriftsteller Schottlands, **Robert Burns** und **Sir Walter Scott**, inspirierten.
- Erkunden Sie die **Grenzland-Abteien** – Dryburgh, Melrose, Jedburgh, Kelso – alle sind von majestätischer Größe, selbst als Ruinen.
- Besichtigen Sie die mächtigen Mauern von **Caerlaverock Castle**, die hinter einem Wassergraben aufragen.
- Nicht versäumen sollte man **Culzean Castle** an der Felsenküste von Ayrshire, ein romantisches Schloss im Adam-Stil.
- Bewundern Sie **New Lanark**, eine Fabriksiedlung aus dem 18. Jahrhundert, gegründet von einem Visionär, der seiner Zeit weit voraus war.
- Bestaunen Sie das Schiffshebewerk von **Falkirk Wheel**.

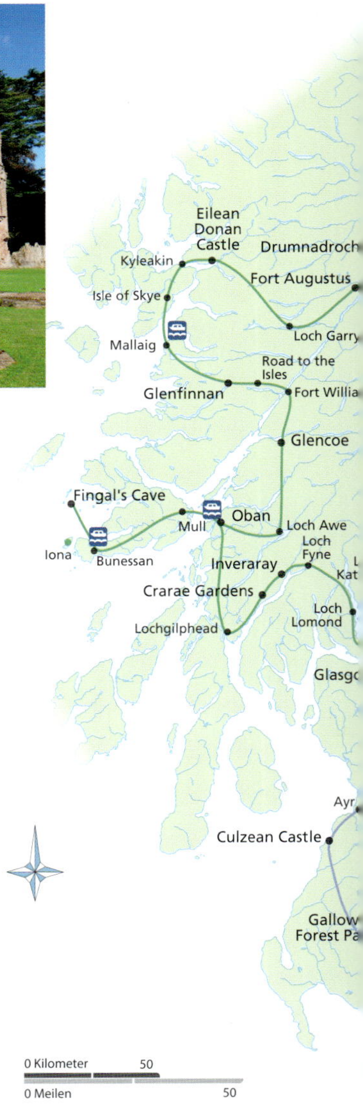

◀ *A View of Loch Lomond near Inversnaid, Scotland*, **Alfred de Breanski (1852–1928)**

Crail Harbour
Erkunden Sie die malerischen, mittelalterlichen Dörfer der East Neuk, mit ihren schönen Häuschen, verwinkelten Gassen und Fischrestaurants.

Zehn Tage Highlands und Inseln

- Betrachten Sie die königlichen Gemächer von **Stirling Castle**, ein Symbol der schottischen Geschichte.
- Schlendern Sie durch die **Crarae Gardens** mit ihren exotischen Pflanzen, die aus entlegen Regionen wie Tibet und Tasmanien stammen.
- Nehmen Sie die Fähre nach **Iona**, der »Heimat des Christentums«, oder zur Isle of Staffa wegen der Basaltsäulen von **Fingal's Cave** und der vielen Papageitaucher.
- Erkunden Sie die Bergwelt von **Glencoe** mit ihrer dunklen Clan-Geschichte.
- Machen Sie eine Bootsfahrt auf dem **Loch Ness**, und halten Sie nach dem Ungeheuer Ausschau – oder besichtigen Sie die Fotoausstellung in Drumnadrochit.
- Probieren Sie **Whisky**, oder verfolgen Sie dessen Herstellung auf dem **Speyside Malt Whisky Trail**.
- Besuchen Sie **St Andrews**, Heimat des Golfspiels, und die reizenden Fischerorte an der Küste der **East Neuk**.

Urquhart Castle, Loch Ness
Genießen Sie die atemberaubende Landschaftskulisse von Loch Ness und dem Great Glen auf einer Bootstour und auf einer Fahrt durch das Bergland.

Das Military Tattoo findet auf dem Platz direkt vor dem Edinburgh Castle statt *(siehe S. 64f)*

Zwei Tage in Edinburgh

Die schottische Kapitale ist elegant, vielfältig und reich an Geschichte und Parks. Wegen der vielen kulturellen Events im Sommer wird sie »Festival-Stadt« genannt.

- **Anreise** Edinburgh Airport liegt 12 Kilometer westlich der City (erreichbar mit Bus und Taxi in 25 Minuten).
- **Weiterreise** Alle 15 Minuten fahren Züge in 50 Minuten nach Glasgow.
- **Vorausbuchung** Edinburgh Castle (um nicht zu warten).

Erster Tag

Vormittags **Edinburgh Castle** *(S. 64f)* setzt der Stadt im wahrsten Sinne des Wortes die Krone auf – die offizielle, kostenlose Führung lohnt sich auf jeden Fall. Bleiben Sie mindestens zweieinhalb Stunden, und besichtigen Sie unbedingt die Kronjuwelen von Schottland und Mons Meg, eine mittelalterliche Super-Kanone. Dann schlendern Sie die **Royal Mile** *(S. 60–63)* hinunter, die während des Festivals *(S. 84f)* ein Gewirr aus Menschenmassen und Straßenkünstlern bietet. Danach besuchen Sie die **St Giles Cathedral** mit dem Dudelsack spielenden Engel.

Nachmittags Machen Sie eine Mittagspause, bevor Sie die großartige Ausstellung **Our Dynamic Earth** *(S. 73)* besuchen *(Nov–März Mo, Di geschl.)*. Wenn Sie sich für Geschichte interessieren, dann lohnt der **Palace of Holyroodhouse** *(S. 72f)* einen Besuch. Werfen Sie einen Blick auf das Gebäude des **Scottish Parliament** *(S. 73)*, das wegen seiner innovativen Architektur und wegen der hohen Baukosten (400 Mio. £) sehr umstritten war. Wenn Sie sich fit genug fühlen, dann wandern Sie hoch zu **Arthur's Seat** *(S. 73)* und genießen die großartige Aussicht. Gehen Sie abends ins Theater oder in ein Konzert.

Zweiter Tag

Vormittags Beginnen Sie im **National Museum of Scotland** *(S. 68f)* mit seinen modern präsentierten Ausstellungen zu Naturwissenschaften, Technik, Kunst, Geschichte und Kultur. Gönnen Sie sich einen Kaffee auf dem Museumsdach. Betrachten Sie das rührende Denkmal von **Greyfriars Bobby** *(S. 66)*, bevor Sie einen Shoppingbummel durch die **Princes Street** *(S. 71)* machen. Etwas Ruhe findet man in der angrenzenden Gartenanlage mit einer dekorativen Blumenuhr.

Nachmittags Erkunden Sie die georgianische Architektur in **New Town** *(S. 70f)*, um dann die **National Gallery** *(S. 66f)* aufzusuchen. Im Anschluss lohnt der 25-minütige Aufstieg zum **Calton Hill** *(S. 72)*. Von dort oben hat man einen herrlichen Blick über Edinburgh.

Zwei Tage in Glasgow

Glasgow hat all das, was auch Edinburgh hat, aber vielleicht mit ein wenig mehr Esprit, Wärme und dem Wissen, anders zu sein.

- **Anreise** Der Flughafen liegt 12 Kilometer westlich der City. Außerhalb der Rushhour dauert die Fahrt mit Taxi oder Bus 25 Minuten.
- **Weiterreise** Alle 15 Minuten fahren Züge in 50 Minuten nach Edinburgh. Ein Leihwagen ist eine gute Option.

Erster Tag

Vormittags Beginnen Sie den Tag mit einem kurzen Besuch der **Glasgow Cathedral** *(S. 105)*. Sie ist ein seltenes Beispiel für eine Kirche des 13. Jahrhunderts, die der Zerstörung während der schottischen Reformation entging. Flanieren Sie dann zu den imposanten **City Chambers** auf dem **George Square** *(S. 104)*. Als Nächstes sollten Sie zumindest eine Stunde für den Besuch der **Gallery of Modern Art** *(S. 104)* einplanen, die für ihre anspruchsvollen Ausstellungen bekannt ist. Die **Sauchiehall Street**, Glasgows Shopping-Zentrum, eignet sich ideal für eine Mittagspause. Diese Straße ist auch das Ziel für Verehrer des Designers **Charles Rennie Mackintosh** *(S. 107)*, dessen Jugendstilwerke im **Willow Tea Room** *(S. 106)* oder in der **Glasgow School of Art** *(S. 106)* zu sehen sind.

Gallery of Modern Art, Glasgow *(siehe S. 104)*

Nachmittags Kelvingrove Art Gallery and Museum *(S. 108)* liegt außerhalb des Zentrums. Eines der Highlights ist Dalís *Der Christus des heiligen Johannes vom Kreuz*. Im Anschluss machen Sie einen Spaziergang unter Palmen in den nahen **Botanic Gardens** *(S. 109)*. Abends bietet sich ein Kneipenbummel in der City an, oder Sie besuchen ein Konzert.

Zweiter Tag

Vormittags Statten Sie der weltbekannten **Burrell Collection** *(S. 110f)* einen Besuch ab. Die von einem Schiffsreeder zusammengetragene Kunstsammlung wird in geräumigen Sälen meisterhaft präsentiert. Viele Besucher sind besonders von den Wandteppichen und den Buntglasfenstern angetan.

Nachmittags Nehmen Sie Ihren Lunch im **Glasgow Science Centre** *(S. 108)* ein. Der eindrucksvolle, titanummantelte Technologiepark liegt am Clyde und ist mit seinen interaktiven Ausstellungen eine Attraktion für Jung und Alt. Am Abend haben Sie sich ein Bier in einem Pub redlich verdient.

Installationen in der Kelvingrove Art Gallery, Glasgow ***(siehe S. 108)***

Drei Tage in den Lowlands

- **Anreise** Flughafen Glasgow oder Edinburgh. Tour in beide Richtungen möglich.
- **Weiterreise** Mit dem Auto.

Erster Tag: Rosslyn Chapel und die Abteien

Besichtigen Sie die **Rosslyn Chapel** *(S. 93)*, die im 15. Jahrhundert entstand und in der Nähe von Edinburgh liegt. Hier spielt die Schlüsselszene im *Da Vinci Code*. Sehenswert sind die geheimnisvollen, steinernen Skulpturen, insbesondere der Apprentice Pillar. Fahren Sie nach Melrose, und verbringen Sie den Tag mit der Besichtigung der **Grenzland-Abteien** *(S. 91)*: Melrose, Kelso, Jedburgh und Dryburgh. Wenn die Zeit für vier Abteien zu knapp sein sollte, dann besuchen Sie nur **Dryburgh** *(S. 91)*, die vielleicht eindrucksvollste Klosterruine, die wunderschön in einer Flussschleife des Tweed liegt. Kehren Sie hier ein, oder machen Sie ein Picknick in der Nähe von **Scott's View** *(S. 91)*, wo sich eine wunderschöne Aussicht über den Tweed bis zu den Eildon Hills bietet. Nachmittags fahren Sie durch Wälder und sanftes Hügelland über Moffat nach Dumfries, wo Sie übernachten.

Zweiter Tag: Schlösser und Burgen

Südlich von Dumfries legen Sie bei **Caerlaverock Castle** *(S. 96)* Ihren ersten Halt ein. Die Burg ist eine von wenigen, die noch über einen Wassergraben verfügen. Mit ihren mächtigen Türmen bietet die Burg einen imposanten Anblick. Von Dumfries aus besteht die Möglichkeit für eine Stippvisite beim stillen **Loch Trool**, wo man durch den **Galloway Forest Park** *(S. 96f)* wandern kann. Doch zuvor sollten Sie in dem reizenden Küstenort **Kirkcudbright** *(S. 96)* eine Mittagspause einplanen. In diesem Landstrich mit seinen gepflegten Traditionen scheint die Zeit stehen geblieben zu sein. Im Anschluss suchen Sie die Felsenburg von **Culzean Castle** *(S. 98f)* auf. Ihr ovales Treppenhaus gilt als architektonische Meisterleistung. Übernachten Sie in Ayr oder in Troon.

Caerlaverock Castle umgibt ein Wassergraben ***(siehe S. 96)***

Dritter Tag: New Lanark und Falkirk

In Ayr, der Heimat von **Robert Burns** *(S. 95)*, kann man sich auf den nach dem Nationaldichter benannten Wanderweg begeben (über Alloway und Mauchline). Als Alternative bietet sich der Weg nach **New Lanark** *(S. 94)* an. Nehmen Sie sich zwei Stunden, um diesen Ort am Clyde zu erkunden. Im Visitor Centre erfährt man viel über dessen Geschichte. Nach dem Lunch fahren Sie zum **Falkirk Wheel** *(S. 129)*, wo Sie auf einer Bootsfahrt miterleben können, wie dieses Schiffshebewerk funktioniert. Verbringen Sie die Nacht in Glasgow.

Tipp zur Verlängerung
In **Stirling** starten Sie zur Zehn-Tage-Tour in die Highlands und auf die Inseln.

Schneebedeckte Gipfel am Taleingang von Glencoe *(siehe S. 138)*

Zehn Tage Highlands und Inseln

- **Anreise** Flughafen Glasgow oder Edinburgh.
- **Weiterreise** Mit dem Auto.
- **Vorausbuchung** Loch-Katrine-Schiffsfahrt; Fähre Oban–Mull (zurück); Fingal's-Cave-Bootsfahrt; Fähre Mallaig–Armadale (einfach); Golfen in St Andrews (Monate voraus); für alle Highland Games.

Erster Tag: Stirling und The Trossachs

Machen Sie sich früh auf den Weg, zu Fuß oder mit dem Wagen, um von dem hoch gelegenen **Stirling Castle** *(S. 124f)* den weiten Ausblick zu genießen. Besonders der Palas und die Great Hall der Renaissance-Burg sind sehenswert. Für die Besichtigung sollten Sie sich zwei oder drei Stunden Zeit nehmen. Nach der Mittagspause in Callander setzen Sie die Reise zum Nationalpark **The Trossachs** fort *(S. 122f)*. Erkunden Sie **Loch Katrine** *(Apr–Okt)* an Bord eines viktorianischen Dampfers. In Aberfoyle sollten Sie übernachten.

Zweiter Tag: Von The Trossachs nach Oban

Von Aberfoyle geht die Fahrt ans Westufer von **Loch Lomond** *(S. 121)*, wo Sie das Dorf Luss passieren. Danach führt die Tour über die Berge zum **Loch Fyne** – berühmt für sein Seafood. Werfen Sie einen Blick auf **Inveraray Castle** *(S. 134)*, bevor Sie auf die großartigen **Crarae Gardens** *(S. 134)* zusteuern. Schlendern Sie durch die Parkanlage, in der exotische Pflanzen aus aller Welt gedeihen – am schönsten ist es hier im Frühling. Am Nachmittag legen Sie eine Pause in Lochgilphead ein, um danach auf kurvenreicher und spektakulärer Strecke **Oban** *(S. 136)* zu erreichen. Planen Sie zwei Übernachtungen in dieser Hafenstadt ein.

Dritter Tag: Fingal's Cave und Iona

Mit einem Picknickkorb im Gepäck gehen Sie an Bord der Autofähre Oban–Mull. Dort angekommen, fahren Sie nach Bunessan. Besteigen Sie hier das Boot *(Apr–Okt)* zur Isle of Staffa, wo Sie die von Basaltsäulen umgebene **Fingal's Cave** *(S. 137)* besichtigen – ein faszinierendes Gebilde, das durch einen Vulkanausbruch entstanden ist. Falls das Wetter mitspielt, legt das Boot an und man kann von Bord gehen. Alternativ bietet sich auch die Fahrt nach Fionnphort an, um die Fähre nach **Iona** *(S. 137)*, ein wahres Hebriden-Juwel, zu nehmen. Für die kurze Überfahrt benötigt man keine Vorausbuchung. Auf der Insel sollten Sie die einst bedeutende Abtei besichtigen. Später fahren Sie zurück nach Oban.

Boote in den türkisblauen Küstengewässern vor Iona *(siehe S. 137)*

Vierter Tag: Von Oban nach Skye

Beginnen Sie diese landschaftlich atemberaubend schöne Route am **Loch Awe** *(S. 136)*, der zwar seinem Namen alle Ehre macht, aber eindeutig im Schatten der Gebirgslandschaft von **Glencoe** *(S. 138)* steht. Im dortigen Visitor Centre erfahren Sie viel über das Massaker von 1692. Ab Fort William können Sie sich auf die malerische **Road-to-the-Isles-Tour** *(S. 140f)* begeben. In **Glenfinnan** erinnert das Monument an **Bonnie Prince Charlie** *(S. 157)*. Übernachten Sie im Fischerort **Mallaig** *(S. 141)*.

Weitere Infos zu Verkehrsmitteln in Schottland *siehe S. 216–223*

Fünfter Tag: Von Skye nach Inverness

Setzen Sie mit der Fähre *(Ostern–Mitte Okt; im Winter weniger Fähren)* nach **Skye** über *(S. 156f)*. Auf der Rückfahrt nehmen Sie einfach die Brücke, die unweit vom urigen Dorf Kyleakin die Insel mit dem Festland verbindet. Bald schon kommen Sie am pittoresken **Eilean Donan Castle** *(S. 155)* vorbei. Auf einer etwas längeren Route über Loch Garry und Loch Oich, **Fort Augustus** und den **Caledonian Canal** erreichen Sie das Highlight des Tages – **Loch Ness** *(S. 153)*, der geheimnisvoll und anregend auf den Betrachter wirkt, egal ob man an Ungeheuer glaubt oder nicht. Bilden Sie sich eine eigene Meinung darüber in der Ausstellung von **Drumnadrochit**. In der Nähe befindet sich die Burgruine von **Urquhart Castle**. Bleiben Sie über Nacht in **Inverness** *(S. 150f)*.

Sechster Tag: Rund um Inverness

Genießen Sie am Vormittag eine Ausflugsfahrt mit **Jacobite Cruises** *(S. 151; März–Sep)* auf dem Loch Ness – am besten zusammen mit dem **Caledonian Canal**. Als Alternative bietet sich eine Fahrt hinaus auf den **Moray Firth**, wo man Wale und Delfine beobachten kann. Wenn Sie sich für die Geschichte der Highlands und der Clans interessieren, dann verbringen Sie den Vormittag besser in **Culloden** *(S. 150)* oder **Fort George** *(S. 150)*. Die Schlacht von Culloden wird in einer Ausstellung thematisiert. Fort George gilt als beeindruckendes Beispiel europäischer Militärarchitektur. Auf einem Spaziergang kann man sich davon überzeugen. Übernachten Sie nochmals in Inverness, oder fahren Sie nach Nairn.

Siebter Tag: Macbeth und Whisky

Ob Shakespeares Macbeth tatsächlich auf **Cawdor Castle** war *(S. 150; Mai–Okt)*, ist ungewiss. Besuchenswert ist dieses Schloss allemal. Legen Sie später eine Mittagspause in Findhorn ein. Danach machen Sie sich auf nach Dufftown, der Hauptstadt der **Speyside-Whiskys** *(S. 148f)*. Nehmen Sie an einer Führung in einer Brennerei teil, auch wenn Sie kein Freund des »Lebenswassers« sind. In Dufftown könnten Sie auch übernachten.

Achter Tag: Von Deeside in die »Antarktis«

Von Dufftown führt die Tour, vorbei an Skipisten, in Queen Victorias Lieblingslandschaft: **Royal Deeside** *(S. 148f)*. In Ballater halten Sie sich südwärts, um **Balmoral Castle** *(begrenzte Besuchszeiten)* oder **Scone Palace** *(S. 126; Apr–Okt)* zu besuchen. Falls diese Sehenswürdigkeiten geschlossen sind, machen Sie einen Einkaufsbummel in **Perth** *(S. 126)*. Weiter geht es nach Dundee, wo sich ein anderthalbstündiger Aufenthalt in der »Antarktis« am **Discovery Point** *(S. 127)* lohnt. Bleiben Sie über Nacht in Dundee.

Der Park von Cawdor Castle, Sitz der Thanes of Cawdor ***(siehe S. 150)***

Neunter Tag: St Andrews und East Neuk

Der berühmte Golfplatz ist stets für Monate ausgebucht, dennoch lohnt der Besuch von **St Andrews** *(S. 127)* allein schon wegen des Golfmuseums, der Kathedrale und der studentischen Atmosphäre. Auf der anschließenden Fahrt entlang der Küste der **East Neuk** *(S. 128)* legen Sie eine Mittagspause ein. Hier liegen die schönsten Fischerorte Schottlands. Ein Besuch von **Falkland Palace** *(S. 128)* kommt einer Zeitreise gleich. Der Renaissance-Palast diente den Stuarts als Jagdsitz.

Zehnter Tag: Von East Neuk zum Ausgangspunkt

Nach dem Besuch von **Dunfermline Abbey** *(S. 128f)* steht das Städtchen **Culross** *(S. 129)* als nächste Etappe auf dem Programm. Wandern Sie auf einem Abschnitt des **Fife Coastal Path** *(S. 199)*, oder – sofern Sie noch nicht dort waren – besuchen Sie **Stirling Castle** *(S. 124f)* oder das **Falkirk Wheel** *(S. 129)*. Falls Sie nach Edinburgh zurückkehren, dann können Sie von unterwegs die **Forth-Eisenbahnbrücke** *(S. 75)* bestaunen. Auf der **Royal Yacht Britannia** *(S. 74)* wandeln Sie auf den Spuren der Queen.

Auf dem Caledonian Canal ***(siehe S. 153)*** **erreicht man Loch Ness**

Schottland auf der Karte

Schottland bildet den über 78 000 Quadratkilometer großen nördlichen Landesteil Großbritanniens. Der höchste Gipfel Schottlands (und Großbritanniens) ist der Ben Nevis (1345 m). Der Küste sind rund 800 bewohnte und unbewohnte Inseln vorgelagert, die sich in drei Inselgruppen gliedern: Hebriden, Orkney und Shetland Islands. Edinburgh ist Schottlands Hauptstadt, Glasgow mit rund 600 000 Einwohnern die größte Stadt des Landes. In Schottland leben etwa 5,3 Millionen Menschen.

Weitere Zeichenerklärungen *siehe hintere Umschlagklappe*

Entfernungstabelle

10 = Entfernung in Meilen
10 = Entfernung in Kilometern

	London	Birmingham	Cardiff	Dover	Edinburgh	Glasgow	Inverness
Birmingham	111 / **179**						
Cardiff	150 / **241**	102 / **164**					
Dover	74 / **119**	185 / **298**	228 / **367**				
Edinburgh	372 / **599**	290 / **467**	373 / **600**	442 / **711**			
Glasgow	389 / **626**	292 / **470**	374 / **602**	466 / **750**	45 / **72**		
Inverness	529 / **851**	448 / **721**	530 / **853**	600 / **965**	158 / **254**	167 / **269**	
Manchester	184 / **296**	81 / **130**	173 / **278**	257 / **414**	213 / **343**	214 / **344**	371 / **597**

Ein Porträt Schottlands

Die herben Landschaften und die trutzigen Burgen, aber vor allem Insignien wie Dudelsack, Kilt und Whisky haben Schottland seinen besonderen Ruf in der ganzen Welt beschert. Das Land ist voller Kontraste und besitzt eine beinahe schon magisch zu nennende Aura, egal ob nun dichter Nebel in den sanften Tälern hängt oder ob sich eine majestätische Bergkuppe in einem der zahlreichen dunklen Lochs spiegelt.

Das schottische Festland misst vom Süden bis zum Norden rund 440 Kilometer, seine Küstenlinie allerdings erstreckt sich über beinahe 10000 Kilometer. Nahezu alle der 787 größeren Inseln liegen vor der Nord- oder der Westküste.

Das gebirgige Schottland wird im Norden und Westen durch unwegsame Moorlandschaften geprägt, im Landesinneren durch lichte Kiefernwälder und weites Weideland. Im Osten gibt es fruchtbares Ackerland, im Süden findet man die grasbedeckten und sanften Hügel der Lowlands. Überall kann man malerische, tiefe Lochs und Flüsse entdecken. Die Mehrzahl der über fünf Millionen Einwohner lebt im Zentralgürtel des Landes. Die Schotten halten hartnäckig an den Unterschieden zwischen den einzelnen Regionen fest – an ihren lokalen Sitten, ihren Dialekten und der gälischen Sprache.

Möglicherweise sind für die Schotten eher ihre regionalen Unterschiede als ihre Gemeinsamkeiten kennzeichnend, doch eines trifft auf sie alle zu: Sie sind sehr stolz auf ihr Land und ihr Rechts- und Bildungswesen. Manchmal wirken sie eher abweisend, manchmal sprühen sie geradezu vor Einfällen, häufig aber zeichnen sie sich durch ihren ansteckenden schwarzen Humor und ihre herzliche Gastfreundschaft aus.

Blick vom Edinburgh Castle über die Dächer der Hauptstadt zum Calton Hill; im Hintergrund der Firth of Forth

◀ **Dudelsackspieler bei den World Pipe Band Championships in Glasgow** *(siehe S. 41)*

Kugelstoßer bei den Braemar Games

Politik und Wirtschaft

Seit Unterzeichnung des Unionsvertrags 1707, der die Parlamente von Schottland und England zu einem Regierungsapparat mit Sitz in London vereinte, fühlt sich Schottland hintergangen und nicht ausreichend repräsentiert. Allerdings finden heute alle größeren Parteien des Königreichs auch in Schottland Unterstützung. Doch auch die Scottish National Party, die für völlige Unabhängigkeit kämpft, hat an Popularität gewonnen. 1997 stimmte die Bevölkerung für die Wiedereinsetzung eines schottischen Parlaments, das nun weitreichende administrative Befugnisse besitzt. Beim Referendum im September 2014 entschieden sich die Schotten mehrheitlich gegen die Unabhängigkeit. Bei der Abstimmung über den Austritt Großbritanniens aus der Europäischen Union (»Brexit«) im Juni 2016 votierten sie – entgegen dem Landestrend – mit großer Mehrheit (ca. 62 %) für den EU-Verbleib.

Schottlands Wirtschaft hatte in den letzten rund 100 Jahren einschneidende Veränderungen zu meistern. So musste sie den Verlust der Schwerindustrien – Schiffbau, Kohlebergbau und Stahlproduktion – verkraften. Bedeutende Einnahmequellen sind nun Ölförderung, Tourismus, Finanzdienstleistungen und Hightech-Industrie. Führend sind hierbei die Hersteller elektronischer Bauelemente und Mikrochips, die der Industrie schließlich den Spitznamen »Silicon Glen« eingebracht haben. Angesichts der Globalisierung unterliegt dieser Zweig jedoch starken Schwankungen. Die Whisky-Produktion ist lukrativ, bietet aber nur wenige Arbeitsplätze. Die Landwirtschaft spielt nach wie vor eine wichtige Rolle. Auch die Fischindustrie ist noch wichtig, leidet aber zunehmend unter schwindenden Beständen.

Dudelsack-spieler

Schottlands Arbeitslosenrate entspricht im Allgemeinen der des Königreichs, doch in einigen Regionen – beispielsweise den Western Isles – liegt sie mit 15 Prozent wesentlich höher.

Gesellschaft

Die Schotten sind ein geselliges Volk. Sie genießen das fröhliche Zusammensein – ob bei einem Highland-*ceilidh* (wörtlich »Besuch«), in einem Pub oder beim Fußballspiel. Manchmal müssen sie dafür allerdings weit reisen: In den Highlands leben nur acht Menschen pro Quadratkilometer. Überall gehen die Kirchenbesuche zurück. In vielen Städten wird lieber bis in den Morgen getrunken und gefeiert, in ländlichen Gebieten sind die Öffnungszeiten kürzer.

Schottland ist als Heimat des Golfsports bekannt, doch Fußball gilt als nationale Leidenschaft. Aber auch Wandern, Skifahren, Rugby, Shinty und Curling sind populär. Die alljährlichen Highland Games sind ein großes Fest mit viel Whisky und mitreißender Musik *(siehe S. 35)*.

Wintersonnenwende *Up Helly Aa* auf Shetland

Schafstall auf den Western Isles

In Schottland isst man gut und gerne: Hoher Fettgehalt der Nahrung führt jedoch zu einem Übermaß an Herzproblemen. Zudem weist Schottland den höchsten Alkoholkonsum in Großbritannien auf. Immerhin geht der Tabakabsatz zurück, nachdem im Jahr 2006 das Rauchen in öffentlichen Räumen verboten wurde.

Kultur

Schottland bietet zahlreiche interessante Kulturveranstaltungen, die vom Scottish Arts Council unterstützt werden. Das Edinburgh Festival und Fringe *(siehe S. 84f)* zählen zu den größten Festivals ihrer Art. Die schottische Filmindustrie erlebte nach dem großen Erfolg von *Trainspotting* (1993) einen enormen Aufschwung. Gleiches gilt für die Musik – von der Oper über gälische Lieder, *pibroch* (klassische Dudelsackmusik) bis hin zu international bekannten Acts wie Biffy Clyro und Franz Ferdinand. Auch die elektronische Szene ist zu erwähnen. Die traditionelle Musik mit alten Instrumenten verschiedener Kulturkreise erlebt eine Renaissance. Bands wie Salsa Celtica verbinden gekonnt Dudelsack mit Jazz und lateinamerikanischem Sound – nicht verwunderlich, wenn man weiß, dass vier von fünf Schotten im Ausland leben. Auch die schottischen Volks-, die Highland- und *Ceilidh*-Tänze sowie Stepptanz, eine Tradition, die aus der Bretagne wiedereingeführt wurde, erfahren einen Boom.

Edinburgh Festival Fringe Office, Detail

Obwohl nur etwa 58000 Schotten Gälisch sprechen, wird die Sprache durch erhöhte staatliche Zuschüsse für gälische Radio- und Fernsehprogramme gefördert. Auch die vielen angesehenen schottischen Autoren haben eine große Leserschaft gefunden und genießen teilweise großen internationalen Erfolg *(siehe S. 30f)*.

Der Loch Achray im Zentrum der Trossach Mountains *(siehe S. 122f)*, nördlich von Glasgow

Geologie

Schottland ist mit Jahrhundertmillionen altem Gestein eine Fundgrube für Geologen. Neben schon vor Beginn des Lebens auf der Erde entstandenem Granit und Gneis zeugen vor allem Vulkanismus, Gebirgsbildungen und Eiszeiten von einer Zeit, als Schottland durch den Iapetus-Ozean von England abgetrennt war. Vier Hauptverwerfungslinien durchziehen Schottland von Nordosten nach Südwesten und bilden die geologischen Hauptzonen.

Der Gabbro *(dunkler Fels)* der Cuillin Hills auf Skye entstand im Tertiär aus unterirdischem Magma, als die Dinosaurier ausgestorben waren und die Säugetiere zunahmen.

Verwerfungslinien

- Moine Thrust
- Great Glen Fault *(siehe S. 152f)*
- Highland Boundary Fault
- Southern Uplands Fault

Kontinentaldrift

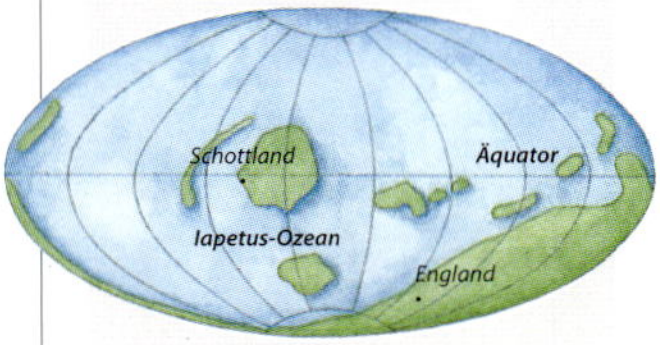

Alte Landmasse

Vor etwa 500 Millionen Jahren gehörte Schottland zum gleichen Kontinent wie Nordamerika, während England Teil Gondwanas war. Nach 75 Millionen Jahren der Kontinentalverschiebung stießen die beiden Länder nahe den heutigen Grenzen zusammen.

Vereisung in der letzten Eiszeit

Heutige Festlandgrenzen

Die letzte Eiszeit, die vor rund 10 000 Jahren endete, ist das geologisch jüngste Kapitel in Schottlands Erdgeschichte. Zu dieser Zeit war das Land wie Skandinavien vereist.

Durch Einwirkung von Gezeiten und Wellen erodiert die vorhandene Küstenlinie.

Plateaus auf den Inselhügeln sind die sichtbaren Reste eines einst gewaltigen Basalt-Lava-Stroms.

Lewisian Gneis gehört zu den ältesten Gesteinen, die in der unteren Erdkruste vor drei Milliarden Jahren gebildet und aufgefaltet wurden. Hart und grau, formt er auf den Western Isles flache Hochebenen mit Tausenden von Lochs.

Trogtäler in den Highlands sind Relikte der letzten Eiszeit. Das Gewicht und die Bewegung der Gletscher formten diese u-förmigen Täler.

Die Basaltsäulen der Isle of Staffa *(siehe S. 137)* bildeten sich vor 60 Millionen Jahren. Ein Lavastrom kühlte ab, zog sich zusammen und zerbrach in ein hexagonales Muster, ähnlich dem Giant's Causeway in Irland.

Typische Merkmale

Der Querschnitt ist eine nicht maßstabsgetreue, modellhafte Darstellung der Geologie der Highlands und Inseln Nordwestschottlands. Die vielfach zerklüftete Küstenlinie der Region ist auf die während der letzten Eiszeit vorrückenden Gletscher zurückzuführen. Diese erodierten Felsschichten hinterließen eine abwechslungsreiche Landschaft, zum Teil mit Felsbrocken übersäte Täler sowie häufig sehr tiefe Seen.

Devon-Sandstein überwiegt auf den Orkney Islands *(siehe S. 162f)*. Stellenweise hat das Meerwasser horizontale Felsschichten zu spektakulären Klippen und bizarren Säulen erodiert (Old Man of Hoy, 137 m).

Flora und Fauna

Schottland ist ein Land der Gegensätze: Die raue Bergwelt der Highlands geht in die sanften grünen Täler und Landschaften der Lowlands über, steile Klippen kontrastieren mit dichten Wäldern. Tief in den Highlands und auf den Inseln trifft man noch am ehesten auf Schottlands reiche Tierwelt. Doch auch hier sind die einstmals weitverbreiteten Arten mittlerweile vom Aussterben bedroht – sie und ihren Lebensraum zu erhalten, hat zu Recht hohe Priorität.

Heimische Tiere

In freier Wildbahn leben keine gefährlichen Tiere, dafür aber seltene, die sonst kaum auf den Britischen Inseln zu finden sind. Shetland-Ponys und Hochlandrinder verbindet man schon dem Namen nach mit Schottland. Auch Steinadler werden Sie außerhalb der Highlands in Großbritannien kaum zu sehen bekommen.

Küsten

Papageitaucher

Die windgepeitschte Küste bietet eine einzigartige Gelegenheit, Schottlands Tierwelt zu beobachten. Inseln wie Skye *(siehe S. 156f)* sind Heimat zahlloser Seevögel wie Papageitaucher, Lummen und Dreizehenmöwen. Der Bass Rock vor der Ostküste nahe North Berwick beherbergt eine Tölpelkolonie. Auch Robben, Wale und Delfine gibt es hier.

Kegelrobben sind an der schottischen Felsküste von Shetland und North Rona heimisch.

Dreizehenmöwen mit ihrem weiß-grauen Gefieder sind an der Küste weitverbreitet, von St Abb's Head an der Ostküste bis Handa Island vor der Nordwestküste *(siehe S. 161)*.

Seen (Lochs) und Flüsse

Libelle

In Schottland gibt es nicht nur viele Flüsse und Meeresarme, sondern auch zahlreiche Süßwasserseen: Alle sind Lebensräume für eine Vielzahl von Tier- und Insektenarten. Meeresarme wie jene auf North Uist beheimaten Wildlachse und Otter. Letztere kann man eher in Tierreservaten wie dem in Kylerhea auf der Insel Skye beobachten. Viele Flüsse wie der Tay sind ein Anglerparadies. Verbreitet sind Lachse und Forellen.

Wilde Otter leben an vielen Teilen der schottischen Küste und in den Meeresarmen. Anders als ihre asiatischen Vettern haben sie Schwimmhäute zum Fangen und Fressen der Beute.

Lachse schwimmen jedes Jahr zum Laichen in die Seen und Flüsse. Sie reisen meilenweit stromaufwärts und überwinden sogar Wasserfälle.

Shetland-Ponys stammen von den nördlichen Inseln gleichen Namens, sind aber auch auf dem Festland heimisch. Sie sind klein und haben ein borstiges Fell.

Hochlandrinder werden seit dem 16. Jahrhundert gezüchtet und haben lange Hörner und ein zottiges Fell.

Der Steinadler ist eines von Schottlands Wahrzeichen. Der majestätische Greifvogel fängt seine Beute in lautlosem Sturzflug.

Gebirge und Moore

In den Hügeln und Gebirgen Schottlands gedeihen noch seltene arktische und alpine Pflanzen, in den Mooren und Lowlands wachsen Heide und Gras. Der landschaftliche Kontrast zieht sich von den Highlands bis zu den Inseln, wie hier auf Mull. Raubvögel, wie z. B. Adler und Turmfalken, bevorzugen dieses Terrain. Rotwild äst in der kargen Moorlandschaft.

Turmfalke

Schafe grasen frei in den Mooren und Bergen Schottlands, tragen aber Markierungen, damit sie der Züchter wiedererkennt.

Rothirsche sind in Europa weitverbreitet und können in den Highlands gut beobachtet werden. Ihre Signalfärbung leuchtet im Sommer am schönsten. Im Frühjahr verlieren die Hirsche ihr Geweih.

Wälder und Waldland

Baummarder

Einige Wälder befinden sich in Naturschutzparks. Waldland wie das in den Borders ist der Zufluchtsort für Rothörnchen und Goldhähnchen. Baummarder und Wildkatzen mögen das felsigere Terrain der Highlands. Birken- und Eichenwälder sind vorherrschend.

Wildkatzen sind nur noch selten in Waldgebieten anzutreffen. Ihr stämmiger Körper, das dichte Fell und der kurze Schwanz unterscheiden sie von Hauskatzen.

Rothörnchen sieht man heutzutage viel seltener als Grauhörnchen. Beide Arten benutzen ihren buschigen Schwanz für die Fortbewegung und Verständigung.

Von der Burg zum Schloss

Es gibt kaum einen romantischeren Anblick in ganz Großbritannien als ein schottisches Schloss auf einer Insel oder an einem See. Früher, als Raubüberfälle und kriegerische Auseinandersetzungen zwischen den Clans zur Tagesordnung gehörten, dienten sie als sichere Schutzburgen. Von den frühen *brochs* der Pikten entwickelten sich über die normannische Burg im 14. Jahrhundert die typisch schottischen Turmbauten aus Stein. Wenige Jahrhunderte später, als die militärische Verteidigung kaum noch eine Rolle spielte, entstanden herrliche Schlösser.

Detail der Barockfassade, Drumlanrig Castle

Burg und Ringmauer

Der Burgtyp existiert seit dem 12. Jahrhundert. Die Burgen standen auf zwei Anhöhen: auf der oberen der Bergfried und Hauptturm des Chiefs, auf der unteren die Behausungen der übrigen Bewohner, beide durch eine Mauer oder einen Pfahlzaun geschützt.

Duffus Castle, Morayshire

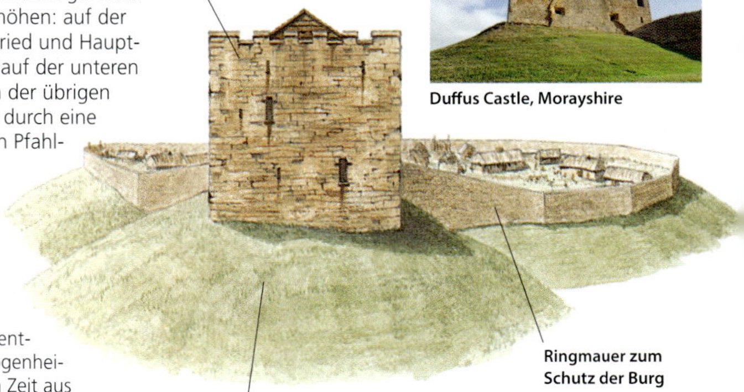

Duffus Castle (ca. 1150) wurde entgegen den Gepflogenheiten der damaligen Zeit aus Stein gebaut und überragt das flache Land nördlich von Elgin.

Frühe Turmbauten

Die ersten Turmbauten, die als leichte Befestigungsanlagen dienten, stammen aus dem 13. Jahrhundert. Ursprünglich im Rechteck angelegt, thronte in der Mitte ein einzelner, in mehrere Stockwerke unterteilter Turm mit schlichtem Äußeren und wenigen kleinen Fenstern. Verteidigt wurde von oben. Wenn mehr Platz gebraucht wurde, baute man weitere Türme an.

Neidpath Castle, errichtet auf einem Felsvorsprung über dem Tweed, ist ein L-förmiger Turmbau aus dem 14. Jahrhundert. Die einstige Feste von Charles II weist heute noch Spuren der Belagerung durch Oliver Cromwell auf.

Claypotts Castle (um 1570) mit hervorstehenden Dachstuben

Braemar Castle (um 1630), ein Komplex aus mehreren Türmen

Spätere Turmbauten

Obwohl sich niemand mehr verteidigen musste, wurde der alte Baustil lange beibehalten. Im 17. Jahrhundert fügte man dem ursprünglichen Turm Flügelanbauten hinzu, wodurch erstmals Burghöfe entstanden. Zinnenkränze und Mauertürmchen blieben zur Dekoration erhalten.

Drum Castle mit ursprünglichem Bergfried (13. Jh.) und Anbau (1619)

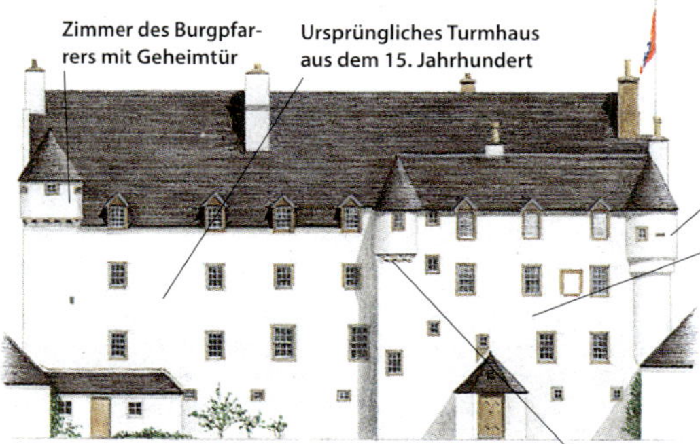

Das Traquair House *(siehe S. 93)* der Familie Tweed ist das älteste bewohnte Haus in Schottland. Das schmucklose Äußere geht auf das 16. Jahrhundert zurück, als an dem alten Turmbau eine Reihe von Anbauten vorgenommen wurden.

Blair Castle ***(siehe S. 143)*** **mit mittelalterlichem Turm**

Schlösser

Beim Bau der zum Teil riesigen Schlösser wurde schließlich ganz auf die Funktion der militärischen Verteidigung verzichtet und nur noch nach ästhetischen Gesichtspunkten gebaut, auch wenn hin und wieder Einflüsse aus der Ritterzeit unverkennbar sind. Als Vorbilder dienten Schlösser aus ganz Europa, zumeist aus Frankreich.

Dunrobin Castle (um 1840), Sutherland

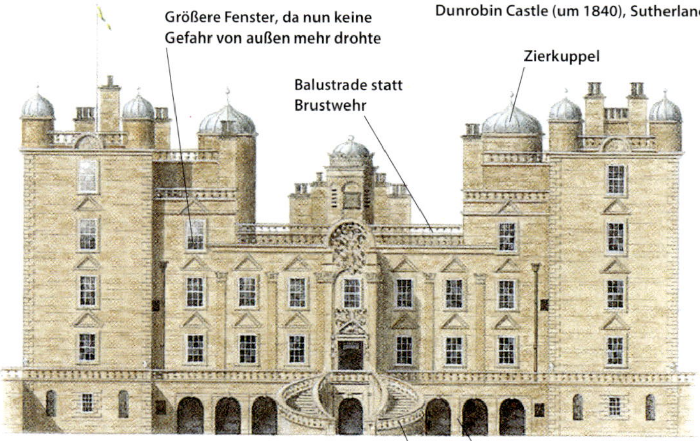

Drumlanrig Castle *(siehe S. 94f)* aus dem 17. Jahrhundert mit vielen typisch schottischen Merkmalen sowie Renaissance-Einflüssen wie geschwungener Treppe und Fassade.

Gärten

Schottland besitzt eine Vielzahl an schönen Gärten. Manche, wie Pitmedden, sind wegen der Architektur berühmt, andere wegen ihrer besonderen Pflanzen. Sogar Rhododendren gedeihen im sauren, torfigen Boden. Der Royal Botanic Garden in Edinburgh zeigt eine besondere Farbenpracht. Einige Gärten sind eindrucksvoll von Seen und Bergen umgeben oder um herrschaftliche Anwesen herum angelegt. Gärten im Einflussbereich des Golfstroms, etwa Inverewe, zählen zu den prächtigsten und überraschen durch subtropische Flora.

Die Inverewe Gardens *(siehe S. 160)* sind bekannt für ihre üppige subtropische Flora. Farne, Lilien, riesige Vergissmeinnicht und Palmen sind nur einige der 2500 im milden Klima gedeihenden Arten.

Die Crarae Gardens *(siehe S. 134)* liegen herrlich an einem Hang mit Blick auf Loch Fyne und sind von altem Waldbestand umgeben. Alle Spazierwege führen im Zentrum über einen hübschen Bach. Im Frühling blühen die unzählbaren Rhododendren, im Herbst stehen die Bäume »in Flammen«.

Die Botanic Gardens, Glasgow *(siehe S. 109)*, haben eine schöne Sammlung an Orchideen, Begonien und Kakteen. Kibble Palace, ein von John Kibble gestaltetes Gewächshaus mit Kuppeldach, zeigt Baumfarne aus aller Welt.

Logan Botanic Garden *(siehe S. 97)*, ein Außenposten des Royal Botanic Garden in Edinburgh, beherbergt ein von Mauern umgebenes Areal mit Kohlpalmen und eine offene Waldlandschaft. Der milde Golfstrom lässt auch hier subtropische Pflanzen wachsen.

Rhododendren

Nebenstehend sehen Sie drei von 900 Arten. Die erste ist tropisch; die zweite eine immergrüne Sorte; die dritte eine Azalee, die früher als eigene Spezies galt. Man unterscheidet schuppenblättrige und nichtschuppenblättrige Rhododendren.

Macgregoriae

Augustini

Medway

Den Drummond Castle Gardens verlieh man durch Buchsbaumhecken die Form eines Andreaskreuzes. Gelbe und rote Rosen sowie Löwenmaul sorgen für Farbe, eine Sonnenuhr bildet den Mittelpunkt.

Golfstrom

Die schottische Westküste überrascht den Besucher mit zahlreichen Gärten voll blühender tropischer und subtropischer Pflanzen. Obwohl Schottland genauso weit nördlich liegt wie Sibirien, ist es hier wegen des Golfstroms wesentlich wärmer. Inverewe ist der berühmteste der »Golfstromgärten« mit Pflanzen aus Südamerika, Südafrika und dem Südpazifik. Weitere Anlagen sind Achamore auf der Isle of Gigha und Logan Botanic Garden nahe Stranraer.

Baumfarne, begünstigt vom Golfstrom, Logan Botanic Garden

Pitmedden Garden wurde im Jahr 1675 angelegt und später als strenger französischer Garten wiederhergestellt. Auf zwei Ebenen liegen Blumenbeete, zwei Gartenlauben, Hecken und im Zentrum eine herrliche Fontäne.

Die Crathes Gardens bestechen durch in Form geschnittene und duftende Rabatten rund um das Turmhaus von Crathes Castle *(siehe S. 149)*. Es gibt acht thematisch unterschiedliche Gärten, z. B. den im Stil von Gertrude Jekyll angelegten Golden Garden.

Dawyck Botanic Garden gehört ebenfalls zum Royal Botanic Garden Edinburghs und ist auf seltene Bäume wie die Dawyck-Buche sowie blühende Sträucher und Narzissen spezialisiert.

Der Royal Botanic Garden, Edinburgh *(siehe S. 74)*, ist international bekannt als Forschungszentrum und berühmt für seine einmalige Pflanzenvielfalt. Eingebettet in gepflegte Rasenflächen wachsen hier fast 17 000 verschiedene Arten. In den Glashäusern gedeihen exotische Pflanzen.

Erfindungen

Trotz seiner geringen Größe und Einwohnerzahl hat Schottland bemerkenswert viele Erfinder hervorgebracht. Das ausgehende 18. sowie das 19. Jahrhundert werden deshalb auch die Periode der Schottischen Aufklärung genannt. Viele technologische, medizinische und mechanische Erfindungen stammen aus dieser Zeit, z. B. die Dampfmaschine, das Antiseptikum, das Telefon sowie die Bitterorangenmarmelade, die aus Dundee kommt. In Fabriken, Labors und an Universitäten wirkten Männer, die zukunftsorientiert dachten. Ihre revolutionären Ideen und Experimente haben die moderne Gesellschaft mitgeformt.

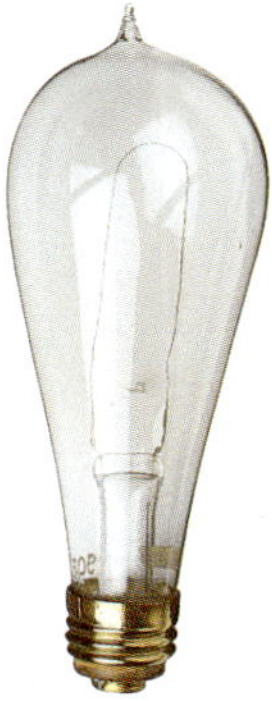

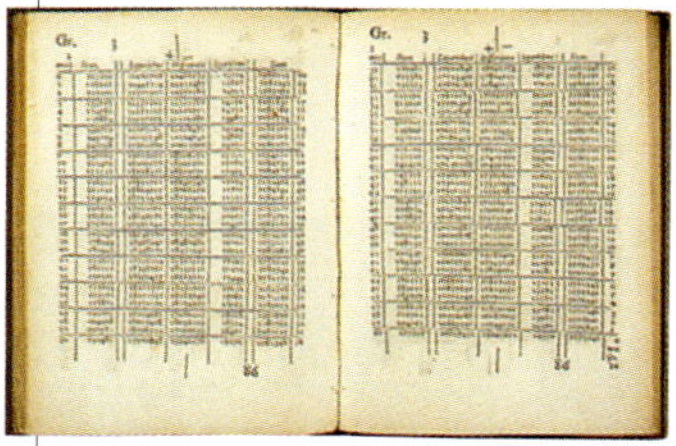

Logarithmentafeln (1594) wurden von John Napier für das einfache Multiplizieren und Dividieren von großen Zahlen erstellt. Für diese Arbeit benötigte er 20 Jahre.

Elektrisches Licht (1834) wurde von James Bowman Lindsay erfunden, der galvanische Zellen neu anordnete.

Der Luftreifen (John Dunlop, 1887), zuerst von R. W. Thomson patentiert, wurde später von Dunlop für Fahrräder und schließlich für Autos weiterentwickelt.

Parallelbewegung steuert alle Ventile gleichzeitig.

Kolbenstange

Ein Schwungrad überträgt die Energie, sodass die Maschine rund läuft.

Die Kolben-Dampfmaschine (James Watt, 1782) war eine Verbesserung der damaligen Dampfmaschine. Das neue Modell wurde als Antrieb für alle möglichen Maschinen bald zur hervorstechenden Kraft der industriellen Revolution. Die neue Leistungseinheit (Watt) wurde nach ihrem Erfinder benannt.

Golfschläger wurden einst von Schreinern wie Old Tom Morris aus Holz handgefertigt. Ab 1890 wurden Schläger mit Aluminiumköpfen benutzt.

Das Fahrrad (Kirkpatrick Macmillan, 1839), ehemals bekannt als Veloziped, wurde erst in den 1860er Jahren in nennenswerten Mengen produziert und verkauft.

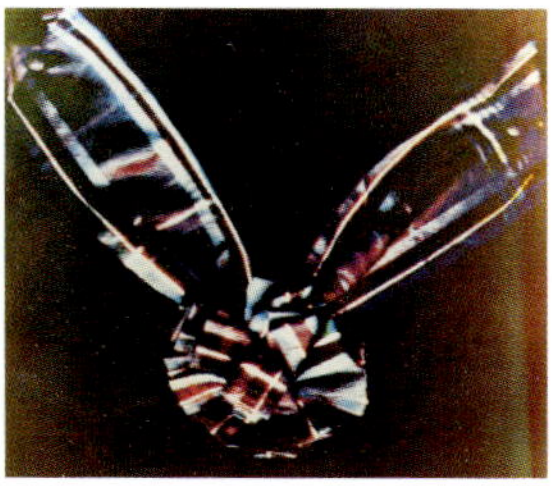

Farbfotografie (1861) wurde von James C. Maxwell, einem schottischen Physiker, entwickelt, der als Erster mit der Dreifarbenfotografie experimentierte und koloriertes Wasser für ein Foto seines Tartans nutzte.

Antiseptika (Joseph Lister, 1865) in Form von Karbolsäure waren ein bedeutender Durchbruch in der Medizin. Lister entdeckte, dass sie, bei Wundbehandlung und im Operationssaal versprüht, Keimen und Infektionen vorbeugten.

Die Thermosflasche (von Sir James Dewar, 1892) war zunächst als Vakuumbehälter für Flüssiggase konzipiert. Später ging sie in Massenproduktion, da sie hervorragend die Temperatur heißer und kalter Getränke hält.

Das Telefon (Alexander Graham Bell, 1876) war ein technischer Durchbruch, der die Kommunikationsformen der Menschheit revolutionierte. Ton wird mittels Elektrizität übertragen.

Penizillin (Alexander Fleming, 1928) war eine Entdeckung, die die Medizin vollkommen veränderte. Es war das erste Antibiotikum, ab 1940 wurde es zur Behandlung von Soldaten im Zweiten Weltkrieg verwendet.

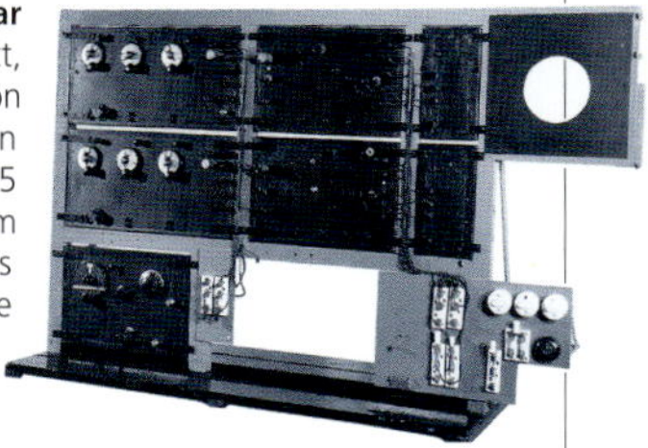

Radar (Robert Watson-Watt, 1935) wurde schon lange vor dem Zweiten Weltkrieg benutzt. 1935 hatte das Team um Watson-Watt bereits das erste funktionstüchtige Radarabwehrsystem fertiggestellt.

Der erste Fernseher (John Logie Baird, 1926) war schwarz-weiß und konnte nicht Ton und Bild gleichzeitig senden. Dennoch wurde er als bedeutende Erfindung gefeiert. Zwei Jahre später gelang es Baird, farbige Bilder auszustrahlen.

Dolly wurde 1996 von Forschern des Edinburgher Roslin Institute geklont. Es war der erste erfolgreiche Klonversuch eines Säugetiers. Das Schaf gebar 1998 ein Junges, starb aber schon 2003.

Dichter und Denker

Von mittelalterlichen Poeten über Robert Burns bis zu Irvine Welsh haben sich Autoren in den drei Sprachen Schottlands – Schottisch, Englisch und Gälisch – einen Platz in der Literaturgeschichte erobert. Drei Jahrhunderte nach Auflösung der letzten Volksvertretung verfügt das Land seit 1999 wieder über ein Parlament. Die politische Dezentralisierung folgt auf 30 Jahre innerer Unruhe, in denen die Literatur neue Erfolge errang.

Robert Burns, umrahmt von Illustrationen seiner Werke

Goldenes Zeitalter vor der Aufklärung

Das Jahrhundert vor der Reformation von 1560 gilt als das Goldene Zeitalter der schottischen Literatur. Es zeichnete sich durch enge Verbindungen zum Kontinent und eine reiche lyrische Tradition aus, die mit den Werken William Dunbars und Robert Henrysons ihren Höhepunkt fand. John Barbour schuf den Heldenmythos der Nation mit *The Bruce* (1375). Weitere frühe Werke waren *Kingis Quair* (um 1424) von James I und Blind Harrys *Wallace* (um 1478).

Dunbar stach mit seiner Dichtung heraus, von *Lament for the Makars* (1508), einer Elegie, bis hin zu seiner »Schimpf«-Poesie. Henrysons Werk zeigt Einfühlungsgabe, wenn er etwa in *The Testament of Cresseid* (1480) die Legende aus weiblicher Sicht erzählt. Gavin Douglas übersetzte 1513 Vergils *Äneis* ins Schottische. Das Goldene Zeitalter endete mit Sir David Lindsays Stück *A Satire of the Three Estates* von 1540.

Der Philosoph David Hume

Aufklärung und Romantik

Der Siegeszug der Aufklärung war auch ein Resultat des verbesserten Schulsystems. Zu den Denkern der Zeit gehörten Adam Smith (1723–1790), der die Theorie der Wirtschaftslehre entwarf, und Adam Ferguson (1723–1816), Begründer der Soziologie. Auch William Robertson (1721–1793) und David Hume (1711–1776) prägten die moderne Geschichte entscheidend mit. David Humes Einfluss auf die Philosophie war enorm – sein Empirismus verletzte die christliche Orthodoxie. Die Kontroverse »Glaube vs. Wissenschaft« begann. James Macpherson veröffentlichte im Jahr 1760 die *Ossian Chronicles*, die Dokumentation seiner Entdeckung alter keltischer Traditionen auf den Hebriden. Der Roman thematisierte die tiefe Sehnsucht nach alten Zivilisationen und die Fortschrittsangst der Romantik. Wie Robert Fergusson schrieb auch Allan Ramsay seine Gedichte auf Schottisch.

Der sicherlich gefeiertste Literat, Robert Burns (1759–1796), war ein Mensch seiner Zeit. Sein »heaven-taught ploughman« passte sich der Mode an, verriet aber gute Ausbildung. Robert Burns' Werk umfasst Liebeslyrik und die 1785 geschriebene und 1789 erstmals gedruckte Satire *(Holy Willie's Prayer)* sowie nationalistisch und radikal idealistische Titel (*A Man's a Man for a' That,* entstanden 1795).

19. Jahrhundert

Trotz der Bedeutung von Edinburgh für die schottische Kultur gehörte es zum guten Ton, nach London zu gehen. Vorbilder waren Mitte des 18. Jahrhunderts James Boswell und Tobias Smollett.

Die Dichtung Walter Scotts (1771–1832) hatte phänomenalen Erfolg. Seine Romane, besonders *Waverley* (1814), wurden in den höchsten Tönen gerühmt. Francis Jeffreys meinungsbildendem, liberalem *Edinburgh Review* stand das konservative Tory-Blatt *Blackwood's* gegenüber. Sein Herausgeber James Hogg schrieb später den Schauerroman *Private Memoirs and Confessions of a Justified*

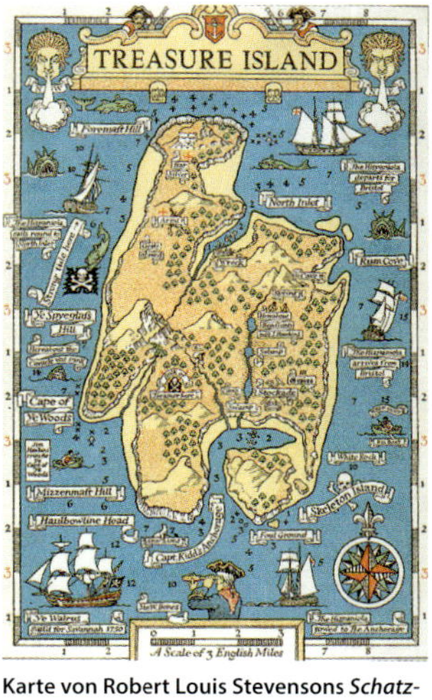

Karte von Robert Louis Stevensons *Schatzinsel,* nach einer Insel im Firth of Forth

Sinner (1824). Großen Erfolg hatten auch Susan Ferrier und John Galt sowie Margaret Oliphant. Generell war das literarische Niveau jener Zeit eher niedrig. Thomas Carlyle beschrieb Edinburgh um 1830 als provinziell.

Herausragend war Robert Louis Stevenson (1850–1894). Mit *Dr Jekyll and Mr Hyde* distanzierte er sich furios von der Sentimentalität der hausbackenen Heimatdichtung, die durch Autoren wie Barrie und Crockett vertreten wurde. Wie die *Sherlock-Holmes*-Krimis von Arthur Conan Doyle (1859–1930) bedienten Barries Dramen häufig den bourgeoisen Geschmack.

***Rob-Roy*-Filmposter (1995), zu Walter Scotts Roman von 1817**

Frühes 20. Jahrhundert

George Douglas Browns gegen die Heimatdichtung gerichteter Roman *The House with the Green Shutters* (1901) läutete die Wiedergeburt seriöser Literatur ein, Hugh MacDiarmids Dichtung (1920er Jahre) den Aufbruch in die Moderne. *A Drunk Man Looks at the Thistle* (1926) verbindet schottische Dialekte mit politischem und sozialem Kommentar zu einem der großen symbolistischen Werke der Zeit. Auch Edwin Muir gewann große internationale Anerkennung, gefolgt von Sidney Goodsir Smith und

Arthur Conan Doyles Sherlock Holmes in *The Graphic* (1901)

William Soutar. Erzählerisches Format erreichten Neil Gunns *Butcher's Broom*, das 1934 erschien, und Lewis Grassic Gibbons 1932–34 entstandenes *A Scots Quair*. Andere Autoren waren Fionn MacColla, Nan Shepherd und Willa Muir. John Buchan schrieb Thriller. Nationalistische Impulse wurden durch den Faschismus verdrängt. Nach dem Zweiten Weltkrieg ging man neue Wege.

Nach 1945

Sorley Maclean schilderte in Gälisch den Verfall der alten Highland-Kultur. Norman MacCaig schrieb anfänglich in einem metaphysischen Manierismus. George Bruce und Robert Garioch kritisierten die Fesseln von Natur und sozialer Klasse.

Edwin Morgan (1920–2010) feierte die Kunst und die Moderne *(Sonnets from Scotland)*, Liz Lochhead kreiert originelle Dramen und Gedichte. Jackie Kay beschreibt die Erfahrungen schwarzer Bürger in Schottland. Impulse für das Theater kamen von James Bridie, Bill Bryden und John Byrne. Mit humorvollen Romanen wie *The Prime of Miss Jean Brodie* (1961) gelangte Muriel Spark zu weltweitem Ruhm. Realismus gab es bereits vor William MacIlvanneys Erfolg mit *The Big Man* (1985).

Nach Alasdair Grays bizarrem *Lanark* (1981) wurden die Inhalte der Literatur in die Gegenwart verlegt, Iain Banks ist mit *The Crow Road* (1992) noch immer angesagt. Tom Leonards Gedichte regten zum Gebrauch städtischer Umgangssprache an. Letzterer verlieh James Kelman mit seinem mit dem Booker Prize ausgezeichneten Werk *How Late it Was, How Late* (1994) neue Dimensionen.

Irvine Welsh wurde mit *Trainspotting* (1993), einem Porträt der Drogenkultur, berühmt. Die Lebensdramen in A. L. Kennedys Erzählungen und Romanen wie *Day* (2007) und *The Blue Book* (2011) sind ergreifend. Ian Rankins Krimis wie *Exit Music* (2007) faszinieren eine internationale Leserschaft. Carol Ann Duffy und Alexander McCall Smith gelten als wichtige lyrische Stimmen der Gegenwart.

Poster für die Filmversion von Irvine Welshs Roman

Clans und Tartans

Erstmals erwähnt werden Clans, vergleichbar mit einer Großfamilie, und ihre Oberhäupter, die Chiefs, im 12. Jahrhundert. Schon damals trugen die Highlander die bunt karierten Wolltücher mit dem Tartan genannten Muster.
Alle Clan-Mitglieder hießen wie der Chief, auch wenn sie nicht mit ihm blutsverwandt waren. Sie befolgten einen Ehrenkodex und waren Krieger, die ihre Herden auch mit ihrem Leben verteidigten. Nach der berühmten Schlacht von Culloden *(siehe S. 150)* fiel ihr Land an die Krone, das Tragen der Kilts über drei Jahrzehnte lang verboten.

Die Mackays, auch als Morgan-Clan bekannt, kamen im Dreißigjährigen Krieg zu Ruhm und Ehre.

Die MacLeods sind norwegischer Herkunft. Ihr Chief bewohnt das Dunvegan Castle auf Skye.

Die MacDonalds galten als der mächtigste Clan und hielten den Titel »Lords of the Isles«.

Die Mackenzies erhielten 1362 von David II die Ländereien von Kintail *(siehe S. 155)*.

Die Campbells waren ein gefürchteter Clan, der 1746 gegen die Jakobiten kämpfte *(siehe S. 151)*.

Chief

Der Chief war der uneingeschränkte Herrscher, zugleich Richter und Anführer in der Schlacht, dem absoluter Gehorsam entgegengebracht wurde. Um seine Männer zu den Waffen zu rufen, schickte der Chief einen Läufer mit brennendem Kreuz aus.

Das Black Watch Regiment wurde 1729 gegründet, um den Frieden im Hochland zu sichern. Es gehörte zu den Regimentern, denen es erlaubt war, Tartans zu tragen. Der Zivilbevölkerung war dies bei Strafe untersagt.

Die Sinclairs kamen im Lauf des 11. Jahrhunderts aus Frankreich. 1455 wurden sie Earls of Caithness.

Die Frazers erreichten 1066 mit William the Conqueror das Land.

George IV, in der traditionellen Hochlandkleidung, besuchte Edinburgh 1822 im Jahr der Wiedereinführung des Kilts. Viele Tartankaros stammen aus dieser Zeit.

Die Gordons waren tapfere Soldaten. Ihr Motto lautete: »Mut anstatt List«.

Die Stuarts, Schottlands Königsfamilie, hatten das Motto: »Niemand fügt uns ungestraft Schaden zu.«

Der Douglas-Clan taucht in der schottischen Geschichte oft auf, sein Ursprung ist jedoch unbekannt.

Clan-Gebiete

Auf der Karte sind die zehn wichtigsten Clans eingezeichnet. Die Muster sind die modernen Versionen der originalen Designs.

Abzeichen

Jeder Clan schmückte sich mit einer Pflanze. Man trug sie vor allem am Tag der Schlacht an der Mütze.

Die schottische Kiefer der MacGregors von Argyll.

Die Vogelbeere gehörte zum Clan Malcolm.

Efeu symbolisierte den Gordon-Clan von Aberdeenshire.

Die Kratzdistel war einst das Abzeichen der Stuarts.

Wollgras trugen die Hendersons.

Clans heute

Einst Alltagskleidung der Clan-Mitglieder, ist der Kilt auch heute noch ein Symbol des Nationalstolzes. Das einteilige *feileadh-mor* wurde durch das *feileadh-beag* (kleines Tuch) ersetzt. Es besteht aus etwa sieben Meter Stoff und wird vorn mit einer Silberspange befestigt. Auch wenn die Clans heute nur noch dem Namen nach bestehen, ist jeder Schotte auf seine Zugehörigkeit stolz. Viele Besucher aus Großbritannien können die Spur ihrer Vorfahren so bis in die Highlands zurückverfolgen.

Traditionelle Kleidung der Highlander

Highland Games und Musik

Die Highlands und Inseln Schottlands sind seit Jahrhunderten Zentren gälischer Kultur. Gälisch wird heute zwar nur noch selten gesprochen, doch das Erbe dieser Kultur lebt in der Musik und den Aktivitäten der Menschen fort. Der Dudelsack, das traditionelle Highland-Instrument, wird weltweit mit Schottland in Verbindung gebracht. Die Highland Games sind eine Synthese von gälischen Bräuchen in Musik, Tanz und Kräftemessen.

Pibroch ist die klassische Musik in der Welt der Dudelsäcke. Solisten erzeugen mit ruhigen, melancholischen Melodien einen Klang, der für das Ohr angenehmer ist als der fast disharmonische einer Gruppe.

Das Mundrohr braucht der Spieler, um den Sack so gleichmäßig wie möglich durch das Mundstück mit Luft zu füllen.

Der Kopfschmuck wird traditionell aus Straußenfedern gefertigt.

Die Spielpfeife ist ein Rohr mit acht Grifflöchern für die Melodie.

Die Brummer oder Stimmer sind drei Rohre, die die Tonlage angeben. Bass und die zwei höheren Brummer sind im Quint-Abstand zueinander gestimmt.

Der Sack aus Tierleder wird über das Mundrohr mit Luft gefüllt. Durch den Druck des Ellbogens wird sie wieder hinausgedrückt.

Dudelsäcke

Dudelsäcke geben seit Jahrhunderten den Highlands ihren traditionellen Klang. Ursprünglich sollen die Instrumente durch die Römer nach Großbritannien gekommen sein. Nach der Schlacht von Culloden 1746 wurden sie ebenso wie die schottische Tracht über drei Jahrzehnte lang verboten. Der Dudelsack ist inzwischen neben dem Kilt eines der bekanntesten Wahrzeichen Schottlands.

Traditionelle gälische Musik

Musik spielte immer eine wichtige Rolle in gälischen Gemeinden. Harfe und Akkordeon sind Soloinstrumente. *Ceilidh*-Gruppen hört man häufig.

Das Akkordeon begleitet die *ceilidhs*, seit die Kleinpächter im Hochland und auf den Inseln Schottlands zu tanzen begannen.

Die Harfe stammt aus Irland, wurde aber um 1800 in Schottland eingeführt. Die *clarsach* erfreut sich neuer Popularität.

***Ceilidh*-Gruppen** sind eine Alternative zur Akkordeonbegleitung des modernen *ceilidh* (gälisch für »Besuch«). Dazu gehören gewöhnlich Fiedel, Akkordeon und *penny whistle* (Blechflöte).

Highland Games

Die schottischen Highlands sind sowohl für ihre Musik als auch für ihre Spiele berühmt. Letztere fanden erstmals vor Jahrhunderten statt und dienten wohl militärischen Zwecken. Die Clan-Chiefs konnten bei dem Kräftemessen die stärksten Männer auswählen. Alljährlich finden die Highland Games in Braemar (siehe S. 42) *sowie in Oban und Dunoon statt. Bei anderen Veranstaltungen werden historische Schlachten und Aufstände nachgespielt.*

Nachspielen von Schlachten ist bei den modernen Clans eine sehr beliebte Art, des Freiheitskampfes ihrer Vorväter zu gedenken. Das Bild zeigt die Inszenierung der Schlacht von Culloden.

Die Highland Games (oder Gatherings) in heutiger Form finden seit ca. 1820 statt. Wettbewerbe sind Baumstammschleudern, Gewichtewerfen, Dudelsackspielen, Singen, Tanzen und Hammerwerfen. Für Besucherneulinge ist das Durcheinander von Lärm und Aktivitäten überwältigend.

Baumstammschleudern gehört zu den bekanntesten Disziplinen und erfordert Kraft und Technik. Der Athlet muss den Stamm so werfen, dass er sich um 180 Grad dreht und der Länge nach landet.

Hammerwerfen bedeutet, durch eine kreisende Bewegung die Drehung des Hammers (ein Gewicht am Ende eines Stabes) zu beschleunigen, bevor er über das Feld geworfen wird. Gewinner ist derjenige, dessen Hammer am weitesten fliegt.

Highland-Tänze sind ebenso Teil der Spiele. Viele haben symbolische Bedeutung: So stellt der Kreis in einem *reel* den Kreislauf des Lebens dar. Beim Schwerttanz werden die Schwerter leichtfüßig ohne Berührung übersprungen.

Gewichtewerfen ist ein harter Test für Kraft und Ausdauer. Die Männer stehen mit dem Rücken zur Stange, über die sie das Gewicht werfen. Nach jedem erfolgreichen Versuch wird die Stange höher gelegt, bis nur noch der Sieger den Wurf schafft.

Schottischer Whisky

Whisky ist für Schotten das, was der Champagner für Franzosen ist. Ein Schottland-Besuch ist unvollständig, wenn man das Getränk nicht mindestens einmal probiert hat. Alle Malt Whiskys werden ähnlich hergestellt. Es sind die Umgebung, Lagerung und Reifung sowie das verwendete Wasser, die jeder Sorte ihren unverkennbaren Charakter verleihen. Einen »besten« gibt es nicht, der eine eignet sich mehr als Drink, ein anderer eher als Aperitif. Alle genannten Destillerien produzieren hochwertige, von Kennern geschätzte Single Malt Scotch Whiskys.

Glenlivet wird zum nahe gelegenen Bahnhof transportiert (1920)

Talisker hat einen scharfen, pfeffrig starken Geschmack.

Glenmorangie ist der meistverkaufte Whisky des Landes. Er duftet stark und schmeckt leicht und blumig.

Lochnagar war das Lieblingsgetränk von Queen Victoria, die oft im nahen Balmoral residierte. Ein süßer Whisky, der etwas an Sherry erinnert.

Lagavulin ist ein Klassiker mit rauchigem Aroma. Auf der Insel Islay gibt es einige der besten Whisky-Hersteller.

Edradour ist der kleinste Whisky-Produzent, bekannt für seinen Whisky mit Minzgeschmack.

Speyside-Whiskys

Die Region Speyside *(siehe S. 148)* ist übersät mit Gerstenfeldern. Hier sind mehr als die Hälfte aller schottischen Destillerien beheimatet.

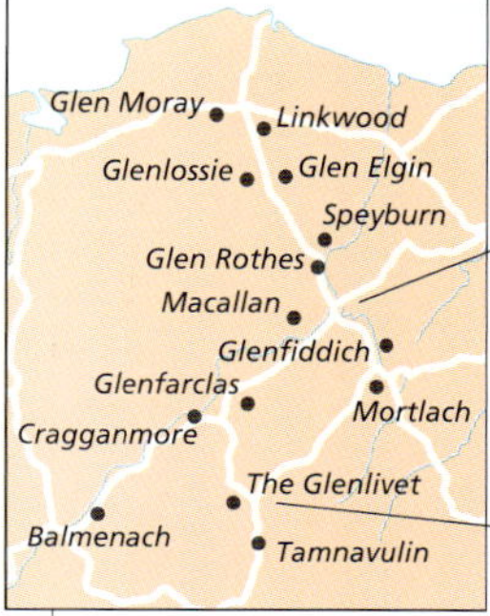

The Macallan gilt gemeinhin als der »Rolls-Royce of Single Malts«. Er reift in Sherry-Fässern und besitzt ein vollmundiges Aroma.

Malt-Regionen

Single Malts unterscheiden sich je nach verwendetem Wasser: Moor- oder Fließwasser. Die Karte zeigt die Whisky-Regionen Schottlands. Jeder Whisky ist durch kleine, aber feine Geschmacksvariationen charakterisiert.

The Glenlivet ist der bekannteste Speyside-Malt. Er wird seit 1880 gebrannt.

Legende

- Single-Malt-Destillerien

Whisky-Herstellung

Die traditionellen Zutaten sind Gerste, Hefe und Wasser. Auf Gälisch hieß der Whisky usquebaugh *(»Wasser des Lebens«). Die Destillation dauert drei Wochen, dann muss der Whisky in Eichenfässern mindestens drei Jahre lagern, bevor er voll ausgereift ist. »Blended«, also verschnittener Whisky, wurde zuerst um 1860 in Edinburgh hergestellt.*

Gerstenhalm

1 Mälzen ist der erste Schritt. Die Gerste wird gewässert, auf die Vordarre verteilt und regelmäßig gewendet. Wenn die Gerste anfängt zu keimen, entsteht das Grünmalz. Beim Keimvorgang werden Enzyme freigesetzt, die Stärke in Zucker umwandeln.

2 Nach zwölf Tagen wird die Gerste in einem Darrofen über Torffeuer getrocknet und der Keimvorgang unterbrochen. Der Torfrauch verleiht dem Malz und dem Whisky seinen unverkennbaren Geschmack. Das Malz wird gereinigt und gemahlen.

3 In riesigen Maischbottichen wird mit heißem Wasser die Maische angesetzt. Das Malz wird getränkt, löst sich auf und verwandelt sich in eine zuckerhaltige Flüssigkeit, genannt »Würze«, die für die anschließende Vergärung entnommen wird.

4 Die Gärung setzt ein, wenn der abgekühlten Würze in Holzbottichen die Hefe hinzugefügt wird. Die Mischung wird stundenlang gerührt, bis sich die Hefe in Alkohol verwandelt und eine klare Flüssigkeit, die vergorene Maische, übrig bleibt.

5 Nachdem die vergorene Maische in kupfernen Destillierapparaten zweimal gebrannt wurde, entsteht der junge Whisky mit 57 Volumenprozent Alkohol.

6 Die Reifung ist der letzte Schritt. Der Whisky lagert in Eichenfässern mindestens drei Jahre – je länger, desto besser. Gute Sorten reifen um die zwölf, herausragende bis zu 50 Jahre.

Traditionelle Trinkgefäße *(quaichs)* aus Silber

Blended Whiskys sind Verschnitte von bis zu 50 verschiedenen Whisky-Sorten.

Single Malts werden in einer Destillerie gebrannt und nicht verschnitten.

Autotouren

Die zehn Routen zeigen empfehlenswerte Autoausflüge. Einige sind Rundtouren mit Start in einer größeren Stadt, andere können zu längeren Fahrten kombiniert werden. Hauptstraßen sind in den Highlands selten, doch der Zustand der Straßen ist generell gut. Außerhalb der Hochsaison gibt es nur wenig Verkehr. Die angegebene Fahrtdauer geht von normalen Bedingungen ohne längeren Aufenthalt aus. Mehr Infos finden Sie auf den Seiten 222f.

Den hohen Nordwesten befährt man auf einer Rundstrecke von Braemore Junction nahe Ullapool aus auf einspurigen Straßen Richtung Westen, vorbei an Crofter-Siedlungen und einigen der ältesten Felsen Britanniens. Bei Ullapool erreichen Sie die Hauptstraße.

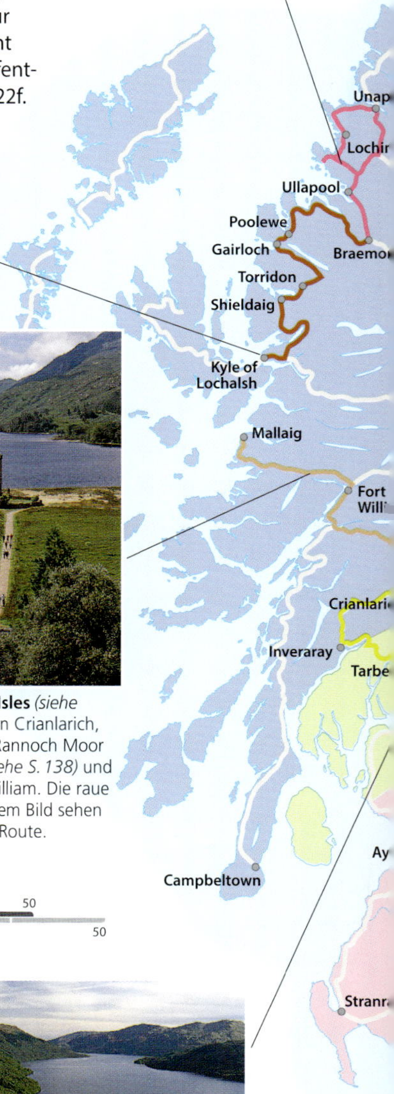

Von Kyle of Lochalsh aus entdeckt man auf dieser Route entlang der Westküste großartige Gebirge und die Küste von Wester Ross mit Loch Carron, Torridon, Loch Maree, Gairloch und Inverewe Garden.

Legende

- Die Border-Abteien u. Scott's View *195 km (120 Meilen), 3–4 Stunden*
- Walter Scotts Land *185 km (115 Meilen), 3–4 Stunden*
- Dörfer von Fife und bei St Andrews *195 km (120 Meilen), 3–4 Stunden*
- Östliche Grampians u. Royal Deeside *180 km (110 Meilen), 4 Stunden*
- Die Berge von Breadalbane *180 km (110 Meilen), 4 Stunden*
- Loch Lomond und die Trossachs *225 km (140 Meilen), 5 Stunden*
- Inveraray u. die Mountains of Lorne *225 km (140 Meilen), 4 Stunden*
- Glencoe und Road to the Isles *160 km (100 Meilen), 3 Stunden*
- Meeresarme der Westküste *195 km (120 Meilen), 4 Stunden*
- Der hohe Nordwesten *160 km (100 Meilen), 3–4 Stunden*

Die Road to the Isles *(siehe S. 140f)* beginnt in Crianlarich, führt durch das Rannoch Moor nach Glencoe *(siehe S. 138)* und vorbei an Fort William. Die raue Landschaft auf dem Bild sehen Sie am Ende der Route.

0 Kilometer 50
0 Meilen 50

Loch Lomond ist die erste Sehenswürdigkeit auf der Fahrt nach Inveraray und zu den Mountains of Lorne. Hinter Tarbet überquert man einen Pass, fährt dann zum Inveraray Castle (18. Jh., *siehe S. 134*) und vorbei an Kilchurn Castle.

Die Fahrt durch Royal Deeside in den östlichen Grampians verbindet Perth mit Aberdeen und führt über einen Pass (700 m) zum Balmoral Castle hinab. Die Strecke ab Braemar finden Sie auf den Seiten 148f.

Routeninfos

Gefahren: Achten Sie auf scharfe Straßenkurven und Tiere auf der Fahrbahn. Auch der Lärm von tief fliegenden Jets kann ablenken. Manche Straßen sind nur einspurig. Bei Schnee können sie gesperrt sein.

Tanken: Tanken Sie falls möglich in der Stadt, auf dem Land gibt es nur wenige Tankstellen.

St Andrews *(siehe S. 127)* und die alten Fischerdörfer der Halbinsel Fife erreicht man von Edinburgh über die Forth Bridge, zurück geht es vorbei am Jagdschloss der Stuarts bei Falkland *(siehe S. 128)*.

Eine Tour durch Walter Scotts Heimat umfasst das River Tweed Valley mit seinen Hügeln, Marktstädten und der Baumschule in Dawyck.

Melrose Abbey ist eines der Highlights auf einer Tour durch Grenzland-Städte, zu den berühmten Abteien und Scott's View – einem der schönsten Aussichtspunkte Südschottlands. Details finden Sie auf Seite 91.

Diese Route von Glasgow führt vorbei an Loch Lomond, an Lochearnhead und Balquhidder. Nördlich von Callander geht es westlich in die Trossachs. Zurück über Drymen gibt es eine Verbindung zum Loch Lomond.

Stirling ist mit seinem Schloss der Ausgangspunkt für die Erkundung der Berge von Breadalbane. Die Route führt durch Callander, vorbei an Rob Roys Grab und am Loch Earn. Dann windet sich die Straße über einen Bergpass ins Glen Lyon hinab und führt weiter durch Crieff.

Das Jahr in Schottland

Die meisten Besucher kommen zwischen Mai und August, um das gute Wetter, das lange Tageslicht und den Besuch von Weltklasse-Ereignissen wie beispielsweise dem Edinburgh International Festival oder etwa dem Glasgow Jazz Festival zu genießen. Die herbe, wildromantische Landschaft lockt Urlauber wie Schotten gleichermaßen, sodass in den Sommermonaten Orte wie Loch Ness (Ungeheuersuche) oder Royal Deeside (Balmoral Castle, die schottische Residenz der königlichen Familie) von zahllosen Besuchern sehr überlaufen sind. In den Wintermonaten machen ergiebige Schneefälle in den Highlands sogar Snowboarden und Skifahren möglich. Die ausgelassenen Neujahrsfeiern – in Schottland schlicht *Hogmanay* genannt – erhöhen mittlerweile die Besucherzahl um die einstmals so ruhige Jahreswende ganz besonders in der schottischen Hauptstadt Edinburgh. Und annähernd jede Woche, in den Sommermonaten besonders konzentriert, findet irgendwo in Schottland ein viel besuchtes Festival statt.

Blühender Stechginster im Frühjahr

Frühling

Ende April bereitet sich das Land auf Besucher vor. Es gibt über ganz Schottland verteilt einige großartige Festivals und Sportereignisse, die Einheimische wie Gäste in Scharen anziehen. Die Sommerzeit beginnt auch in Großbritannien Ende März.

März

Inverness Music Festival *(Anfang März)*. Über tausend Teilnehmer finden sich an diesem einwöchigen gälischen Musikfestival ein (www.invernessmusicfestival.org).
MV Festival *(drittes Wochenende)*, Aviemore. Tagsüber Events (u. a. Konzerte) im Cairngorm-Skigebiet, abends Umzüge in Aviemore (www.mvfestival.com).
Glasgow International Comedy Festival *(Mitte bis Ende März)*. Fest mit international bekannten Künstlern (www.glasgowcomedyfestival.com).

April

Puppet Animation Festival *(zwei Wochen, Anfang Apr)*. In 70 Orten Workshops und Ausstellungen (www.puppetanimationfestival.org).
International Science Festival *(zwei Wochen, Anfang Apr)*, Edinburgh. Wissenschaftsfestival (www.sciencefestival.co.uk).
Scottish Cup Final *(Mitte Apr)*, Hampden Park, Glasgow. Höhepunkt der schottischen Fußballsaison.
Scottish Grand National *(Mitte Apr)*, Ayr Racecourse. Schottlands größtes Jagdrennen (www.ayr-racecourse.co.uk).
Kings of the Sevens *(Mitte Apr oder Anfang Mai)*, Melrose, Borders. Veranstaltung der Rugby-Union (www.kingsofthesevens.net).
Glasgow Contemporary Art Fair *(Ende Apr)*. Ausstellungen in mehreren Kunstgalerien; der Hauptpavillon liegt am George Square (www.gcaf.co.uk).
Beltane *(30. Apr)*, Calton Hill, Edinburgh. Heidnisches Fest zur Begrüßung des Sommers (www.beltane.org).
Scottish Rugby Union Cup Final *(Ende Apr)*, Murrayfield Stadium, Edinburgh. Schottlands Rugbyveranstaltung (www.scottishrugby.org).

Mai

Shetland Folk Festival *(Anfang Mai)*. Traditionelle schottische Musik vor Inselkulisse (www.shetlandfolkfestival.com).
Imaginate *(vierte Woche)*, Edinburgh. Darstellende Künste für Kinder und junge Leute (www.imaginate.org.uk).
Knockengorroch World Ceilidh *(Ende Mai)*, Galloway. World- und Folk-Music-Festival mit Freudenfeuern und Workshops (www.knockengorroch.org.uk).

Scottish Grand National, bedeutendes Rennen auf dem Ayr Racecourse *(Apr)*

Durchschnittliche tägliche Sonnenstunden

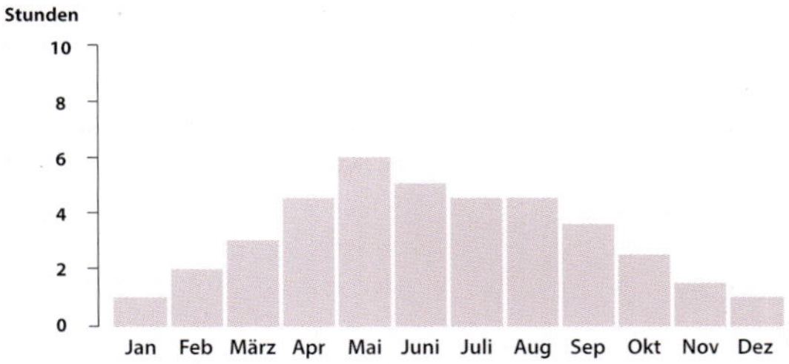

Sonnenschein
Auch wenn man Schottland nicht gleich mit viel Sonne verbindet: In den Sommermonaten sind die Tage doch überraschend lang und hell. Grund dafür ist die nördliche Lage. Sie ist für die relativ hohe Anzahl an Sonnenstunden zwischen April und August verantwortlich.

Sommer

Viele schottische Städte und Dörfer veranstalten eine eigene Version der Highland Games. Die Tage sind lang – auf Shetland gibt es zur Sonnenwende keine richtige Nacht. Im Süden geht die Sonne um 4.30 Uhr auf und gegen 22 Uhr unter.

Traditionelles Baumstammwerfen bei den Highland Games

Juni

Gardening Scotland *(Ende Mai/Anfang Juni)*, Edinburgh. Große Gartenausstellung (www.gardeningscotland.com).
Rockness Music Festival *(Anfang Juni)*, Inverness. Rock- und Techno-Festival am Loch Ness (www.rockness.co.uk).
Edinburgh International Film Festival *(Mitte Juni)*, Edinburgh. Weltweit ältestes Filmfestival (www.edfilmfest.org.uk).
Royal Highland Show *(Mitte Juni)*, Ingliston, Edinburgh. Landwirtschafts- und Lebensmittelmesse (www.royal highlandshow.org).
Glasgow International Jazz Festival *(Ende Juni)*, Konzerte in der ganzen Stadt.
St Magnus Festival *(dritte Woche)*, Orkney. Kunstfestival.

Juli

Scottish Game Fair *(erstes Wochenende)*, Scone Palace, Perth. Jagd- und Angel-Event.
T in the Park *(zweites Wochenende)*, Balado, Fife. Schottlands größtes Rockfestival (www.tinthepark.com).
Traditional Boats Festival *(Anfang Juli)*, Hafen von Portsoy, Banffshire. Fischereiausstellung (www.stbfportsoy.com).
Aberdeen Asset Management Scottish Open *(Mitte Juli)*, Aberdeen. Golfturnier, Teil der European Tour (www.aam scottishopen.com).
Speyfest *(Mitte Juli)*. Drei Tage lang Konzerte mit viel traditioneller keltischer Musik (www.speyfest.com).

August

Traquair Fair *(alle zwei Jahre Ende Juli/Anfang Aug: 2019)*, Innerleithen, Borders. Folk Music, Theater, Markttreiben.
Piping Live *(Mitte Aug)*, Glasgow. Einwöchiges Fest, unmittelbar danach beginnen die World Pipe Band Championships.

Musiker in historischen Gewändern beim Traquair Fair *(Juli/Aug)*

Edinburgh Festival *(Aug)*. »The Festival« umfasst ein internationales Kunstfestival, das Fringe Festival und weitere Veranstaltungen zu Fernsehen, Comedy, Büchern, Jazz und Blues *(siehe S. 84f)*.
Edinburgh Military Tattoo *(ganzer Aug)*. Beliebte Musikparade und -schau auf der Edinburgh Castle Esplanade (www.edintattoo.co.uk).
Edinburgh International Book Festival *(Aug)*. Bücherfestival in der Umgebung des Charlotte Square.

Stelzenläufer beim Fringe Festival in Edinburgh *(Aug)*

Durchschnittliche monatliche Niederschläge

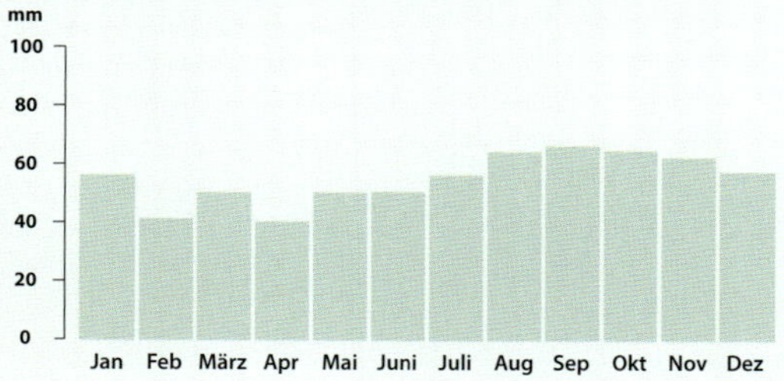

Niederschläge
An der Ostküste regnet es weniger als im Rest des Landes. Auf den nördlichen Inseln, den Inneren und Äußeren Hebriden und in den Western Highlands ist die Niederschlagswahrscheinlichkeit dreimal so hoch wie in Edinburgh, Tayside oder auf Fife.

Leuchtende Herbstfarben am Tay

Herbst

Erwischt man einen schönen Herbsttag auf dem Land, ist das Leuchten der Farben spektakulär. Schottlands Leben wird allmählich ruhig, doch der aufmerksame Besucher findet immer noch Sehenswertes. Im Oktober gibt es eine Woche Schulferien, die traditionell dafür gedacht waren, dass die Kinder bei der Kartoffelernte mithelfen konnten.

September

Ben Nevis Hill Race *(erster Sa)*, Fort William. Wettlauf auf den höchsten Berg von Großbritannien (www.bennevisrace.co.uk).

Braemar Gathering *(erstes Wochenende)*, Braemar, Aberdeenshire. Die führenden Highland Games *(siehe S. 35)*, bei denen oft Mitglieder des Königshauses anwesend sind (www.braemargathering.org).

Kugelstoßer in Braemar

Camanachd Cup Final *(Anfang Sep)*. Saisonhöhepunkt der Sportart Shinty, die mit Schläger und Ball gespielt wird. In einer der größten Städte der Highlands (www.shinty.com).

Pedal for Scotland *(Anfang Sep)*. Großes Radsport-Ereignis, darunter das 47-Meilen-Rennen Glasgow–Edinburgh (www.pedalforscotland.org).

Ayr Gold Cup *(Mitte Sep)*, Ayr Racecourse. Prestigeträchtiges Flachrennen (www.ayrracecourse.co.uk).

Wigtown Book Festival *(Ende Sep)*, Wigtown, Dumfries und Galloway. Schottlands erste offizielle »Buchstadt« begrüßt Bücherfreunde und Sammler (www.wigtownbookfestival.com).

Oktober

Glasgay *(Anfang Okt bis Anfang Nov)*. Die schwule und lesbische Kulturszene feiert an diversen Stätten in Glasgow, u. a. mit Film, Theater, Musik und Clubnächten (www.glasgay.co.uk).

Royal National Mod *(zweite Woche)*, jährlich wechselnder Veranstaltungsort. Förderung der gälischen Sprache und Kultur (www.acgmod.org).

Tiree Wave Classic *(Mitte Okt)*. Großbritanniens wichtigster Wettbewerb im Windsurfen findet vor der Küste der Inneren Hebriden statt (www.tireewaveclassic.co.uk).

Great Scottish Run *(Anfang Okt)*, Glasgow. Halbmarathon für jedermann (www.greatscottishrun.com).

November

St Andrew's Night *(30. Nov)*. Nationaltag des schottischen Schutzpatrons. Viele Abendgesellschaften.

Winter

In der Jahreszeit der kurzen Tage und der Kälte sind Weih-

Feiertage

New Year Neujahr *(1.–2. Jan)*.

Good Friday Karfreitag *(Ende März/Anfang Apr). Ostermontag ist kein Feiertag in Schottland.*

May Day Maifeiertag *(erster Mo im Mai)*.

Spring Bank Holiday *(letzter Mo im Mai)*.

Summer Bank Holiday *(erster Mo im Aug)*.

Christmas Day *1. Weihnachtsfeiertag (25. Dez)*.

Boxing Day 2. Weihnachtsfeiertag *(26. Dez)*.

Durchschnittliche monatliche Temperaturen

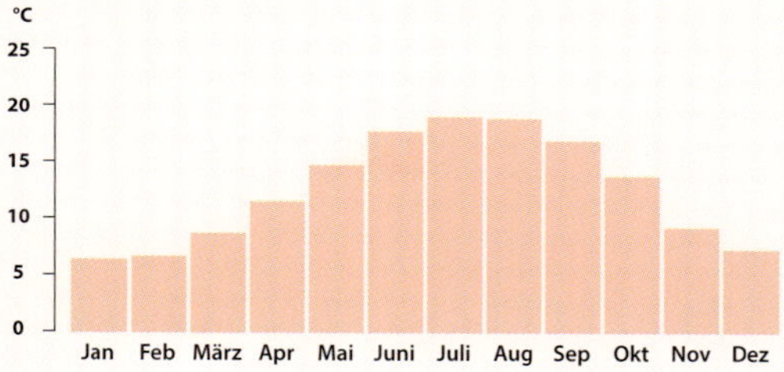

Temperaturen
Dieses Diagramm zeigt die mittleren monatlichen Temperaturen in Edinburgh. Der Westen von Schottland ist in der Regel wärmer als der Osten, während die Highlands sehr kalt sein können, teilweise ist dort auch mit viel Schnee zu rechnen.

nachts- und Neujahrsfeiern ein Highlight. Der *Haggis*-Konsum steigt Ende Januar zu der Burns Night merklich an. Die ruhige Zeit eignet sich jedoch auch bestens für ausgiebige Besuche der Museen und Galerien.

Dezember

Edinburgh's Hogmanay *(Ende Dez bis Anfang Jan)*. Veranstaltungen wie Umzüge und Straßentheater. Höhepunkt ist die Straßenparty zu Silvester (www.edinburghshogmanay.com).

Stonehaven Fireball Festival *(31. Dez)*. Ein alter Brauch. Über den Köpfen der Teilnehmer kreisen lodernde Feuerbälle, die am Hafen ins Meer geworfen werden. Verrückt, aber eine Riesenspaß (www.stonehavenfireballs.co.uk).

Edinburghs Royal Mile während Hogmanay *(Ende Dez – Anfang Jan)*

Januar

The Ba' Game *(1. Jan)*, Kirkwall, Orkney Islands. Eine alte schottische Tradition, das neue Jahr willkommen zu heißen. Mit Ballspiel der jungen Männer in den Straßen (www.bagame.com).

Celtic Connections *(zweite Hälfte des Monats)*, Glasgow. Zwei Wochen Musik und *ceilidhs* zu einem keltischen Leitmotiv (www.celticconnections.com).

Burns Night *(25. Jan)*. Schottland feiert die Geburt seines Nationaldichters mit Lesungen und »Burns Suppers«. *Haggis*, Kartoffeln, Rüben und Whisky gehören auf jeden Fall dazu.

Up Helly Aa *(letzter Di)*, Lerwick, Shetland Islands. Wikinger-Feuerfest zur Wintermitte.

Februar

Glasgow Film Festival *(Mitte Feb)*, Glasgow. Beliebtes Filmfestival (www.visitgff.glasgowfilm.org).

Schnee und Eis bedecken die Hochlagen der Highlands im Winter

Die Geschichte Schottlands

Schottland wurde viele Jahrhunderte lang durch Religionskonflikte sowie durch innenpolitische Kämpfe und Zwistigkeiten gespalten, von einem reicheren und noch mächtigeren Nachbarn begehrt und rund 400 Jahre lang als Partner und Verbündeter im erbitterten Machtkampf zwischen England, Frankreich und Spanien genauso heftig umworben wie bestraft. Die Schotten erlebten dabei Aufstieg und Fall, begegneten der Tragödie mit Romantik, der bitteren Armut mit Genialität und bewahrten dennoch immer wieder ihren kämpferischen Geist.

»Sie verbringen ihre Zeit in Kriegen, und wenn es keinen Krieg gibt, bekämpfen sie einander«, lautet eine Beschreibung der Schotten um das Jahr 1500. Für heutige Besucher Schottlands ist ein Großteil dieser turbulenten Geschichte noch greif- und sichtbar.

Die frühesten Siedler in der Region waren wohl keltische Iberer, die ihren weiten Weg von der Mittelmeer- über die Atlantikküste nach Schottland über eine damals noch existierende eiszeitliche Landbrücke fanden und dort vor rund 8000 Jahren landeten. Etwa 2000 v. Chr. errichteten ihre Nachfahren geheimnisvolle, majestätische Monolithe, die man über das ganze Land verstreut findet. Deren Anordnung bei Callanish auf den Western Isles zeugt von der Kenntnis astronomischer Zusammenhänge. Damals baute man auch unterirdische Rundhäuser und Festungen, die auf Invasionen und Kriege hindeuten.

Im Jahr 82 n. Chr. drangen römische Legionen in »Kaledonien«, wie sie das Land nannten, ein. Der römische Historiker Tacitus (um 58–um 120 n. Chr) berichtete von Siegen gegen die Pikten (das »bemalte Volk«) und andere Stämme. Trotzdem gelang es den Römern nicht, Kaledonien zu erobern. Stattdessen bauten sie den Hadrianswall von Wallsend an der Ostküste bis Bowness-on-Solway im Westen und später weiter nördlich den kürzeren Antoniuswall, um die Kaledonier auszugrenzen. Obwohl das Land vom übrigen Britannien isoliert war, geht man davon aus, dass der ursprüngliche schottische Kilt auf die römische Tunika oder Toga zurückgeht. Um das Jahr 400 n. Chr. hatten die Römer Britannien, ihren nördlichen Vorposten, verlassen, Schottland wurde in vier Stämme mit je eigenem König aufgeteilt: die Reiche der Pikten, Briten und Angeln im Süden sowie der Schotten, der kleinsten, ursprünglich aus Irland stammenden Gruppe, im Südwesten.

Im späten 4. Jahrhundert reiste der Schotte St Ninian nach Rom und baute nach seiner Rückkehr in Whithorn die wohl erste christliche Kirche in Schottland. In »Dalriada«, dem Königreich der Schotten, führte er das Christentum ein.

Skara Brae

4000 v. Chr.

3100 v. Chr. Skara-Brae-Siedlung, Orkney, nach Sturm verschüttet

2500 v. Chr.

2900–2600 v. Chr. Monolithe bei Callanish und andernorts zeugen von fortgeschrittener astronomischer Kenntnis

1000 v. Chr.

300 v. Chr. Beginn der Eisenzeit: Waffen werden verbessert

Römische Münze

82–84 n. Chr. Vorstoß der Römer; Eroberung von »Kaledonien« scheitert

121 n. Chr. Bau des Hadrianswalls

400 n. Chr. Römer verlassen kaledonische Vorposten. Pikten, Schotten, Briten und Angeln gründen eigene Königreiche

500 n. Chr.

◀ *Rückkehr von Mary, Queen of Scots, nach Edinburgh 1561* von James Drummond (1816–1877)

Christentum und Vereinigung

Das Christentum, das zunächst in der Gegend um Whithorn an der Solway Coast verbreitet wurde, setzte sich durch, als der große Krieger-Missionar aus Irland, St Columban, nach Schottland kam und 563 auf der Hebrideninsel Iona ein Kloster gründete. Von seinem Eifer beflügelt, breitete sich die neue Religion rasch aus. Bis zum Jahr 800 hatte Iona großen Einfluss gewonnen, Columbans Mönche arbeiteten in ganz Europa.

Die keltische, am klösterlichen Leben orientierte Kirche blieb ihrem Wesen nach einsiedlerisch. Im Zentrum standen Andacht und Gelehrsamkeit. Zu Kunstwerken dieser Zeit gehört das *Book of Kells*. Die reich verzierte Handschrift wurde wohl zwischen 7. und 9. Jahrhundert auf Iona geschrieben und wegen der Wikingereinfälle zur Aufbewahrung nach Irland gebracht.

Die allen gemeinsame Religion erleichterte die Verschmelzung der Stämme. Im Jahr 843 vereinigten sich die Pikten mit den Skoten unter deren König Kenneth MacAlpin. Dabei verloren die ehemals so starken Pikten ihre Eigenständigkeit. Geblieben sind ihre herrlichen Steingravuren mit verwobenen Mustern und viele wundersame Mythen.

890 begannen die verheerenden Wikingerüberfälle. Danach waren die Western Isles (Äußeren Hebriden) 370 Jahre, die Shetland und Orkney Islands fast 600 Jahre lang besetzt. Die Überfälle veranlassten die Briten, sich »Scotia« anzuschließen. 1018 wurden die Angeln besiegt, Schottland war zum ersten Mal ein vereintes Königreich.

Eine Seite aus dem reich verzierten *Book of Kells*, nun aufbewahrt im Trinity College, Dublin

Wikingeraxt

Feudalismus und Clans

Unter dem Einfluss von Margaret, seiner englischen Frau, vollzog Malcolm III (1057–93) die Abkehr von der gälischen Kultur und Sprache, die den größten Teil Schottlands prägten, und wandte sich der englischen Kultur zu. Die Kluft wurde unter dem »guten König« David I (1124–53) noch größer. Auf seinem Land entstanden Städte *(burghs)*, die für Abgaben an den König Handelsprivilegien erhielten. David I führte ein nationales Rechtssystem, Gewichte und Maße

563 Columban gründet ein Kloster auf Iona und verbreitet das Christentum, eine Hilfe bei der Einigung der Stämme

685 Der Piktenkönig Bruide schlägt die Angeln von Northumbria bei Forfar in Angus

Kreuz des hl. Martin, Iona

843 Pikten und Schotten werden unter Kenneth MacAlpin vereint; Untergang der Pikten-Kultur

890 Besetzung der Northern und Western Isles durch die Wikinger

1018 König Malcolm von Scotia schlägt die Angeln. Sein Enkel Duncan vereint Schottland; ausgeschlossen bleiben die von Wikingern besetzten Inseln

600 | 700 | 800 | 900 | 10

sowie in den Lowlands ein anglo-normannisches Feudalsystem ein. Seine Macht basierte auf einer meist französisch sprechenden Aristokratie und einem System der Landpacht. Der Versuch, dieses System auch dem Norden aufzuzwingen, scheiterte, denn dort hatte man seine eigenen »Könige«, die Lords der Inseln. In den Highlands entwickelte sich ein auf Verwandtschaft, d. h. auf Clans basierendes System. Der Chief war ein Patriarch, der im Namen seines Volkes Land besaß. Die Position war vererbbar, das Oberhaupt musste sich jedoch seinem Clan gegenüber verantworten und konnte – im Gegensatz zu den Feudalherren – durch gemeinsamen Beschluss abgesetzt werden. Dieser Unterschied spiegelte sich auch auf nationaler Ebene wider: In England hieß der Monarch »King of England«, in Schottland »King of Scots«.

Der Löwe von Schottland, 1222

Schottland war am Boden und schien verloren. Doch William Wallace führte einen Aufstand an und entfachte bis zu seiner Gefangennahme und Hinrichtung sechs Jahre später die Hoffnung der Schotten neu. Robert the Bruce stellte eine Armee auf, die mit ihrem Sieg über die Engländer in der Schlacht von Bannockburn bei Stirling am 23. Juni 1314 den Lauf der Geschichte veränderte: Die Schotten sahen sich einer übermächtigen englischen Armee gegenüber, die weitaus bessere Waffen besaß. Doch Bruce hatte Schauplatz und Strategie klug gewählt: Trotz der geschickten Bogenschützen und der Kavallerie Englands errangen die Schotten den Sieg. Die Unabhängigkeit Schottlands war zurückgewonnen, doch erst 1329 wurde der souveräne Status durch eine päpstliche Bulle anerkannt. Die Kriege mit England dauerten jedoch weitere 300 Jahre an.

Unabhängigkeitskriege und Schlacht von Bannockburn

Der Löwe des schottischen Wappens erschien erstmals im Jahr 1222 auf dem Siegel Alexanders II. Als die Tochter Alexanders III 1290 im Kindesalter starb, gab es keinen Thronfolger. Edward I von England setzte einen Marionettenkönig ein, ordnete 1296 eine Invasion an und verschleppte den »Schicksalsstein«, den schottischen Krönungsthron, nach London.

Robert the Bruce im Kampf in der Schlacht von Bannockburn (1314)

1124–53 David I setzt normannisches Feudalsystem durch; Clan-System in den Highlands

1296 Edward I bringt den »Schicksalsstein« von der Scone Abbey nach Westminster

1320 Schotten schicken die Declaration of Arbroath, ihre Unabhängigkeitserklärung, an den Papst

1100 | **1200** | **1300** | **1400**

1154 Der »Süden« fällt an England

1263 Rückgewinnung der Western Isles

1328/29 Unabhängigkeit und Souveränität durch Vertrag mit England und päpstliche Bulle bestätigt

1314 Robert the Bruce schlägt Engländer bei Bannockburn

1326 Sitzung des ersten schottischen Parlaments

Edward I (1239–1307)

Stuarts
1371 begann die Dynastie der Stuarts, einer mit Intelligenz und Gespür gesegneten, aber tragödienbehafteten Familie. James I führte Rechtsreformen durch und gründete die erste Universität. James III heiratete die Tochter von König Christian von Norwegen und gewann damit die Orkney und Shetland Islands. Die berühmteste Stuart war Mary, Queen of Scots (1542–1587), die den Thron schon als Kind bestieg.

Die in Frankreich erzogene Mary war schön, intelligent und geistreich, ihre Herrschaft aber nicht unproblematisch. Sie war Katholikin in einem Land, das zum Protestantismus überwechselte, und eine Bedrohung für Elizabeth I, deren Anspruch auf den englischen Thron umstritten war. Marys unkluge Wahl ihrer Ehemänner befremdete potenzielle Anhänger.

Als sie mit 18 nach Schottland zurückkehrte, war sie bereits die Witwe des französischen Thronerben. Nur sechs Jahre war sie Königin der Schotten. Sie heiratete erneut, es kam jedoch zu einem Skandal, als ihr zweiter Ehemann ihren Sekretär ermordete und danach sich selbst umbrachte. Mary schloss ein drittes Mal den Ehebund, jedoch akzeptierten weder die Kirche noch das Volk diesen Schritt. Nach ihrer Entthronung und Gefangennahme floh Mary nach England, wo sie 18 Jahre lang eingesperrt und dann auf Befehl ihrer Cousine Elizabeth I hingerichtet wurde.

Der protestantische Märtyrer George Wishart stirbt 1546 auf dem Scheiterhaufen

Reformation
Bis zu Marys Herrschaft war in Schottland wie im übrigen Europa die römisch-katholische die offizielle Religion. Die Kirche Roms war mächtig, selbstsüchtig und hatte sich vom Volk entfernt. Als Martin Luther 1517 in Deutschland die Reformation einleitete, griff der Protestantismus auch auf Schottland über. Führend war hier der aufwieglerische Prediger John Knox *(siehe S. 62)*, der nicht zögerte, Mary zu denunzieren. Es folgte eine lange Ära voller religiöser Konflikte, zunächst zwischen den Anhängern Roms und Protestanten. Als man den Katholizismus verdrängt hatte, flammten die Konflikte zwischen Presbyterianern und Episkopalen auf. Dabei ging es um Kirchenstrukturen und die Form der Andacht. Ihre Fehden währten 150 Jahre.

Mary, Queen of Scots, aus dem Hause Stuart

Feldbanner von Flodden

1450 | 1500 | 1550 | 1600

1472 Orkney und Shetland fallen an Schottland zurück

1488–1513 James IV regiert; Edinburgh wird Hauptstadt

1513 10 000 Schotten sterben in der Schlacht von Flodden

1542–67 Mary, Queen of Scots, regiert

1559 John Knox führt die Reformation in Schottland an

1587 Mary wird auf Befehl Elizabeths I hingerichtet

1603 Union der Kronen. James VI von Schottland wird James I von England und zieht nach London

James VI (1566–1625)

Englisch-schottischer Unionsvertrag, unterzeichnet am 22. Juli 1706 und angenommen 1707

Union mit England

Marys Sohn, James VI, hatte 36 Jahre lang regiert, als er englischer Thronfolger wurde. 1603 verlegte er seinen Hof nach London. Schottland behielt zwar sein eigenes Parlament, der eigenständige Handel wurde wegen der restriktiven englischen Gesetze aber immer schwieriger für das Land. 1698 versuchte man, das englische Außenhandelsmonopol zu brechen, indem man eine eigene Kolonie in Panama gründete. Der Plan scheiterte, Schottland war finanziell praktisch am Ende.

Der Prediger John Knox

Einflussreiche Schotten sahen die Union als Garant für gleiche Handelsrechte. England betrachtete sie als Sicherung der protestantischen Thronfolge, da die abgesetzten Stuarts drohten, den katholischen Zweig wieder einzusetzen. James VII wurde 1688 abgesetzt und floh nach Frankreich. 1707 wurde im Act of Union die Vereinigung ausgerufen und das schottische Parlament aufgelöst.

Bonnie Prince Charlie und die Jakobiten

1745 landete Prinz Charles Edward Stuart, Enkel James' VII, mit sieben Männern heimlich an der westlichen Highland-Küste. Die von Frankreich ursprünglich versprochene Entsendung von 12 000 Soldaten blieb jedoch aus. Sein Aufruf zur Entmachtung des britischen Königs George II, aus dem Haus Hannover, stieß bei den Highland-Chiefs nur auf geringe Resonanz. Zudem wurde sein erstaunlich erfolgreicher Vorstoß durch die unentschlossene Führung vereitelt. Die geschwächte Rebellenarmee stand schon 200 Kilometer vor London, als sie sich plötzlich zurückzog. Bei Culloden besiegte die Regierungsarmee (u. a. bestehend aus Engländern, Hannoveranern und regierungstreuen Schotten) die Jakobiten (Stuarts) am 16. April 1746. Bonnie Prince Charlie wurde sechs Monate lang fieberhaft verfolgt, trotz einer ausgeschriebenen Belohnung von 30 000 Pfund aber nie verraten.

Schottische Jakobiten mit Federhut werden von Royalisten bei Glen Shiel in den Highlands angegriffen, 1719

1642 Bürgerkrieg in England

1692 Massaker von Glencoe – Ermordung der MacDonalds durch Soldaten Campbells soll Exempel statuieren

MacDonald-Schild

1745/46 Jakobitenaufstand; Bonnie Prince Charlie will den Thron zurückgewinnen, verliert aber die Schlacht von Culloden und flieht

1650 | 1700 | 1750

1689 James VII verliert bei dem Versuch, den Katholizismus wieder einzuführen, seinen Thron

1698 1. Darien-(Panama-)Expedition, um Handelskolonie zu gründen; Bank of Scotland gegründet

1706/07 Union der Parlamente; schottisches Parlament aufgelöst

1726 Straßenbau unter General Wade

1746 Abschaffung feudaler Rechtsprechung

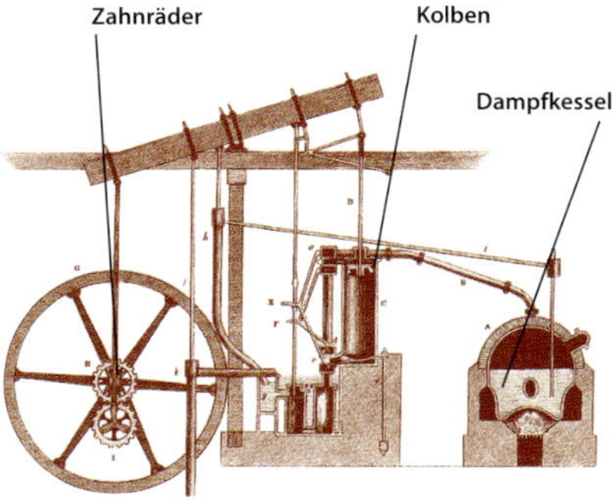

James Watts Dampfmaschine führte zur Verlagerung von der Wasser- zur Dampfkraft

Nachspiel von Culloden und »Säuberungswelle«

Culloden war der Wendepunkt in der Geschichte der Highlands. Die Schlacht wurde mit unglaublich repressiven Maßnahmen vergolten. Ein Gesetz verbot das Tragen von Tartans und Waffen sowie das Dudelsackspielen. Die Blutsbande zwischen Oberhaupt und Volk wurden zerschlagen und eine Gesellschaftsform vernichtet. Die Chiefs übernahmen die Rolle der Feudalherren. Das Land, das sie einst im Namen des Volkes besessen hatten, wurde ihr Privateigentum. Als sie befanden, dass ihr Land günstig für die Schafzucht sei, wurden die dort lebenden Menschen verjagt (»Highland Clearances«).

Die Ausweisung oder »Entvölkerung« begann um 1760. Manchmal ging sie dank finanzieller Anreize friedlich vonstatten, meist wurde sie aber mit Gewalt und Brandschatzung erzwungen. Die bekannteste fand 1814 auf den Ländereien des Herzogs von Sutherland statt. Als um 1860 durch Queen Victoria Highlands und Hirschjagd populär wurden, waren die Täler Schottlands so gut wie verlassen.

Industrialisierung und Schottische Aufklärung

Während die Highlands entvölkert wurden, erlebte der südliche Teil Schottlands einen Aufschwung. Im 18. Jahrhundert waren Glasgows Tabaklords lange Zeit in Europa marktbeherrschend. Leinen, Baumwolle und Kohle entwickelten sich zu herausragenden nationalen Industrien.

Die Wirtschaft und Gesellschaft verändernde industrielle Revolution, angestoßen durch James Watts Erfindung der Dampfmaschine, brachte der Nation Reichtum, jedoch auf Kosten von Gesundheit und sozialen Bedingungen. Glasgow wurde zur »Werkstatt des Empire« und behielt diesen Ruf bis zum Niedergang der Schiffbauindustrie im 20. Jahrhundert.

Eine Werft in Clydeside, die inzwischen geschlossen wurde

1769 James Watt patentiert die Dampfmaschine

1786 Robert Burns veröffentlicht *Poems, Chiefly in the Scots Dialect*

1814 »Das Jahr der Brände« oder die Sutherland-Säuberungswelle

1832 Sir Walter Scott wird in der Dryburgh Abbey begraben

1840 Eine blühende Schiffbau- und Baumwollindustrie lassen Glasgows Bevölkerung auf 200 000 ansteigen

1848 Queen Victoria nutzt Balmoral als Rückzugsort; schottische Kultur kommt bei Engländern in Mode

Frühes Telefon

1876 Alexander Graham Bell lässt erstes Telefon patentieren

1886 Crofters-Gesetz sichert Pachtbesitz und faire Pacht

1888 Scottish Labour Party von J. K. Hardie gegründet

1775 | 1800 | 1825 | 1850 | 1875 | 19

Im 18. Jahrhundert brachte Schottland viele Dichter und Denker hervor *(siehe S. 30f)*, z. B. den Philosophen David Hume, den Ökonomen Adam Smith und den »Barden der Menschlichkeit« Robert Burns. Im 19. Jahrhundert war Schottlands Architektur führend in ganz Europa, wovon die Entwicklung von Edinburghs New Town *(siehe S. 70f)* zeugt. Die Erweiterung von 1822 war ein Modell, dessen Eleganz seinesgleichen sucht. Zu den Bewohnern der georgianischen Häuser zählte Sir Walter Scott (1771–1832), einer der frühen Bestseller-Autoren.

Ölbohrinseln sorgten Ende des 20. Jahrhunderts für Wohlstand

Prozess der Dezentralisierung

Die praktische Umsetzung des Unionsvertrags von 1707 *(siehe S. 49)* machte deutlich, dass England und Schottland keinesfalls gleichberechtigt sein sollten. Politisches Zentrum war nun Westminster. Dieses systemimmanente Ungleichgewicht zugunsten Englands führte zum Gefühl der Ohnmacht. Die 1934 gegründete Scottish National Party (SNP) galt lange Zeit vielen als zu extrem. Die Förderung von Nordseeöl seit Ende der 1960er Jahre indes stärkte Schottlands Wirtschaft. 1997 stimmten die Schotten bei einem Referendum der Labour-Regierung mehrheitlich für die Wiedereinsetzung eines eigenen Parlaments, die 1999 vollzogen wurde.

Bei den Parlamentswahlen 2011 erreichte die SNP erstmals die absolute Mehrheit, die Regierung unter Alex Salmond wurde damit bestätigt. Im September 2014 wurde ein Referendum über die Unabhängigkeit Schottlands abgehalten, bei dem sich die Bevölkerung mehrheitlich für einen Verbleib bei Großbritannien entschied. Nach dem dadurch bedingten Rücktritt Salmonds wurde Nicola Sturgeon (SNP) Regierungschefin, bei den Wahlen vom Mai 2016 setzte sich erneut die SNP durch.

Bei der Abstimmung über den EU-Austritt Großbritanniens (»Brexit«) im Juni 2016 votierten die Schotten – entgegen dem Landestrend – mit großer Mehrheit (ca. 62 %) für den Verbleib des Landes in der Europäischen Union.

Sitzungssaal des im Jahr 2004 eröffneten schottischen Parlamentsgebäudes in Edinburgh

1914–18 74 000 Schotten sterben im Ersten Weltkrieg

1931 Wirtschaftskrise – 65 Prozent Arbeitslose auf Clyde-Werften

1967 Nordseeöl-Förderung beginnt

1996 Rückgabe des »Schicksalssteins« *(siehe S. 64)*

1999 Schottisches Parlament wiedereingesetzt

2011 SNP erreicht bei schottischen Parlamentswahlen die absolute Mehrheit

1925 **1950** **1975** **2000** **2025**

1920 Hugh MacDiarmid macht Schottisch wieder zur Literatursprache

1945 Alexander Fleming bekommt Nobelpreis

1934 Scottish National Party gegründet

»Schicksalsstein«

2004 Eröffnung des neuen Parlamentsgebäudes

2016 »Brexit«-Abstimmung: Schotten votieren mehrheitlich für Verbleib Großbritanniens in der EU

2014 Referendum über die Unabhängigkeit Schottlands

DIE REGIONEN SCHOTTLANDS

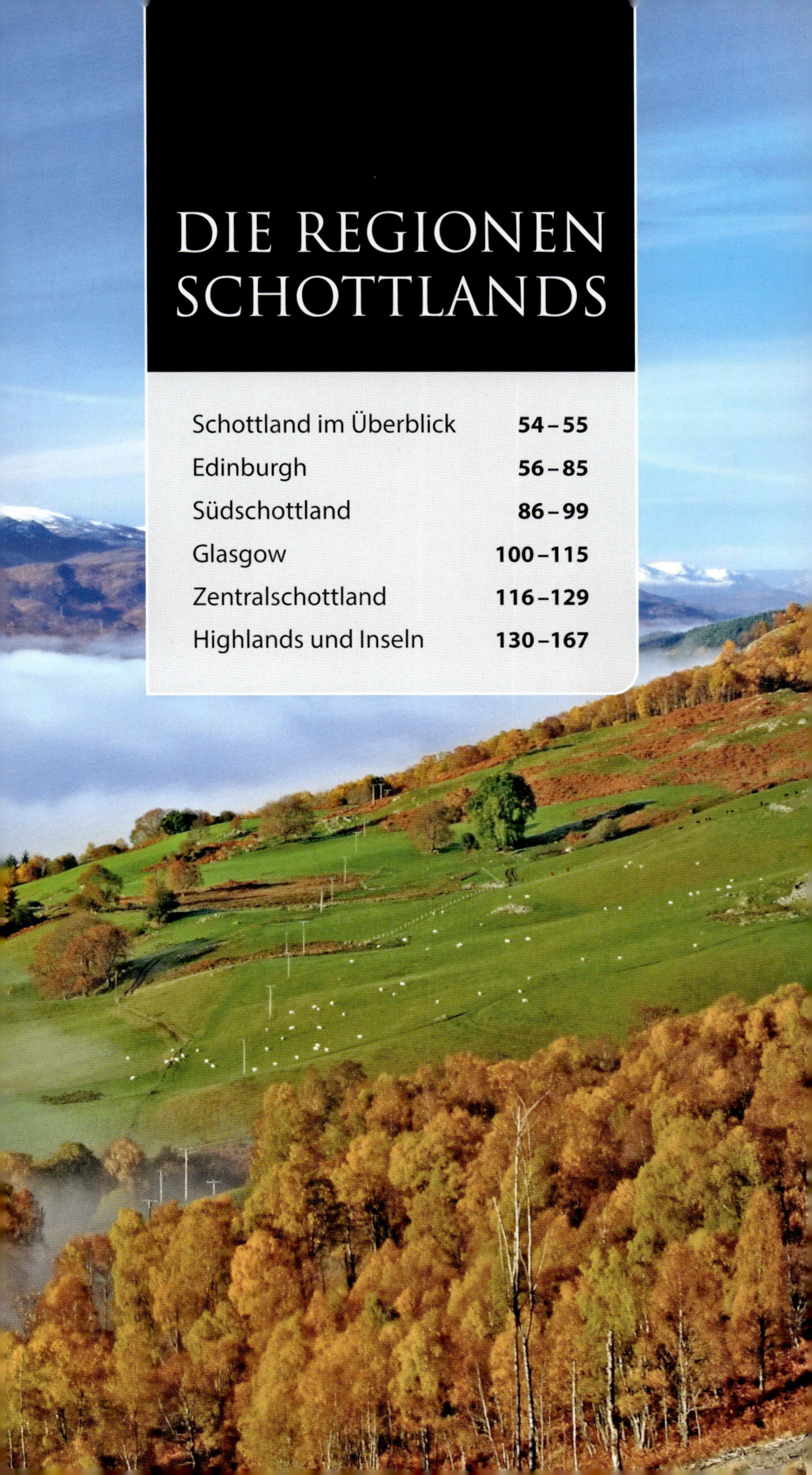

Schottland im Überblick

Die schottische Landschaft, die sich von saftigen Weiden in den Borders bis zu den Western Isles in fast arktischen Breiten erstreckt, bietet eine in Großbritannien einzigartige Vielfalt. Glasgow und Edinburgh sind Städte mit vielen kulturellen Sehenswürdigkeiten. Der Nordosten zeichnet sich durch eine artenreiche Tierwelt aus. Je weiter man nach Norden fährt, umso gebirgiger wird die Landschaft. Auf den Hebriden finden sich die ältesten historischen Zeugnisse Schottlands.

Skye *(siehe S. 156f)* ist bekannt für einzigartige Felsformationen. Die Küste ist eine der schönsten Schottlands. An der Ostseite ergießt sich ein Wasserfall über Kilt Rock. Das Muster der Klippen aus Basalt erinnert an die schottische Nationaltracht – daher der Name des Felsens.

The Trossachs *(siehe S. 122f)* sind ein wunderschönes Hügelland zwischen den Highlands und den Lowlands. In ihrem Herzen erheben sich die bewaldeten Hänge von Ben Venue über die stillen Wasser des Loch Achray.

Die Burrell Collection *(siehe S. 110f)* ist in einem geräumigen, gläsernen Bau aus dem Jahr 1983 am südlichen Stadtrand von Glasgow untergebracht. Sie beherbergt eine der größten Kunstsammlungen der Stadt.

Culzean Castle *(siehe S. 98f)*, erbaut von Schottlands berühmtestem Architekten Robert Adam (1728–1792), thront auf einem Felsvorsprung am Firth of Clyde inmitten eines ausgedehnten Landschaftsparks.

◀ **Talnebel im Tummel Valley, nahe Pitlochry *(siehe S. 143)* in den Highlands**

The Cairngorms *(siehe S. 144f)* sind berühmt für ihre Flora und Fauna sowie zahlreiche historische Denkmäler, darunter auch der Steinbogen bei Carrbridge aus dem 18. Jahrhundert.

Royal Deeside *(siehe S. 148f)* in den Grampians wird seit 1852 mit der Königsfamilie assoziiert, als Königin Victoria Balmoral Castle kaufte.

Edinburgh *(siehe S. 56–85)* ist die Hauptstadt Schottlands. Zwischen mittelalterlicher Burg und Palace of Holyroodhouse liegt die Royal Mile mit historischen Gebäuden, dem schottischen Parlamentsgebäude und dem Haus von John Knox. In der Neustadt dominieren georgianische Herrenhäuser.

Edinburgh

Die historische Bedeutung Edinburghs, der Hauptstadt Schottlands, ist unbestritten. Überall in der Stadt finden sich alte Gebäude, das schottische Parlament tagt unweit der königlichen Residenz Palace of Holyroodhouse. Die große Vielfalt historischer und kultureller Attraktionen lockt zahlreiche Besucher aus aller Welt an.

Der Burgberg Edinburghs ist schon seit etwa 1000 v. Chr. befestigt, was angesichts seiner strategischen Lage über dem Firth of Forth nicht verwundert. Die Burg beherbergt das älteste Gebäude der Stadt, St Margaret's Chapel (11. Jh.). Nur etwas später gründete Margarets Sohn, König David I, eine Meile östlich davon die Holyrood Abbey. Die Stadt, die sich entlang der »Royal Mile«, der Verbindungsstraße zwischen beiden Gebäuden, ausbreitete, wurde eine beliebte Adelsresidenz, gleichwohl Edinburgh erst unter James IV (1488–1513) die Hauptstadt Schottlands wurde. 1498 ließ der König den Palace of Holyroodhouse als königlichen Wohnsitz errichten und machte Edinburgh zum Verwaltungszentrum.

Die Übervölkerung der Altstadt zwang Reich und Arm, auf engstem Raum zusammenzuleben. Der Bau der georgianischen New Town im späten 18. Jahrhundert bot den Wohlhabenden eine Ausweichmöglichkeit, doch noch heute verbindet man Edinburgh mit sozialen Extremen. Die Stadt besitzt hohe Gerichtshöfe und ist nach London das wichtigste Finanzzentrum Großbritanniens sowie Sitz des schottischen Parlaments. Bankiers und Anwälte geben den Ton an: Die kühnsten Bauprojekte der vergangenen Jahre wurden von Finanzunternehmen in Auftrag gegeben. Die nach dem Zweiten Weltkrieg errichteten Siedlungen erinnern jedoch noch heute an die einstige Armut in der Altstadt. Edinburgh verfügt über viele Museen und Galerien. Während des Festivals im Sommer kommen zu Edinburghs 493 000 Einwohnern noch mindestens ebenso viele Besucher hinzu.

Auftritt eines Jongleurs beim alljährlichen Edinburgh Festival *(siehe S. 84f)*

◀ **Dugald Stewart Monument und das Zentrum von Edinburgh, Blick vom Calton Hill** *(siehe S. 72)*

Überblick: Edinburgh

Das Zentrum Edinburghs wird durch die Princes Street, die Haupteinkaufsstraße, in zwei Hälften geteilt. Im Süden liegt die Old Town, die sich vom Burgberg im Westen bis zum Palace of Holyroodhouse im Osten entlang der Royal Mile erstreckt. Ende des 18. Jahrhunderts begann man im Norden der Princes Street mit dem Bau der New Town. Das Viertel mit seinen eleganten Fassaden und breiten Straßen gilt bis heute als erstklassiges Beispiel georgianischer Stadtarchitektur. In der Princes Street finden sich Läden, Kunstgalerien, das Scott Monument, der Uhrenturm des Balmoral Hotels sowie Waverley Station, der Hauptbahnhof der Stadt.

North Bridge (1772), die Hauptverbindung zwischen Old Town und New Town

Weitere Zeichenerklärungen *siehe hintere Umschlagklappe*

In Edinburgh unterwegs

Edinburghs Zentrum lässt sich bequem zu Fuß erkunden. Alternativ kann man einen Bus oder ein Taxi nehmen. Lassen Sie den eigenen Wagen besser stehen: Die Straßen sind meist verstopft und Parkplätze Mangelware. Auf allen Hauptstraßen gibt es eigene Spuren für Busse, Taxis und Fahrräder. Auch die Vororte der Stadt haben ein gut ausgebautes Netz an Fahrradwegen. Seit 2014 verkehrt in Edinburgh – erstmals seit 1956 – wieder eine Straßenbahn.

Sehenswürdigkeiten auf einen Blick

Historische Viertel, Straßen und Gebäude

- ❶ *The Royal Mile S. 60–63*
- ❷ *Edinburgh Castle S. 64f*
- ❸ The Exchange
- ❹ Greyfriars Kirk
- ❾ *New Town S. 70f*
- ⓫ Palace of Holyroodhouse
- ⓭ Scottish Parliament

Denkmal

- ❼ Scott Monument

Wahrzeichen

- ❿ Calton Hill
- ⓮ Holyrood Park und Arthur's Seat

Museen, Ausstellungen und Sammlungen

- ❺ National Museum of Scotland *S. 68f*
- ❻ Scottish National Gallery
- ❽ Scottish National Portrait Gallery
- ⓬ Our Dynamic Earth

❶ Royal Mile: Westteil

Die Royal Mile erstreckt sich über vier alte Straßen (vom Castle Hill bis Canongate). Bereits im Mittelalter war sie die wichtigste Durchgangsstraße der Stadt. Sie verbindet die Burg mit dem Palace of Holyroodhouse. Die »Old Town« war von Stadtmauern eingezwängt und wuchs deshalb in die Höhe. In den Gassen, abseits der Royal Mile, kann man die mittelalterliche Vergangenheit Edinburghs noch immer erahnen.

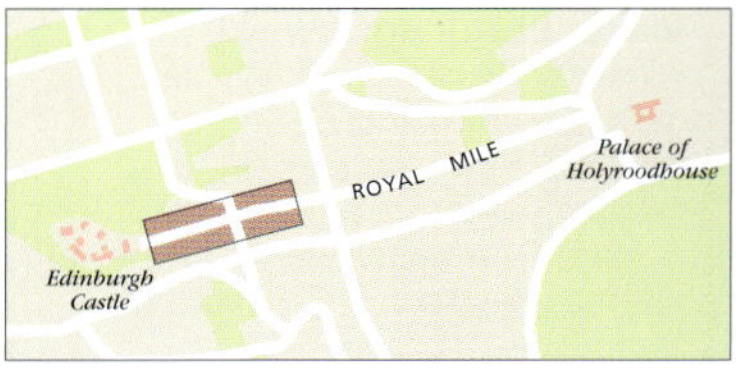

Zur Orientierung

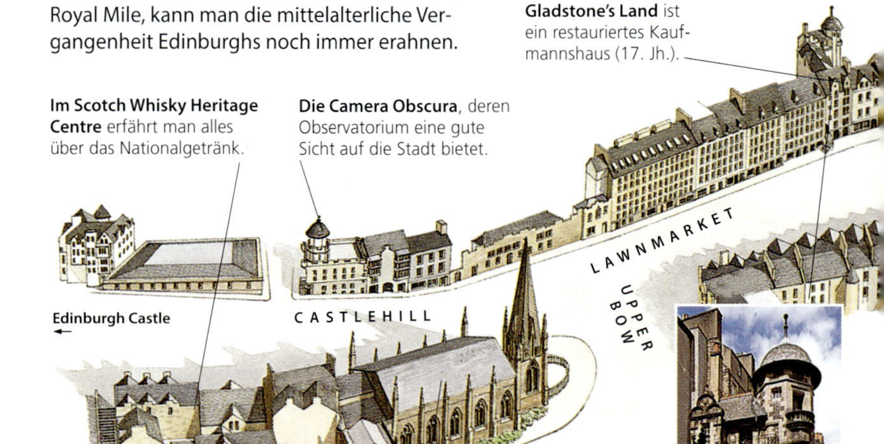

Writers' Museum Dieses Haus (17. Jh.) zeigt Leben und Werke der Schriftsteller Burns, Scott und Stevenson.

Camera Obscura

(0131) 226 3709. Apr–Okt: tägl. 9.30–19 Uhr (Juli, Aug: 9–22 Uhr); Nov–März: tägl. 10–18 Uhr. **camera-obscura.co.uk**

Die unteren Stockwerke des Gebäudes stammen aus dem frühen 17. Jahrhundert. Hier lebte einstmals der Laird of Cockpen. Im Jahr 1852 fügte Maria Short die obere Etage, die Aussichtsterrasse und die Camera Obscura hinzu, eine große Lochkamera, die das Treiben in der Stadt zeigt. Sie ist noch immer eine Attraktion Edinburghs.

Schlafzimmer in Gladstone's Land

Gladstone's Land

477b Lawnmarket. (0131) 226 5856. Ostern–Okt: tägl. 10–17 Uhr (Juli, Aug: bis 18.30 Uhr; letzter Einlass 30 Min. vor Schließung). Erdgeschoss. nach Vereinbarung. NTS **nts.org.uk**

Das restaurierte Kaufmannshaus (17. Jh.) zeigt das Leben in einem typischen Altstadtgebäude, bevor die Wohlhabenden wegen der Übervölkerung in die nordwestlich gelegene New Town zogen.

»Lands« nannte man damals hohe, schmale, auf kleinen Grundstücken errichtete Gebäude. Das sechsstöckige Haus von 1617 wurde nach dem Erbauer, dem Kaufmann Thomas Gladstone, benannt. An der Stadtseitenfassade sieht man noch die ursprünglichen Arkadenlauben.

Das Haus ist extravagant möbliert, enthält aber auch Gegenstände wie hölzerne Überschuhe, die man in den schmutzigen Straßen tragen musste und die an die unerfreulichen Seiten des damaligen Altstadtlebens erinnern.

Eine Truhe in der herrlichen Painted Chamber soll das Geschenk eines holländischen Kapitäns an einen schottischen Kaufmann sein, der ihn vor Schiffbruch bewahrte.

Das ähnliche Morocco's Land *(siehe S. 63)* liegt östlich auf dem Canongate.

Hotels und Restaurants in Edinburgh *siehe Seiten 172f und 181–183*

Die Signet Library mit ihren herrlichen Innenräumen kann auf schriftliche Anfrage hin besucht werden.

St Giles Cathedral mit der schönen Thistle Chapel und mehreren Dudelsack spielenden Engelsfiguren.

Die City Chambers wurden um 1750 von John Adams entworfen.

Das Heart of Midlothian ist eine Anordnung von Granit-Pflastersteinen auf dem ehemaligen Gefängnisgelände.

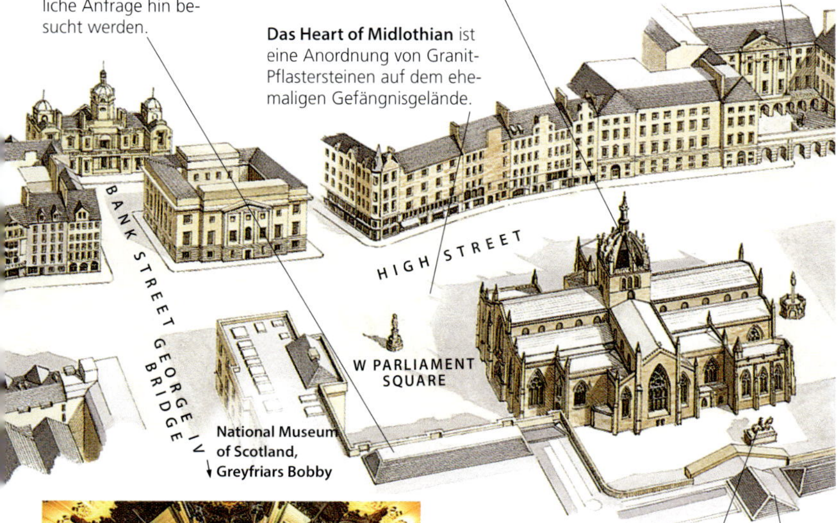

Die Statue Charles' II zollt dem Monarchen Tribut, der 1679 die Covenanters in der Schlacht von Bothwell Brig besiegte.

Das Parliament House entstand 1639. Das schottische Parlament tagte hier von 1640 bis zu seiner Auflösung nach der Vereinigung beider Parlamente 1707.

Rippengewölbe in der Thistle Chapel, St Giles Cathedral

Writers' Museum

Lady Stair's Close. (0131) 529 4901. Mi–Sa 10–17, So 12–17 Uhr). **edinburgmuseums.org.uk**

Die Stadtvilla (1622) erwarb Elizabeth, Dowager Countess of Stair, 1720, seither heißt sie Lady Stair's House. Der offizielle Name verweist auf das Museum mit Erinnerungsstücken von Robert Burns, Walter Scott und Robert Louis Stevenson.

Parliament House

Parliament Sq, High St. (0131) 225 2595. Mo–Fr 9–17 Uhr. teilweise. **scotcourts.gov.uk**

Das italienisch anmutende Gebäude wurde um 1630 für das schottische Parlament errichtet. Seit der Union der Parlamente *(siehe S. 49)* im Jahr 1707 tagt hier der schottische Gerichtshof. Ein Besuch lohnt nicht nur wegen der vielen Advokaten mit ihren Roben und Perücken, sondern auch wegen der schönen Buntglasfenster in der Halle, die an die Eröffnung des Zivilgerichts durch König James V 1532 erinnern.

St Giles Cathedral

Royal Mile. (0131) 225 9442. Mai–Sep: Mo–Fr 9–19, Sa 9–17, So 13–17 Uhr; Okt–Apr: Mo–Sa 9–17, So 13–17 Uhr. teilweise. Spende. nach Vereinbarung. **stgilescathedral.org.uk**

Offiziell heißt sie High Kirk of Edinburgh, die Bezeichnung als Kathedrale entbehrt nicht einer gewissen Ironie: Die Kirche war zwar im 17. Jahrhundert zweimal Bischofssitz, doch dann führte John Knox von hier aus die Reformation an, die das von der Autorität der Bischöfe unabhängige Gemeindeleben betonte. Eine Tafel zeigt an, wo Jenny Geddes 1637 einen Sieg für die Covenanters errang, als sie ihren Stuhl einem englischen Prediger entgegenschleuderte. Das gotische Äußere des Kirchenbaus prägt ein Turm (15. Jh.), der im 19. Jahrhundert nicht restauriert wurde. Innen ist die Thistle Chapel mit Schnitzwerk am Ziergiebel sehenswert. Die Kapelle ehrt die Ritter des Order of the Thistle. Die königliche Bank im Preston-Flügel ist für Elizabeth II vorgesehen.

Dudelsack spielender Engel, Kathedrale

Royal Mile: Ostteil

Zwischen High Street und Canongate führt die Royal Mile an zwei Denkmälern der Reformation vorbei: am Haus von John Knox und an der Tron Kirk. Canongate war ein unabhängiger Bezirk, der den Kanonikern der Abbey of Holyrood gehörte. Teile der Südseite wurden restauriert. Jenseits von Morocco's Land erstreckt sich der zweite Abschnitt zum Palace of Holyroodhouse.

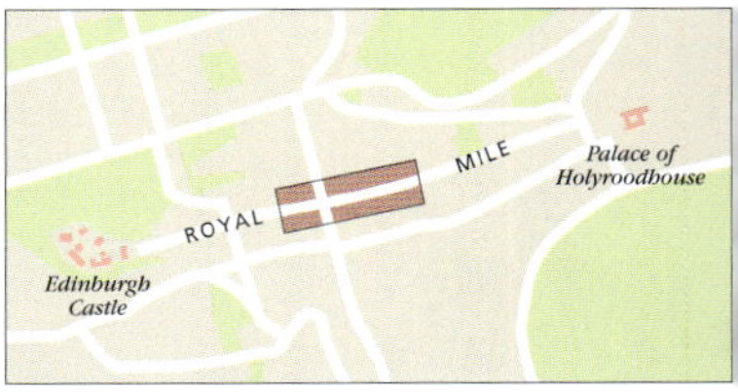

Zur Orientierung

Das Mercat Cross (Marktkreuz) markiert die Mitte der Stadt. Hier wurde Bonnie Prince Charlie *(siehe S. 157)* 1745 zum König erklärt.

Die Tron Kirk wurde 1630 für die Presbyterianer erbaut, die St Giles Cathedral verließen, als dort der Bischof von Edinburgh regierte.

John Knox House

45 High St. (0131) 556 9579. Mo–Sa 10–18 Uhr (Juli, Aug: auch So 12–18 Uhr). teilweise. nach Vereinbarung.

John Knox (1513–1572), der Führer der protestantischen Reformation und Pfarrer von St Giles, war eine der größten Persönlichkeiten Schottlands. Der 1536 zum Priester geweihte Knox war von der Notwendigkeit des religiösen Wandels überzeugt. Nach der Besetzung von St Andrews Castle durch Protestanten 1547 verbüßte er eine zweijährige Strafe als Galeerensklave der französischen Marine. Danach ging er nach London und Genf.

1559 kehrte er nach Edinburgh zurück. In seinem Stadthaus (1450) verbrachte er die letzten Monate seines Lebens. Ausstellungsstücke verdeutlichen Knox' Leben im Kontext der politischen und religiösen Unruhen. Auch das Scottish Storytelling Centre hat hier eine Heimat gefunden.

Mann-im-Mond-Roboter (1880), Museum of Childhood

Museum of Childhood

42 High St. (0131) 529 4142. Mo, Do–Sa 10–17, So 12–17 Uhr. einige Feiertage. teilweise.
edinburghmuseums.org.uk

Das »Kindheitsmuseum« ist weit mehr als eine Spielzeugsammlung, es bietet Einblicke in Freud und Leid der Kinderwelt. Das 1955 von Stadtrat Patrick Murray gegründete Museum war das erste weltweit, das sich mit Kindheit befasste. Die Sammlung umfasst Arzneien, Kleidung, Schulbücher und Computerspiele. Mit seiner Musikbox und den Spielautomaten gilt das Museum als das lauteste der Welt.

Canongate Tolbooth: The People's Story Museum

163 Canongate. (0131) 529 4057. Mi–Sa 10–17, So 12–17 Uhr. **edinburghmuseums.org.uk**

Edinburghs Museum der Sozialgeschichte ist im Canongate

John Knox House
Im ältesten Haus der Stadt (1450) lebte in den 1560er Jahren der Prediger John Knox. In dem Zimmer, in dem er gestorben sein soll, erinnern viele Exponate an sein Leben.

Morocco's Land ist die Reproduktion einer Mietskaserne (17. Jh.). Es verdankt seinen Namen der Statue eines Mauren, die den Eingang schmückt.

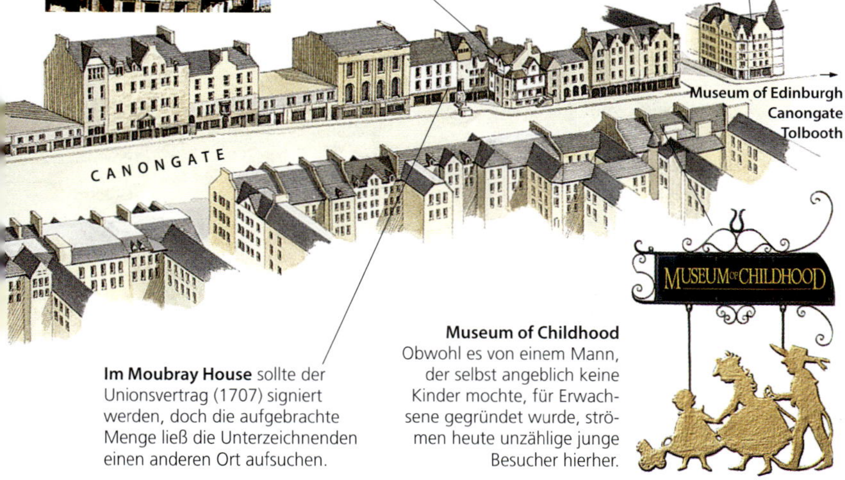

Museum of Childhood
Obwohl es von einem Mann, der selbst angeblich keine Kinder mochte, für Erwachsene gegründet wurde, strömen heute unzählige junge Besucher hierher.

Im Moubray House sollte der Unionsvertrag (1707) signiert werden, doch die aufgebrachte Menge ließ die Unterzeichnenden einen anderen Ort aufsuchen.

Tolbooth von 1591 untergebracht. Das Gebäude mit dem Uhrenturm war Zentrum der Burgh (Freien Stadt) of Canongate und bis Mitte des 19. Jahrhunderts auch Gericht, Gefängnis und Tagungsort des Stadtrats. Seit 1954 beherbergt es das Museum, in dem verschiedenste Exponate vom Leben des einfachen Bürgers zwischen dem späten 18. Jahrhundert und der Gegenwart erzählen. Themen sind auch die Unruhen, Krankheiten und die Armut des 19. Jahrhunderts. Bereiche wie Krieg, Fußball und Punkrock vervollständigen den Einblick in das Edinburgher Leben.

Zelle im Canongate Tolbooth: The People's Story Museum

Leben unter der Old Town

Bis zum 18. Jahrhundert lebten die meisten Einwohner von Edinburgh an oder unterhalb der Royal Mile und Cowgate. In den alten Kellern und Untergeschossen, in denen es weder richtige Wasserversorgung noch Tageslicht und Belüftung gab, wurde gewohnt und gearbeitet. Cholera, Typhus und Pocken waren hier an der Tagesordnung. Mary King's Close, unter den City Chambers, wurde um das Jahr 1645 von einer furchtbaren Pestepidemie heimgesucht, die keiner der Anwohner überlebte. Viele dieser Räumlichkeiten sind seit 2003 der Öffentlichkeit wieder zugänglich. Touren organisiert The Real Mary King's Close, (0131) 225 0672, www.realmarykingsclose.com.

Museum of Edinburgh

142–146 Canongate. (0131) 529 4143. Mo, Do–Sa 10–17, So 12–17 Uhr.
edinburghmuseums.org.uk

Huntly House wurde im frühen 16. Jahrhundert erbaut und während des Überfalls der Engländer auf Edinburgh 1544 zerstört. Nach der Restaurierung diente es erst als Familienstadthaus und dann als Mietshaus, bis es im 19. Jahrhundert verfiel. 1924 kaufte die Stadt das Gebäude und eröffnete 1932 das Museum.

Die Sammlung zur Regionalgeschichte enthält Exponate wie neolithische Axtblätter, römische Münzen und Glaswaren. Eine Abteilung widmet sich Feldmarschall Earl Haig, dem Obersten Befehlshaber der Armee im Ersten Weltkrieg.

❷ Edinburgh Castle

Die auf einem Basaltfelsen aufragende Anlage ist eine Ansammlung von Gebäuden (12.–20. Jh.), die die wechselvolle Geschichte als Burg, Königsresidenz, Militärgarnison und Gefängnis widerspiegeln. Man nimmt an, dass sich hier schon in der Bronzezeit eine Befestigung befand. Die Anfänge des Castle gehen auf King Edwin of Northumbria (6. Jh.) zurück, dem die Stadt ihren Namen verdankt. Bis 1603 *(siehe S. 49)* war die Burg Königsresidenz. Nach der parlamentarischen Union mit England 1707 wurden die schottischen Kronjuwelen hier über 100 Jahre lang unter Verschluss gehalten. Nun wird hier der »Schicksalsstein« aufbewahrt, ein Relikt schottischer Könige, das die Engländer 1296 aus dem Scone Palace in Perthshire entwendeten und erst 1996 zurückgaben.

The Honours of Scotland
Die Krone wurde 1540 von James V neu gestaltet.

Governor's House
Das 1742 für den Gouverneur errichtete Haus mit den typischen Treppengiebeln dient heute dem Schlossregiment als Offiziersmesse.

Verliese
Die französische Inschrift von 1780 erinnert an die Gefangenen, die während der Kriege gegen Frankreich (18. und 19. Jh.) in den Verliesen einsaßen.

Außerdem

① **Militärgefängnis**

② **Die Half Moon Battery** wurde um 1570 zur Verteidigung des Nordostflügels errichtet.

③ **Die Esplanade** zu Füßen der Residenz ist der Paradeplatz des Militärs *(siehe S. 85)*.

Mons Meg

Die Kanone Mons Meg, 1449 in Belgien für den Herzog von Burgund gegossen, der sie seinem Neffen James II von Schottland schenkte, steht vor der St Margaret's Chapel. James setzte sie im Jahr 1455 auf Threave Castle gegen die Familie Douglas ein *(siehe S. 95)*, James IV wiederum richtete sie gegen Norham Castle in England. Im Jahr 1682 zersprang sie während eines Saluts zu Ehren des Duke of York. Danach wurde die mächtige Kanone im Tower von London aufbewahrt, bis sie auf Wunsch von Sir Walter Scott 1829 nach Edinburgh zurückgebracht wurde.

Infobox

Information
Castle Hill. (0131) 225 9846.
tägl. 9.30–18 Uhr (Okt–März: bis 17 Uhr; letzter Einlass 1 Std. vor Schließung).
25., 26. Dez. Online-Buchung empfehlenswert.
teilweise.
edinburghcastle.gov.uk

Argyle Battery
Von diesem Wall bietet sich ein Blick nach Norden über die Princes Street auf die New Town.

★ Palast
Mary Stuart brachte in dem Palast (15. Jh.) ihren Sohn, den späteren James VI, zur Welt. Hier werden die schottischen Kronjuwelen aufbewahrt.

★ Great Hall
In der von einer Holzdecke geschmückten, im 15. Jahrhundert errichteten Great Hall kam bis 1639 das schottische Parlament zusammen.

St Margaret's Chapel
Das Buntglasfenster zeigt die heiliggesprochene Königin, die Frau Malcolms III, der die Kapelle geweiht ist. Die höchstwahrscheinlich von ihrem Sohn David I erbaute Kapelle ist das älteste Gebäude der Burg.

Zentrale von Standard Life im Finanzzentrum von Edinburgh

3 The Exchange

Lothian Rd, West Approach Rd und Morrison St.

The Exchange ist das wichtigste neue Sanierungsgebiet im Zentrum Edinburghs. Der einst unansehnliche Bezirk erhielt 1985 mit dem Festival Square und dem Sheraton Grand Hotel ein neues Gesicht. Drei Jahre später entschied man, das Viertel in ein Finanzzentrum zu verwandeln. Die Vermögensverwaltungsgesellschaft Baillie Gifford eröffnete 1991 Rutland Court auf der West Approach Road.

Das **Edinburgh International Conference Centre** auf der Morrison Street entwarf Terry Farrell. **Standard Life** eröffnete 1997 eine neue Zentrale in der Lothian Road. Mittlerweile hat sich The Exchange zu einer absoluten In-Gegend mit zahlreichen Shops und dem berühmten Filmhouse Cinema on Lothian Road gemausert (www.filmhousecinema.com).

Edinburgh International Conference Centre
(0131) 300 3000.
eicc.co.uk

4 Greyfriars Kirk

Greyfriars Place. (0131) 226 5429. Apr–Okt: Mo–Fr 10.30–16.30, Sa 11–14 Uhr; Nov–März: Do 13.30–15.30 Uhr. **greyfriarskirk.com**

Die Greyfriars Kirk spielt eine Schlüsselrolle in Schottlands Geschichte: Hier schlossen sich im Jahr 1638 die Protestanten zum National Covenant zusammen, um König Charles I an der Durchsetzung einer Episkopalkirche zu hindern. Greyfriars war wenige Jahre zuvor (1620) auf dem Gelände eines Franziskanerklosters entstanden.

Im von Blutvergießen und religiöser Verfolgung geprägten 17. Jahrhundert diente der Kirchhof als Massengrab für die hingerichteten Covenanters und die Kirche als Gefängnis für Covenanter-Truppen, die nach der Schlacht von Bothwell Brig 1679 festgenommen worden waren. Ein Märtyrerdenkmal erinnert an die Zeit. Die Kirche brannte 1845 ab und wurde wieder aufgebaut.

In erster Linie verdankt Greyfriars Kirk ihre Bekanntheit jedoch dem Hund Bobby, der von 1858 bis 1872 am Grab seines Herrn lebte. Zu Ehren des Hundes wurde vor dem Gotteshaus ein Denkmal errichtet.

Vor dem Westportal ist das sogenannte Heart of Midlothian in das Kopfsteinpflaster eingelassen. Diese herzförmige Anordnung von Steinen markiert die Stelle, an der früher Hinrichtungen vollzogen wurden. Hier starb auch der Serienmörder William Burke am Galgen. Gemeinsam mit seinem Komplizen hatte er Menschen ermordet, um sie als Anatomieleichen an das Edinburgh Medical College zu verkaufen.

Die lebhafte Geschichte dieses Stadtviertels inspirierte Sir Walter Scott zu seinem berühmten Roman *The Heart of Midlothian*.

5 National Museum of Scotland

Siehe S. 68f.

6 Scottish National Gallery

The Mound. (0131) 624 6200. Fr–Mi 10–17, Do 10–19 Uhr. für Sonderausstellungen. nach Vereinbarung. **nationalgalleries.org**

Die Scottish National Gallery ist eine der schönsten Kunstgalerien des Landes. Hinter einer Fülle von Statuen und anderen Kunstwerken hängen britische und europäische Gemälde aus dem 15. bis 19. Jahrhundert.

Denkmal für Bobby vor Greyfriars Kirk

Zu den Highlights schottischer Werke gehören insbesondere die Gesellschaftsporträts von Allan Ramsay und Henry Raeburn, darunter auch Raeburns Gemälde *Reverend Robert Walker Skating on Duddingston Loch*, das zu Beginn des 19. Jahrhunderts entstand. Es spielt auf die Mitgliedschaft des Kirchenmanns im Edinburgh Skating Club an. Ein weiteres Highlight ist Sir David Wilkies *Pitlessie Fair* (1804), das der Künstler im Alter von 19 Jahren malte.

Zur Sammlung altniederländischer Werke zählt Gerard Davids Behandlung der Nikolauslegende *Drei Legenden des hl. Nikolaus*, ein Gemälde, das Anfang des 16. Jahrhunderts entstand. Neben Werken von Raphael, Tizian und Tintoretto findet man auch Gemälde anderer europäischer Maler, so etwa Velázquez' *Alte Frau beim Eierkochen* (1620), das der spanische Barockmaler im Alter von 19 Jahren schuf. Leonardo da Vincis ist mit einigen Zeichnungen von Hundepfoten vertreten, Sandro Botticelli mit seinem Werk *Die Jungfrau das schlafende Christuskind anbetend*.

Rev Robert Walker Skating on Duddingston Loch

Ein ganzer Raum ist den *Sieben Sakramenten* (um 1640) von Nicolas Poussin gewidmet. Auch flämische Künster sind in der Scottish National Gallery vertreten. Neben Rembrandt, von dem ein Selbstporträt gezeigt wird, finden sich auch Arbeiten von van Dyck und Rubens.

Unter den Werken englischer Maler ragt *The Ladies Waldegrave* von Joshua Reynolds heraus. Es zeigt die drei Töchter von Earl Waldegrave beim Stricken. Ein meisterhaftes Porträt ist *The Honourable Mrs Graham* von Thomas Gainsborough.

Mit einigen Werken von Monet und Degas widmet sich die Scottish National Gallery auch dem Impressionismus.

❼ Scott Monument

Princes Street Gardens East. ☎ (0131) 529 4068. ◯ Apr–Sep: Mo–Sa 10–19, So 10–18 Uhr; Okt–März: tägl. 10–16 Uhr. 🎫 **W edinburghmuseums.org.uk**

Sir Walter Scott (1771–1832) wurde in Edinburgh geboren und gehört zu den wichtigsten Figuren der schottischen Literaturgeschichte *(siehe S. 92)*. Scott arbeitete zunächst als Jurist, widmete sich aber aufgrund des Erfolgs seiner Balladen und historischen Romane bald ganz der Literatur. Seine Werke erzählen von Abenteuern, Ehre und Ritterlichkeit und halfen, dieses Bild Schottlands im Ausland zu verbreiten.

Sir Walter war nicht nur ein gefeierter Romancier. Als bedeutende Persönlichkeit des öffentlichen Lebens organisierte er 1822 den Besuch von König George IV in Edinburgh. Nach Scotts Tod 1832 wurde ihm zu Ehren das Denkmal auf der Princes Street errichtet. Der Turm, von George Meikle Kemp entworfen und 1840 fertiggestellt, ist 61 Meter hoch. Im Erdgeschoss steht eine Statue Sir Walter Scotts, ein Werk von Sir John Steell. 287 Stufen führen zur obersten Plattform. Dort wird man mit einem Blick über das Zentrum und über den Forth bis nach Fife belohnt.

Das imposante gotische Scott Monument auf der Princes Street

❽ Scottish National Portrait Gallery

1 Queen St. ☎ (0131) 624 6200. ◯ tägl. 10–17 Uhr (Do bis 19 Uhr). ♿ ☕ **W nationalgalleries.org**

Die Ausstellung zur Geschichte von zwölf Stuart-Generationen, von Robert the Bruce bis zu Königin Anne, ist ein Höhepunkt der Sammlung. Zu den Memorabilien gehören u. a. Schmuck von Mary, Queen of Scots, und das Kochgeschirr, das Bonnie Prince Charlie *(siehe S. 157)* in der Schlacht von Culloden zurückließ. Im Obergeschoss hängen Porträts berühmter Schotten. Durch die jüngste Renovierung des Museums können jetzt deutlich mehr Werke gezeigt werden.

Van Dyck, *Princess Elizabeth and Princess Anne*, National Portrait Gallery

❺ National Museum of Scotland

Die beiden Gebäude, die nebeneinander an der Chambers Street stehen und zusammen das schottische Nationalmuseum bilden, könnten unterschiedlicher nicht sein. Das ältere Gebäude, ein von Captain Francis Fowke entworfener viktorianischer Palast, wurde 1888 fertiggestellt und legt den Fokus auf internationale Exponate. Schottischer Geschichte und Kultur widmen sich die Abteilungen des modernen Sandsteinflügels (1998), der zu den wichtigsten Neubauten Schottlands seit Mitte des 20. Jahrhunderts zählt. 2016 wurde der Komplex umfassend erweitert, die Fertigstellung weiterer Ausstellungsbereiche ist für 2019 anvisiert.

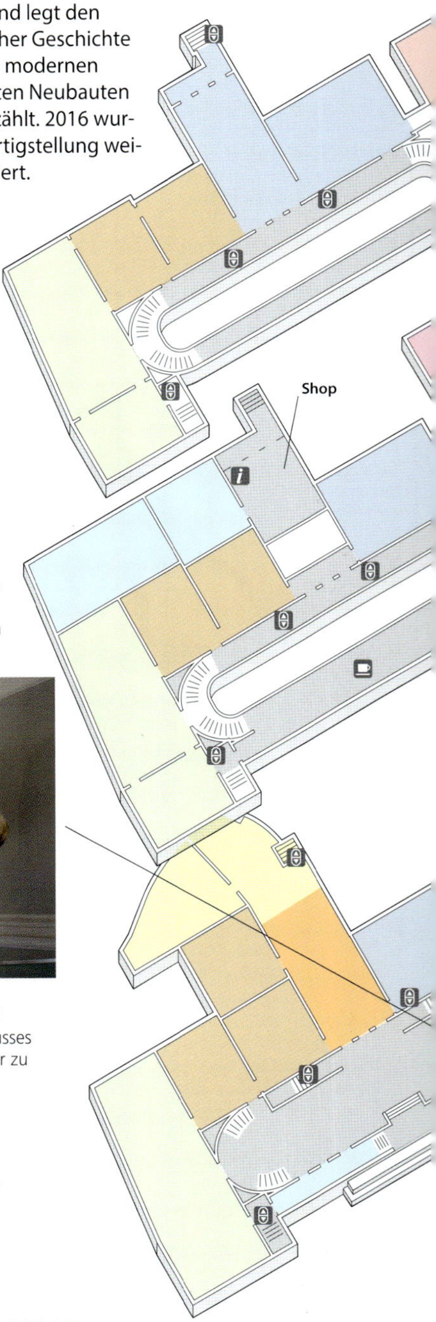

Monymusk-Reliquienschrein
Zu den wertvollsten Exponaten des Museums gehört dieser vermutlich aus dem 8. Jahrhundert stammende ornamentale Schrein. Angeblich birgt er Reliquien des Missionars St Columban *(siehe S. 46)*.

Moby the Whale
Ein zoologisches Highlight ist der Schädel eines rund 40 Meter langen Pottwals, der 1997 am Ufer des Flusses Forth strandete. Bemühungen, ihn wieder ins Wasser zu bringen, scheiterten.

Legende

- Natural World
- World Cultures
- Art, Design and Fashion
- Science and Technology
- Scotland
- Exhibition Galleries
- Learning Centre
- Research Library
- Discoveries

Hotels und Restaurants in Edinburgh *siehe Seiten 172f und 181–183*

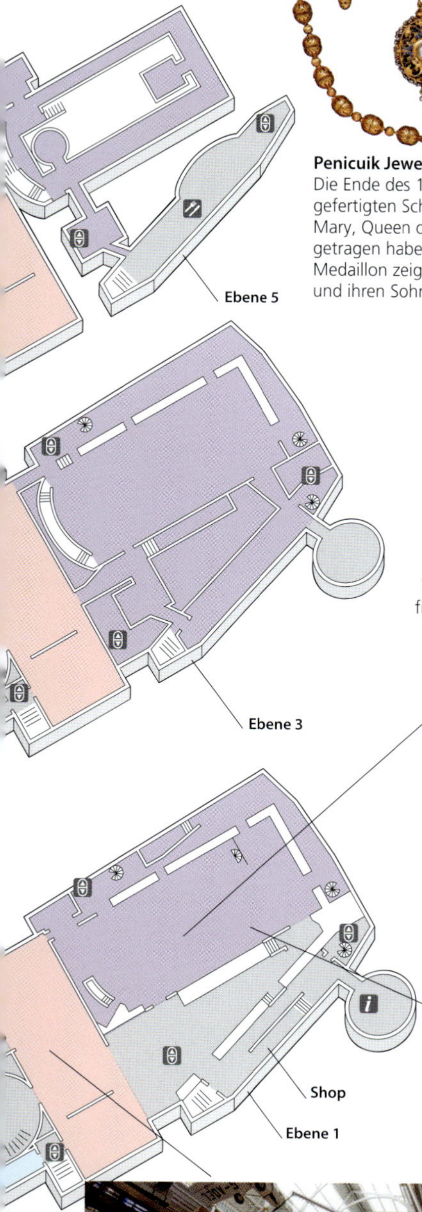

Penicuik Jewels
Die Ende des 16. Jahrhunderts angefertigten Schmuckstücke soll Mary, Queen of Scots *(siehe S. 48)*, getragen haben. Bilder auf dem Medaillon zeigen angeblich Mary und ihren Sohn James.

Infobox

Information
Chambers St.
(0300) 123 6789.
tägl. 10–17 Uhr.
25. Dez.
nms.ac.uk

Lewis Chessmen
Wikinger schnitzten die berühmt gewordenen Schachfiguren im 12. Jahrhundert aus dem Elfenbein von Walrossen. Entdeckt wurden sie erst 1831 auf der Hebrideninsel Isle of Lewis. Von den 93 Spielsteinen sind elf im Besitz des National Museum of Scotland, die anderen sind im British Museum in London ausgestellt.

Kurzführer

Die Sammlungen des älteren Flügels erstrecken sich über drei Stockwerke. Die Anordnung einzelner Exponate kann wechseln, nehmen Sie zur Besichtigung deshalb einen der am Eingang ausliegenden Flyer mit. Im modernen Sandsteinflügel, den man durch den Eingang im Turm erreicht, sind die Ausstellungsstücke von Ebene 1 bis 6 chronologisch angeordnet.

St Fillans Bischofsstab
Der filigrane Griff ist Teil des Stabs (11./12. Jh) von St Fillan, Bischof von Perthshire. Das Exponat gehört zu den wichtigsten Museumsstücken aus dem Mittelalter.

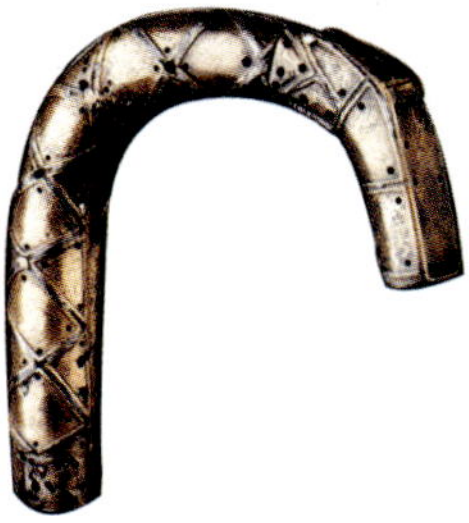

Dolly the Sheep
Forschern des Edinburgher Roslin Institute gelang 1996 mit dem Schaf Dolly erstmals das Klonen eines Säugetiers. Dolly gebar 1998 ein Junges, starb aber bereits 2003.

9 Im Detail: New Town

Der erste Abschnitt von Edinburghs New Town wurde im 18. Jahrhundert gebaut, um die überbevölkerte mittelalterliche Altstadt zu entlasten. Als Glanzpunkt der ersten Bauphase gilt Charlotte Square, dessen neues architektonisches Konzept die weitere Planung wesentlich beeinflusste. Besonders beeindruckend ist das Moray Estate – eine Reihe großer Häuser bildet einen Halbmond, ein Oval und ein Polygon. Der hier vorgeschlagene Spaziergang führt zu Beispielen monumentaler georgianischer Architektur.

Moray Place
Das Polygon, Glanzstück des Moray Estate, besteht aus imposanten Häusern. Viele Teile sind noch bewohnt.

Dean Bridge
Die Brücke wurde 1829 nach einem Entwurf von Thomas Telford erbaut. Von ihr blickt man auf den Water of Leith und flussaufwärts auf die Wehre und alten Mühlen von Dean Village.

The Water of Leith, ein kleiner Fluss, schlängelt sich durch eine Schlucht unterhalb der Dean Bridge. Ein Uferweg führt nach Stockbridge.

Ainslie Place, ein von Stadthäusern gebildetes Oval und Herzstück des Moray Estate, verbindet Randolph Crescent und Moray Place.

Legende
— Routenempfehlung

Nr. 14 war von 1813 bis 1843 Residenz von Richter und Chronist Lord Cockburn.

New-Town-Architekten

Die treibende Kraft hinter der Entstehung der New Town war Bürgermeister George Drummond (1687–1766). 1766 gewann James Craig (1744–1795) den Wettbewerb für den Gesamtentwurf. Robert Adam (1728–1792) bereicherte Charlotte Square um klassische Elemente. Robert Reid (1774–1856) entwarf Heriot Row und Great King Street und William Playfair (1790–1857) den Royal Circus. Die Bauten des Moray Estate waren das Werk von James Gillespie Graham (1776–1855).

Robert Adam

★ The Georgian House
Nr. 7 gehört dem National Trust for Scotland und ist der Öffentlichkeit zugänglich. Das Haus wurde in den ursprünglichen Farben restauriert und mit Antiquitäten möbliert, sodass man die Atmosphäre der Edinburgher Oberschicht des 18. Jahrhunderts nachvollziehen kann.

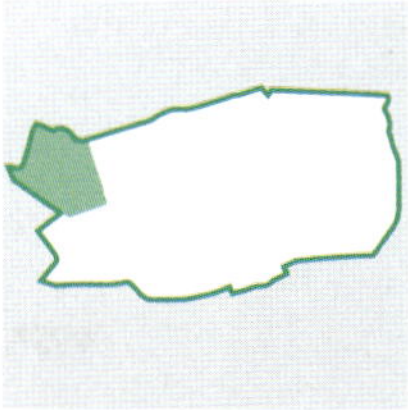

Zur Orientierung
Siehe Karte Edinburgh S. 58f

Bute House ist die offizielle Residenz des *First Minister* des schottischen Parlaments.

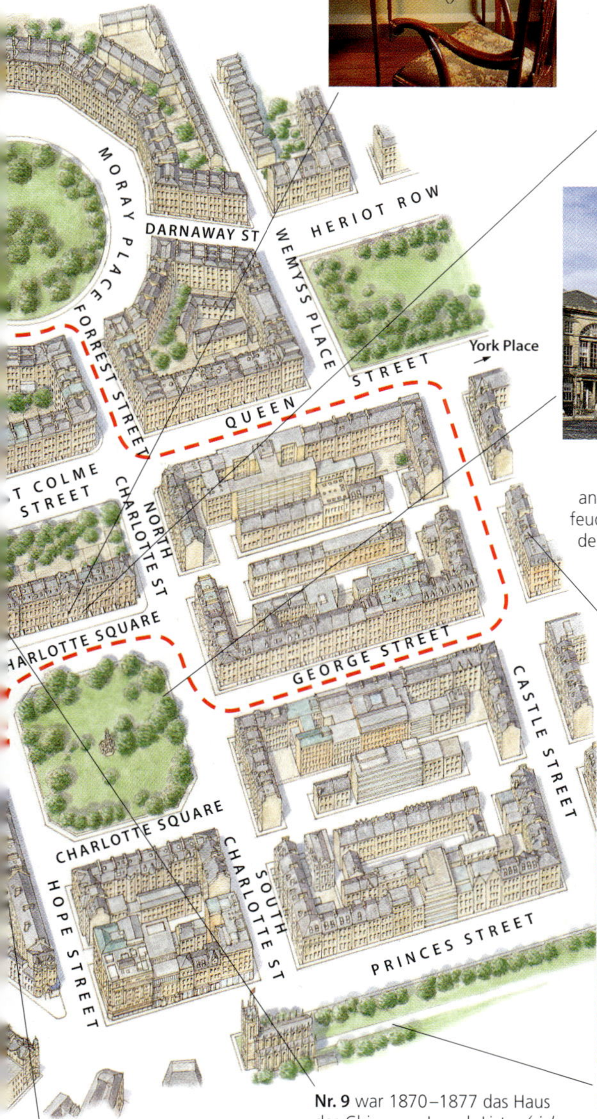

★ Charlotte Square
Der Platz wurde 1792–1811 angelegt. Ringsherum entstanden feudale Stadthäuser für vermögende Kaufleute. Die meisten Gebäude beherbergen heute Büros.

Nr. 39 Castle Street war das Zuhause des Romanciers Sir Walter Scott *(siehe S. 92)*.

Princes Street Gardens
Die Princes Street entstand in der ersten Bauphase der New Town. Die Nordseite wird von Läden gesäumt, die Gärten liegen im Süden unterhalb der Burg.

West Register House war ursprünglich St George's Church, entworfen von Robert Adam.

Nr. 9 war 1870–1877 das Haus des Chirurgen Joseph Lister *(siehe S. 29)*. Er entwickelte Methoden zur Verhinderung von Infektionen während und nach Operationen.

Blick von Edinburgh Castle über die Türme der Stadt bis hin zu dem in der Ferne gelegenen Calton Hill

⑩ Calton Hill

Stadtzentrum Ost, via Waterloo Pl.

Auf dem Calton Hill, am östlichen Ende der Princes Street, thront eines von Edinburghs denkwürdigsten Wahrzeichen: ein halb fertiger Parthenon. Mit dem Bau des Nationalmonuments für die Toten der Napoleonischen Kriege begann man 1822, doch die Mittel versiegten, sodass es nie vollendet wurde. Seither hat man sich allmählich an den unfertigen Zustand des Monuments gewöhnt.

Glücklicherweise wurde der nahe Turm, der an den Sieg von Trafalgar erinnert, schon 1816 fertiggestellt. Er trägt den Namen **Nelson Monument** und sollte einem Teleskop ähneln. Von ihm hat man einen herrlichen Blick über Edinburgh und Umgebung.

Das klassische Thema setzt sich auf der Spitze des Calton Hill mit dem **City Observatory** fort, das im Jahr 1818 von William Henry Playfair entworfen wurde. Seit dem Jahr 2009 ist das Gebäude jedoch nicht mehr öffentlich zugänglich, aber ein Blick von außen lohnt durchaus.

Ein weiteres klassizistisches Gebäude an der Regent Road ist die alte **Royal High School**, um 1820 von Thomas Hamilton nach dem Vorbild des Theseus-Tempels in Athen entworfen. Der Bau wurde oft als möglicher Sitz des schottischen Parlaments in Erwägung gezogen und war Mittelpunkt der Vigil for Scottish Democracy, die in den Jahren zwischen 1992 und 1997 für die Selbstverwaltung eintrat. Die Steinpyramide östlich des National Monument auf dem Calton Hill erinnert daran. Sie enthält auch einige »Geschenk«-Steine, darunter einen Auschwitz-Stein, der an einen dort ermordeten schottischen Missionar erinnert.

City Observatory, strenge Klassizistik

Das Grab von Thomas Hamilton befindet sich südlich des Waterloo Place auf dem **Old Calton Cemetery**. Hier wurden auch der Philosoph David Hume und andere Persönlichkeiten der Stadt bestattet.

Nelson Monument
(0131) 556 2716. Apr–Sep: Mo–Sa 10–19, So 12–17 Uhr; Okt–März: Mo–Sa 10–16 Uhr.
edinburghmuseums.org.uk

⑪ Palace of Holyroodhouse

Ostende der Royal Mile. (0131) 556 5100. Nov–März: tägl. 9.30–16.30 Uhr; Apr–Okt: tägl. 9.30–18 Uhr.
royalcollection.org.uk

Die offizielle schottische Residenz von Königin Elizabeth II wurde im Jahr 1498 unter James IV auf dem Gelände einer Abtei erbaut. Später lebten hier James V und seine Frau, Mary of Guise. In den 1670er Jahren baute man die Burg für Charles II um. Die königlichen Gemächer (einschließlich Thronsaal und Speisesaal) werden für festliche Amtseinführungen und Bankette genutzt, wenn die Queen den Palast besucht. Ein Gemach im James V Tower wird vor allem mit der Herrschaft Marys, der Queen of Scots *(siehe S. 48)*, assoziiert:

Lord Darnley, Marys eifersüchtiger Ehemann, ließ vermutlich hier 1566 David Rizzio, den getreuen italienischen Sekretär seiner Gattin, ermorden. Mary war im sechsten Monat schwanger, als sie Zeugin dieser grausamen Tat wurde. David Rizzios Leiche wies 56 Stichwunden auf.

Der letzte Anwärter auf den englischen Thron, Bonnie Prince Charlie, hielt zu Beginn des Jakobitenaufstands 1745 *(siehe S. 49)* in Holyroodhouse Hof und blendete die Edinburgher Gesellschaft mit prunkvollen Festen.

Wappen James' V, Holyroodhouse

Führungen durch die historischen Räumlichkeiten werden ganztägig zwischen April und Oktober angeboten.

Die 2002 eröffnete **Queen's Gallery** zeigt Ausstellungsstücke der Royal Collection.

⓬ Our Dynamic Earth

Holyroad Road. (0131) 550 7800. Apr–Okt: tägl. 10–17.30 Uhr (Juli, Aug: bis 18 Uhr); Nov–März: Mi–So 10–17.30 Uhr. **dynamicearth.co.uk**

Our Dynamic Earth ist eine Dauerausstellung über unseren Planeten. Der Besucher reist von den geologischen Anfängen der Erde bis zum ersten Auftreten von Leben. Schwerpunkte sind auch Klimazonen der Erde und Naturerscheinungen wie Flutwellen und Erdbeben. Hochmoderne Beleuchtung, interaktive Technik und Spezialeffekte lassen die 90 Minuten nicht langweilig werden.

Das mit 1000 Sitzen bestuhlte Amphitheater vor dem Ausstellungsgebäude hat ein lichtdurchlässiges zeltartiges Dach und wurde von Sir Michael Hopkins entworfen. Die moderne Silhouette des Museums unterhalb der Salisbury Crags kontrastiert mit der Landschaft ringsherum.

⓭ Scottish Parliament

Holyrood. (0131) 348 5200. Mo, Fr, Sa 10–17 Uhr, Di–Do 9–18.30 Uhr. **parliament.scot**

Der jahrzehntelange Ruf nach größerer politischer Selbstbestimmung wurde 1997 erhört: Per Volksentscheid wurde die Wiedereinführung des schottischen Parlaments beschlossen und 1998 im Scotland Act umgesetzt *(siehe S. 51)*. Der Parlamentssitz ist ein Entwurf von Enric Miralles, der durch seine Entwürfe zu den Olympischen Spielen 1992 in Barcelona bekannt wurde. Elizabeth II eröffnete das Gebäude im Oktober 2004. Es ist eines der architektonisch innovativsten öffentlichen Bauwerke Großbritanniens, durch das auch Führungen angeboten werden.

⓮ Holyrood Park und Arthur's Seat

Haupteingang via Holyrood Park Rd, Holyrood Rd und Meadowbank Terrace.

Der an den Palace of Holyroodhouse angrenzende Park umfasst etwa 260 Hektar. Der 250 Meter hohe Hügel, bekannt als Arthur's Seat, ist eigentlich ein Vulkan, der seit rund 350 Millionen Jahren erloschen ist. Das Gebiet ist bereits seit der Zeit von König David I, der 1153 starb, königlicher Jagdgrund und seit dem 16. Jahrhundert auch königlicher Park.

Der Name Holyrood (»heiliges Kreuz«) geht auf eine Episode im Leben von David I zurück. Als 1128 ein Hirsch den König während der Jagd von seinem Pferd stieß, hielt David I, so die Legende, plötzlich ein Kreuz in den Händen, um das Tier abzuwehren. Aus Dankbarkeit gründete der König die Holyrood Abbey.

Der Name Arthur's Seat ist wohl eine Verfälschung von Archer's Seat (»Sitz der Bogenschützen«), der Hügel hat also nichts mit dem legendären König Arthur zu tun.

Im Park gibt es drei kleine Seen. St Margaret's nahe dem Palast ist mit seinen Schwänen und seiner Lage unterhalb der Ruinen von St Anthony's Chapel der romantischste. Dunsapie Loch, der abgeschiedenste, liegt 112 Meter über dem Meeresspiegel an der Ostseite des kleinen Berges. Duddingston Loch, auf der Südseite des Parks, ist Heimat von vielen Wildvögeln.

Die **Salisbury Crags** sind ebenso wie Arthur's Seat kilometerweit sichtbar. Die Crags bilden dabei eine Parabel aus roten Felsen, die sich vom Palace of Holyroodhouse über die Steilseite des Hügels hinaufwindet. Ein unbefestigter Weg, die Radical Road, führt am Fuß des Hügels entlang.

Arthur's Seat und die Salisbury Crags überragen die Stadt

Abstecher

Obwohl Leith in Edinburgh übergeht, bestehen die Einwohner darauf, dass sie nicht in der Stadt selbst wohnen. Neben den Docks gibt es in Leith auch viele andere Attraktionen. In der Nähe liegt der Royal Botanic Garden. Dean Village lockt mit Galerien und Antiquitätenläden. Westlich der Stadt kann man das Hopetoun House und den Linlithgow Palace besuchen, im Osten Haddington und eine wildromantische Küste.

Legende

- Stadtgebiet Edinburgh
- Flughafen
- Eisenbahn
- Autobahn
- Hauptstraße
- Nebenstraße

Sehenswürdigkeiten auf einen Blick

1. Royal Botanic Garden
2. Leith
3. Dean Village
4. Forth Bridges
5. Hopetoun House
6. Linlithgow Palace
7. Haddington
8. East Lothian Coast

Ein Exemplar aus dem Palmenhaus im Royal Botanic Garden

1 Royal Botanic Garden

Inverleith Row. (0131) 552 7171. Feb, Okt: tägl. 10–17 Uhr; März–Sep: tägl. 10–18 Uhr; Nov–Jan: tägl. 10–16 Uhr. **rbge.org.uk**

Der herrliche Garten liegt nördlich der New Town jenseits des Water of Leith, der von den Pentland Hills durch Edinburgh fließt und bei Leith in den Firth of Forth mündet. Der Garten ersetzte einen Heilkräutergarten nahe Holyroodhouse, den zwei Ärzte 1670 anlegten. Im Jahr 1820 wurde er an seinen jetzigen Ort verlegt und seitdem fortlaufend vergrößert. Zugang hat man von Osten (mit guten Busverbindungen) und vom Westen (mit besseren Parkmöglichkeiten). Der Garten liegt auf einem Hügel, der eine schöne Aussicht bietet.

Im südöstlichen Bereich ist ein fantastischer Felsgarten angelegt, im nordöstlichen gibt es eine informative überdachte Ausstellung. Gewächshäuser in traditionellem wie modernem Stil sind den unterschiedlichen Klimazonen gewidmet. An Regentagen bieten sie hervorragenden Unterschlupf. Lassen Sie sich die alpine Ausstellung oder die blühenden Rhododendren nicht entgehen.

2 Leith

Nordöstlich des Stadtzentrums, über den Leith Walk erreichbar.

Leith hat einen historischen Hafen und trieb jahrhundertelang Handel mit Skandinavien, dem Baltikum und den Niederlanden. Erst im Jahr 1920 wurde Leith in die Stadt eingegliedert.

Im mittelalterlichen Kern enger Gassen und Kais befinden sich einige historische Lager- und Kaufmannshäuser aus dem 13. und 14. Jahrhundert. Im 19. Jahrhundert wurden die Docks wesentlich erweitert. Zahlreiche Hafengebäude stammen noch aus dieser Zeit.

Schiffbau und Hafenumschlag sind seit Langem rückläufig, doch in den letzten Jahren lebte Leith durch den Umbau von Lagerhäusern in Bürogebäude, Wohnhäuser, Restaurants und Bars wieder auf. Am Shore and Dock Place findet man eine Reihe verschiedener Restaurants und die überwiegende Mehrheit der Meeresfrüchte-Bistros von Edinburgh *(siehe S. 182f)*.

Die ehemalige britische **Royal Yacht Britannia**, die man in Leiths Ocean Terminal besichtigen kann, trägt zur Attraktivität des Hafens bei.

Royal Yacht Britannia
Ocean Terminal, Leith Docks. (0131) 555 5566. tägl. **royalyachtbritannia.co.uk**

Die britische Royal Yacht Britannia am Ocean Terminal von Leith

Légers *The Team at Rest* (1950), Scottish Gallery of Modern Art

❸ Dean Village

Nordwestlich des Stadtzentrums.

Das ruhige Gebiet liegt im Tal des Water of Leith, nur wenige Minuten nordwestlich des Charlotte Square *(siehe S. 71)*. Die Wassermühlen am Fluss wurden durch attraktive Gebäude aus verschiedenen Epochen ersetzt. Nach Dean Village gelangt man vom Randolph Crescent aus über die Bell's Brae. Ein Uferweg schlängelt sich zwischen historischen Gebäuden hindurch und überquert mehrmals den Fluss.

Flussaufwärts erreicht man von Dean Village aus nach kurzer Zeit eine Fußgängerbrücke und eine Treppe, über die man zur **Scottish National Gallery of Modern Art and Dean Gallery** gelangt. Der Haupteingang für Fahrzeuge sowie für weniger ambitionierte Fußgänger liegt an der Belford Road.

Flussabwärts von Dean Village führt der Uferweg unter der großartigen, von Thomas Telford entworfenen Hochbrücke hindurch am St Bernard's Well vorbei zum dörflichen Stockbridge. Antiquitäten, Schmuck und gebrauchte Kleidung bieten die Shops auf der Südseite des Flusses in der St Stephen Street. Der Uferweg führt weiter nach Nordwesten, vorbei am Royal Botanic Garden. Via Royal Circus und Howe Street erreicht man bald das Stadtzentrum.

Steinhäuser (17. Jh.) an der Bell's Brae

Scottish National Gallery of Modern Art and Dean Gallery
75 Belford Rd. (0131) 624 6200.
tägl. nur für Sonderausstellungen.
nationalgalleries.org

❹ Forth Bridges

Lothian. Dalmeny, Inverkeithing.

Charakteristisch für die kleine Stadt South Queensferry sind die beiden großen Brücken, die den Forth über eine Länge von 1,5 Kilometern überspannen und den Ort mit Inverkeithing verbinden. Die Eisenbahnbrücke, weltweit die erste größere Stahlbrücke, wurde 1890 eröffnet. Sie ist eine der großartigsten technischen Errungenschaften der spätviktorianischen Ära.

Ihre massiven Ausleger werden von Millionen Nieten zusammengehalten, der gestrichene Bereich umfasst etwa 55 Hektar. Der Ausspruch »als würde man die Forth Bridge streichen« hat heute die Bedeutung von unermüdlichem Bemühen. Die Eisenbahnbrücke inspirierte den Schriftsteller Iain Banks 1986 zum Roman *The Bridge*.

Die Straßenbrücke war bei ihrer Eröffnung 1964 durch Elizabeth II die größte Hängebrücke außerhalb der USA. Heutzutage macht ihr diesen Rang die Humber Bridge in England streitig. Den besten Blick auf die Brücken hat man von der Promenade in South Queensferry. Die Stadt verdankt ihren Namen Königin Margaret *(siehe S. 65)*, die eine Fähre benutzte, um von Edinburgh zum Palast in Dunfermline zu gelangen *(siehe S. 128f)*. 2017 wurde mit Queensferry Crossing eine neue Forth Bridge fertiggestellt.

Blick von South Queensferry auf die berühmte Forth-Eisenbahnbrücke

❺ Hopetoun House

West Lothian. (0131) 331 2451. Dalmeny, dann Taxi. Apr–Sep: tägl. 10.30–17 Uhr. **hopetoun.co.uk**

Inmitten einer großen Parklandschaft am Firth of Forth liegt eines der schönsten Schlösser Schottlands. Das im Stil von Versailles angelegte Gebäude wurde 1707 vollendet. Von ihm ist allerdings nur der Mittelteil erhalten, der später in William Adams Erweiterung integriert wurde.

Der hufeisenförmige Grundriss und das Innere sind ein Musterbeispiel für die klassizistische Architektur des 18. Jahrhunderts. Sehr beeindruckend sind die roten und gelben Salons mit ihren Rokoko-Stuckverzierungen und Kaminsimsen. Höhepunkt eines Besuchs ist der Nachmittagstee.

Eine Holztafel über der Haupttreppe zeigt das Hopetoun House

❻ Linlithgow Palace

Kirk Gate, Linlithgow, West Lothian. (01506) 84 28 96. Apr–Sep: tägl. 9.30–17.30 Uhr; Okt–März: tägl. 10–16 Uhr. teilweise. **historicenvironment.scot**

Am Ufer des Linlithgow Loch steht ein ehemaliger königlicher Palast, der zu den meistbesuchten Ruinen Schottlands zählt. Die Überreste stammen größtenteils von einem Gebäude, das James I 1425 bauen ließ; einige Teile sind älter (14. Jh.). Die 28 Meter lange Great Hall mit riesigem Kamin und großen Fenstern lässt die Größe des Palastes erahnen. Den Hofbrunnen schenkte James V 1538 seiner Frau zur Hochzeit. Ihre Tochter Mary, Queen of Scots *(siehe S. 48)*, kam 1542 hier zur Welt.

Die angrenzende Church of St Michael ist Schottlands größter vorreformatorischer Kirchenbau, ein Musterbeispiel für die schottische Gotik. Die Kirche (13. Jh.) wurde durch den Brand von 1424 zerstört. Das heutige Gebäude stammt aus dem 16. Jahrhundert.

Brunnen in den Ruinen von Linlithgow Palace

❼ Haddington

East Lothian. Edinburgh u. Lothians, 0845 225 5121.

Das attraktive Städtchen liegt 24 Kilometer östlich von Edinburgh. Während der Unabhängigkeitskriege des 13. und 14. Jahrhunderts wurde es mehrmals zerstört, ein weiteres Mal im 16. Jahrhundert. Die agrarische Revolution verhalf Haddington zu Reichtum. Davon zeugen noch einige historische Häuser, Kirchen und andere öffentliche Gebäude. Restaurierungsarbeiten halfen, den Charakter der Stadt zu erhalten. Der Tyne umfließt die Stadt und lädt zu schönen Uferspaziergängen ein (das Heft *A Walk around Haddington* ist bei Zeitschriftenhändlern erhältlich). Die Pfarrkirche St Mary's südöstlich des Zentrums stammt von 1462 und ist eine der größten der Region. Teile der alten, während der Belagerung von 1548 zerstörten Kirche wurden in letzter Zeit wieder aufgebaut.

❽ East Lothian Coast

Edinburgh u. Lothians, 0845 225 5121.

Die Küste von East Lothian, die sich östlich von Musselburgh über 65 Kilometer erstreckt, lädt zum Windsurfen, Golfspielen und Wandern ein. Strände, Wälder, Golfplätze, Klippen und Ackerland wechseln sich hier ab. Obwohl die A198 und die A1 nur kurz an der Küste entlangführen, kann man hier auf einigen öffentlichen Parkplätzen (im Sommer gegen geringe Gebühr) halten, von denen man zum Ufer ge-

Die historisch bedeutende und heute ruhige Stadt Haddington am Tyne

Tantallon Castle mit Blick auf die Nordsee

langt. Der wohl beste Strand für Wassersport ist Gullane. Yellowcraig nahe Dirleton, eine weitere hübsche Bucht, liegt etwa 400 Meter vom Parkplatz entfernt. Der Limetree Walk in der Nähe von Tyninghame führt zum Strand Ravensheugh Sands (10 Minuten zu Fuß über einen Waldweg). Die Orte Dunbar und North Berwick lohnen einen Besuch. Belhaven Bay, westlich von Dunbar, ist ein langer Strand, von dem aus man an der Mündung des Tyne entlangspazieren kann. In Barns Ness, östlich von Dunbar, gibt es einen geologischen Naturpfad und einen Leuchtturm. Skateraw Harbour ist trotz des Atomkraftwerks Torness im Osten eine hübsche kleine Bucht. Der Strand bei Seacliff ist über eine private Mautstraße erreichbar, die etwa drei Kilometer östlich von North Berwick die A198 verlässt. Die Bucht bietet eine fantastische Sicht auf das glitzernde Weiß des Bass Rock, Heimat einer der größten Tölpelkolonien Großbritanniens.

Will man den Felsen aus der Nähe sehen, kann man von North Berwick aus eine Bootsfahrt unternehmen (nur im Sommer). Im städtischen **Scottish Seabird Centre** ist es möglich, das Vogelleben vom Felsen und von der Insel Fidra aus zu filmen. Weitere Attraktionen sind **Dirleton Castle** und das auf einem Felsen nahe dem Seacliff-Strand gelegene **Tantallon Castle** – beide wurden 1650 von Cromwell beschädigt. Ein kleines Industriemuseum bei Prestonpans lohnt einen Besuch. Die **Glenkinchie Distillery** kann bei einer Führung besichtigt werden.

Scottish Seabird Centre
(01620) 89 02 02. tägl.
seabird.org

Dirleton Castle
(01620) 85 03 30. tägl.
historicenvironment.scot

Tantallon Castle
(01620) 89 27 27. tägl.
historicenvironment.scot

Glenkinchie Distillery
(01875) 34 20 12. tägl.
malts.com

East Lothian Coastal Walk

Ein attraktiver Küstenspaziergang ist der Fußweg von der Gullane Bay nach North Berwick. Der Pfad folgt der Küstenlinie und führt an Sandstränden und niedrigen, felsigen Landspitzen entlang sowie über grasiges Heideland. Unterwegs kann man die im Norden gelegene Küste von Fife und viele kleine Inseln erkennen. Auf dem letzten Wegstück nach North Berwick fällt der Blick auf die weißen Hänge des Bass Rock im Osten.

Routeninfos

Start: Gullane Bay.
Ziel: North Berwick.
Länge: 10 km (6 Meilen); 3 Std.
Anfahrt: mit dem Auto. Der Bus von Edinburgh nach North Berwick hält am Start- und Zielpunkt.
Schwierigkeitsgrad: leicht.

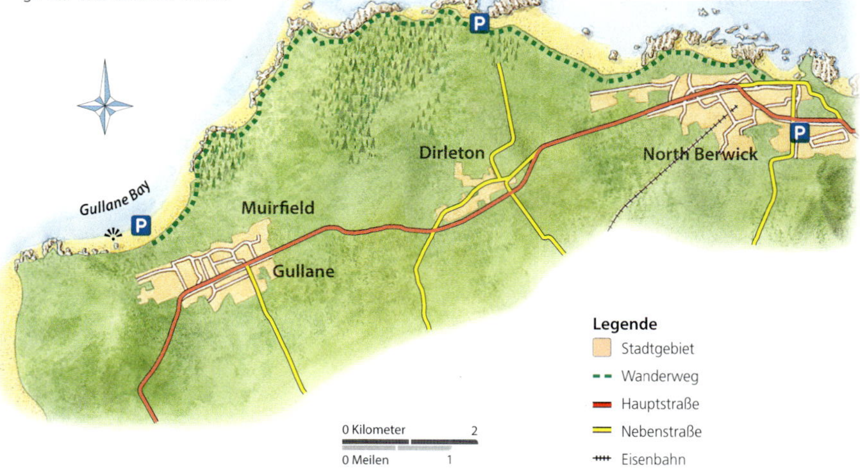

Zeichenerklärung *siehe hintere Umschlagklappe*

Shopping

Obwohl in den Außenbezirken der Stadt zahlreiche neue Einkaufszentren entstehen, gehört die Princes Street nach wie vor zu den interessantesten Shopping-Meilen in Schottland. Mit dem alten Schloss, das sich an der Südseite oberhalb der Gärten erhebt, ist sie eine malerische Einkaufsstraße. Neben verschiedenen, landesweit renommierten Ladenketten rühmt sich die Stadt auch eines eigenen großartigen Kaufhauses, Jenners, das bereits seit mehr als 150 Jahren hier ansässig ist. Zu den lohnenswertesten Shopping-Zielen außerhalb der Princes Street gehören Valvona & Crolla, Schottlands renommiertester Delikatessenladen, eine Reihe von hervorragenden Fachgeschäften und Ausstattern für traditionelle Highland-Kleidung sowie mehrere ausgezeichnete Weinhandlungen.

Kaufhäuser

Entlang der Princes Street gibt es gute Kaufhäuser, von denen das **House of Fraser** zu den besten zählt. **Jenners** gegenüber dem Scott Monument – Ende der 1830er Jahre an einer anderen Stelle gegründet und später hierher verlegt – gehört zu den Top-Adressen von Edinburgh. Berühmt ist sein Weihnachtsbaum in der Vorhalle. **John Lewis**, Teil einer landesweiten Kette, befindet sich in einem auffälligen Gebäude an der Leith Street. Eine Filiale des landesweit bekannten Kaufhauses **Harvey Nichols** findet man am St Andrew's Square.

Traditionelle Highland-Tracht und Zubehör, angeboten auf der Royal Mile

Mode

Designermode für Männer und Frauen findet man bei Jenners und im House of Fraser. **Corniche** auf der Jeffrey Street bietet attraktive Mode für Frauen von Designern wie Jean-Paul Gaultier und Vivienne Westwood, während **Jane Davidson** ein traditionelleres Angebot hat. In der George Street liegen einige Geschäfte für Frauen, z. B. **Phase Eight** und **Whistles**. **Cruise** hat Shops speziell für Herrenmode. Schicke Anzüge findet man auch bei **Thomas Pink** und **Slaters**. Die bekannte Kette **Schuh** führt modisches Schuhwerk für Männer und Frauen. Läden auf der Royal Mile wie **Ragamuffin** verkaufen Strickwaren. Auch einige Ausstatter für maßgeschneiderte Kilts findet man auf der Royal Mile, **Hector Russell** gehört zu den besten. **Kinloch Anderson** in Leith ist ebenfalls ausgezeichnet und informiert zudem über die Geschichte des Tartan. **Graham Tiso** ist führend im Bereich Outdoor-Bekleidung. In seinem Shop bekommt man neben Regenkleidung auch Stiefel und Rucksäcke.

Princes Street, gesehen vom Calton Hill

Delikatessen

Edinburgh hat den Ruf, die besten Restaurants Schottlands zu besitzen, und zeichnet sich auch durch erstklassige Lebensmittelgeschäfte aus. **Valvona & Crolla**, ein Delikatessenhandel in Familienhand, gilt als einer der führenden in ganz Großbritannien und erst recht in Schottland. Er hat gutes Brot und ein preisgekröntes Angebot italienischer Weine. Neben der Kette **Harvey Nichols** gibt es noch **Glass & Thompson**, die die New Town mit Delikatessen versorgen. **Coco Chocolate** führt eine feine Auswahl an Pralinen. **Iain Mellis'** Stammhaus verkauft köstlichen Käse, **MacSweens** fertigen fantastischen *haggis*, und **Real Foods** gehört zu den ältesten Bioläden Edinburghs.

Ein erstklassiger Weinhändler ist **Villeneuve Wines**, aber auch Ketten wie **Oddbins** sind renommiert, während **Cadenheads** seltene Whisky-Sorten verkauft. **Justerini & Brooks** ist der angesehenste Wein- und Spirituosenhändler im Stadt-

Mehrwertsteuersätze in Schottland *siehe S. 208*

zentrum. **Henderson Wines** bietet eine breite Auswahl an Wein, Bier und edlen Whisky-Sorten.

Bücher und Zeitschriften

Eine Filiale der angesehenen Kette **Waterstones** findet man in der Princes Street, sie verfügt sogar über ein Café. Eine andere Filiale liegt in der nahen George Street. Daneben gibt es mehrere kleine Buchhandlungen wie **Edinburgh Books**, hier werden auch gebrauchte Bücher verkauft. **The International Newsagents** auf der High Street führen viele ausländische Zeitungen und Magazine, darunter auch einige deutschsprachige.

Kunst, Design und Antiquitäten

Originalkunstwerke bieten mehrere Galerien an. **The Scottish Gallery** in der New Town verkauft alles von Schmuck zu unter 100 £ bis zu Werken schottischer Künstler für Preise von 10 000 £ an aufwärts. Die Waren im **Printmakers Workshop** sind günstiger. Hier findet man eine Auswahl an Drucken, in der **Collective Gallery** experimentelle Kunst. **Inhouse** führt Designermöbel. Antiquitätenliebhaber sollten sich in Victoria Street, St Stephen's Street, Grassmarket und Causewayside umsehen. Wer sich über schottischen Geschmack informieren will, hat im **Holyrood Architectural Salvage** viel Auswahl, von viktorianischen Badewannen bis hin zu Türen.

Schön gemustertes Edinburgh-Kristall, ein beliebtes Souvenir

Auf einen Blick

Kaufhäuser

Harvey Nichols
30–34 St Andrew Sq, EH2 2AD.
(0131) 524 8388.

House of Fraser
145 Princes St, EH2 4YZ.
0344 800 3724.

Jenners
48 Princes St, EH2 2YJ.
0344 800 3725.

John Lewis
69 St James Centre, EH1 3SP.
(0131) 556 9121.

Mode

Corniche
2 Jeffrey St, EH1 1DT.
(0131) 556 3707.

Cruise
94 George St, EH2 3DF.
0344 332 5796.

Graham Tiso
41 Commercial St, EH6 6JD.
(0131) 554 0804.
123–125 Rose St, EH2 3DT.
(0131) 225 9486.

Hector Russell
137–141 High St, EH1 1SG.
(0131) 558 1254.

Jane Davidson
52 Thistle St, EH2 1EN.
(0131) 225 3280.

Kinloch Anderson
Commercial St, EH6 6EY.
(0131) 555 1390.

Michael Kors
26 Multrees Walk, EH1 3DQ.
(0131) 556 2002.

Phase Eight
47b George St, EH2 2HT.
(0131) 225 8573.

Ragamuffin
278 Canongate, EH8 8AA.
(0131) 557 6007.

Schuh
6/6a Frederick St, EH2 2HB.
(0131) 516 9301.

Slaters
100 George St, EH2 3DF.
(0131) 220 4343.

Thomas Pink
32 Castle St, EH2 3HT.
(0131) 225 4264.

Whistles
97 George St, EH2 3ES.
(0131) 226 4398.

Delikatessen

Cadenheads
172 Canongate, EH8 8BN.
(0131) 556 5864.

Coco Chocolate
174 Bruntsfield Place, EH10 4ER.
(0131) 228 4526.

Glass & Thompson
2 Dundas St, EH3 6HZ.
(0131) 557 0909.

Henderson Wines
109 Comiston Rd, EH10 6AQ.
(0131) 447 8580.

Iain Mellis
30a Victoria St, EH1 2JW.
(0131) 226 6215.

Justerini & Brooks
14 Alva Street, EH2 4QG.
(0131) 226 4202.

MacSweens
Dryden Rd, Bilston Glen, Loanhead, EH20 9LZ.
(0131) 440 2555.

Oddbins
Elm Row, 94–96 Brunswick St, EH7 5HN.
(0131) 556 4075.

Real Foods
37 Broughton St, EH1 3JU.
(0131) 557 1911.

Valvona & Crolla
19 Elm Row, EH7 4AA.
(0131) 556 6066.

Villeneuve Wines
49a Broughton St, EH1 3RJ.
(0131) 558 8441.

Bücher und Zeitschriften

Edinburgh Books
145–147 West Port, EH3 9DP.
(0131) 229 4431.

The International Newsagents
351 High St, EH1 1PW.
(0131) 225 4827.

Waterstones
128 Princes St, EH2 4AD.
(0131) 226 2666.

Kunst, Design und Antiquitäten

Collective Gallery
38 Calton Hill, EH7 5AA.
(0131) 556 1264.

Holyrood Architectural Salvage
146 Duddingston Rd West, EH16 4AP.
(0131) 661 9305.

Inhouse
28 Howe St, EH3 6TG.
(0131) 225 2888.

Printmakers Workshop
23 Union St, EH1 3LR.
(0131) 557 2479.

The Scottish Gallery
16 Dundas St, EH3 6HZ.
(0131) 558 1200.

Souvenirs

Schottland bietet eine große Auswahl an Waren und Souvenirs. Die meisten Delikatessen findet man in Edinburghs Lebensmittelläden sowie Wein- und Spirituosenhandlungen, die auch Tabak führen. Einige Fachgeschäfte verkaufen ungewöhnlichere schottische Produkte, von handgefertigtem Schmuck bis zu Kleidungsstücken, z. B. Tartan-Kilts und Strickwaren. Manche Gebiete Schottlands sind auf ein bestimmtes Kunsthandwerk spezialisiert: Orkney auf Schmuck, Caithness und Edinburgh auf elegante Glasgravuren.

Keltische Ohrringe

Amethyst-Brosche

Keltische Brosche

Schottischer Schmuck spiegelt entweder das Herstellungsgebiet, eine Kultur (z. B. die keltische) oder eine Kunstrichtung wider. Die ineinander verwobenen Muster des oben gezeigten Schmucks sind ebenso typisch für den Jugendstil wie für keltische Formen.

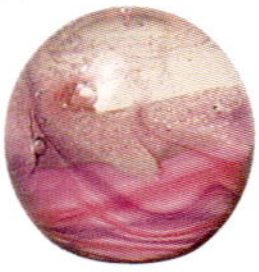

Briefbeschwerer aus Caithness-Glas

Edinburgher Kelchglas

Schottisches Glas ist schön verziert. In den Caithness-Glasfabriken in Oban, Perth und Wick kann man bei der Herstellung der feinen Muster zusehen.

Aus Hirschhorn werden Gebrauchsgegenstände wie dieser Aschenbecher geschnitzt.

Dolch *(»sgian dubh«)*

Felltasche

Klassischer schottischer Kilt

Tartan-Krawatte und -Schal

Schottische Tartans hatten ursprünglich die Form eines *feileadh-mor* (»großes Plaid«), das man um die Schulter und um die Taille legte. Die Highlander trugen sie so im 15. und 16. Jahrhundert. Heute versteht man unter Tartan ganz bestimmte, in Wollstoff eingewebte Muster. Diese basieren auf jahrhundertealten Entwürfen.

Schottische Textilien mit ganz eigenem Charakter sind die dicken Strickwaren von den Inseln, Stoffe wie Harris-Tweed mit seinem feinen Karo, Kaschmir, aus dem Pullover, Jacken und Schals hergestellt werden, sowie Schaffellteppiche.

Wollpullover

Tweedjacke

Abgepackte Lebensmittel

Lebensmittel werden von Schottland-Besuchern gerne als Souvenir oder Geschenk gekauft. Die Teestunde mit Leckereien wie Dundee Cake, Butter Shortbread, Abernethy-Keksen, Pfannkuchen und Ingwerkeksen ist bei den Schotten sehr beliebt. Haferkekse werden traditionell zu Käse, aber auch zu Pasteten verzehrt und mit Honig oder Marmelade bestrichen. Auch getoastet und mit viel Butter serviert schmecken sie äußerst köstlich.

Vegetarischer *haggis*

Traditioneller *haggis*

Haggis, das berühmteste schottische Gericht, besteht aus Schafsinnereien und Hafermehl. Es gibt auch fleischlose und mit Rehfleisch oder Whisky verfeinerte Sorten.

Traditionelles Butter Shortbread

Haferkekse

Schottische Abernethy-Kekse

Milch-Vanille-Fudge

LochRanza-Whisky-Fudge

Fudge ist ein extrem süßes Konfekt, das fast ausschließlich aus Zucker und Kondensmilch besteht. Es gibt zahlreiche unterschiedliche Sorten, darunter Rum, Rosinen, Walnuss, Schokolade und Whisky.

Getränke

Als Heimat vieler Destillerien und Brauereien wird Schottland wohl am ehesten mit alkoholischen Getränken assoziiert. Das vielfältige Angebot umfasst u. a. regional gebraute Biere, viele Sorten schottischen Whisky (siehe S. 36f) und eine Reihe von Spirituosen und Likören, z. B. Drambuie und Glayva. Berühmt ist auch das Bergquellwasser, das mit oder ohne Kohlensäure sowie mit Obstgeschmack von Birnen oder Melonen angeboten wird.

Historische Ale-Sorten

Bier und Ale spielen in Schottland eine wichtige Rolle. Im Pub trinkt man gerne ein oder zwei Pints, man kann die Biere aber auch in Flaschen kaufen. Eine Besonderheit sind die nach alten Highland-Rezepten gebrauten Obst- und Heide-Ales.

Highland-Quellwasser

Whisky ist die berühmteste schottische Spirituose. Es gibt eine riesige Auswahl an Whisky-Sorten, jede mit einem einzigartigen Aroma *(siehe S. 36f)*. Drambuie ist ein auf Whisky basierender Likör mit Kräutergeschmack.

Drambuie

Glenfiddich

LochRanza

Glen Ord

Bell's

Unterhaltung

Die meisten denken bei Unterhaltung in Edinburgh sofort an die großen, viel besuchten Festivals und Veranstaltungen sowie die vielfältigen Kulturevents im August. Die schottische Hauptstadt ist aber auch Musik-, Tanz- und Theaterzentrum. Das Filmhouse ist ein bedeutender Treffpunkt für einheimische und internationale Kunstfilmfreunde. Kenner beider Szenen schätzen zudem Edinburghs Nachtclubs heute ebenso sehr wie die in Glasgow. Zahlreiche Bars bieten eine riesige Auswahl an schottischem Whisky und Ale, während die in den letzten Jahren entstandenen und stetig beliebter werdenden Café-Bars garantieren, dass man auch zu später Stunde noch eine gute Tasse Kaffee und einen leckeren Snack bekommt. Schottlands nationales Stadion, Murrayfield, ist Gastgeber für internationale Rugbyspiele, z. B. im Rahmen des Six-Nations-Turniers.

Information

Im Kunst- und Unterhaltungsmagazin *The List* (www.list.co.uk) findet man alle Veranstaltungen und Events in Edinburgh und in Glasgow. Die Zeitschrift *The Skinny* (www.theskinny.co.uk) liegt kostenlos in den meisten Restaurants und Clubs aus.

Theater und Tanz

Das **The King's Theatre** in Edinburgh bietet Pantomime und Aufführungen von Theaterensembles. Das Management hat auch das Edinburgh Festival Theatre *(siehe Klassische Musik und Oper)* unter sich, das Ballett und zeitgenössischen Tanz zeigt, aber auch Shows für Kinder und Aufführungen im Varietéstil. Im **Edinburgh Playhouse** laufen oftmals Musicals. **The Traverse** stellt eher experimentelle Werke vor und fördert junge schottische Autoren. **The Royal Lyceum** hat meist klassische Stücke und Adaptionen auf dem Spielplan, zeigt aber auch neuere Stücke. Das Theaterensemble der Universität Edinburgh tritt im **Bedlam** auf.

Prunkvoller Saal des King's Theatre, eröffnet 1906

Edinburgh Festival Theatre, Bühne für Tanz, Musik und Oper

Klassische Musik und Oper

Aufführungen der Scottish Opera und des Royal Scottish National Orchestra, beide mit Sitz in Glasgow, finden im imposanten **Edinburgh Festival Theatre** statt, das 1994 eröffnet wurde. Edinburgh ist Heimat des renommierten Scottish Chamber Orchestra, das in **The Queen's Hall** auftritt. Die **Usher Hall** ist ein weiterer zentraler Veranstaltungsort für klassische Musik. Regelmäßig spielt hier das Scottish Symphony Orchestra. Auch an kleineren Veranstaltungsorten gibt es Konzerte, z. B. in der **Reid Concert Hall** der Edinburgh University und in **St Cecilia's Hall**. Die **St Giles Cathedral** bietet die Kulisse für Konzerte kleiner Gruppen, z. B. Streichquartette.

Rock, Jazz und World Music

Größere Rockkonzerte finden im Murrayfield Stadium *(siehe Sport)* statt. Auch das Edinburgh Playhouse *(siehe Theater und Tanz)* ist Bühne für Popstars, ebenso das **Cabaret Voltaire** und **The Liquid Room**. Einige Nachtclubs der Stadt veranstalten kleinere Sessions – einschließlich Jazz und World Music *(siehe Café-Bars, Bars und Clubs)*. In der Queen's Hall *(siehe Klassische Musik und Oper)* dagegen werden auch ausgefallenere Shows aufgeführt. Folk- und Jazzmusiker treten im **The Tron** oder in **Henry's Cellar Bar** auf. In einigen Pubs kann man Folk- und Jazzmusik live erleben – hierüber informiert ausführlich das Magazin *The List*. **The Assembly Rooms** veranstalten *ceilidhs* (traditionelle Highland-Tanzabende).

Kino

Edinburgh bietet einige Multiplex-Kinos. **Cineworld** und das **Odeon Wester Hailes** sind relativ weit vom Zentrum entfernt. Das Odeon Edinburgh ist dem Zentrum am nächsten. Nur wenige Minuten sind es von der Princes Street zum **OMNI** mit seinen zwölf Sälen. Das altmodische **The Dominion** ist in Familienbesitz. **The Cameo** zeigt Late-Night-Shows und moderne Klassiker. Das Filmkunsttheater **The Filmhouse** ist Zentrum des International Film Festival.

EDINBURGH INTERNATIONAL FILM FESTIVAL

Logo des Edinburgh Film Festival

Rugby-Match Schottland gegen Irland beim Turnier RBS Six Nations

Sport

Das imposante **Murrayfield Stadium** ist das nationale Rugbyzentrum, in dem von Ende Januar bis März internationale Spiele stattfinden. Im Sommer werden hier auch Leichtathletik-Wettbewerbe ausgetragen. In der Stadt spielen zwei Fußballteams, **Heart of Midlothian** im Westen und **Hibernian** in Leith. Spiele der Basketball-Liga gibt es im **Meadowbank Stadium and Sports Centre**.

Café-Bars, Bars und Clubs

Gutes Ale vom Fass und eine breite Palette an schottischen Malt Whiskys gibt es in klassischen Bars wie **The Café Royal**, **Bennet's**, **The Cumberland** oder **The Bow Bar**.

Café-Bars findet man vor allem in der Umgebung der George Street. Einige sind eher auf Nachtleben mit gelegentlicher Live-Musik ausgerichtet, z. B. **Indigo Yard**, **Voodoo Rooms**, **Tigerlily** und **Opal Lounge**. Die beiden letztgenannten sind stilvolle Clubs. Andere Nachtclubs, z. B. die **Auld Reekie Tiki Bar**, sind in erster Linie Diskotheken. Die meisten Clubs liegen rund um Cowgate, z. B. das **Espionage**.

Auf einen Blick

Theater und Tanz

Bedlam
11b Bristow Place, EH1 1E2.
(0131) 629 0430.

Edinburgh Playhouse
18–22 Greenside Place, EH1 3AA.
0844 871 3014.

The King's Theatre
2 Leven St, EH3 9LQ.
(0131) 529 6000.

The Royal Lyceum
30b Grindlay St, EH3 9AX.
(0131) 248 4848.

The Traverse
10 Cambridge St, EH1 2ED.
(0131) 228 1404.

Klassische Musik und Oper

Edinburgh Festival Theatre
13–29 Nicolson St, EH8 9FT.
(0131) 529 6000.

The Queen's Hall
85–89 Clerk St, EH8 9JG.
(0131) 668 2019.

Reid Concert Hall
Bristo Sq, EH8 9AG.
(0131) 651 2189.

St Cecilia's Hall
Niddry St, EH1 1LG.
(0131) 650 1000.

St Giles Cathedral
High St, EH1 1RE.
(0131) 225 9442.

Usher Hall
Lothian Road, EH1 2EA.
(0131) 228 1155.

Rock, Jazz und World Music

Assembly Rooms
54 George St, EH2 2LR.
(0131) 220 4348.

Cabaret Voltaire
36 Blair St, EH1 1QR.
(0131) 247 4704.

Henry's Cellar Bar
8–16a Morrison St, EH3 8BJ.
(0131) 629 2992.

The Liquid Room
9c Victoria St, EH1 2HE.
(0131) 225 2564.

The Tron
9 Hunter Sq, EH1 1QW.
(0131) 225 3784.

Kino

The Cameo
38 Home St, EH3 9LZ.
0871 902 5723.

Cineworld
130 Dundee Street, EH1 1AF. 0871 200 2000.

The Dominion
18 Newbattle Terrace, EH10 4RT.
(0131) 447 4771.

The Filmhouse
88 Lothian Rd, EH3 9BZ.
(0131) 228 2688.

Odeon Edinburgh
118 Lothian Road, EH3 3BG.
0333 014 4501.

Odeon Wester Hailes
120 Wester Hailes Rd, EH14 1SW.
0333 014 4501.

OMNI
Greenside Place, EH1 3BN.
(0131) 524 7770.

Sport

Heart of Midlothian
Tynecastle Stadium, Gorgie Rd, EH11 2NL.
0333 043 1874.

Hibernian Football Club Ltd
12 Albion Place, EH7 5QG.
(0131) 661 2159.

Meadowbank Stadium and Sports Centre
139 London Rd, EH7 6AE.
(0131) 661 5351.

Murrayfield Stadium
Murrayfield, EH12 5PJ.
(0131) 346 5250.

Café-Bars, Bars und Clubs

Auld Reekie Tiki Bar
43b Frederick St, EH2 1EP.
(0131) 226 2224.

Bennet's
8 Leven St, EH3 9LG.
(0131) 229 5143.

The Bow Bar
80 West Bow, EH1 2HH.
(0131) 226 7667.

The Café Royal
19 W Register St, EH2 2AA.
(0131) 556 1884.

The Cumberland
1–3 Cumberland St, EH3 6RT. (0131) 558 3134.

Espionage
4 India Buildings, Victoria St, EH1 2EX.
(0131) 477 7007.

Indigo Yard
7 Charlotte Lane, EH2 4QZ.
(0131) 220 5603.

Opal Lounge
51a George Street, EH2 2HT.
(0131) 226 2275.

Tigerlily
125 George St, EH2 4JN.
(0131) 225 5005.

Voodoo Rooms
19a West Register St, EH2 2AA.
(0131) 556 7060.

Edinburgh Festival

Der August in Edinburgh steht ganz im Zeichen des Festivals. Mit Theater, Tanz, Oper, Musik und Ballett gehört es zu den führenden Kunstevents der Welt. Parallel zum offiziellen Edinburgh International Festival entwickelte sich das Fringe. Beide sind seit über 60 Jahren international bekannt, ebenso wie das Edinburgh International Film Festival, das bereits im Juni stattfindet. Das Military Tattoo ist das größte Musikfestival des Landes. Seit mehreren Jahren finden auch das Edinburgh Book Festival und das Jazz & Blues Festival im August statt.

Eingang zum Fringe-Informationsbüro auf der Royal Mile

Edinburgh International Festival

Als kulturellen Kontrapunkt zu den Entbehrungen im Nachkriegseuropa, in dem zahlreiche Städte zerstört waren und Lebensmittelrationierungen sogar die Siegermächte betrafen, veranstaltete Edinburgh im Jahr 1947 sein erstes Kunstfestival. Es gewann zunehmend an Größe und Ansehen und gehört heute zu den bedeutendsten der Welt. Das Programm umfasst klassische Musik, traditionelles Ballett, zeitgenössischen Tanz, Oper und Drama. Die Veranstaltungsorte sind über das gesamte Stadtgebiet verstreut *(siehe S. 83)*.

Das alljährliche Finale ist ein großartiges Schauspiel: Rund 250 000 Menschen drängen sich dann im Stadtzentrum zusammen, um ein herrliches Feuerwerk zu erleben. Die wenigen Glücklichen mit Karten für den Ross Bandstand können in den Princes Street Gardens dem Feuerwerkskonzert des Scottish Chamber Orchestra lauschen.

Fringe Festival

Das Fringe Festival begann mit wenigen Aufführungen als Alternative zum offiziellen International Festival ebenfalls im Jahr 1947. Ein Jahrzehnt später gehörte es zum Pflichtprogramm von Amateuren, studentischen Theatergruppen und anderen alternativen Gruppen, an dem Festival teilzunehmen. Dazu musste man nichts weiter tun, als im August einen Platz in der Stadt zu ergattern. Schon seit Längerem gibt es ein für das Festival verantwortliches Verwaltungsgremium, in jüngster Zeit ziehen professionell organisierte Veranstaltungen die Besuchermassen an.

In den Assembly Rooms in der George Street *(siehe S. 83)* und im Pleasance Theatre in The Pleasance werden Shows gezeigt, die sich vom offiziellen Programm des International Festival abheben.

Trotz seiner Popularität ist das Fringe Festival ursprünglich geblieben. In Gemeindehallen und an anderen Orten wird eine breite Palette an Aufführungen angeboten, die von Musicals, aufgeführt von Schulkindern, bis hin zu gewagten Interpretationen von Kafka-Werken reicht.

Beim Fringe Festival drängen sich die Massen um die Straßenkünstler

Besucher genießen Sonne und Straßenkunst auf der Royal Mile

Edinburgh International Film Festival

Das seit 1947 alljährlich organisierte Filmfestival war eines der ersten internationalen Events dieser Art. Es findet im Juni statt.

Obwohl der Schwerpunkt zunächst auf Dokumentarfilmen lag, wurde das Programm bald um Kunst- und populäre Kinofilme erweitert. Das Festival erfand »Die Retrospektive« als Mittel, die komplette Arbeit eines Filmregisseurs zu studieren. Filme von Woody Allen und Steven Spielberg hatten hier Premiere. Seit seinem Neuanfang im Jahr 1995 ist das Festival in vier

Beim Military Tattoo im Edinburgh Castle schauen Tausende zu

Hauptbereiche unterteilt. Die Kategorien gliedern sich in: Arbeiten junger britischer Talente, Weltpremieren, Filmstudie und Retrospektive.

Die filmischen Werke werden in erster Linie im Filmhouse in der Lothian Road gezeigt, doch in gewissem Maße nimmt mittlerweile beinahe jedes Kino im Stadtzentrum Edinburghs an dem Festival teil *(siehe auch S. 83).*

Edinburgh Military Tattoo

Das großartige Military Tattoo erfreut sich seit dem Jahr 1950 besonderer Beliebtheit. In jenem Jahr beschloss das Militär, an Edinburghs International Festival im August mit Vorführungen martialischer Tapferkeit, einer bunten Parade und viel Musik auf der malerischen Castle Esplanade teilzunehmen.

Auf der tribünengesäumten Esplanade begeistern sich im Sommer rund 200 000 Besucher für das Tattoo. Das beeindruckende Schauspiel ist Vorbote der anderen im August stattfindenden Kunstfestivals. Musikkapellen und Musiker der Streitkräfte anderer Länder werden regelmäßig eingeladen, beim Tattoo mitzuwirken. Das Highlight ist das von den Burgzinnen vorgetragene *pibroch (siehe S. 34)* eines Solo-Dudelsackspielers.

Straßenkünstler, als unbewegliche Statue verkleidet

Bücherstand in einem Zelt, Edinburgh International Book Festival

Edinburgh International Book Festival

Alljährlich im August wird in der georgianischen Umgebung des Charlotte Square im Stadtzentrum ein Minidorf aus Festzelten errichtet. Zwei Wochen lang kann man hier Lesungen und Vorträgen von Schriftstellern, Romanciers und Lyrikern bis hin zu Kochbuch- und Kinderbuchautoren lauschen. Schottische Autoren sind auf dieser Veranstaltung stets gut vertreten. Zunächst fand das Book Festival lediglich alle zwei Jahre statt, doch seit 1998 ist es zu einem wesentlichen Bestandteil der August-Festivals geworden.

Edinburgh Jazz & Blues Festival

Ende Juli/Anfang August kommt eine Reihe internationaler Jazzmusiker nach Edinburgh, um zusammen mit den führenden Jazzmusikern Schottlands aufzutreten. The Hub und das Viertel rund um Edinburghs University, u. a. die Queen's Hall *(siehe S. 83),* sind die Hauptveranstaltungsorte. Am Eröffnungssamstag gibt es ein kostenloses Open-Air-Konzert auf dem Grassmarket in der Old Town. Die Blues-Gigs haben eigene Veranstaltungsorte, sind ebenfalls sehr beliebt und locken viele Musiker aus England und den USA an.

Auf einen Blick

Edinburgh International Festival
The Hub, Edinburgh's Festival Centre, Castlehill, Royal Mile, EH1 2NE.
(0131) 473 2099 (Info).
(0131) 473 2000 (Tickets).
eif.co.uk

Edinburgh International Book Festival
5a Charlotte Sq, EH2 4DR.
0845 373 5888.
edbookfest.co.uk

Edinburgh International Film Festival
88 Lothian Rd, EH3 9BZ.
(0131) 228 2688.
edfilmfest.org.uk

Edinburgh Jazz & Blues Festival
Assembly Direct, 89 Giles St, EH6 6BZ.
(0131) 467 5200.
(0131) 473 2000 (Vorverkauf).
edinburghjazzfestival.com

Edinburgh Military Tattoo
Edinburgh Tattoo, 32 Market St, EH1 1QB.
(0131) 225 1188.
edintattoo.co.uk

Fringe Festival
The Fringe Office, 180 High St, EH1 1QS.
(0131) 226 0026.
edfringe.com

Südschottland

Der Süden Schottlands vereint malerische Landschaften mit historischen Burgen und majestätischen Abteien. Infolge der blutigen Grenzkriege, die im späten 13. Jahrhundert begannen, sind viele der alten Gebäude mit Befestigungen versehen. Die sanften Hügellandschaften von The Scottish Borders (Grenzlandregion) und die zerklüfteten Gipfel von Dumfries & Galloway waren am stärksten vom jahrhundertelangen Konflikt zwischen Schottland und England betroffen.

Im Jahr 1296 begannen die Unabhängigkeitskriege der Schotten gegen die Engländer, unter denen Südschottland am meisten zu leiden hatte. Dieser Zwist dauerte rund 300 Jahre an, da zunächst die Unabhängigkeit Schottlands und später die Allianz mit Frankreich für Spannungen zwischen Schottland und England sorgten. Dryburgh, eine der schönsten Grenzland-Abteien (12. Jh.) der Region, wurde erstmals 1322 von den Engländern niedergebrannt, ein zweites Mal im Jahr 1544.

Die quasi faktische Unabhängigkeit des Border District bewirkte weitere Konflikte. Hier regierten mächtige Familien gemäß des Mitte des 12. Jahrhunderts eingeführten Ortsrechts. Wenn die schottischen Könige nicht gegen England kämpften, griffen sie das Grenzland an, um es wieder unter ihre Kontrolle zu bringen. Die großen Dramen der wechselvollen schottischen Geschichte spielten sich vor allem im Süden ab: Die Guerillas von Robert the Bruce besiegten die Engländer 1307 in Glen Trool, Flodden bei Coldstream dagegen war 1513 Schauplatz der wohl größten militärischen Niederlage – König James IV von Schottland und Tausende seiner Männer fielen in diesem Kampf.

Heutzutage wirken die beschaulichen Marktstädtchen der Borders und die wilde Berglandschaft in Dumfries & Galloway durch und durch friedlich, doch an die bewegte Vergangenheit erinnern noch die Ruinen der großen Abteien, die Burgen und Schlachtfelder. Das Gebiet hat sich mit Textilindustrie einen Namen gemacht, aber auch als literarisches Zentrum, denn der Schriftsteller Sir Walter Scott lebte in Abbotsford bei St Boswell.

Angeln in den ruhigen Wassern des Tweed, der sich durch das Grenzland schlängelt

◀ Ruinen von Jedburgh Abbey ***(siehe S. 90f)*****, eine jener Abteien, die im Konflikt mit England zerstört wurden**

Überblick: Südschottland

Eine vielfältige Landschaft und charaktervolle Städtchen prägen Südschottland, doch die Region wird von Besuchern, die es nach Edinburgh, Glasgow oder in die Highlands zieht, noch viel zu oft übersehen. Glen Trool in Dumfries & Galloway liegt zwischen zerklüfteten Bergen. Die Hügel im Grenzland weiter östlich sind sanfter, bieten dafür klassische Panoramen wie Scott's View nahe Melrose. Mit vielen Urlaubsorten lockt die Ayrshire-Küste. Die malerisch gelegene Solway-Firth-Küste ist ein weiteres beliebtes Ausflugsziel.

Die gotische Abtei in Melrose ist eine der reichsten Schottlands

Weitere Zeichenerklärungen *siehe hintere Umschlagklappe*

In Südschottland unterwegs

In Ost-West-Richtung oder umgekehrt zu reisen, kann schwierig sein, da alle Hauptrouten von Edinburgh und Glasgow in Nord-Süd-Richtung verlaufen. Die Busverbindungen lassen etwas zu wünschen übrig. Von Edinburgh gibt es gute Zugverbindungen entlang der Ostküste, seit 2015 auch nach Galashiels. Im Westen fahren Züge von Glasgow nach Ayrshire und Stranraer, den Fährhafen nach Nordirland. Um schöne Landschaften abseits der Küste zu erkunden, nimmt man am besten ein Auto.

Legende

- Autobahn
- Schnellstraße
- Hauptstraße
- Nebenstraße
- Panoramastraße
- Eisenbahn (Hauptstrecke)
- Eisenbahn (Nebenstrecke)
- Gipfel

Klarer Wintertag in den Pentland Hills

Sehenswürdigkeiten auf einen Blick

1. St Abb's Head
2. Kelso
3. Jedburgh
4. Eildon Hills
5. Borders Railway
7. Melrose Abbey
8. Abbotsford House
9. Traquair House
10. Peebles
11. Pentland Hills
12. New Lanark
13. Dumfries House
14. Drumlanrig Castle
15. Threave Castle
16. Burns Heritage Trail
17. Caerlaverock Castle
18. Kirkcudbright
19. Whithorn
20. Galloway Forest Park
21. The Rhinns of Galloway
22. *Culzean Castle S. 98f*

Tour

6. Tour durch das Grenzland

Klippen und Felsen von St Abb's Head

❶ St Abb's Head

The Scottish Borders. Berwick-upon-Tweed. ab Edinburgh. (01890) 77 14 43. Ostern–Okt: tägl. 10–17 Uhr. NTS

Die Klippen von St Abb's Head, die an der Südspitze von Schottland 90 Meter hoch aufragen, bieten einen tollen Blick auf die Vogelwelt. Im Mai und Juni nisten in diesem rund 80 Hektar großen Naturschutzgebiet mehr als 50 000 Vögel, darunter Eissturmvögel, Seetaucher, Dreizehenmöwen und Papageitaucher.

Der alte Hafen im Dorf St Abb's ist als einer der wenigen an der Ostküste Schottlands noch in Betrieb. Wer sich zum Klippenspaziergang entschließt, beginnt am besten beim Visitors' Centre, das über alles Wissenswerte informiert.

❷ Kelso

The Scottish Borders. 6500. The Square, (01573) 22 11 19; Apr–Okt. **visitscottishborders.com**

Kelso hat einen hübschen Ortskern, den Hauptplatz säumen georgianische und viktorianische Gebäude. Attraktion der Stadt ist die Ruine einer **Abtei** (12. Jh.). Das von David I gegründete Kloster war eines der reichsten der Region. Es wurde im Krieg gegen England 1545 beschädigt. **Floors Castle** am Nordrand von Kelso erlitt weniger Schäden. Die 1720 von William Adam erbaute Burg wurde von William Playfair 1837 umgestaltet.

Nach einer kurzen Autofahrt erreicht man **Mellerstain House**. Das Anwesen wurde ebenfalls von Adam errichtet.

Floors Castle
(01573) 22 33 33. März–Okt: tägl. **floorscastle.com**

Mellerstain House
Gordon. (01573) 41 02 25. teilweise. **mellerstain.co.uk**

❸ Jedburgh

The Scottish Borders. 4100. Murray's Green, (01835) 86 31 70.

Im Städtchen thront das in den 1820er Jahren erbaute pseudomittelalterliche **Jedburgh Castle, Jail & Museum**. Es diente erst als Gefängnis, heute ist es ein Museum zur Geschichte der Region und zum Leben in einem Gefängnis des 19. Jahrhunderts.

Um 1500 wurde das **Mary, Queen of Scots' House** erbaut, das man nach dem Besuch der Königin 1566 so benannte. Das Haus wurde 1987 (zum 400. Jahrestag der Hinrichtung der Königin) in ein Museum zu Marys Leben umgewandelt. Unter den Exponaten ist auch eine Kopie ihrer Totenmaske.

Jedburgh Abbey ist eine der vier im 12. Jahrhundert erbauten Grenzland-Abteien (die anderen sind Dryburgh, Kelso und Melrose) und hat eine sehenswerte Klosterkirche.

Jedburgh Castle, Jail & Museum
(01835) 86 47 50. Ostern–Okt: tägl. (So nur nachmittags).

Mary, Queen of Scots' House
(01835) 86 33 31. März–Nov: tägl.

Jedburgh Abbey
(01835) 86 39 25. tägl.

❹ Eildon Hills

The Scottish Borders. Melrose, (01896) 82 01 78.

Die drei Gipfel der Eildon Hills beherrschen die Landschaft der Borders. Mid Hill ist mit 422 Metern der höchste Berg. North Hill war bereits in der Bronzezeit eine Festung und später ein Römerlager. Der bekannteste Name der Region ist wohl der des Dichters Sir Walter Scott *(siehe S. 92)*, der für diese Hügel eine besondere Zuneigung empfand. Die nach ihm benannte Aussicht **Scott's View** liegt östlich von Melrose, nahe Dryburgh Abbey. Von hier hat man einen wunderschönen Panoramablick auf das Tweed Valley.

Blick auf die Eildon Hills im Spätsommer

❺ Borders Railway

bordersrailway.co.uk.

Die ungefähr 57 Kilometer lange Bahnlinie zwischen Edinburgh und Tweedbank wurde im Jahr 2015 in Betrieb genommen. Vom Bahnhof in Tweedbank erreicht man nach rund 20 Gehminuten Abbotsford House, den früheren Wohnsitz von Sir Walter Scott *(siehe S. 92)*.

❻ Tour durch das Grenzland

Das Grenzland (The Borders) ist mit Resten alter Gebäude übersät, die einst im Konflikt zwischen England und Schottland zerstört wurden. Am eindrucksvollsten sind die Abteien, deren Architektur ein Zeugnis von der einstigen geistigen und politischen Macht der Kirche ablegt. Viele Abteien wurden im 12. Jahrhundert, zur Regierungszeit Davids I, gegründet und 1545 durch Henry VIII zerstört.

② **Kelso Abbey** Als größte Abtei im Grenzland wurde Kelso 1128 gegründet, die Fertigstellung dauerte 84 Jahre.

⑥ **Melrose Abbey**
In diesem vormals reichsten Kloster Schottlands wurde das Herz von Robert the Bruce bestattet *(siehe S. 92)*.

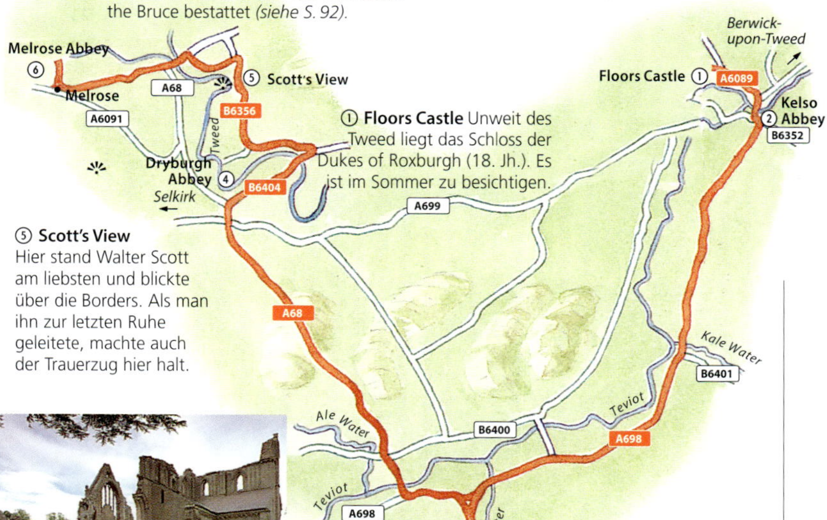

① **Floors Castle** Unweit des Tweed liegt das Schloss der Dukes of Roxburgh (18. Jh.). Es ist im Sommer zu besichtigen.

⑤ **Scott's View**
Hier stand Walter Scott am liebsten und blickte über die Borders. Als man ihn zur letzten Ruhe geleitete, machte auch der Trauerzug hier halt.

④ **Dryburgh Abbey** Das, was hier am Ufer des Tweed übrig geblieben ist, stellt vielleicht die eindrucksvollste Klosterruine Schottlands dar. Walter Scott liegt hier begraben.

0 Kilometer 5
0 Meilen 3

③ **Jedburgh Abbey** Das Kloster stammt im Wesentlichen aus dem 12. Jahrhundert, Teile gehen jedoch auf die Kelten (9. Jh.) zurück. Im Visitors' Centre erfährt man Wissenswertes über die Augustinermönche.

Routeninfos

Länge: 50 km.

Rasten: Lassen Sie Ihr Auto bei Dryburgh Abbey stehen, und gehen Sie nördlich zur Fußgängerbrücke über den Tweed.

Ruinen von Melrose Abbey

❼ Melrose Abbey

Abbey Street, Melrose, Scottish Borders. (01896) 82 25 62. tägl. 10–16 Uhr (Apr–Sep: bis 17.30 Uhr). 1., 2. Jan, 25., 26. Dez. teilweise. **historicenvironment.scot**

Die Ruinen des schönen Klosters in den Borders zeugen vom Schicksal derer, die sich den englischen Invasoren in den Weg stellten. Das 1136 von König David I für den Orden der Zisterzienser von Yorkshire erbaute Kloster wurde mehrmals beschädigt, so auch in den Jahren 1322 und 1385. Wie viele andere wurde es unter Henry VIII im Jahr 1545 endgültig zerstört – als Strafe, da die Schotten einer Heirat zwischen seinem Sohn und der jungen schottischen Königin Mary nicht zugestimmt hatten. Zu erkennen sind noch heute die Umrisse von Kloster, Küche sowie der Abteikirche mit dem hoch aufragenden Ostfenster und den Mauerverzierungen. Zu den gut erhaltenen Steinmetzarbeiten an der Südseite zählen ein wasserspeiendes Schwein, das Dudelsack spielt, sowie weitere Figuren, darunter ein Koch mit Suppenkelle.

Das einbalsamierte Herz, das 1920 hier entdeckt wurde, wird Robert the Bruce zugeschrieben. Er hatte verfügt, dass sein Herz nach seinem Tod mit einem Kreuzzug ins Heilige Land gebracht werden sollte. Nachdem James Douglas, der das Herz mit sich führte, in Spanien umgekommen war, fand es seine Heimat jedoch wieder in Melrose Abbey.

❽ Abbotsford House

Galashiels, Scottish Borders. (01896) 75 20 43. ab Galashiels. Apr–Okt: tägl. 10–17 Uhr; März, Nov: tägl. 10–16 Uhr. teilweise. **scottsabbotsford.com**

Nur wenige Häuser spiegeln den Charakter ihres Besitzers so sehr wider wie Abbotsford House, in dem Walter Scott die letzten 20 Jahre seines Lebens verbrachte. Im Jahr 1811 kaufte er hier eine Farm, die er im Andenken an die Mönche der Melrose Abbey, die hier den Tweed überquerten, »Abbotsford« nannte.

Statt des ursprünglichen Hauses ließ sich der Dichter an gleicher Stelle mit den Einnahmen, die er mit seinen Romanen erzielte, einen schlossartigen Herrensitz erbauen.

Scotts Bibliothek zählt rund 9000 seltene Bücher. Seine Sammlung an Antiquitäten weist ihn als Liebhaber der heroischen Vergangenheit aus. Die Wände zieren Rüstungen und Waffen, u. a. Rob Roys Schwert *(siehe S. 123)*. Auch ein Kruzifix von Mary Stuart sowie eine Haarlocke von Bonnie Prince Charlie sind zu entdecken. Das Arbeitszimmer des Dichters und das Zimmer, in dem er 1832 starb, können besichtigt werden.

Great Hall von Abbotsford, mit Waffen und Rüstungen geschmückt

Sir Walter Scott

Scott (1771–1832) war von Beruf Anwalt, zu großem Ruhm gelangte er jedoch als Schriftsteller. Seine Gedichte und Romane (v. a. die *Waverley*-Romane), in denen er das Leben der Clans verklärte, führten zu einem neuen schottischen Nationalbewusstsein. Seine Organisation des Besuchs von George IV in Edinburgh war eine Sympathiewerbung für die Nationaltracht des Landes, deren Tragen danach wieder erlaubt wurde. Scott arbeitete bei Gericht im Parliament House *(siehe S. 61)* und war sogar 30 Jahre lang Sheriff von Selkirk. Er liebte das schottische Grenzland, besonders die Trossach Mountains *(siehe S. 122f)*, denen er mit seinem Roman *Die Dame vom See* (1810) ein literarisches Denkmal setzte. Seine letzten Jahre verbrachte Scott mit dem Abtragen der Schulden (über 114 000 Pfund), die ihm der Bankrott seines Verlegers eingebracht hatte. Er starb schließlich schuldenfrei und wurde in der Dryburgh Abbey begraben.

9 Traquair House

Peebles, The Scottish Borders. (01896) 83 03 23. ab Peebles. März–Sep: tägl. 11–17 Uhr; Okt: tägl. 11–16 Uhr; Nov: Sa, So 11–15 Uhr. teilweise. **traquair.co.uk**

Das älteste bewohnte Haus Schottlands ist untrennbar mit der religiösen und politischen Geschichte der letzten 900 Jahre verbunden. Der zunächst befestigte Turmbau und spätere Herrensitz *(siehe S. 25)* galt ungefähr 500 Jahre lang als Hochburg der Stuarts. Auch Mary Stuart weilte hier, ihr Bett ziert eine Decke, die sie selbst bestickt hat. Zahlreiche persönliche Briefe und eine Sammlung von gravierten Gläsern der Jakobiten erinnern an die bewegte Zeit der Highland-Aufstände.

Marys Kreuz, Traquair House

Die großen Gittertore (»Bear Gates«), die 1745 nach dem Besuch von Bonnie Prince Charlie geschlossen wurden, sollen erst wieder geöffnet werden, wenn erneut ein König aus dem Hause Stuart den Thron besteigt.

An der Geheimtreppe zur Kammer des Priesters sieht man, wie schwer es die Katholiken hatten, bevor ihr Glaube um 1829 legalisiert wurde.

10 Peebles

The Scottish Borders. 8000. ab Edinburgh. 23 High St, (01721) 72 31 59.

Das charmante Städtchen in den Borders bietet faszinierende Sehenswürdigkeiten, u. a. das **Tweeddale Museum and Gallery**. In dessen Chambers' Room sind nicht nur Abgussteile des Parthenon-Frieses ausgestellt, sondern auch Abgüsse eines Frieses mit einer Darstellung des Einzugs Alexanders des Großen nach Babylon. Die **Kailzie Gardens** sind ein beliebtes Ziel für Ausflügler aus Edinburgh. Der **Glentress Forest** am Stadtrand ist bei Wanderern und Mountainbikern beliebt.

Tweeddale Museum and Gallery
(01721) 72 48 20. Mo–Sa.

Kailzie Gardens
(01721) 72 00 07. tägl. **kailziegardens.com**

Glentress Forest
(0300) 067 69 00. tägl. **scotland.forestry.gov.uk**

11 Pentland Hills

The Lothians. Edinburgh, dann Bus. Regional Park Headquarters, Edinburgh, (0131) 529 2401. **pentlandhills.org**

Der lang gestreckte Höhenzug südwestlich von Edinburgh gehört zu den schönsten Wandergebieten im Tiefland. Spaziergänger können zwischen vielen markierten Wanderwegen auswählen, während die Sportlicheren den Lift hinauf auf die Skipiste nehmen, um von dort zum 493 Meter hohen Allermuir zu gelangen. Geübte Bergwanderer können sich an die Gipfelroute von Caerketton nach West Kip wagen.

Östlich der A 703 steht die kunstvoll verzierte **Rosslyn Chapel** aus dem 15. Jahrhundert. Ursprünglich sollte sie als Kirche dienen, aber nach dem Tod ihres Erbauers, William Sinclair, wurde sie zur Grabstätte für seine Nachkommen. Der grazil gewundene Apprentice Pillar erinnert an den Lehrling, der den Pfeiler verzierte und anschließend aus Neid und Eifersucht über das gelungene Werk von seinem Meister erschlagen wurde.

Rosslyn Chapel
(0131) 440 2159. tägl. **rosslynchapel.com**

Reich verziertes Deckengewölbe der Rosslyn Chapel

Klassische Arbeiterhäuser (18. Jh.) in New Lanark am Ufer des Clyde

⓬ New Lanark

Clyde Valley. 185. Lanark. Horsemarket, Ladyacre Rd, Lanark, (01555) 66 82 49.
newlanark.org

Gegründet wurde die an den malerischen Wasserfällen des Clyde gelegene Stadt 1785 von dem Industriellen David Dale. Dank der einfachen Versorgung der wasserbetriebenen Mühlen entwickelte sich New Lanark bis um 1800 zum bedeutendsten Zentrum der Baumwollproduktion in Großbritannien. Die sozialen und wirtschaftlichen Reformen von Dale sowie seinem Nachfolger und Schwiegersohn Robert Owen zeigten, dass wirtschaftlicher Erfolg nicht zulasten der Arbeiter gehen musste.

Das **New Lanark Visitor Centre** zeigt eine Ausstellung, die Einblick in das Arbeitsleben des frühen 19. Jahrhunderts gibt. Im Centre erhalten Sie auch Eintrittskarten für die historischen Gebäude.

Umgebung: Etwa 24 Kilometer nördlich von New Lanark liegt Blantyre. Das David Livingstone Museum in dem Geburtshaus des Entdeckers erinnert an den berühmtesten Sohn des Clyde-Tals.

New Lanark Visitor Centre
(01555) 66 13 45. tägl. nach Vereinbarung.

David Livingstone

Schottlands großer Missionar, Arzt und Entdecker wurde im Jahr 1813 in Blantyre geboren und arbeitete bereits mit zehn Jahren in einer Fabrik. Nach 1840 reiste er zur »Förderung des Handels und der Christenheit« dreimal nach Afrika. Berühmtheit erlangte er als erster Europäer, der die Victoria-Fälle sah. 1873 starb er auf der Suche nach der Nilquelle. Bestattet ist Livingstone in Westminster Abbey in London.

⓭ Dumfries House

Cumnock, Ayrshire. (01290) 42 59 59. tägl. von Sonnenaufgang bis Sonnenuntergang. Apr–Okt: tägl.; Nov–März: Sa, So. teilweise.
dumfries-house.org.uk

Die palladianische Villa ist trotz ihrer abgeschiedenen Lage einen Besuch wert. Das großartige symmetrische Anwesen wurde 1754–59 für den fünften Earl of Dumfries errichtet. Dieser wollte mit dem Bau seine künftige Gattin beeindrucken. Im Inneren überrascht der für die damalige Zeit gewagte Rokoko-Stil. Die Sammlung von Chippendale-Möbeln ist einzigartig. 2007 wurde das Haus in letzter Minute von einer Stiftung unter Leitung von Prinz Charles vor dem drohenden Verkauf bewahrt.

⓮ Drumlanrig Castle

Thornhill, Dumfries & Galloway. (01848) 33 15 55. Dumfries, weiter mit dem Bus. Apr–Sep: tägl. 10–17 Uhr. **drumlanrigcastle.co.uk**

Drumlanrig Castle entstand 1679–91 an der Stelle einer Feste der Familie Douglas (15. Jh.). Hinter den Türmen und Erkern verbergen sich eine wertvolle Kunstsammlung und

Geschwungene Treppe und Eingang von Drumlanrig Castle

Hotels und Restaurants in Südschottland *siehe Seiten 173f und 183f*

viele Andenken an die Jakobiten, z. B. Bonnie Prince Charlies Feldkessel, Schärpe und Geldbörse. Zu den Kunstschätzen in den eichengetäfelten Zimmern gehören Werke von Thomas Gainsborough, Alan Ramsay und Rembrandt.

Das Wappen mit dem Herzen erinnert an den berühmten Douglas-Vorfahren The Good Sir James, auch Black Douglas genannt. Ihm war das Herz von Robert the Bruce während des Kreuzzugs anvertraut. Als er bereits tödlich verwundet war, schleuderte er das Herz den Mauren entgegen, um das Gelöbnis des früheren Königs zu erfüllen.

Die trutzige Inselburg Threave Castle am Dee

⓯ Threave Castle

Castle Douglas, Dumfries & Galloway. (07711) 22 31 01. Dumfries. Apr–Sep: tägl. 10–16.30 Uhr; Okt: tägl. 10–15.30 Uhr. **historicenvironment.scot**

Der Turm (14. Jh.) von Black Douglas steht auf einer Insel im Dee und dominiert den bestausgerüsteten mittelalterlichen Flusshafen Schottlands.

Douglas' Kämpfe gegen die Stuarts führten nach zwei Monaten Belagerung 1455 zur Aufgabe – nachdem James II die Kanone Mons Meg *(siehe S. 64)* eingesetzt hatte. Threave Castle wurde endgültig zerstört, als die presbyterianischen Belagerer die Burg bezwangen. Im Inneren sind nur noch die Wände einiger weniger Räume erhalten geblieben.

Fassade des Burns Cottage, Geburtsort von Robert Burns

⓰ Burns Heritage Trail

South Ayrshire, Dumfries & Galloway. Dumfries, (01387) 25 38 62; Ayr, (01292) 29 03 00. **visitdumfriesandgalloway.co.uk**

Robert Burns (1759–1796) hinterließ ein enorm breit gefächertes Werk, von satirischer Poesie bis hin zu Liebesliedern. Sein Status als schottischer Nationaldichter ist seit Langem unangefochten. Ein offizieller Burns Heritage Trail führt Besucher zu den Orten, an denen der Dichter in Südwestschottland gelebt hat.

In Dumfries beschäftigt sich das **Robert Burns Centre** mit seinen Jahren in der Stadt. Im **Burns House**, das der Dichter 1793–96 bewohnte, sind Erinnerungsstücke ausgestellt. Sein Grab befindet sich auf dem St Michael's Churchyard.

Die **Ellisland Farm** zeigt Memorabilien des Dichters. Das **Burns House and Museum** in einem seiner früheren Wohnhäuser liegt in Mauchline, 18 Kilometer östlich von Ayr. Alloway, südlich von Ayr, ist das Zentrum des Burns Trail. Das **Robert Burns Birthplace Museum** umfasst **Burns Cottage**, das Geburtshaus des Dichters. Die Ruine der Alloway Kirk strahlt noch heute den Geist jener Zeit aus.

Robert Burns Centre
Mill Rd, Dumfries. (01387) 25 33 74. Apr–Sep: Mo–Sa 10–17, So 14–17 Uhr; Okt–März: Di–Sa 10–13, 14–17 Uhr.

Burns House
Burns St, Dumfries. (01387) 25 52 97. Apr–Sep: Mo–Sa 10–17, So 14–17 Uhr; Okt–März: Di–Sa 10–13, 14–17 Uhr.

Ellisland Farm
Holywood Rd, Auldgirth. (01387) 74 04 26. Apr–Sep: Mo–Sa 10–13, 14–17, So 14–17 Uhr; Okt–März: Di–Sa 14–17 Uhr. **ellislandfarm.co.uk**

Burns House and Museum
Castle St, Mauchline. (01290) 55 00 45. Di, Mi 10.30–18, Do 13.30–20, Fr, Sa 10.30–16 Uhr. teilweise.

Robert Burns Birthplace Museum
Alloway. (01292) 44 37 00. tägl. 10–17.30 Uhr (Cottage 11–17 Uhr). NTS **burnsmuseum.org.uk**

Schottische Stoffe

Die Tradition der Tuchweberei in den Borders reicht bis ins Mittelalter zurück. Flämische Mönche begannen damals erfolgreich, Handel mit dem Festland zu treiben. Im 19. Jahrhundert, als der Handwebstuhl durch Maschinen ersetzt wurde, gelangte das Clyde-Tal durch Baumwoll-Erzeugnisse zu Wohlstand und Ansehen. Die bunten Paisley-Muster gehen auf indische Vorlagen zurück.

Farbenfrohes Paisley-Muster

Das märchenhafte Caerlaverock Castle mit Wassergraben

⑰ Caerlaverock Castle

Bei Dumfries, Dumfries & Galloway. (01387) 77 02 44. Apr–Sep: tägl. 9.30–17.30 Uhr; Okt–März: tägl. 10–16 Uhr. **historicenvironment.scot**

Die Festung aus rotem Stein und mit Wassergraben steht 14 Kilometer südlich von Dumfries. Sie ist die schönste mittelalterliche Burg im Südwesten Schottlands. Um 1270 errichtete man sie aus dem Mauerwerk einer älteren Burg.

Caerlaverock wurde in den Unabhängigkeitskriegen berühmt, als Edward I, König von England, es 1300 belagerte und einen Präzedenzfall im mehr als 300 Jahre langen Kampf schuf. Chronisten der Abenteuer Edwards beschreiben die Burg bereits fast so, wie man sie heute vorfindet, obwohl sie von englischen und schottischen Truppen zwischen dem 14. und 16. Jahrhundert teilweise zerstört und einige Male wiederaufgebaut wurde. In dieser Zeit war Caerlaverock Castle die Festung der Familie Maxwell, deren Wappen über der Tür prangt. Der Kampf zwischen Robert Maxwell, dem ersten Earl of Nithsdale und Anhänger Charles' I, und seinen Gegnern führte 1640 zur Zerstörung der Burg.

⑱ Kirkcudbright

Dumfries & Galloway. 3400. Harbour Sq, (01557) 33 04 94. Apr–Okt: tägl. **kirkcudbright.town**

Die Kleinstadt an der Spitze der Kirkcudbright Bay und der Mündung des Dee hat eine lange künstlerische Tradition. Der Tolbooth (Amtsgericht; 16. Jh.) fungiert nun als **Tolbooth Art Centre** mit Ausstellungen regionaler Künstler aus der Zeit von 1880 bis heute. Der berühmteste unter ihnen ist Edward Hornel (1864–1933), ein Freund der Glasgow Boys, der prächtige Bilder japanischer Frauen malte, die auch in seinem ehemaligen Zuhause, dem Broughton House (High Street), zu sehen sind.

MacLellan's Castle wurde 1582 vom Bürgermeister von Kirkcudbright gebaut. Die Ruinen der Dundrennan-Abtei stammen aus dem 12. Jahrhundert. Mary, Queen of Scots, flüchtete von hier aus im Mai 1568 nach England.

Tolbooth Art Centre
High St. (01557) 33 15 56. Mo–Sa 11–16 Uhr (Mitte Apr–Sep: auch So 13–16 Uhr).

MacLellan's Castle
(01557) 33 18 56. Apr–Sep: tägl. 9.30–17.30 Uhr. **historicenvironment.scot**

Traditionelle Steinbauten an der Küste bei Kirkcudbright

⑲ Whithorn

Dumfries & Galloway. 850. Stranraer. High St, Gatehouse of Fleet, (01557) 81 40 99. **dumfriesandgalloway.co.uk**

Der Name der ersten christlichen Andachtsstätte Schottlands (Whithorn bedeutet »weißes Haus«) geht auf eine 397 von St Ninian gebaute weiße Kapelle zurück, von der keine Relikte erhalten sind. Archäologische Ausgrabungen bezeugen aber Siedlungen der Wikinger und Northumbrier ab dem 5. Jahrhundert. Das Informationszentrum **The Whithorn Story** dokumentiert die Arbeiten und zeigt eine Sammlung behauener Steine.

The Whithorn Story
45–47 George St. (01988) 50 05 08. Ostern–Okt: 10.30–17 Uhr. teilweise. **whithorn.com**

⑳ Galloway Forest Park

Dumfries & Galloway. Stranraer. Clatteringshaws Visitor Centre, Glen Trool Visitor Centre, Kirroughtree Visitor Centre: alle (0300) 067 6800. **gallowayforestpark.com**

Einzigartige Schönheit prägt diesen wildesten Landstrich Südschottlands, der auch historisch interessant ist. Der Park

Hotels und Restaurants in Südschottland *siehe Seiten 173f und 183f*

Loch Trool, Schauplatz eines Sieges von Robert the Bruce

erstreckt sich über 670 Quadratkilometer direkt nördlich von Newton Stewart. Landschaftlicher Höhepunkt ist Loch Trool. Bei Caldons Wood am Westufer des Sees steht das Martyrs' Monument an dem Ort, wo 1685 sechs Covenanter beim Gebet getötet wurden. Bruce's Stone am Nordufer erinnert an das Jahr 1307, als Robert the Bruce die englischen Truppen besiegte.

Die Erhebungen nördlich von Loch Trool sind relativ hoch. Der Bennan misst 562 Meter, der Benyellary 719 Meter. Mit 843 Metern ist der Merrick der höchste Berg Südschottlands. Das Gelände ist mit einigen wunderschönen Trails ein Paradies für Mountainbiker. Zudem ist es ein sogenanntes Lichtschutzgebiet. Informationstafeln helfen bei der Identifizierung von Sternen.

㉑ The Rhinns of Galloway

Dumfries & Galloway. Stranraer. Stranraer, Portpatrick. Stranraer. 28 Harbour St, Stranraer, (01776) 70 25 95.

Die Halbinsel im äußersten Südwesten Schottlands wird durch Loch Ryan und die Luce Bay vom übrigen Land getrennt. Zu den Sehenswürdigkeiten gehört der **Logan Botanic Garden**, der 1900 angelegt wurde. Das durch den Golfstrom milde Klima lässt subtropische Pflanzen gedeihen.

Stranraer am Loch Ryan ist ein Wirtschaftszentrum und der Fährhafen für Nordirland. Das nahe Dorf **Portpatrick** ist hübscher, mit einer Kirchenruine von 1629 und Ruinen des Dunskey Castle (16. Jh.).

Logan Botanic Garden
Bei Port Logan, Stranraer. (01776) 86 02 31. Mitte März–Okt: tägl. 10–17 Uhr.

Wanderung durch den Galloway Forest

Die Wanderung führt durch wilde Hügellandschaften vorbei an schönen Lochs. Geeignetes Schuhwerk, wasserfeste Kleidung und eine Karte sind notwendig. Vom Parkplatz geht es zu einer Hütte hinunter. Überqueren Sie die Brücke, und nehmen Sie nordöstlich den Pfad durch ein Feld. Nach 1,5 Kilometern durch das Gairland-Burn-Tal gelangen Sie zum Loch Valley. Weiter nördlich liegt Loch Neldricken. Von dort aus können Sie die gleiche Route zurück nehmen. In diesem Gebiet wechseln sich einst vergletscherte Hügel und kleine Bergseen ab. Ist die Zeit knapp oder das Wetter schlecht, nehmen Sie den kürzeren Weg um Loch Trool.

Legende
- - Wanderweg
= Zufahrtsstraße

Routeninfos

Start: Parkplatz bei Bruce's Stone, Nordseite von Loch Trool.
Länge: 10 km.
Anfahrt: Auf der A714, ca. 14 km nördlich von Newton Stewart abbiegen, dann 8 km (5 Meilen) auf Zufahrtsstraße.

㉒ Culzean Castle

Die Felsenburg liegt inmitten eines riesigen Parks. Im 15. Jahrhundert war sie der Landsitz der Earls of Cassillis. Zwischen 1777 und 1792 wurde sie von dem Architekten Robert Adam umgebaut. 1970 wurde die Burg umfassend restauriert. Der umgebende Park war 1969 der erste öffentliche Landschaftspark Schottlands, in dem Landwirtschaft und kunstvoll angelegte Gärten gleichermaßen vertreten sind. So soll das Nebeneinander von Arbeit und Muße auf einem herrschaftlichen Landsitz verdeutlicht werden.

Culzean Castle von Nasmyth (um 1815)

Außerdem

① **Im Clock Tower** mit der Uhr aus dem 19. Jahrhundert befanden sich ursprünglich die Ställe, in denen auch die Kutschen untergebracht waren. Heute beherbergt das Gebäude ein Informationszentrum, Wohn- und Unterrichtsräume sowie einen Laden.

② **Die State Bedroom and Dressing Rooms** zeigen die für das 18. Jahrhundert so typische Einrichtung, einschließlich eines Ankleidezimmers.

③ **Die Eisenhower Presentation** in der oberen Etage ehrt den General für seine Verdienste während des Zweiten Weltkriegs.

④ **Kutschenweg**

Grundriss von Culzean Castle

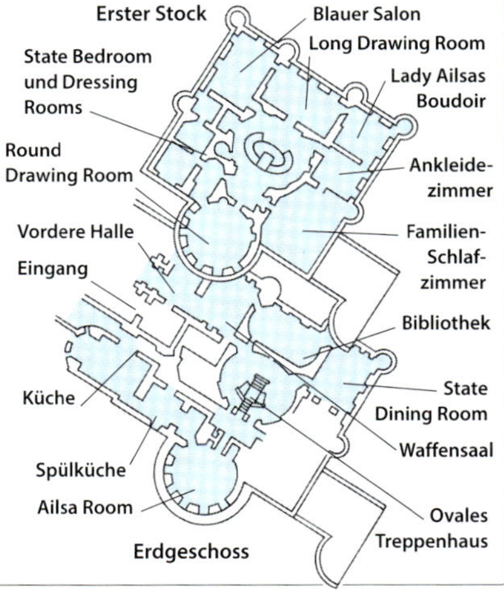

Waffensaal
An den Wänden hängen Bajonette, Feuerstein-pistolen und Schwerter (18./19. Jh.) aus dem Tower of London, die der 12. Earl of Cassillis hier anbringen ließ.

Infobox

Information
6 km westl. von Maybole.
(01655) 88 44 55.
Burg Apr–Okt: tägl. 10.30–17 Uhr (letzter Einlass 16 Uhr).
Park tägl. 9–Sonnenuntergang. tägl. 11 u. 14.30 Uhr. **nts.org.uk**

Anfahrt
Ayr, dann Bus.

Fountain Court
Dieser Garten ist ein guter Ausgangspunkt für eine Besichtigungstour.

★ Round Drawing Room
Der Salon liegt 46 Meter hoch über dem Firth of Clyde und wurde in den Originalfarben des 18. Jahrhunderts restauriert. Neben Louis-XVI-Stühlen wird eine Kopie des von Adam entworfenen runden Teppichs ausgestellt.

★ Ovales Treppenhaus
Das runde Treppenhaus mit dem großen Oberlicht und den ionischen und korinthischen Säulen gilt als eine der Meisterleistungen von Robert Adam.

Glasgow

Glasgow überzeugt mit moderner Architektur, z. B. der ausgefallenen Erweiterung des Scottish Exhibition Centre, einem reichhaltigen Angebot an Designershops und der Schlagfertigkeit seiner rund 600 000 Bewohner. In den 1970er Jahren war die Stadt grau und orientierungslos, geprägt durch die verblassende industrielle Historie, doch seither hat sich viel getan.

Glasgows Stadtzentrum am Nordufer des Clyde ist bereits seit Urzeiten bewohnt. Die Kelten nannten es »Glas cu«. Schon vor über 2000 Jahren kamen die Römer in die Region, im 6. Jahrhundert ließ sich hier eine Religionsgemeinschaft nieder. Vom 12. Jahrhundert an spielte Glasgow eine wichtige Rolle als Handelsstadt.

Historische Gebäude wie das Stadthaus Provand's Lordship aus dem 15. Jahrhundert erinnern an die vorindustriellen Wurzeln, doch das moderne Glasgow gedieh v. a. durch den Reichtum des britischen Empire und die industrielle Revolution. Im 18. Jahrhundert importierte man in großem Stil Zucker, Rum und Tabak aus den Kolonien in Übersee, im 19. Jahrhundert wurde Glasgow zu einem bedeutenden Zentrum der Baumwollproduktion. Später verlegte man sich auf den Schiffs- und Maschinenbau. Zahlreiche arme Menschen aus den Highlands, von den Inseln und aus Irland zogen in die damals prosperierende Stadt. In den Jahren zwischen 1780 und 1880 stieg die Bevölkerungszahl von 40 000 auf über 500 000 an. Die Stadtgrenzen verlagerten sich.

Trotz der weltweiten Wirtschaftskrise zwischen den beiden Weltkriegen klammerte man sich bis in die 1970er Jahre, als traditionelle Fertigkeiten nicht mehr gefragt waren, an den Status des Industriegiganten. Es galt, schwere Zeiten zu überwinden, doch Glasgow meldete sich zurück: Im Jahr 1990 war es Europäische Kulturhauptstadt und 1999 Architekturhauptstadt Großbritanniens. Im Rahmen eines gigantischen Projekts wurde das Hafengebiet für rund 500 Millionen Pfund umgestaltet.

Moderne Brasserien in der herausgeputzten Merchant City von Glasgow

◀ **Glasgow Science Centre** *(siehe S. 108)*

Überblick: Glasgow

Die Straßen in Glasgows Stadtzentrum verlaufen rasterartig von Ost nach West und von Nord nach Süd am Nordufer des Clyde entlang. Hier liegen auch die wichtigsten Bahnhöfe, Shops und die Information (George Square). Außerhalb des unmittelbaren Zentrums ist die Byres Road westlich des Kelvingrove Park Mittelpunkt des West End – mit Bars und Restaurants nahe der Universität. Im Pollok Country Park im Südwesten findet man die wunderbare Burrell Collection.

Detail der modernen Fassade des Mungo Museum

SPT-Schild an der U-Bahn-Station St Enoch

In Glasgow unterwegs

Zwischen Glasgow und seinen Vororten bestehen gute Zugverbindungen. Das städtische U-Bahn-System verläuft nördlich und südlich des Clyde in einer Schleife um das Zentrum. Die Autobahn M8 führt durch das Zentrum und verbindet Inverclyde und den westlich gelegenen Flughafen mit Edinburgh im Osten. Im Zentrum verkehren Busse, Taxis sind nachts Alternativen.

Weitere Zeichenerklärungen *siehe hintere Umschlagklappe*

Sehenswürdigkeiten auf einen Blick

Historische Straßen und Gebäude

- ❷ George Square
- ❺ Glasgow Cathedral und Necropolis
- ❼ Willow Tea Room
- ⓲ Pollok House

Museen und Sammlungen

- ❶ Gallery of Modern Art
- ❸ Provand's Lordship
- ❹ St Mungo Museum of Religious Life and Art
- ❾ Tenement House
- ❿ Glasgow Science Centre
- ⓫ Riverside Museum
- ⓬ Kelvingrove Art Gallery and Museum
- ⓭ Scotland Street School Museum
- ⓮ Hunterian Art Gallery
- ⓰ People's Palace
- ⓳ *Burrell Collection S. 110f*

Park

- ⓯ Botanic Gardens

Kunstzentren

- ❻ Piping Centre
- ❽ Glasgow School of Art
- ⓱ House for an Art Lover

Sauchiehall Street, das Herz des geschäftigen Einkaufsviertels

0 Meter 300
0 Yards 300

Legende

- Sehenswürdigkeit
- Anderes Gebäude
- Fußgängerzone
- Autobahn

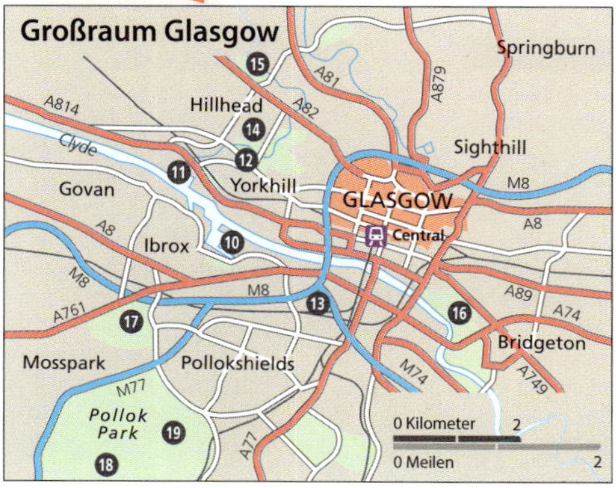

Die imposanten City Chambers auf dem George Square: Eine Statue von Sir Walter Scott überragt die Hauptsäule

❶ Gallery of Modern Art

Royal Exchange Sq. (0141) 287 3050. Mo–Do, Sa 10–17, Fr, So 11–17 Uhr. **glasgowlife.org.uk/museums**

Der frühere Sitz der Royal Exchange von Glasgow (der Börsenplatz der Stadt) wurde 1829 errichtet. Teil des Gebäudes ist eine hier Ende des 18. Jahrhunderts erbaute Villa. Direkt nach Ende des Zweiten Weltkriegs übernahm die Stadtverwaltung das Gebäude, das dann viele Jahre als Bibliothek diente. Schließlich wurde 1996 die GoMA eröffnet. Sie zählt zweifellos zu den bedeutendsten Museen für zeitgenössische Kunst in ganz Großbritannien.

Prunkvoller Turm der Gallery of Modern Art

Die GoMA präsentiert eine Sammlung von Werken großer Glasgower Künstler. Zu sehen sind auch Wechselausstellungen mit Gemälden schottischer wie internationaler Künstler. Viele von ihnen setzen sich mit aktuellen sozialkritischen Themen auseinander. Oft stehen von der Gesellschaft ausgegrenzte Randgruppen im Mittelpunkt ihrer Werke.

❷ George Square

Stadtzentrum. **City Chambers** (0141) 287 4018. Mo–Fr 10.30 u. 14.30 Uhr. **Merchant House** (0141) 221 8272. nach Vereinbarung. **merchantshouse.org.uk**

Der George Square wurde im späten 18. Jahrhundert als Wohnviertel angelegt, seine Sanierung in der viktorianischen Ära sicherte ihm jedoch den Status als Mittelpunkt der Stadt. Von der Umgestaltung Ende des 19. Jahrhunderts blieb lediglich das Millennium Hotel (1807) an der Nordseite des Platzes verschont.

In den 1870er Jahren entstanden viele Gebäude, u.a. die ehemalige Post (1876) an der Südostseite sowie das **Merchant House** (1877) an der Westseite. Letzteres ist Sitz von Glasgows Handelskammer. Die 1781 gegründete Organisation ist die älteste ihrer Art im Königreich.

Das imposanteste Gebäude auf dem George Square sind die **City Chambers** auf der Ostseite. Sie wurden von William Young im Stil der italienischen Renaissance entworfen und 1888 von Königin Victoria eröffnet. Das prunkvolle Gebäude mit den eleganten, marmor- und mosaikverzierten Räumen gehört zu den beeindruckendsten in Schottland.

❸ Provand's Lordship

3 Castle St. (0141) 552 8819. Di–Do, Sa 10–17, Fr, So 11–17 Uhr. **glasgowlife.org.uk/museums**

Provand's Lordship wurde 1471 für den Kanonikus gebaut. Das älteste Haus Glasgows ist heute ein Museum. Das Flair vermittelt einen Eindruck vom Leben einer reichen Familie im 15. Jahrhundert. Mary, Queen of Scots *(siehe S. 48)*, mag hier gewohnt haben, als sie 1566 ihren Cousin und Ehemann, Lord Darnley, in Glasgow besuchte.

Provand's Lordship, Glasgows ältestes Gebäude

Hotels und Restaurants in Glasgow *siehe Seiten 174f und 184–186*

4 St Mungo Museum of Religious Life and Art

2 Castle St. (0141) 276 1625. Di–Do, Sa 10–17, Fr, So 11–17 Uhr. nach Vereinbarung. **glasgowlife.org.uk/museums**

Glasgow entwickelte sich aus einer kleinen Siedlung. Deren erster Bau war ein im 6. Jahrhundert von dem Priester Mungo gegründetes Kloster. Mungo starb Anfang des 7. Jahrhunderts und liegt heute unterhalb der Kathedrale von Glasgow begraben. Das Gotteshaus selbst stammt aus dem 12. Jahrhundert, steht aber auf von St Ninian im Jahr 397 gesegnetem Grund.

Detail am St Mungo Museum

Die wachsenden Besucherzahlen der Kathedrale in den letzten Jahren legten die Einrichtung eines Informationszentrums nahe. Da aber trotz der Bemühungen der Society of Friends of Glasgow Cathedral nicht genügend finanzielle Mittel aufgebracht werden konnten, beschloss die Stadtbehörde, ein noch größeres Projekt, das Museum of Religious Life and Art, zu finanzieren. Das neben der Kathedrale auf dem ehemaligen Burggelände der Bischöfe von Glasgow (13. Jh.) ansässige Museum sieht einem jahrhundertealten befestigten Haus täuschend ähnlich, obwohl es erst 1993 fertiggestellt wurde.

Im Obergeschoss wird von der Religionsgeschichte des Landes in einer bewusst neutralen Art und Weise erzählt. Katholizismus, Protestantismus und andere Glaubensrichtungen des modernen Schottland sind hier vertreten. Berichtet wird auch über das Leben der muslimischen Gemeinde, die seit 1984 ihre eigene Moschee hat, wie auch über die Gläubigen aus Glasgow, die zum Bahaismus übergetreten sind.

Die anderen Etagen sind der Kunst gewidmet. Unter den Exponaten sticht *Cruxifixion VII* von Craigie Aitchison heraus. Neben religiösen Kunstwerken wie etwa Grabscheiben aus dem neolithischen China (um 2000 v. Chr.) und zeitgenössischen Gemälden der Aborigines Australiens kann man auch schottisches Buntglas vom Beginn des 20. Jahrhunderts bewundern.

Imposantes Buntglasfenster im St Mungo Museum of Religious Life and Art

Anhand weiterer Ausstellungsstücke werden Fragen von zentraler Bedeutung für Angehörige aller Glaubensrichtungen (Krieg, Verfolgung, Tod, Leben nach dem Tod) diskutiert sowie Themen aus fernen Kulturen wie Westafrika und Mexiko erörtert.

Im Park des Museums gibt es einen von Yasutaro Tanaka angelegten Zen-Garten. Seit Beginn des 16. Jahrhunderts gibt es solche Anlagen als Kontemplationshilfe in den japanischen buddhistischen Tempeln.

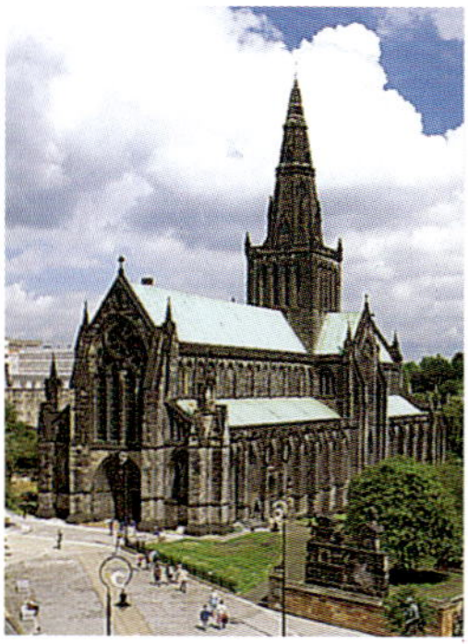

Blick vom Südwesten auf die mittelalterliche Kathedrale

5 Glasgow Cathedral und Necropolis

Cathedral Square. **Cathedral** (0141) 552 6891. Apr–Sep: Mo–Sa 9.30–17.30, So 13–17 Uhr; Okt–März: Mo–Sa 10–16, So 13–16 Uhr. **Necropolis** tägl. 24 Std. **glasgowcathedral.org.uk**

Als eine der wenigen Kathedralen, die der Zerstörung während der schottischen Reformation *(siehe S. 48)* entgingen, ist die Glasgow Cathedral ein seltenes Beispiel einer fast vollständig erhaltenen Kirche des 13. Jahrhunderts.

Sie wurde auf dem Gelände einer vom heiligen Mungo, Bischof von Strathclyde (6. Jh.) und Schutzpatron der Stadt, gegründeten Kapelle errichtet. Einer Legende nach legte dieser den Leichnam eines Heiligen namens Fergus auf einen von Stieren gezogenen Karren. Dort, wo die Tiere anhielten, baute Mungo seine Kirche.

Wegen der Hanglage wurde die Kathedrale auf zwei Ebenen erbaut. Die Krypta beherbergt das Grab des heiligen Mungo, das von einer Phalanx reich verzierter Bündelpfeiler umgeben ist. Der Blacader Aisle soll über einem vom heiligen Ninian geweihten Friedhof erbaut worden sein.

Hinter der Kathedrale blickt der Reformer John Knox *(siehe S. 48)* von einer Säule über einen viktorianischen Friedhof auf die Stadt. Die Nekropole ist mit prächtigen Denkmälern für die Toten der Glasgower Kaufmannsfamilien gefüllt.

❻ Piping Centre

30–34 McPhater St. (0141) 353 0220. Mo–Do 9–19, Fr 9–17, Sa 9–15 Uhr (Okt–März: Sa 9–12 Uhr).
thepipingcentre.co.uk

Traditioneller Dudelsack mit Bordunpfeifen

Das Dudelsackzentrum in einer umgebauten Kirche illustriert die Historie der Dudelsackmusik in Schottland und beherbergt u. a. das **National Museum of Piping**, das die Herkunft des Instruments dokumentiert. Die Exponate zeigen, dass bereits im 14. Jahrhundert Dudelsäcke hergestellt wurden. Doch erst im 17./18. Jahrhundert erlebte dieses Instrument in den Highlands seine Blütezeit. Dies war die Ära der MacCrimmons of Skye (Dudelsackspieler der Chiefs des Clans MacLeod), die komplexe Melodien (*ceol mor*, »große Musik«) für die Clan-Treffen oder für die Schlachten komponierten.

❼ Willow Tea Room

217 Sauchiehall St. (0141) 332 0521 bzw. 332 8446. Mo–Sa 9–17.30, So 10.30–17 Uhr.
willowtearooms.co.uk

Der Salon ist der einzig verbliebene einer ganzen Reihe von Tea Rooms, die Charles Rennie Mackintosh für die Restaurantbesitzerin Miss Kate Cranston gestaltete. Jedes Detail wurde vom Designer entworfen.

Besonders der **Room de Luxe** von 1904 zeigt die Exzentrik seines Schöpfers: Silbernes und malvenfarbenes Mobiliar sowie buntes Glas schaffen ein Ambiente, in dem man wunderbar dekadent seinen Nachmittagstee genießen kann. Vor einiger Zeit wurde ein weiterer Willow Tea Room in der Buchanan Street eröffnet.

Von Mackintosh geschaffenes Interieur im Willow Tea Room

Fassade der Glasgow School of Art, ein Meisterwerk Mackintoshs

❽ Glasgow School of Art

167 Renfrew St. (0141) 353 4500. wegen Restaurierung bis 2019. durch die Außenanlagen und die neu gestaltete Furniture Gallery (Zeiten bitte der Website entnehmen). teilweise.
gsa.ac.uk

Die Glasgow School of Art gilt allgemein als die beste architektonische Leistung in der an Höhepunkten reichen Karriere des Charles Rennie Mackintosh. Sie wurde zwischen 1897 und 1909 erbaut, als Ergebnis eines gewonnenen Architekturwettbewerbs. Wegen finanzieller Probleme wurde sie in zwei Bauabschnitten realisiert. Die zuerst gebaute Osthälfte erscheint sehr streng und wurde von einem zeitgenössischen Kritiker sogar mit einem Gefängnis verglichen. Die später erbaute Westhälfte hingegen mutet etwas sanfter an.

Im Mai 2014 fielen wesentliche Teile des Anwesens einem Brand zum Opfer. Im Rahmen der Restaurierungsarbeiten, die voraussichtlich bis 2019 andauern, werden die zerstörten Gebäudeteile – darunter Board Room und Library – nach Originalplänen wiederhergestellt.

❾ Tenement House

145 Buccleuch St. (0141) 333 0183. März–Okt: tägl. 13–17 Uhr (Juli, Aug: Mo–Sa ab 11 Uhr). nach Vereinbarung.

Tenement House ähnelt mehr einer Zeitkapsel als einem Museum: Die Besucher können erleben, wie sich das Leben in einem Glasgower Mietshaus des frühen 20. Jahrhunderts abgespielt hat. Glasgow verdankt einen großen Teil seiner Vitalität und Nachbarschaftlichkeit dem Leben in den Mietshäusern. Leider wurden schon viele dieser viktorianischen und edwardianischen Häuser abgerissen.

Das Tenement House war das Zuhause von Miss Agnes Toward, die hier von 1911 bis 1965 lebte. Während dieser Zeit wurde es kaum verändert. Weil Agnes einfach nichts wegwerfen konnte, ist das Haus heute ein Schatzkästchen der Sozialgeschichte. Im Salon, den man nur bei besonderen Anlässen benutzte, ist noch das Teegeschirr zu bestaunen. Die Küche mit Kohleofen und Etagenbett ist vollgestopft mit Utensilien vergangener Zeiten, etwa einem altmodischen Waffeleisen, einem Waschbrett und einer Wärmflasche aus Stein. Lavendelwasser und Medizin der Bewohnerin sind noch immer im Bad zu sehen, so als wäre Agnes vor 70 Jahren nur kurz ausgegangen.

Die erhaltene edwardianische Küche im Tenement House

Hotels und Restaurants in Glasgow *siehe Seiten 174f und 184–186*

»Glasgow Boys«

Ende des 19. Jahrhunderts war Glasgow mit Malern wie Sir James Guthrie und Robert McGregor Künstlerhochburg. Doch der Snobismus der Edinburgher Szene vertrieb viele Künstler aus Schottland. Der Begriff der »Glasgower Schule« kam nach der Londoner Ausstellung 1890 auf, die Akteure selbst bezeichneten sich lieber als »Glasgow Boys«. Auch das Jugendstilgenie Charles Rennie Mackintosh trug viel zum kreativen Leben der Stadt sowie zu der neuen Glasgow School of Art bei. Die Kunsthochschule wurde in zwei Phasen 1899 und 1909 erbaut. In jüngerer Zeit meint man mit »Glasgow Boys« jene Künstler, die in den 1970er und 1980er Jahren die Glasgow School of Art besuchten. Zeitgenössische Künstler aus Glasgow sind Ken Currie und Peter Howson.

***Stirling Station* von William Kennedy** (1859–1918) zeigt Wartende auf einem Bahnsteig. Die bunten Farben und der Dampf der Lokomotiven tragen zur lebendigen Atmosphäre des dargestellten Bahnhofs bei.

***A Star* (1891) von Sir John Lavery** ist ein typisches Werk des Porträtmalers. Er wurde in Belfast geboren, studierte in Glasgow und war Vertreter der von Whistler und den Impressionisten beeinflussten Glasgower Schule.

***The Wayfarer* von Edward Arthur Walton** (1860–1922) lenkt den Blick des Betrachters mithilfe des sich schlängelnden Wegs in die Ferne.

Das House for an Art Lover *(siehe S. 109)* wurde 1901 von Mackintosh entworfen, aber erst 1996 gebaut. Gebäude und Interieur basieren auf den Originalplänen.

Mackintoshs Blumen sind ein Musterbeispiel für Jugendstil-Dekor und zeigen das Zusammenspiel organischer und geometrischer Formen.

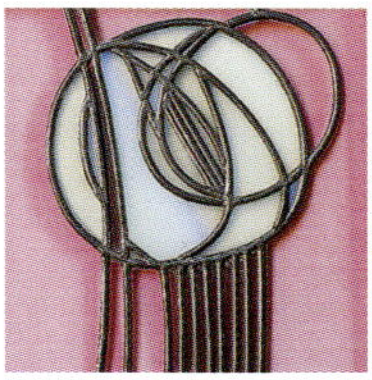

Mackintoshs typische runde Formen erkennt man auf diesem Detail einer Glastür im House for an Art Lover.

Charles Rennie Mackintosh

Glasgows berümtester Designer (1868–1928) kam 1884 auf die Glasgow School of Art. Nach dem Erfolg der Willow Tea Rooms entwickelte er sich zum führenden Vertreter des Jugendstils. Seine Mischung aus geschwungenen und geraden Linien ist für das frühe 20. Jahrhundert typisch.

⑩ Glasgow Science Centre

50 Pacific Quay. (0141) 420 5000. Apr–Okt: tägl. 10–17 Uhr; Nov–März: Mi–Fr 10–15, Sa, So 10–17 Uhr.
glasgowsciencecentre.org

Der glänzende Turm dieses Technologieparks ist ein unverwechselbares Wahrzeichen der Stadt. Das dreistöckige Zentrum zeigt die Welt der Technologie sowie eine Vielzahl an interaktiven Ausstellungen und Multimedia-Präsentationen. Das einzige IMAX-Kino Schottlands befindet sich nebenan und zeigt tolle Bilder aus Natur und Wissenschaft. Weitere Attraktionen sind ein Labor, in dem man eigene Haut und Haare untersuchen kann, und ein Planetarium. Der sich drehende 127 Meter hohe Turm ist der höchste frei stehende Schottlands.

⑪ Riverside Museum

100 Pointhouse Place. (0141) 287 2720. Mo–Do, Sa 10–17 Uhr, Fr, So 11–17 Uhr.
glasgowlife.org.uk/museums

Das atemberaubende Gebäude mit seiner Titanzink-Fassade am Ufer des Clyde ist eine Arbeit von Zaha Hadid. Das Verkehrsmuseum zeigt Lokomotiven, Trambahnen, Autos und Räder aus allen Epochen und Regionen.

Neben dem Museum ist ein großes Schiff vertäut, das besichtigt werden kann.

Das neben dem Riverside Museum vertäute Schiff *Glenlee*

⑫ Kelvingrove Art Gallery and Museum

Argyle St, Kelvingrove. (0141) 276 9599. Mo–Do, Sa 10–17 Uhr, Fr, So 11–17 Uhr.
glasgowlife.org.uk/museums

Das imposante rote Backsteingebäude beherbergt Schottlands populärste Kunstgalerie und eine großartige Sammlung. Kunstliebhaber können in den McLellan Galleries in der Nähe des Stadtkerns mehr als 200 Gemälde bewundern. Die Werke repräsentieren verschiedene Themen der Hauptsammlung und wurden entsprechend angeordnet. So finden sich hier britische Maler des 19. Jahrhunderts, z. B. Turner und Constable, ebenso wie französische Impressionisten und holländische Renaissance-Meister. Auch schottische Künstler *(siehe S. 107)* sind vertreten. Highlights des Museums sind zwei Arbeiten des Glasgower Designers Mackintosh sowie *Der Christus des heiligen Johannes vom Kreuz* (1951) von Salvador Dalí.

⑬ Scotland Street School Museum

225 Scotland Street, Glasgow. (0141) 287 0500. Mo–Do, Sa 10–17 Uhr, Fr, So 11–17 Uhr.
glasgowlife.org.uk/museums

Das Museum hat seinen Sitz in einer ehemaligen Schule, die im Jahr 1903 von Charles Rennie Mackintosh *(siehe S. 107)* entworfen und 1906 eröffnet wurde. Alltagsgegenstände, Fotografien, audiovisuelle Shows und drei rekonstruierte Klassenzimmer mit originalem Mobiliar verdeutlichen die Entwicklung des schottischen Schulsystems von der viktorianischen Zeit bis in die 1960er Jahre. So erfährt man beispielsweise Einzelheiten über Disziplin im Unterricht, Schuluniformen, Feiern oder die Evakuierungen während des Zweiten Weltkriegs.

⑭ Hunterian Art Gallery

82 Hillhead St. (0141) 330 5431. Di–Sa 10–17, So 11–16 Uhr. 24. Dez–4. Jan. für Mackintosh House. teilweise.
gla.ac.uk/hunterian/

Ursprünglich wurde die Galerie errichtet, um Gemälde unterzubringen, die der frühere Student und Mediziner Dr. William Hunter (1718–1783) hinterließ. Heute ist hier Schottlands bedeutendste Gemäldesammlung zu sehen mit Werken europäischer Künstler ab dem 16. Jahrhundert.

Die Sammlung mit Arbeiten von Charles Rennie Mackintosh *(siehe S. 107)* wird durch eine Rekonstruktion des Hauses Nr. 6 Florentine Terrace vervollständigt, in dem der Künstler von 1906 bis 1914 lebte. Schottische Malerei ist u. a. vertreten durch den Landschaftsmaler William McTaggart (1835–

Kelvingrove Art Gallery und die Glasgow University, von Süden gesehen

Hotels und Restaurants in Glasgow *siehe Seiten 174f und 184–186*

1910). Zu sehen sind zudem Werke von James McNeill Whistler (1834–1903), der viele Maler der Glasgower Schule beeinflusste.

Whistlers *Brown and Gold* (um 1895), Hunterian Art Gallery

⓯ Botanic Gardens

Great Western Rd. (0141) 276 1614. tägl. 7 Uhr–Sonnenuntergang. nach Vereinbarung.
glasgowbotanicgardens.com

Der Park liegt am Ufer des Kelvin. Ursprünglich wurde ein Botanischer Garten 1817 an anderer Stelle angelegt, aber 1842 eröffneten die Botanic Gardens am heutigen Standort. Neben Gewächshäusern mit Palmen und tropischen Pflanzen ist insbesondere der **Kibble Palace** einen Besuch wert. Dieser Glaspalast wurde vom viktorianischen Ingenieur John Kibble (1815–1894) am Loch Long in den Highlands erbaut und 1870 an den heutigen Platz gebracht. Neben fleischfressenden Pflanzen erfreuen u. a. Orchideen und Baumfarne die Besucher.

Eines der Gewächshäuser der Botanic Gardens in Glasgow

⓰ People's Palace

Glasgow Green. (0141) 276 0788. Di–Do, Sa 10–17 Uhr, Fr, So 11–17 Uhr.
glasgowlife.org.uk/museums

Der viktorianische Bau entstand 1898 als Kulturmuseum für die Bewohner des Glasgower East End. Es gibt einen Überblick über die Stadt und ihre Bewohner vom 12. bis zum 20. Jahrhundert und präsentiert Exponate von Gewerkschaftsflaggen über Plakate der Suffragetten bis hin zu den Stiefeln des Komikers Billy Connolly. Der exotische Wintergarten mit bunten Tropenpflanzen und Vögeln lädt zum Ausruhen ein.

⓱ House for an Art Lover

Bellahouston Park, 10 Dumbreck Rd. (0141) 353 4770. Mo, Di, Do 10–16, Mi, Fr–So 10–14.30 Uhr. bei Veranstaltungen. nach Vereinbarung.
houseforanartlover.co.uk

Die Pläne für das »Haus für einen Kunstliebhaber« wurden 1900 von Charles Rennie Mackintosh und seiner Partnerin Margaret Macdonald als Wettbewerbsbeitrag bei einem deutschen Magazin eingereicht. Es ging darum, einen Landsitz für einen eleganten und gebildeten Kunstliebhaber zu entwerfen. Da es sich um eine rein theoretische Übung handelte, konnte das Designerpaar ohne Rücksicht auf Kosten und Logistik planen und gewann für seinen Entwurf einen Sonderpreis.

Mackintosh-Klavier im Musikzimmer, House for an Art Lover

Mehr als 80 Jahre blieben diese Entwürfe ungenutzt, bis sich der Ingenieur Graham Roxburgh, der bereits andere Mackintosh-Interieurs in Glasgow renoviert hatte, entschloss, das House for an Art Lover zu bauen. 1989 begannen die Bauarbeiten, fertiggestellt wurde das Haus 1996. Es ist Sitz eines Design-Studios und eines Studienzentrums für Studenten der Glasgow School of Art, daran angeschlossen ist ein Café.

Die Räume im Erdgeschoss geben einen Einblick in die Visionen von Mackintosh und das künstlerische Talent seiner Partnerin Macdonald. Der Oval Room mit seinen harmonischen Proportionen erstrahlt in einer einzigen hellen Farbe und war als Rückzugsort für die Damen geplant. Blickfang des Musikzimmers ist das ausgefallene Piano.

Die Haupthalle führt zum Speisesaal mit Tafel und Kamin. Im gesamten Haus beeindruckt die Liebe zum Detail – selbst die Außenfassade stellt eine außergewöhnliche künstlerische Meisterleistung von C. R. Mackintosh dar.

Blick aus südlicher Richtung auf das georgianische Pollok House

⓲ Pollok House

2060 Pollokshaws Rd. (0141) 616 6410. tägl. 10–17 Uhr. NTS

Das Pollok House zählt zu den schönsten Wohnhäusern des 18. Jahrhunderts und beherbergt eine der wertvollsten Sammlungen spanischer Malerei in Großbritannien. Das schlichte Äußere des im Jahr 1750 fertiggestellten neoklassizistischen Mittelteils verrät nichts vom pompösen Inneren. Die Familie Maxwell bewohnt das Haus seit dem 13. Jahrhundert, die männliche Linie starb jedoch mit John Maxwell aus, der die Eingangshalle hinzufügte sowie Garten und Park entwarf. Über dem Familiensilber, Porzellan, geschliffenem Glas und handbemalten chinesischen Tapeten hängen Gemälde der holländischen und britischen Schule, darunter William Blakes *Sir Geoffrey Chaucer and the Nine and Twenty Pilgrims* (1745) und William Hogarths Porträt von James Thomson, dem Verfasser des Textes von *Rule Britannia*.

Die spanische Sammlung mit Werken aus dem 16. bis 19. Jahrhundert wird angeführt von El Grecos *Frau mit Pelz* (1541), das in der Bibliothek hängt. Im Salon sind Werke von Goya und Estéban Murillo zu sehen. Im Jahr 1966 übergab Anne Maxwell Macdonald das Haus samt Grundstück an die Stadt Glasgow. Auf dem Gelände befindet sich auch die Burrell Collection.

⓳ Burrell Collection

Dem reichen Schiffsreeder William Burrell (1861 –1958) verdankt Glasgow diese Sammlung mit wertvollen Kunstgegenständen verschiedenster Art. Das Juwel unter Glasgows Sammlungen ist derzeit wegen Umgestaltung voraussichtlich bis 2020 geschlossen. Wenn die Sonne scheint, erstrahlen die Buntglasfenster in den herrlichsten Farben, während die Tapeten mit dem Park zu verschmelzen scheinen.

Statue eines Luohan
Dieser als Gott verehrte Heilige stammt aus der Ming-Dynastie (1484).

Hutton Castle Drawing Room
Nachbildung des Malzimmers von Burrells Hutton Castle (16. Jh.) in der Nähe von Berwick-upon-Tweed. Eingangshalle und Speisesaal sind ebenfalls zu besichtigen.

Stierkopf
Dieser in der Türkei gefundene Bronzekopf (7. Jh. v. Chr.) war Teil eines Kesselhenkels.

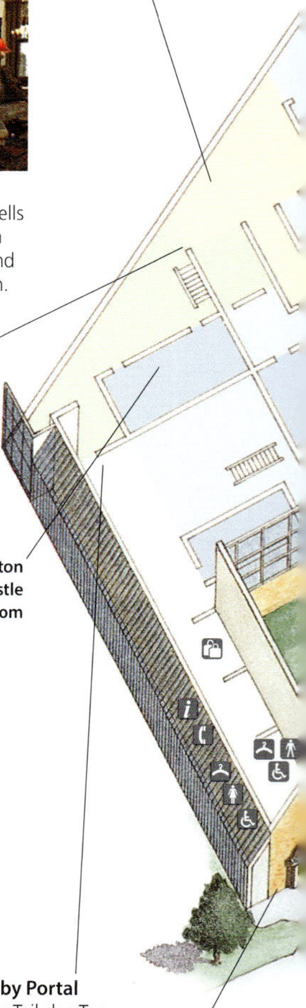

Hutton Castle Drawing Room

Haupteingang

Hornby Portal
Dieser Teil des Torbogens zeigt ein Wappen. Das Portal (14. Jh.) stammt aus dem Hornby Castle in Yorkshire.

Rembrandt
Dieses 1632 signierte Selbstporträt gehört zu den Meisterwerken der holländischen Malerei des 16. und 17. Jahrhunderts.

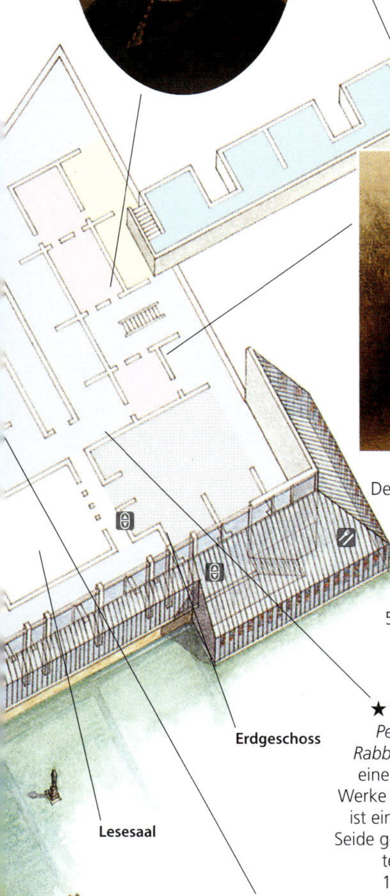

Matthijs Maris
Der Stil des holländischen Malers war im späten 19. Jahrhundert sehr beliebt. Das Gemälde *Die Schwestern* (1875) ist eines von 50 Maris-Werken in der Burrell Collection.

★ Wandteppiche
Peasants Hunting Rabbits with Ferrets, eines der schönsten Werke der Sammlung, ist ein aus Wolle und Seide gewebter Wandteppich aus dem 15. Jahrhundert.

★ Buntglasfenster
Der sich am Feuer wärmende Mann ist eines der vielen Motive. Das Buntglasfenster aus dem 15. Jahrhundert schmückte vorher eine Kirche in Suffolk.

Infobox

Information
2060 Pollokshaws Rd, Glasgow. (0141) 287 2550. wegen Umgestaltung bis 2020. **glasgow life.org.uk/museums**

Anfahrt
Pollokshaws West.
34, 45 oder 57 ab Glasgow.

Kurzführer

Bis auf die Gemälde im Zwischengeschoss befinden sich alle Sammlungen im Erdgeschoss. Die Räume rechts der Eingangshalle zeigen Bleiglas und Skulpturen. Der Bereich dahinter widmet sich dem Altertum, dem Fernen Osten und verschiedenen Epochen.

Legende

- Altertum
- Fernöstliche Kunst
- Mittelalterliche Kunst
- Epochen-Galerien
- Hutton Castle Rooms
- Gemälde und Zeichnungen
- Wechselausstellungen

Shopping

Glasgow selbst hat etwa 600 000 Einwohner, doch als Zentrum eines großen Ballungsgebietes im westlichen Zentralschottland ist es die Shopping-Metropole für fast die Hälfte der schottischen Bevölkerung. Seine Beliebtheit verdankt Glasgow dem Ruf als modebewussteste schottische Stadt. Vor allem im West End, rund um die Byres Road, findet man viele erstklassige Boutiquen und Designläden. Der Besuch des farbenfrohen Barras-Straßenmarkts am Wochenende ist im Vergleich zu Glasgows Mode-Bezirk ein deutlich traditionelleres Shopping-Erlebnis, obgleich auch hier viel »Anarchisches« überrascht.

St Enoch Centre, eine der Einkaufspassagen

Kaufhäuser

Die imposanten Buchanan Galleries sind der Sitz von Läden und Kaufhäusern wie **John Lewis**. Das **Italian Centre** im **Princes Square** umfasst Designer-Boutiquen, das St Enoch Centre beherbergt das Warenhaus **Debenhams**. Das wohl traditionellste Kaufhaus der Stadt ist das **House of Fraser**.

Märkte

Ein Muss ist der Besuch des Wochenmarkts **The Barras** im östlichen Stadtzentrum. Der Name ist eine dialektale Variante von »The Barrows« (Karren) aus der Zeit, als die Güter und Waren noch vom Karren verkauft wurden.

Auf dem heutigen Platz zwischen Gallowgate und London Road wird bereits seit den 1920er Jahren ein Markt veranstaltet. Jedes Wochenende kommen Tausende von Schnäppchenjägern auf der Jagd nach Trödel, preiswerter Kleidung oder CDs vorbei.

Mode

Viele Designerläden befinden sich in den Einkaufspassagen im Zentrum. Daneben verkauft **Cruise** Designermarken für Männer und Frauen. **Diesel** hat ein Outlet im House of Fraser. Dort finden Sie auch **Karen Millen**, einen Shop für die schicke, berufstätige Frau. In den Buchanan Galleries gibt es bei **Schuh** ein großes Angebot an Schuhen für beide Geschlechter, ebenso bei **Dune**. **Ella Bulloch** ist der beste Ort, um Hüte zu kaufen oder zu leihen. Luxuriöse Unterwäsche bietet **Pampas Lingerie** an.

Überall in der Stadt gibt es auch Secondhand-Läden. **Mr Ben** verkauft Kleidung mit dem amerikanischen Chic der 1950er Jahre, **Starry Starry Night** pflegt Klassischeres.

Graham Tiso ist der beste Laden für Outdoor-Kleidung. Von Stiefeln bis hin zur Bergsteigerausrüstung findet man hier alles. Tartan-Liebhaber gehen zu **Hector Russell**, einem Highland-Ausstatter, der maßgeschneiderte Kilts verkauft.

Viele Boutiquen gibt es im West End, z. B. bei **Pink Poodle**, wo man hippe Mode findet.

Delikatessen

Glasgows bestes Delikatessengeschäft ist **Fratelli Sarti**, ein traditionsreicher italienischer Laden, der auch gute Weine verkauft. Die Delikatessenkette **Peckham's** hat eine Verkaufsstelle in der Glassford Street. Der als bester Käsehändler im Land geltende **Iain Mellis** eröffnete 1995 einen Laden in Glasgow. Er ist *das* Geschäft im Westen Schottlands für Käse aus nichtpasteurisierter Milch.

Glenlivet Whisky

Traditioneller »Karren«-Obststand auf Glasgows Barras Market

Mehrwertsteuersätze in Schottland *siehe S. 208*

Roots, Fruits and Flowers ist Glasgows führender Obst- und Gemüseladen. **No. 1 Chocolate Factory** ist wohl die beste Adresse für feinste handgefertigte Pralinen und Schokoladen. Neben Ketten wie **Oddbins**, die Bier, Wein und Spirituosen führen, gibt es **The Whisky Shop** im Zentrum und den **Ubiquitous Chip Wine Shop** im West End.

Bücher

Glasgows West End bietet viele Buchhandlungen. **Waterstones** in der Sauchiehall Street ist eine Filiale mit einer großen Auswahl und netten Cafés. **Caledonia Books** und **Voltaire & Rousseau** führen gebrauchte und antiquarische Bücher. Hier sollte man unbedingt ein wenig in den Regalen stöbern.

Argyle Street: eine typische Glasgower Einkaufsstraße

Kunst, Design und Antiquitäten

Zahlreiche kleine Galerien residieren in den Straßen hinter dem Tron Theatre, z. B. das **Glasgow Print Studio** und **Art Exposure**. **Timorous Beasties** führt außergewöhnliche Tapeten und Stoffe. Bei **Welcome Home** im Foyer des Centre for Contemporary Arts findet man heimisches Kunsthandwerk. Für Antiquitätenliebhaber gibt es das **Lovatt Antiques** am Fluss Clyde. Möbel und Innenausstattung haben **Designworks** oder **BoConcept Furniture Store** im Angebot.

Auf einen Blick

Kaufhäuser

Debenhams
97 Argyle St, G2 8AR.
☎ 0344 800 8877.

House of Fraser
45 Buchanan St, G1 3HR.
☎ 0344 800 3728.

Italian Centre
7 John St, G1 1HP.
☎ (0141) 552 6368.

John Lewis
Buchanan Galleries, G1 2GF.
☎ (0141) 353 6677.

Princes Square
48 Buchanan St, G1 3JN.
☎ (0141) 221 0324.

Mode

Cruise
180 Ingram St, G1 1DN.
☎ 0344 332 5798.

Diesel
116–120 Buchanan St, G1 2JW.
☎ (0141) 221 5255.

Dune
105–107 Buchanan St, G1 3HF. ☎ (0141) 226 8873.

Ella Bulloch
461 Clarkston Rd, G44 3LW.
☎ (0141) 633 0078.

Graham Tiso
129 Buchanan St, G1 2JA.
☎ (0141) 248 4877.

Hector Russell
110 Buchanan St, G1 2JN.
☎ (0141) 221 0217.

Karen Millen
36 Buchanan St, G1 3JX.
☎ (0141) 243 2136.

Mr Ben
101 King St, G1 5RB.
☎ (0141) 553 1936.

Pampas Lingerie
74 Hyndland Rd, G12 9UT.
☎ (0141) 357 2383.

Pink Poodle
181 Byres Road, G12 8TS.
☎ (0141) 357 2983.

Schuh
112–114 Argyle St, G2 8BH.
☎ (0141) 530 6980.

Starry Starry Night
19 Dowanside Lane, G12 9BZ.
☎ (0141) 337 1837.

Delikatessen

Fratelli Sarti
133 Wellington St, G2 2XD.
☎ (0141) 248 2228.

Iain Mellis
492 Great Western Rd, G12 8EW.
☎ (0141) 339 8998.

No. 1 Chocolate Factory
63 St George's Rd, G3 6JA.
☎ (0141) 353 6017.

Oddbins
132 Woodlands Rd, G3 6LF.
☎ (0141) 332 1663.

Peckham's
124–126 Byres Rd, G12 8TB.
☎ (0141) 357 1454.

Roots, Fruits and Flowers
1137 Argyle St, G3 8ND.
☎ (0141) 334 3530.

Ubiquitous Chip Wine Shop
12 Ashton Lane, G12 8SJ.
☎ (0141) 334 5007.

The Whisky Shop
220 Buchanan St, G1 2GF.
☎ (0141) 331 0022.

Bücher

Caledonia Books
483 Great Western Rd, G12 8HL.
☎ (0141) 334 9663.

Voltaire & Rousseau
12 Otago Lane, G12 8PB.
☎ (0141) 339 1811.

Waterstones
153–157 Sauchiehall St, G2 3EW.
☎ (0141) 332 9165.

Kunst, Design und Antiquitäten

Art Exposure
516 Great Western Rd, G12 8EL.
☎ (0141) 552 7779.

BoConcept Furniture Store
253–257 Sauchiehall St, G2 3EZ.
☎ (0141) 341 4920.

Designworks
38 Gibson St, G12 8NX.
☎ (0141) 339 9520.

Glasgow Print Studio
Trongate 103, G1 5HD.
☎ (0141) 552 0704.

Lovatt Antiques
121 Lancefield St, G3 8HZ.
☎ (0141) 639 3000.

Timorous Beasties
384 Great Western Rd, G4 9HT.
☎ (0141) 337 2622.

Welcome Home
350 Sauchiehall St, G2 3JD.
☎ (0141) 352 4900.

Unterhaltung

Die sehr populäre und kommerziell erfolgreiche Dance Music der 1990er Jahre hatte mit Glasgow, der Stadt mit dem aufregendsten Nachtleben Schottlands, ein geradezu ideales Zentrum gefunden. Mit den Veranstaltungsorten im Scottish Exhibition and Conference Centre und dem Barrowlands ist die Musikszene auch heute noch gut vertreten. Die Stadt am Clyde hat eine Reihe Mainstream-Kinos sowie das Glasgow Film Theatre, ein Zentrum für Filmkunstfreunde. In der Stadt finden viele Kulturevents statt, darunter das jährliche Celtic Connections Festival für internationalen Folk. Einige große Orchester, das Scottish Ballet und die Scottish Opera haben in der Stadt ihren Sitz. Das Citizens' ist ein angesehenes Theater, das Tramway bietet große, innovative Produktionen. Aber auch Sportveranstaltungen – in Glasgow spielen mit Celtic und den Rangers immerhin die beiden größten Fußballclubs Schottlands – prägen das Bild der Stadt.

Eugen-Onegin-**Aufführung der Scottish Opera im Theatre Royal**

Information

Das Magazin *The List* (www.list.co.uk) führt alle in Glasgow und Edinburgh stattfindenden Ereignisse auf. Die Zeitschrift *The Skinny* (www.theskinny.co.uk) liegt kostenlos ist zahlreichen Restaurants und Clubs aus.

Klassische Musik und Oper

Schottlands Nationaloper, die Scottish Opera, ist im **Theatre Royal** untergebracht und führt in der Regel acht Opern pro Spielzeit auf.

Die **Glasgow Royal Concert Hall** ist die Hauptspielstätte des Royal Scottish National Orchestra. Hier treten auch große internationale Orchester auf. Die Spielzeit dauert von Oktober bis April, mit weiteren klassischen Konzerten während des Jahres. Kleinere Veranstaltungen finden in den beiden Hallen des **Royal Conservatoire of Scotland** statt. An vielen Orten in der Stadt werden Theaterstücke und Konzerte in freien Spielstätten von unabhängigen Kompanien aufgeführt.

Rock, Jazz und World Music

Rockbands treten an mehreren Orten auf: im Auditorium und im **Armadillo** des **Scottish Exhibition and Conference Centre**. Die meisten Konzerte finden allerdings im **Barrowlands** statt. Daneben gibt es **King Tut's Wah Wah Hut** und die **O_2 Academy**. Jazz-Fans gehen ins **Cottier's** und ins **O_2 ABC**. Internationale Acts bieten das Festival Celtic Connections und der **Old Fruitmarket**.

Musiker vor den City Chambers während eines Jazzfestivals

Kino

Mit 18 Kinosälen wartet **Cineworld** auf, das **Odeon at the Quay** am Südufer des Clyde mit zwölf Sälen. Das **Glasgow Film Theatre**, kurz GFT, zeigt Kunstfilme sowie fremdsprachige Filme. Einen Besuch lohnt außerdem das **IMAX Theatre**.

Die schicke Café-Bar im Tron Theatre im Stadtzentrum

Theater und Tanz

Das schottische Ballett hat seinen angestammten Sitz im Theatre Royal *(siehe Klassische Musik und Oper)*. Hier gastieren auch klassische und zeitgenössische ausländische Tanzensembles. Die in der früheren Kelvinside Parish Church eingerichtete Bühne **Òran Mór** zeigt mittags das Theaterstück *A Play, a Pie and a Pint*.

Das **Citizens' Theatre** spielt gute Stücke, von griechischen Tragödien bis zu modernen Dramen, und rühmt sich zu

Recht, Schottlands bestes Theater zu sein. **Tramway** und **Òran Mór** sind berühmt für ihre experimentelle Kunst. Im **Tron** und im Cottier's Theatre *(siehe Rock, Jazz und World Music)* sieht man kleinere Produktionen. Kommerzielle Events wie Musicals finden im beliebten **King's** statt.

Altes Straßenschild für das West End

Bars und Clubs

Der Besucher kann zwischen traditionellen Pubs und hippen Bars wählen. Die Einheimischen treffen sich gerne in den altmodischen Pubs, z. B. im **Horseshoe** im Zentrum, im **Griffin** in der Bath Street und im **Halt**. Moderne Bars gibt es erst seit wenigen Jahren: Das **Home** und die **Bar 91** in der Merchant City sowie die Bar **Bamboo** im Stadtzentrum sind immer gut besucht. Auch **Bar Soba** ist eine empfehlenswerte Cocktailbar. **Chinaskis** lockt mit seiner New-York-Lounge und großem Biergarten. Die Clubkultur der Stadt ist weit über ihre Grenzen hinaus berühmt. Jeder Club bietet an den einzelnen Abenden verschiedene Musikstile an. **Sub Club** und **Artá** gehören zu den beliebtesten. **AXM** ist eine populäre Schwulenbar.

Sport

Glasgow hat die erfolgreichsten Fußballclubs des Landes: **Celtic** und die **Glasgow Rangers** (obwohl die Rangers erst seit 2016 wieder in der höchsten schottischen Liga spielen). Beide Vereine haben ein großes Stadion. Während der Saison von August bis Mai findet in der Regel mindestens ein Spiel pro Woche statt. Das **Hampden National Stadium** ist Austragungsstätte der schottischen Cup-Finals und von Länderspielen.

Das Celtic-Team (2004) vor einem Spiel gegen den FC Barcelona

Auf einen Blick

Klassische Musik und Oper

Glasgow Royal Concert Hall
2 Sauchiehall St, G2 3NY.
(0141) 353 8000.
glasgowconcerthalls.com

Royal Conservatoire of Scotland
100 Renfrew St, G2 3DB.
(0141) 332 4101.
rcs.ac.uk

Theatre Royal
282 Hope St, G2 3QA.
0844 871 7647.

Rock, Jazz und World Music

Barrowlands
244 Gallowgate, G4 0TT.
(0141) 552 4601.

Cottier's
93 Hyndland St, G11 5PU.
(0141) 357 5825.

King Tut's Wah Wah Hut
272a St Vincent St, G2 5RL. (0141) 221 5279.

O_2 ABC
300 Sauchiehall St, G2 3JA.
(0141) 332 2232.

O_2 Academy
121 Eglington St, G5 9NT.
(0141) 418 3000.

Old Fruitmarket
Albion St, G1 1NQ.
(0141) 353 8000.

Scottish Exhibition and Conference Centre/Armadillo
Exhibition Way, G3 8YW.
(0141) 248 3000.
sec.co.uk

Kino

Cineworld
7 Renfrew St, G2 3AB.
0871 200 2000.

Glasgow Film Theatre
12 Rose St, G3 6RB.
(0141) 332 6535.

IMAX Theatre
50 Pacific Quay, G51 1EA.
0871 200 2000.

Odeon at the Quay
Paisley Road, G5 8NP.
0333 014 4501.

Theater und Tanz

Citizens' Theatre
119 Gorbals St, G5 9DS.
(0141) 429 0022.

King's
297 Bath St, G2 4JN.
0844 871 7648.

Òran Mór
Byres Rd, G12 8QX.
(0141) 357 6200.

Tramway
25 Albert Drive, G41 2PE.
(0141) 276 0950.

Tron
63 Trongate, G1 5HB.
(0141) 552 4267.

Bars und Clubs

Artá
62 Albion St, G1 1PA.
0845 166 6018.

AXM
80 Glassfield St, G1 1UR.
(0141) 522 5761.

Bamboo
51a West Regent St, G2 2AE.
(0141) 332 1067.

Bar 91
91 Candleriggs, G1 1NP.
(0141) 552 5211.

Bar Soba
11 Mitchell Lane, G1 3NU.
(0141) 204 2404.

Chinaskis
239 North St, G3 7DL.
(0141) 221 0061.

Griffin
266 Bath St, G2 4JP.
(0141) 331 5170.

Halt
160 Woodlands Rd, G3 6LF.
(0141) 332 0540.

Home
80 Albion St, G1 1NY.
(0141) 552 1734.

Horseshoe
17 Drury St, G2 5AE.
(0141) 248 6368.

The Sub Club
22 Jamaica St, G1 4QD.
(0141) 248 4600.

Sport

Celtic
Celtic Park, 95 Kerrydale St, G40 3RE.
0871 226 1888.

Glasgow Rangers
Ibrox Stadium, G51 2XD.
0871 702 1972.

Hampden National Stadium
Hampden Park, Letherby Drive, G42 9BA.
(0141) 620 4000.

Zentralschottland

Zentralschottland ist eine Region voller Kontraste: Wilden und malerischen Landschaften sowie ausgedehnten landwirtschaftlichen Anbauflächen stehen große, moderne Städte und dicht besiedelte Industriegebiete gegenüber. Durch diese Landschaft verlief einstmals die Kultur- und Sprachgrenze zwischen den englischsprachigen Lowlands und den gälischen Highlands. Auch heute noch spürt man bei einer Reise in den schottischen Norden die Gegensätze.

Der Highland Boundary Fault verläuft durch Zentralschottland, von Arran im Südwesten bis nach Stonehaven an der Nordostküste. Diese Bruchlinie bildet die Grenze zwischen den Highlands und den Lowlands. Hier kontrastieren karge, wilde Berglandschaften und grünes Weideland. Jahrhundertelang trafen an dieser natürlichen Grenze zwei unterschiedliche Kulturen aufeinander: Im Norden und Westen sprach man Gälisch und fühlte sich den Clan-Chiefs verpflichtet. Eine archaische Lebensweise, die allerdings im 18. Jahrhundert mit zunehmender Dominanz der englisch geprägten Lowlands zur Randerscheinung wurde.

In den schottischen Lowlands, deren Bewohner in Gebieten wie Lanarkshire und den Lothians über Kohlevorräte verfügten, gedieh die Industrie prächtig, während die Highlands entvölkert und schließlich nur noch zum Jagen und für die Schafzucht genutzt wurden.

In Zentralschottland liegen die Gegensätze von Highland und Lowland, vorindustrieller Vergangenheit und Industrie noch immer eng nebeneinander, etwa Stirling Castle (16. Jh.), das am Oberlauf des Forth nicht weit entfernt von petrochemischen Fabriken und Kraftwerken emporragt. Vom industrialisierten Glasgow, der größten Stadt Schottlands, gelangt man schnell zu den fast unberührten Trossachs und den Hügeln von Arran. Das erste mit einem Kohlehochofen betriebene Eisenwerk Schottlands wurde 1759 in Carron errichtet, unweit von Falkirk, wo Bonnie Prince Charlie 13 Jahre zuvor einen seiner letzten Siege als britischer Thronanwärter errang. Perth und Dundee, zwei Handelszentren, liegen nahe an der wilden Landschaft der südlichen Highlands.

Blick von der Goat Fell Ridge, nahe Brodick, über die Berge von Arran *(siehe S. 120)*

◀ **Flusslandschaft mit Galeriewald in der Grafschaft Argyll**

Überblick: Zentralschottland

Zentralschottland ist bemerkenswert kontrastreich. Auf der Isle of Arran, die vor der Westküste liegt, lockt der Höhenzug des Goat Fell mit den aufregendsten Wanderwegen Schottlands, während die Isle of Bute im Norden ein eher beschauliches Ausflugsziel ist. Auf dem Festland hebt sich die wildromantische Bergregion der Trossachs nahe Callander vom Tiefland des Forth Valley weiter östlich ab. Am Ende des Forth thront Stirling Castle im Schatten der Ochil Hills, am Tay findet man Perth in ähnlicher Lage. Weiter meerwärts am Firth of Tay, wo man den Blick weit schweifen lassen kann, lädt Dundee, Schottlands viertgrößte Stadt, zu einem Besuch ein.

Loch Katrine in den Trossach Mountains

In Zentralschottland unterwegs

Die Hauptzentren auf dem Festland wie Stirling, Perth und Dundee sind gut von Edinburgh oder Glasgow aus mit dem Zug oder über die Autobahn zu erreichen, doch für die Berge im Binnenland (z. B. für The Trossachs) empfiehlt sich ein Auto. Arran oder Bute erreicht man mit dem Auto oder dem Zug von Glasgow und dann per Autofähre von den Häfen an der Ayrshire-Küste (Ardrossan, Wemyss Bay). Die Inseln sind ideal für Fahrradtouren.

Weitere Zeichenerklärungen *siehe hintere Umschlagklappe*

Dundee am Ufer des Tay

Sehenswürdigkeiten auf einen Blick

1. Firth of Clyde
2. Arran
3. Bute
4. Loch Lomond
5. *The Trossachs S. 122f*
6. *Stirling S. 124f*
7. Doune Castle
8. Perth
9. Glamis Castle
10. Dundee
11. St Andrews
12. East Neuk
13. Falkland Palace
14. Dunfermline
15. Culross
16. Antoniuswall
17. Falkirk Wheel

Legende

- Autobahn
- Schnellstraße
- Hauptstraße
- Nebenstraße
- Panoramastraße
- Eisenbahn (Hauptstrecke)
- Eisenbahn (Nebenstrecke)
- Gipfel

❶ Firth of Clyde

Grafschaften westlich Glasgow. Helensburgh und Dumbarton im Norden; Troon und Ayr im Süden. von Largs nach Great Cumbrae; von Gourock nach Dunoon. Helensburgh, (01436) 82 03 69.

Vieles am Firth of Clyde erinnert an die industrielle Vergangenheit – kein Wunder bei einer Wasserstraße, die Glasgow, das einstige Wirtschaftszentrum des British Empire *(siehe S. 50)*, mit der Irischen See und dem Atlantik verbindet. **Greenock**, etwa 40 Kilometer westlich von Glasgow gelegen, war einst ein bedeutendes Schiffbauzentrum. Die Stadt ist nicht sehr auffällig, doch auf jeden Fall lohnt sich ein Besuch in der **McLean Museum and Art Gallery**, die über den Ingenieur James Watt *(siehe S. 28)* informiert. Am Princes Pier starten die Ausflugsfahrten über den Clyde.

Dumbarton am Nordufer, 24 Kilometer von Glasgow entfernt, wurde im 5. Jahrhundert gegründet. Das Schloss thront auf einem Felsen hoch über der Stadt. Der Firth ist L-förmig, verbreitert sich im Nordwesten hinter der Erskine Bridge und geht dann auf der Höhe von Gourock Richtung Süden in offeneres Gewässer über. Kip Marina im nahen **Inverkip** ist ein bedeutender Yachthafen. Viele Orte an der Ayrshire-Küste sind seit viktorianischer Zeit Ferienorte. In **Largs**, wo sich 1263 Schotten und Wikinger bekriegten, existiert ein Multimedia-Zentrum über die Wikinger.

Der alte Hafen in Brodick, dahinter die Goat-Fell-Bergkette

Mit der Fähre gelangt man zu der nicht weit vor der Küste liegenden **Great Cumbrae Island**, deren größte Stadt Millport an einer Bucht liegt.

Der Westen des Firth of Clyde, dessen Berge und Lochs an die Cowal-Halbinsel grenzen, ist wenig erschlossen. Die einzige nennenswerte Stadt ist **Dunoon**, die einst ein viktorianisches Urlaubsgebiet war und noch immer vom Tourismus lebt. Lange Zeit waren am Holy Loch Atom-U-Boote der USA stationiert, sodass ein amerikanischer Einfluss zu spüren war. Heute ist der Stützpunkt geschlossen.

Golfer auf der Isle of Arran

McLean Museum and Art Gallery

15 Kelly St, Greenock. (01475) 71 56 24. bis Aug 2018.

Anlegestelle in Largs für die Fähren zur Great Cumbrae Island

❷ Arran

North Ayrshire. 5000. von Ardrossan nach Brodick; von Claonaig (Mull of Kintyre) nach Lochranza (nur Apr–Okt). Brodick, (01770) 30 37 74. **ayrshire-arran.com**

Arran ist seit Ende der letzten Eiszeit besiedelt. Das zeigen die neolithischen Grabkammern auf der Insel, etwa die bei **Torrylinn** nahe Lagg im Süden. Um **Machrie** an der Westküste stehen Steinkreise aus der Bronzezeit.

Um 800 n. Chr. kamen die Wikinger und hinterließen ihre Spuren. Nach der Schlacht von Largs 1263, als Alexander III die Normannen schlug, kaufte Schottland den Wikingern 1266 Arran ab.

Heute ist Arran bei Besuchern vor allem wegen seiner sieben Golfplätze (u. a. in Brodick, der Whiting Bay und Lamlash) beliebt. Auch geangelt wird hier gerne. Brodick ist die einzige echte Stadt auf der Insel. In den anderen, eher bergigen Gegenden findet man die besten Bergwanderwege Zentralschottlands. Die **Goat Fell Ridge** östlich des Glen Rosa und westlich von **Beinn Tarsuinn** ist eine zerklüftete Landschaft von wilder Schönheit.

Robert the Bruce weilte nach seiner Heimkehr nach Schottland 1307 auf Arran. Sein Gefolge hatte zuvor die Garnison im **Brodick Castle** überfallen, das von Anhängern des Königs von England besetzt war. Man sagt, Bruce habe von Arran aus das Signalfeuer an der Ayrshire-Küste gesehen. Es war ein Zeichen für die Möglichkeit seiner Rückkehr auf das Festland und eines Feldzugs gegen die Engländer *(siehe S. 47)*. Trotz vieler Anbauten stammen Teile der Burg aus dem 13. Jahrhundert.

Brodick Castle

Brodick. (01770) 30 22 02. Mai–Sep: 11–16 Uhr (Apr, Okt: bis 15 Uhr); Park: ganzjährig.

Majestätisch thront Ben Lomond mit seinem Schneegipfel über dem Loch Lomond

❸ Bute

Argyll & Bute. 7000. von Wemyss Bay nach Rothesay; von Colintraive nach Rhubodach. von Dunoon. Rothesay, (01700) 50 70 43.

Die Insel Bute ist fast eine Verlängerung der Halbinsel Cowal. Die kleine Fähre von Colintraive benötigt nur fünf Minuten für die Fahrt über die Kyles of Bute nach Rhubodach. Da Bute von Glasgow schwer zu erreichen ist, wählen die meisten den Weg über die Wemyss Bay am Firth of Clyde zur Hauptstadt der Insel, Rothesay.

Bute ist seit der Bronzezeit besiedelt. Die Insel ist 25 Kilometer lang und maximal acht Kilometer breit. Die Ruinen der Kapelle am St Ninian's Point an der Westküste stammen aus dem 6. Jahrhundert. **Rothesay Castle**, heute auch eine Ruine, stammt aus dem 12. Jahrhundert. Im 13. Jahrhundert kämpften die Inselbewohner gegen die Wikinger. Seit rund 120 Jahren ist Bute hauptsächlich Erholungsort.

Eine Attraktion ist das **Mount Stuart House** fünf Kilometer südlich von Rothesay. Das große, 1877 vom dritten Marquis of Bute erbaute Herrenhaus liegt in einem Park aus dem 18. Jahrhundert. Im schönen gotischen Gebäude spiegelt sich das Interesse des Marquis an Mythologie, Religion und Astronomie wider.

Rothesay Castle
Castle Hill St, Rothesay. (01700) 50 26 91. Apr–Sep: tägl. 9.30–17.30 Uhr; Okt–März: Sa–Mi 10–16 Uhr.
historicenvironment.scot

Mount Stuart House
Mount St. (01700) 50 38 77. Apr–Okt: 11–17 Uhr.
mountstuart.com

Bute mit dem Kames Castle (14. Jh.) an der Spitze der Kames Bay

❹ Loch Lomond

West Dunbartonshire, Argyll & Bute, Trossachs. Balloch, Tarbet. Balloch, Balmaha. Balloch.
historicenvironment.scot
National Park Visitor Centre, Balmaha (01389) 72 21 00.
lochlomond-trossachs.com

Von Schottlands Lochs ist Lomond wohl der bekannteste. Er liegt nur 30 Kilometer nordwestlich von Glasgow und ist damit leicht erreichbar. Der See ist das größte Süßwasserreservoir der Britischen Inseln. Er ist 35 Kilometer lang und misst an seiner breitesten Stelle im Süden acht Kilometer. Auf manchen seiner 30 Inseln stehen Ruinen. Das Nordende ist schmaler und tiefer.

Vom Duncryne aus, einem kleinen Hügel fünf Kilometer nordöstlich von **Balloch** an der Südküste, hat man einen exzellenten Blick auf Loch Lomond. Ein Großteil des Gebiets wurde 2002 zu Schottlands erstem Nationalpark erklärt, der am Besucherzentrum in Balmaha beginnt. Die Westküste mit Dörfern wie **Luss** und **Tarbet** zieht zahlreiche Besucher an.

Der Kontrast zwischen dem Loch und dem **Ben Lomond** (974 m) ist beeindruckend. Viele Wanderer kommen hierher, denn an seinem Ostufer führt der beliebteste Fernwanderweg Schottlands entlang, der West Highland Way *(siehe S. 199)* von Glasgow nach Fort William. Vom Balloch Pier starten Ausflugsboote. Rennboote, Kajaks und Jetski kann man sich ausleihen, für Wassersportfans ist hier also gesorgt.

❺ The Trossachs

The Trossachs bilden die Grenze zwischen High- und Lowlands. Die Landschaft ist geprägt durch den Übergang von schroffen Bergen über einsame Wälder und Seen in eine idyllische Kulturlandschaft. Die Schönheit der Natur und die Vielfalt ihrer Fauna mit Goldadlern, Wanderfalken, Rotwild und Wildkatzen haben zahlreiche Schriftsteller inspiriert. Unter ihnen ist Sir Walter Scott *(siehe S. 92)*, der hier die Handlung mehrerer Romane angesiedelt hat. Ein Großteil des Gebiets wurde 2002 zum ersten Nationalpark Schottlands erklärt, dem Loch Lomond and The Trossachs National Park.

Loch Katrine
Der Schauplatz von Walter Scotts Gedicht *Das Fräulein vom See* (1810) kann auf einem Dampfer erkundet werden, der den Namen des Autors trägt.

Loch Lomond
Der größte Süßwassersee Großbritanniens ging durch die Ballade eines fern der Heimat sterbenden Jakobitensoldaten in die Geschichte ein. Statt wie seine Kameraden die *high road* müsse er bei seiner Rückkehr die *low road*, die »Straße der Toten«, nehmen.

Luss
Schmucke Reihenhäuser kennzeichnen Luss, das am Westufer des Loch Lomond zwischen grünen Hügeln liegt. Für viele Schotten zählt Luss zu den schönsten Orten in Zentralschottland.

Außerdem

① **Der West Highland Way** ist ein idealer Wanderweg.

② **Rob Roys Grab**

③ **Vom Duke's Pass** zwischen Callander und Aberfoyle genießt man eine wunderschöne Aussicht über die Umgebung.

Legende
- Hauptstraße
- Nebenstraße
- Andere Straße
- Wanderweg

Inchmahome Priory
Mary Stuart versteckte sich vor ihrer Flucht nach Frankreich in diesem Inselkloster vor den Soldaten Henrys VIII.

Infobox

Information
Central. Ancaster Sq, Callander, (01877) 33 03 42.
Inchmahome Priory An der A81, nahe Aberfoyle. (01877) 38 52 94. Apr–Okt: tägl. 10–16.15 Uhr (Okt: bis 15.15 Uhr). teilweise.
Sir Walter Scott Steamer Trossachs Pier. (01877) 37 63 15.
lochkatrine.com

Anfahrt
Stirling. Callander.

Callander
Wer von hier aus das Gebiet erkundet, sollte sich im Rob Roy and Trossachs Visitor Centre informieren.

Rob Roy (1671–1734)

Robert MacGregor, besser bekannt als Rob Roy oder Red Robert, lebte als Hirte in der Nähe von Loch Arklet. Nach mehreren harten Wintern sah er keinen anderen Ausweg, als von den Reichen zu stehlen, um seinen Clan zu ernähren. Als der Duke of Montrose ihn daraufhin ächtete und sein Haus niederbrannte, schloss er sich den Jakobiten an. Überfälle auf Besitztümer des Herzogs und wiederholte Flucht aus dem Gefängnis machten ihn zum Robin Hood von Schottland. Rob Roy wurde 1725 begnadigt und verbrachte seine letzten Lebensjahre in Balquhidder, wo er begraben ist.

Queen Elizabeth Forest Park
Viele Wanderwege durchziehen das waldreiche Bergland zwischen Loch Lomond und Aberfoyle, in dem Moorhuhn und Rotwild beheimatet sind.

Weitere Zeichenerklärungen *siehe hintere Umschlagklappe*

Reiterstatue beim Battle of Bannockburn Experience

❻ Stirling

Central. 46 000. Old Town Jail, St John St, (01786) 47 50 19. **destinationstirling.org**

Die Stadt Stirling ist um eine der bedeutendsten Burgen Schottlands entstanden. Die Altstadt unterhalb der Burg ist von einer Mauer umgeben. Diese wurde im 16. Jahrhundert gebaut, als Mary Stuart vor Henry VIII flüchtete. In der mittelalterlichen **Church of the Holy Rude**, die in der Castle Wynd liegt und in der der Thronfolger James VI gekrönt wurde, ist eine seltene Stichbalkendecke zu sehen. Vor der Kirche steht die Fassade des unvollendeten Stadtpalasts **Mar's Wark**, der 1570 vom ersten Earl of Mar in Auftrag gegeben und 1746 von den Jakobiten zerstört wurde. Gegenüber befindet sich das herrliche Stadthaus der Dukes of Argyll aus dem 17. Jahrhundert.

Umgebung: Das Infozentrum **Battle of Bannockburn Experience** liegt drei Kilometer südlich von Stirling auf dem Schlachtfeld, auf dem Robert the Bruce *(siehe S. 47)* 1314 die Engländer schlug. Nach dem Kampf riss er die Burg nieder, damit sie nicht in Feindeshand fallen konnte. Eine Reiterstatue erinnert an den schottischen Volkshelden.

Battle of Bannockburn Experience
Glasgow Rd. (01786) 81 26 64.
März–Okt: tägl. 10–17.30 Uhr; Nov–Feb: tägl. 10–17 Uhr.

Stirling Castle

Die hoch gelegene, mächtige Burg, die eine wichtige Rolle in der schottischen Geschichte spielte, ist eine der besterhaltenen Renaissance-Burgen des Landes. Angeblich hat König Arthur (Artus) die Burg von den Sachsen erobert, allerdings ist ihre Existenz vor 1124 nicht bewiesen. Die heutige Burganlage stammt aus dem 15. und 16. Jahrhundert. Den letzten Kampf erlebte sie 1746 gegen die Jakobiten. Von 1881 bis 1964 diente Stirling Castle als Truppenunterkunft, heute begegnet man hier hauptsächlich Urlaubern.

Robert the Bruce
Moderne Statue des schottischen Königs mit seinem Schwert nach der Schlacht von Bannockburn 1314.

Burgtor

***Stirling Castle zur Zeit der Stuarts*, von Johannes Vorsterman (1643–1699)**

★ Palas
Das üppig eingerichtete Innere wurde originalgetreu restauriert und präsentiert sich heute annähernd so wie im 16. Jahrhundert.

Infobox

Information
Castle Esplanade, Stirling.
(01786) 45 00 00.
Apr–Sep: tägl. 9.30–18 Uhr; Okt–März: tägl. 9.30–17 Uhr. Museum.
teilweise.
stirlingcastle.gov.uk

★ Schlosskapelle
Valentine Jenkins' Fresken aus dem 17. Jahrhundert schmücken die 1594 errichtete Kapelle.

Grand Battery
Sieben Kanonen stehen auf dieser Brustwehr, die 1708 als Folge der Revolution von 1688 *(siehe S. 49)* hinzugefügt wurde.

Die Schlachten von Stirling

Durch seine Lage nahm Stirling eine Schlüsselposition im Kampf der Schotten um ihre Unabhängigkeit ein. Sieben Schlachtfelder sind vom Schloss aus zu sehen. Das 67 Meter hohe Wallace Monument bei Abbey Craig erinnert an den Sieg von William Wallace über die Engländer 1297 in Stirling Bridge, Vorbote des Siegs von Bruce 1314.

Das viktorianische Wallace Monument

Außerdem

① **Waffenlager**

② **Prince's Tower**

③ **Im King's Old Building** befindet sich das Regimentsmuseum der Argyll and Sutherland Highlanders.

④ **Zwinger**

⑤ **Die Great Hall** (1500) hat eine ähnliche Decke wie die im Edinburgh Castle *(siehe S. 64f)*.

⑥ **Der Elphinstone Tower** wurde 1714 abgerissen, um eine Abschussrampe für Kanonen zu schaffen.

Blick über den Tay auf Perth

❼ Doune Castle

Doune, Central. (01786) 84 17 42. Stirling, dann Bus. Apr–Sep: tägl. 9.30–17.30 Uhr; Okt–März: tägl. 10–16 Uhr. teilweise. **historicenvironment.scot**

Die im späten 14. Jahrhundert erbaute Residenz des Duke of Albany war bis zu ihrer Zerstörung im 18. Jahrhundert eine bedeutende schottische Feste. Seit der Restaurierung gilt sie als Musterbeispiel einer mittelalterlichen Burg und bietet einen Einblick in den königlichen Haushalt jener Zeit.

Durch das Torhaus gelangt man in den Burghof und dann in die Great Hall mit Holzdecke und Kamin. Angrenzend sieht man die Lord's Hall und das Privatgemach. Die Geheimgänge lassen das Ausmaß der Vorkehrungsmaßnahmen zum Schutz der Königsfamilie erahnen. Hier wurden der Monty-Python-Film *Die Ritter der Kokosnuss* sowie Szenen der Serien *Game of Thrones* und *Outlander* gedreht.

❽ Perth

Perthshire. 47 000. 45 High St, (01738) 45 06 00. **visitperthshire.co.uk**

Schottlands einstige Hauptstadt beeindruckt durch ihr reiches historisches Erbe. In der 1126 erbauten **Church of Saint John** hielt John Knox die Predigt, die zur Zerstörung vieler Klöster führte. Das viktorianisch restaurierte **Fair Maid's House** (um 1600) zählt zu den ältesten Gebäuden der Stadt. Es ist das fiktive Zuhause der Heldin in Walter Scotts Erzählung *Valentinstag oder Das schöne Mädchen von Perth* (1828).

Balhousie Castle erinnert in seinem Museum of the Black Watch an das schottische Regiment. Im **Museum and Art Gallery** sind Gemälde zur Stadtgeschichte ausgestellt.

Umgebung: Drei Kilometer nördlich von Perth liegt **Scone Palace** auf dem Gelände eines früheren Klosters, das 1559 zerstört wurde. Vom 9. bis zum 13. Jahrhundert ruhte hier der »Schicksalsstein« *(siehe S. 64)*, der heute in Edinburgh Castle aufbewahrt wird. Auf diesem Stone of Destiny wurden die schottischen Könige gekrönt.

Balhousie Castle
RHQ Black Watch, Hay St. (01738) 63 81 52. tägl. 9.30–16.30 (Nov–März: 10–16 Uhr).

Museum and Art Gallery
78 George St. (01738) 63 24 88. Di–Sa 10–17 Uhr (Apr–Okt: auch So).

Scone Palace
A93 bis Braemar. (01738) 55 23 00. Apr–Okt: tägl.

❾ Glamis Castle

Glamis, außerhalb Forfar, Tayside. (01307) 84 03 93. Dundee, dann Bus. Apr–Okt: 11–17.30 Uhr. nur Schlossgelände. **glamis-castle.co.uk**

Mit seinen Ecktürmen und Zinnenwehren mutet der im 11. Jahrhundert als Jagdsitz

Glamis Castle mit Statuen von James VI *(links)* und Charles I *(rechts)*

Hotels und Restaurants in Zentralschottland *siehe Seiten 175f und 186f*

errichtete, mächtige mittelalterliche Turmbau wie ein Loire-Schloss an. Seit Jahrhunderten ist **Glamis Castle** Stammsitz der englischen Königsfamilie, auch die Mutter von Queen Elizabeth II, Elizabeth Bowes-Lyon, hat hier ihre Kindheit verbracht.

Viele Räume kann man besichtigen, darunter Duncan's Hall, den ältesten Raum und Schauplatz des Königsmords in Shakespeares *Macbeth*. Gemälde, Teppiche und Chinoiserien aus fünf Jahrhunderten erwarten den Besucher. Beachtenswert ist das 1980 zum 80. Geburtstag der Königinmutter aufgestellte schmiedeeiserne Tor.

Blick von St Andrews auf die Ruine der Kathedrale

⑩ Dundee

Tayside. 147 000.
16 City Square, (01382) 52 75 27. Bauernmarkt (Mai–Okt: 3. Sa im Monat).
visitangus.com

Heute ist Dundee für Gebäck und Orangenmarmelade berühmt, im 18. und 19. Jahrhundert war die Stadt jedoch wegen ihrer Schiffbaukunst bekannt, über die man sich auf den Victoria Docks informieren kann.

Die **HMS *Unicorn*** (1824), das älteste noch flotte britische Kriegsschiff, fährt bis heute zur See. Am Riverside liegt das königliche Forschungsschiff **RRS *Discovery*** vor Anker. Es wurde im Jahr 1901 für Robert Falcon Scotts Fahrt in die Antarktis gebaut und ist einer der letzten in Großbritannien gebauten Segler. In einem viktorianischen Gebäude vermitteln die **McManus Galleries** Wissenswertes über die Stadtgeschichte. Das **V&A Museum of Design** wird 2018 eröffnen.

Umgebung: Arbroath ist für rote Steinbauten und die Abtei bekannt. In Arbroath Abbey liegt eine Kopie der *Declaration of Arbroath*, die Schottlands Unabhängigkeit bestätigt.

HMS *Unicorn*
Victoria Docks. (01382) 20 09 00. Ostern–Okt: tägl. 10–17 Uhr; Nov–Ostern: Mi–Fr 12–16 Uhr (Sa, So ab 10 Uhr). teilweise.

RRS *Discovery*
Discovery Point. (01382) 30 90 60. tägl. nach Vereinbarung.

McManus Galleries
Albert Institute, Albert Square. (01382) 30 72 00. tägl.

Golf – Spiel mit Tradition

Schottlands Nationalspiel *(siehe S. 194–197)* wurde auf dem Sandboden um St Andrews erfunden. Erstmals erwähnt wurde Golf 1457, als James II das Spiel verbieten ließ, weil es angeblich seine Bogenschützen behinderte. Eine der ersten Frauen, die Golf spielten, war Mary Stuart, die 1568 sofort nach dem Mord an ihrem Mann Darnley eine Partie begonnen haben soll.

Mary Stuart auf dem Golfplatz im Jahr 1563

⑪ St Andrews

Fife. 17 000. Leuchars.
70 Market St, (01334) 47 20 21.
standrews.co.uk

Die älteste Universitätsstadt Schottlands ist heute ein Mekka für Golfer aus aller Welt. Die Hauptstraßen und die kopfsteingepflasterten Gässchen mit ihren altehrwürdigen Gebäuden laufen alle an den Ruinen der **Kathedrale** aus dem 12. Jahrhundert zusammen. Die Steine des einst größten Gotteshauses des Landes wurden später zum Bau der Stadt verwendet.

St Andrews Castle wurde um 1200 für die Bischöfe der Stadt errichtet. Zu sehen ist der Kerker, in dem viele Menschen darbten, die man wegen ihres Glaubens gefangen hielt.

Die Golfplätze westlich der Stadt sind gegen geringe Gebühr für jeden zugänglich. Das **British Golf Museum**, das vom Royal and Ancient Golf Club der Stadt erzählt, ist ein Leckerbissen für jeden Golfbegeisterten. Ein Spaziergang am Strand entlang erinnert viele Besucher daran, dass hier einige Szenen des Films *Die Stunde des Siegers* (1981) gedreht wurden.

St Andrews Castle
The Scores. (01334) 47 71 96. tägl.

British Golf Museum
Bruce Embankment. (01334) 460 0046. tägl.

Der von Rosenbüschen umrahmte Innenhof des Falkland Palace

⓬ East Neuk

Fife. Leuchars. Glenrothes & Leuchars. St Andrews, (01334) 47 20 21. **eastneukwide.co.uk**

Eine Reihe von Fischerorten ziert die Küste der **East Neuk** (der östlichen Ecke) auf der Halbinsel Fife. Von hier aus wurde ein Großteil des Handels mit Europa abgewickelt, was sich heute in der flämisch angehauchten Architektur der Häuser niederschlägt.

Obwohl der Fischfang als Einnahmequelle durch den Tourismus ersetzt wurde, bestimmt das Meer immer noch das Leben vieler Bewohner. In St Monans werden Boote gebaut und repariert, erster Fischerhafen ist Pittenweem. Bekannt ist das Städtchen darüber hinaus wegen der **St Fillan's Cave**, in der im 9. Jahrhundert ein Einsiedler lebte, mit dessen Reliquien Robert the Bruce vor der Schlacht von Bannockburn gesegnet wurde. Zwischen den pittoresken Häusern des kleinen Städtchens Crail erhebt sich eine Kirche. Eine Legende besagt, dass der Teufel den Stein neben dem Kircheneingang von der Isle of May herbeigeschafft habe.

Anstruther besitzt schöne Gebäude aus dem 16. bis 19. Jahrhundert, in denen auch das **Scottish Fisheries Museum** mit original eingerichteten Fischerwohnungen bis zu Walfängerausrüstungen und Booten untergebracht ist. Von hier können Vogelkundler einen Bootsausflug zur **Isle of May** machen. In Lower Largo steht das Denkmal von Alexander Selkirk, dessen Abenteuer auf See Daniel Defoe zu seinem Roman *Robinson Crusoe* (1719) inspirierten. Selkirk wurde zur Strafe dafür, dass er seinem Kapitän widersprochen hatte, auf einer unbewohnten Insel ausgesetzt, auf der er vier Jahre lang lebte.

Scottish Fisheries Museum
St Ayles, Harbour Head, Anstruther. (01333) 31 06 28. tägl. **scotfishmuseum.org**

Schlossverwalter

Die mittelalterlichen Könige setzten in der Zeit ihrer Abwesenheit zum ersten Mal Verwalter ein, die für Bewirtschaftung und Versorgung des beachtlichen königlichen Haushalts verantwortlich waren. Das später erbliche Amt stattete einen Schlossverwalter oftmals mit zahlreichen Vergünstigungen aus, darunter auch einer luxuriösen Unterkunft.

Bett James' VI im Schlafzimmer des Verwalters, Falkland Palace

⓭ Falkland Palace

Falkland, Fife. (01337) 85 73 97. Ladybank, dann Bus. März–Okt: Mo–Sa 11–17, So 12–17 Uhr (Nov–Feb: bis 16 Uhr). **nts.org.uk**

Der herrliche Renaissance-Palast war ursprünglich ein Jagdsitz der Stuarts. Mit dem Bau begann James IV um 1500, sein Sohn James V stellte ihn etwa 1530 fertig. Unter dem Einfluss seiner beiden französischen Frauen ließ er Ost- und Südflügel von französischen Baumeistern gestalten. Diese verschönerten den Ostflügel des Palasts mit Gauben, Stützpfeilern und Medaillons. In den Jahren des Commonwealth verfiel der Falkland Palace, 1715 wurde er für kurze Zeit von Rob Roy *(siehe S. 123)* bewohnt.

1887 wurde der Dritte Marquess of Bute Schlossverwalter und ließ den Palast restaurieren. Die Räume enthalten Möbel und Porträts der Stuart-Könige. Der 1539 für James V angelegte königliche Tennisplatz ist der älteste seiner Art in Großbritannien.

⓮ Dunfermline

Fife. 50 000. 1 High St, (01383) 72 09 99.

Die Überreste der **Abbey Church** (12. Jh.) mit ihrem normannischen Hauptschiff und dem neugotischen Chor erinnern ebenso wie der Palast an die alte Pracht der früheren Hauptstadt Schottlands (bis 1603). Der Ort wurde durch Malcolm III bekannt, der von hier aus regierte und schon im 11. Jahrhundert an der Stelle der Abtei ein Priorat gründete. 22 schottische Könige und Königinnen, darunter auch Robert the Bruce, liegen heute in der Abbey Church begraben.

Die Ruine des **Palasts** ragt über dem Pittencrieff Park auf. Dem berühmtesten Sohn der Stadt, Andrew Carnegie (1835–1919), war als Kind der Zutritt zum Park verboten worden. Als einer der reichsten Männer der Welt erwarb er den Park samt

Palast und schenkte beides den Bewohnern der Stadt.

In seiner Jugend war Carnegie nach Pennsylvania ausgewandert, wo er ein enormes Vermögen machte. Das **Carnegie Birthplace Museum** widmet sich seinem Leben.

Abbey Church
(01383) 72 45 86. Apr–Okt: tägl. (So nur nachmittags).

Carnegie Birthplace Museum
Moodie St. (01383) 72 43 02.
März–Nov: tägl. (So nur nachmittags).
carnegiebirthplace.com

Das normannische Hauptschiff der Abbey Church, Dunfermline

⓯ Culross

Fife. 400. Dunfermline. Dunfermline. (01383) 72 09 99 (**Palace** 88 03 59). **nts.org.uk**

Hier, in einem bedeutenden religiösen Zentrum des 6. Jahrhunderts, soll 514 der heilige Mungo geboren worden sein. Im 16. Jahrhundert kam die Stadt unter Sir George Bruce, der Seehandel mit Kohle und Salz betrieb, zu Wohlstand. Der Nachkomme von Robert the Bruce ließ 1575 ein System von Stollen und einen flutsicheren Förderschacht anlegen, um die Kohle direkt aus dem Berg in Schiffe verladen zu können.

Mit der Besichtigung beginnt man am besten am **Visitors' Centre**, das im ehemaligen Stadtgefängnis untergebracht ist. Der 1577 errichtete **Herrensitz** von George Bruce mit seinen Treppengiebeln und dem roten Schindeldach ist ein typisches Beispiel für die damalige Bauweise. Die Wand- und Deckenmalereien im Palast gehören zu den schönsten in Schottland.

Auf der gegenüberliegenden Seite des Platzes geht es vorbei am ältesten Haus der Stadt aus dem Jahr 1577 zum **Town House**. Dahinter gelangt man über eine Straße namens Back Causeway zum Bischofssitz von 1610, **The Study** genannt. Sehenswert ist die norwegische Decke im Hauptraum. Geht man nördlich weiter, um zur Abteiruine, der Kirche und dem Abbey House zu gelangen, kommt man am **House with the Evil Eyes** mit seinen holländischen Giebeln vorbei.

Palace, Town House und Study
Apr, Mai, Sep: Sa–Mo 11–17 Uhr; Juni–Aug: tägl. 11–17 Uhr (Juni: Mi–Mo); Okt: Sa–Mo 11–16 Uhr. teilweise.

Das aus dem 16. Jahrhundert stammende Herrenhaus von George Bruce in Culross

⓰ Antoniuswall

Falkirk. Falkirk Wheel, Lime Rd, (01324) 62 02 44. Falkirk. Mo–Sa.

Unter Kaiser Antonius rückten die Römer um 140 n. Chr. zum zweiten Mal nach Schottland vor. Dort bauten sie einen rund 60 Kilometer langen Verteidigungswall, der sich durch Zentralschottland vom Firth of Clyde bis zum Firth of Forth zog. Dieser Wall wurde in der Folgezeit an strategisch wichtigen Stellen weiter befestigt. Ein Teilstück steht noch in Rough Castle bei Falkirk.

⓱ Falkirk Wheel

Lime Rd, Tamfourhill, Falkirk.
08700 50 02 08. Falkirk.
tägl. 10–17.30 Uhr. für Bootsfahrten.
scottishcanals.co.uk

Das Schiffshebewerk besticht durch seine Mechanik. Die rotierende Anlage ist ein Meisterstück im Bereich der technischen Entwicklung und Förderung von Wasserstraßen. Einige früher für den Transport von Gütern bedeutende Wasserwege verloren in den 1960er Jahren wegen der starken Förderung des Straßenverkehrs an Bedeutung. Mit Falkirk Wheel, das Schiffe in elf Minuten 35 Meter hebt, wurde der Verkehr zu Wasser wieder eine echte Alternative, denn damit besteht eine direkte Verbindung zwischen Glasgow und Edinburgh. Besichtigungsfahrten beginnen alle 40 Minuten.

Falkirk Wheel, ein rotierendes Schiffshebewerk

Highlands und Inseln

Mit Schottland verbindet man zahlreiche Klischees, beispielsweise Clans und Tartans, Whisky und Porridge, Dudelsack und Heidekraut – kurzum, die Highlands und ihre Bewohner. Dabei hatten die Gälisch sprechenden und vorwiegend Rinder züchtenden, knorrig-urwüchsigen Highlander über Jahrhunderte hinweg ihren eigenen kulturellen Charakter stärker bewahren können als ihre Nachbarn im Süden Schottlands.

Spuren der nichtkeltischen Ahnen der heutigen Bewohner findet man überall in den Highlands und auf den Inseln: Steinkreise, Steintürme und Hügelgräber. Ende des 6. Jahrhunderts wanderten die Gälisch sprechenden Kelten aus Irland ein, unter ihnen der Mönch Columban, der auf der Insel Iona eine Mönchsgemeinschaft gründete und dort das Christentum lehrte. Die Verschmelzung von christlicher und Wikingerkultur im 8. und 9. Jahrhundert erreichte ihren Höhepunkt mit der Errichtung der St Magnus Cathedral auf den Orkney Islands.

Mehr als 1000 Jahre lang organisierte sich die Highlander-Gesellschaft in Clans *(siehe S. 32f)*, die einer Großfamilie entsprachen. Clan-Mitglieder schuldeten ihrem Chief absoluten Gehorsam und Loyalität. Erst nach 1746, nach der fehlgeschlagenen Rebellion der Jakobiten unter Bonnie Prince Charlie *(siehe S. 157)*, wurden die Clans von den Engländern zerschlagen. Im 19. Jahrhundert setzte eine Verklärung der Clans ein. Dafür war einerseits der Autor Walter Scott verantwortlich, andererseits förderte auch Königin Victoria mit ihrer Leidenschaft für Balmoral Castle den Trend, Landsitze in Schottland zu erwerben. Hinter der Romantik verbargen sich jedoch raue Verhältnisse, die Generationen schottischer Landbewohner zur Auswanderung nach Amerika getrieben hatten.

Auch heute noch lebt mehr als die Hälfte der Bevölkerung in Gemeinden mit weniger als 1000 Einwohnern. Industrien wie Fischfang und Öl, die Whisky-Herstellung und nicht zuletzt der Tourismus lassen die Einwohnerzahlen jedoch wieder steigen.

Papageitaucher versammeln sich auf Felsen – auf den schottischen Inseln ein gewohnter Anblick

◀ **Zerklüftete Berggipfel auf der Isle of Skye** ***(siehe S. 156f)***

Überblick: Highlands und Inseln

Die Highlands nehmen den Norden und Westen Schottlands ein, mit Bergen und Tälern, zerklüfteten Küsten und einsamen Inseln, für die Schottland so berühmt ist. Die Hauptstadt der Highlands ist Inverness, ein guter Ausgangspunkt, um Loch Ness und die Cairngorm Mountains zu erkunden. Den Ben Nevis erreicht man am besten von Fort William aus. Landeinwärts von Aberdeen liegen Royal Deeside und das Spey Valley. Zu den romantischen Inneren und Äußeren Hebriden kommt man per Schiff von Oban oder Ullapool.

Weidendes Rind auf der Isle of Skye

In den Highlands und auf den Inseln unterwegs

Die Highlands lassen sich am besten mit dem Auto erkunden. Die Schnellstraßen und alle anderen zweispurigen Straßen sind in gutem Zustand. Zur Isle of Skye besteht eine kostenlose Brückenverbindung, zu den anderen Inseln verkehren Fähren. Mit der Eisenbahn gelangt man bis Kyle of Lochalsh im Westen sowie nach Wick und Thurso im Norden. Regelmäßige Flugverbindungen gibt es nach Inverness, Aberdeen und Wick.

Weitere Zeichenerklärungen *siehe hintere Umschlagklappe*

Sehenswürdigkeiten auf einen Blick

1. Inveraray Castle
2. Auchindrain Museum
3. Crarae Gardens
4. Jura
5. Islay
6. Kintyre
7. Loch Awe
8. Oban
9. Mull
10. Coll und Tiree
11. Glencoe
12. Fort William
13. Ben Nevis
15. Ardnamurchan-Halbinsel
16. Rum, Eigg, Muck und Canna
17. Mallaig
19. Blair Castle
20. Pitlochry
21. Dunkeld
22. *Cairngorm Mountains 144f*
23. *Aberdeen S. 146f*
25. Speyside Malt Whisky Trail
26. Elgin
27. Fort George
28. Culloden
29. Cawdor Castle
30. Inverness
31. *Great Glen S. 152f*
32. Black Isle
33. Strathpeffer
34. Dornoch
35. Glen Shiel
36. *Isle of Skye S. 156f*
37. Wester Ross
38. Inverewe Gardens
39. Ullapool
40. Handa Island
41. Cape Wrath und Nordküste
42. Orkney Islands
43. Shetland Islands
44. Western Isles

Touren

14. Road to the Isles
18. Killiecrankie Walk
24. Royal Deeside

❶ Inveraray Castle

Inveraray, Argyll & Bute. Dalmally, dann Bus. von Glasgow. (01499) 30 22 03. Apr–Okt: tägl. 10–17.45 Uhr.
inveraray-castle.com

Der turmbewehrte pseudogotische Palast gehört dem mächtigen Campbell-Clan, der seit 1701 die Dukes von Argyll stellt. Er wurde ab 1746 von den Architekten Roger Morris und William Adam erbaut. Nach dem Brand von 1877 fügte man die konischen Türme hinzu.

Das von Robert Mylne in den 1770er Jahren kreierte prächtige Innere bildet den Rahmen für Regency-Möbel sowie Porträts von Gainsborough, Ramsay und Raeburn. Beeindruckend ist auch die Waffenkammer. In den Ställen erinnert das Combined Operations Museum an die 250 000 alliierten Soldaten, die im Zweiten Weltkrieg in Inveraray stationiert waren.

Im hübschen Dorf Inveraray kann man im Jail & County Court Museum die Atmosphäre eines originalen Gefängnisses und eine nachgespielte Gerichtsverhandlung erleben.

Das pseudogotische Inveraray Castle

❷ Auchindrain Museum

Inveraray, Argyll & Bute. (01499) 50 02 35. Inveraray, dann Bus. Apr–Okt: tägl. 10–17 Uhr. teilweise.
auchindrain.org.uk

Das erste Freilichtmuseum Schottlands gewährt Einblick in das Leben eines für die Highlands typischen Dorfes. Bis 1962 wurde in dieser Gemeinde Landwirtschaft betrieben. Man kann durch die 20 strohgedeckten Cottages schlendern, die meist Wohnraum, Küche und Stall unter einem Dach vereinen. Die Häuser haben Bettschränke und Binsenlichter sowie vor der Tür einen Kräutergarten. Auchindrain ist ein faszinierendes Relikt aus einer Zeit, in der die Highland-Bauern noch Ackerbau für den Eigenbedarf betrieben.

Alter Pflug im Freilichtmuseum Auchindrain

❸ Crarae Gardens

Crarae, Argyll & Bute. 0844 493 2210. Inveraray, dann Bus. Apr–Okt: tägl. 9.30 Uhr bis Sonnenuntergang. nach Vereinbarung. **nts.org.uk**

Im Jahr 1912 ließ Lady Grace Campbell die Crarae Gardens anlegen *(siehe S. 26)*. Sie gelten als die schönsten Parkanlagen der West Highlands. Grace Campbell war die Tante des Forschers Reginald Farrer, dessen Mitbringsel aus Tibet den Grundstock der Sammlung exotischer Pflanzen bildeten, die kontinuierlich ergänzt wird. Man fühlt sich hier an eine Schlucht im Himalaya erinnert: Der milde Golfstrom und die vielen Niederschläge lassen die Pflanzen prächtig gedeihen. Neben Rhododendren aus dem Himalaya gibt es Pflanzen aus Tansania, Neuseeland und den USA. Am schönsten ist ein Besuch im Frühling.

❹ Jura

Argyll & Bute. 190. von Kennacraig nach Islay, von dort nach Jura. Jura Distillery, Craighouse (01496) 82 03 85. **Destillerie** Mo–Sa 10–16.30 Uhr (Nov–März: Mo–Fr 10–16 Uhr).
jurawhisky.com

Die karge und bergige Insel ist nur dünn besiedelt. Die einzige Straße verbindet das Dorf Craighouse mit der Islay-Fähre. Wandern ist in der Jagdsaison von Juli bis Oktober verboten, zu anderen Zeiten aber ein Genuss. Sehr schön sind die Hänge der drei Gipfel der Paps of Jura mit dem Beinn An Oir als höchster Erhebung (784 m).

Hinter der Nordspitze der Insel toben die berüchtigten Strudel von Corryvreckan. George Orwell, der auf der Insel weilte, um seinen Roman *1984* zu schreiben, kam 1946 beinahe ums Leben, als er hier

Die Lagavulin-Destillerie auf Islay ist eine der besten Malt-Whisky-Brennereien Schottlands

Hotels und Restaurants in den Highlands und auf den Inseln *siehe Seiten 176f und 187–189*

Nebel umhüllt die Gipfel der Paps of Jura bei Sonnenuntergang

ins Wasser fiel. Prinz Breackan soll hier bei seinem Werben um eine Prinzessin ertrunken sein: Er hatte versucht, ein von Tauen aus Wolle, Hanf und Haarsträhnen gehaltenes Boot drei Tage im Strudel zu halten, bis ein Seil mit der Strähne eines untreuen Mädchens riss.

❺ Islay

Argyll & Bute. 3500. von Kennacraig. Bowmore, (01496) 30 51 65. **islayjura.com**

Von Islay, der südlichsten der Western Isles, stammen so bekannte Highland-Single-Malt-Whiskys *(siehe S. 36)* wie Lagavulin und Laphroaig. Die meisten Brennereien produzieren Malt Whisky mit dem charakteristischen Aroma von Torf und Meer. Im Dorf Bowmore befinden sich die älteste Inselbrennerei und eine kreisrunde Kirche, die dem Teufel aufgrund ihrer außergewöhnlichen Form so wenig Versteckmöglichkeiten wie nur möglich bieten soll.

Im **Museum of Islay Life** in Port Charlotte erfährt man viel Wissenswertes zur Sozial- und Naturgeschichte der Insel. Etwa elf Kilometer östlich von Port Ellen steht das Kildalton Cross, ein Keltenkreuz aus dem 8. Jahrhundert mit einem Block aus grünem Stein, der mit Szenen aus dem Alten Testament verziert ist. **Finlaggan**, die Grabungsstätte der mittelalterlichen Festung der Insel-Lords, reizt Archäologiefreunde, die Strände locken Vogelliebhaber an. Einige der Vogelarten kann man im RSPB-Naturschutzgebiet in Gruinart auch aus der Nähe sehen.

Museum of Islay Life
Port Charlotte. (01496) 85 03 58. Apr–Sep: Mo–Fr 10.30–16.30 Uhr. **islaymuseum.com**

❻ Kintyre

Argyll & Bute. 8000. Oban. Campbeltown. Campbeltown, (01586) 55 61 62. **kintyre.org**

Von Kintyre, einer langen, schmalen Halbinsel, hat man einen herrlichen Blick auf die Inseln Gigha, Islay und Jura. Auf dem 14 Kilometer langen, 1801 eröffneten Crinan Canal mit seinen 15 Schleusen fahren im Sommer viele Boote und Yachten. Tarbert ist das gälische Wort für die Landenge, an der sich der Ort befindet. Der Landstreifen ist so schmal, dass man ein Boot aus dem Loch Fyne zum West Loch Tarbert hinüberziehen kann. Das Kunststück gelang zuerst dem Wikingerkönig Magnus Barfud, dem im Jahr 1198 so viel Land versprochen wurde, wie er umsegeln konnte.

Weiter südlich, an Campbeltown vorbei, endet die B 842 auf der Landspitze Mull of Kintyre. Der Flecken Land reicht am nächsten an Irland heran und wurde durch Paul McCartneys Lied *Mull of Kintyre* (1977) in der ganzen Welt bekannt. Westlich davon liegt die Insel Rathlin, auf der Robert the Bruce Geduld für seinen steten Kampf gegen England lernte: Er harrte in einer Höhle aus und beobachtete eine Spinne beim Weben ihres Netzes.

Segelboote ankern im Hafen von Tarbert, Kintyre

7 Loch Awe

Argyll. Dalmally. Inveraray, (01499) 30 20 63. **loch-awe.com**

Der See in den südwestlichen Highlands ist mit 40 Kilometern einer der längsten Schottlands. Östlich der Stadt Lochawe liegen die malerischen Ruinen des **Kilchurn Castle**, das im 18. Jahrhundert einem Feuer zum Opfer fiel und nicht wieder aufgebaut wurde. Es liegt im Schatten des Ben Cruachan, dessen 1126 Meter hohen Gipfel man über den engen Pass of Brander erreicht, wo Robert the Bruce 1308 den MacDougal-Clan bekämpfte. In der Nähe des Dorfes Taynuilt erinnern die Schmelzöfen von Bonawe an die Eisenindustrie, der in den letzten Jahrhunderten ein Großteil der umgebenden Wälder zum Opfer fiel.

Das Museum an der A816 (Richtung Süden), **Kilmartin House**, zeigt Artefakte prähistorischer Stätten sowie Nachbauten von Werkzeugen, Booten und Schmuck. Es vermittelt einen lebendigen Eindruck früheren Alltagslebens.

Kilmartin House
Kilmartin. (01546) 51 02 78.
tägl.
kilmartin.org

McCaig's Tower überragt die Häuser und Fischerboote von Oban

8 Oban

Argyll. 8000.
North Pier, (01631) 56 31 22.
oban.org.uk

Vom Hafen am Firth of Lorne, dem »Tor zu den Inseln« des westlichen Schottland, hat man eine wunderbare Aussicht auf die Argyll-Küste. In der »kleinen Bucht«, die der Stadt ihren Namen gab, reihen sich viele kleine Läden aneinander, am stets lebhaften Pier werden Fisch in allen Variationen und Souvenirs verkauft. Viele Besucher machen von Oban Ausflüge nach Mull, Tiree, Coll, Barra, South Uist, Islay, Colonsay und Lismore. Fähren dorthin verkehren mehrmals am Tag.

Das Städtchen erstreckt sich an einem steilen Hügel unter **McCaig's Tower**, einem unvollendeten Nachbau (19. Jh.) des römischen Kolosseums. Weitere Wahrzeichen Obans sind die Kathedrale und die Ruinen des rund 600 Jahre alten **Dunollie Castle**, einst nördlicher Außenposten der Dalriadic Scots. Attraktionen sind Glas- und Tonwerkstätten sowie die Oban Distillery, in der seit Ende des 18. Jahrhunderts feinster Malt Whisky hergestellt wird. An einem regnerischen Tag lohnt der Besuch des **Oban War and Peace Museum**.

Anfang August kommen von überall her Yachten zur West Highland Week, am Monatsende finden Obans Highland Games statt. Auch in Kilmore, Taynuilt und Tobermory auf Mull werden im Sommer Highland Games abgehalten.

Umgebung: Nördlich von Oban, nicht weit von der A85, steht **Dunstaffnage Castle**, in dem Flora MacDonald kurz gefangen gehalten wurde, weil sie Bonnie Prince Charlie 1746 zur Flucht verholfen hatte. Im **Scottish Sealife Sanctuary** bei Barcaldine kümmert man sich um verletzte Seehunde.

Das **Easdale Folk Museum** dokumentiert die Geschichte des Schieferabbaus der Region. Südlich von Oban lädt der **Arduaine Garden** mit Rhododendren und Azaleen zu einem Besuch im späten Frühling ein.

Oban War and Peace Museum
Corran Esplanade. (01631) 57 00 07. März–Nov: tägl.

Dunstaffnage Castle
Connel. (01631) 56 24 65.
Apr–Sep: tägl.; Okt–März: Sa–Mi.

Scottish Sealife Sanctuary
Barcaldine, nahe Connel. (01631) 72 03 86. tägl.
sealsanctuary.co.uk

Easdale Folk Museum
Easdale. (01852) 30 01 73.
Apr–Mitte Okt: tägl. 11–16 Uhr.
easdalemuseum.org

Arduaine Garden
Arduaine. (01852) 20 03 66.
tägl. nach Vereinb.

Die Ruinen des Kilchurn Castle am Ufer des Loch Awe

Hotels und Restaurants in den Highlands und auf den Inseln *siehe Seiten 176f und 187–189*

Das malerische Häuserkaleidoskop in Tobermory, eine der Attraktionen von Mull

❾ Mull

Argyll. 2700. von Oban, Lochaline und Kilchoan; von Fionnphort, auf Mull, nach Iona.
Craignure, (01680) 81 23 77.

Auf Mull, der größten Insel der Inneren Hebriden, kann man Moore, den felsigen Gipfel des Ben More und einen schönen Strand bei Calgary entdecken. Die meisten Straßen führen an der Küste entlang.

Auf einer Landspitze im Osten liegt **Duart Castle**, Sitz des Chief des Maclean-Clans. Hier kann man u. a. die Verliese besichtigen, in denen Gefangene einer 1588 von Donald Maclean versenkten spanischen Armada-Galeone einsaßen. Am Nordende von Mull erstreckt sich am Wasser **Tobermory** mit seinen bunt bemalten Häusern. Das einstige Fischerdorf von 1788 ist ein beliebter Yachthafen. Das dortige **Mull Aquarium** informiert über das Arbeitsleben im Hafen und die hiesige Naturgeschichte, was auch für Kinder interessant ist.

Umgebung: Die Insel **Iona** ist eine Hauptattraktion der Westküste. Ein Kloster steht dort, wo der irische Missionar Columban 563 seinen Kreuzzug begann und Iona zur »Heimat des Christentums« in Europa machte. Auf dem Klosterfriedhof sollen 48 schottische Könige begraben sein. Im Sommer strömen viele Besucher hierher. Bei gutem Wetter bietet sich ein Ausflug zu **Fingal's Cave** auf der Isle of Staffa *(siehe S. 21)* an. Die von »Orgelpfeifen« aus Basalt umgebene Höhle inspirierte Mendelssohn zu seiner *Hebriden-Ouvertüre*. Von Fionnphort und Ulva fahren Ausflugsboote hierher und zu den sieben **Treshnish Isles**. Auf diesen unbewohnten Inseln leben Seevögel wie Papageitaucher, Tordalken und Dreizehenmöwen. Dutchman's Cap hat die wohl markanteste Form, die meisten Ausflugsboote steuern Lunga an.

Duart Castle
An der A849, nahe Craignure. (01680) 81 23 09. Apr: So–Do 11–16 Uhr; Mai–Okt: tägl. 10.30–17 Uhr. **duartcastle.com**

Mull Aquarium
Taigh Solais, Tobermory. (01688) 30 28 76. Ostern–Okt: tägl. teilweise.

Fingal's Cave und Treshnish Isles
Ostern–Okt. (07831) 88 59 85. Zeiten variieren, Infos per Tel. **staffatours.co**

❿ Coll und Tiree

Argyll. 950. von Oban.
nur von Glasgow nach Tiree.
Oban, (01631) 56 31 22.
visitcoll.co.uk
isleoftiree.com

Die flachen, fruchtbaren Inseln im äußersten Westen der Inneren Hebriden haben die meisten Sonnenstunden Großbritanniens. Die Insel steht aber auch in dem Ruf, der windigste Ort ganz Schottlands zu sein. Sehenswert sind die schönen Strände mit ihrer beeindruckenden Brandung. Tirees Boden besteht zu 60 Prozent aus Muschelsand, sodass hier keine Bäume gedeihen.

Breacachadh Castle (15. Jh.), bis 1750 Sitz des Maclean-Clans, überragt eine Bucht im Süden Colls. Leider ist es nicht zugänglich. Auf Tiree gibt es zwei Museen: **Treshnish Isles Exhibition** zur Naturgeschichte der Gegend und **Skerryvore Lighthouse Museum** in Hynish – der Leuchtturm steht rund 20 Kilometer vor der Küste.

Traditionelles Crofter-Haus auf der Insel Coll

Die Three Sisters in Glencoe leuchten majestätisch im spätherbstlichen Sonnenschein

⓫ Glencoe

Lochaber. Fort William. Glencoe. NTS Visitor Centre, Glencoe, (01855) 81 13 07. Apr–Okt: tägl. 9.30–17.30 Uhr; Nov–März: Do–So 10–16 Uhr.
nts.org.uk

Dickens nannte Glencoe mit seiner fantastischen Landschaft und wilden Geschichte einen »Friedhof der Giganten«. Der messerscharfe Kamm des Aonach Eagach und die steilen Klippen von Buachaille Etive Mor sind auch für geübte Wanderer anspruchsvoll.

Schroffe Gipfel und der wilde Fluss Coe bilden das Panorama der Glen-Wanderungen. Festes Schuhwerk ist unerlässlich. Routenempfehlungen, ob für eine leichte Wanderung in der Nähe des Signal Rock (von dem aus das Startsignal für das Massaker gegeben wurde) oder für eine Zehn-Kilometer-Tour zu Devil's Staircase, gibt das Besucherzentrum. Im Sommer bietet der NTS Ranger Service Führungen an.

Östlich von Glencoe liegt Rannoch Moor, eines der verlassensten Gebiete Großbritanniens, das man gut vom Sessellift des Resorts **Glencoe Mountain** überblicken kann.

Richtung Südwesten führt eine Panoramastraße über den Glen Etive bis zum Loch Etive. Der Brackwassersee geht an der Connel Bridge nördlich von Oban ins Meer über.

An der Ballachulish Bridge zweigt eine Straße nach Kinlochleven ab. Das Dorf an der Spitze eines Lochs wird zwar von einer malerischen Bergkulisse geprägt, doch auch von einem Aluminiumwerk.

Das Massacre von Glencoe

1692 verspätete sich der Chief der MacDonalds aus Glencoe, als er den Treueeid auf William III schwören sollte. Damit hatte die Regierung einen Vorwand, ein Zentrum der Jakobiten zu zerschlagen. 130 Soldaten unter Robert Campbell wurden von den arglosen MacDonalds zehn Tage gastfreundlich bewirtet. Am Morgen des 13. Februar überfielen sie ihre Gastgeber. 38 MacDonalds wurden getötet, viele flohen in die Berge und kamen dort um. Diese Hinterlist wurde zum Skandal und gilt noch heute als Schandfleck in der Geschichte der Campbells.

***The Massacre of Glencoe* von James Hamilton**

Glencoe Mountain
Kingshouse, Glencoe. (01855) 85 12 26. tägl. teilweise.
glencoemountain.co.uk

⓬ Fort William

Lochaber. 10 000.
(01397) 70 18 01.
visithighlands.com

Von Fort William, einer der größeren Städte an der Westküste, am Fuß des Ben Nevis, erreicht man mit dem nostalgischen **Jacobite Steam Train** oder aber mit normalen Zügen Mallaig *(siehe S. 141)*.

Jacobite Steam Train
Fort William. (01524) 73 21 00. Abfahrt Mai, Juni, Okt: Mo–Fr 10.15, 14.30 Uhr; Ende Juni–Ende Sep: tägl.
westcoastrailways.co.uk

⓭ Ben Nevis

Lochaber. Fort William. Glen Nevis. Glen Nevis Visitor Centre, Glen Nevis, (01397) 70 59 22. tägl. (Sommer: 8.30–18 Uhr; Frühling, Herbst: 9–17.30 Uhr; Winter: 9–15 Uhr).

Der Gipfel des Ben Nevis (gälisch: Beinn Nibheis) verschwindet an neun von zehn Tagen im Nebel: Großbritanniens höchster Berg (1345 m) ist eine Mischung aus metamorphem und vulkanischem Gestein. Die steile Nordostwand stellt auch für erfahrene Bergsteiger eine Herausforderung dar. Die meisten wählen die sanft ansteigende, aber lange und steinige Route im Westen zum Gipfel. Motorräder und sogar Autos nehmen diesen Weg, der auch Wettkampfstrecke des jährlichen Ben Nevis Race ist. An einem sonnigen Tag wird der unproblematische Weg zum Gipfel mit einer traumhaften Aussicht belohnt. An einem bewölkten Tag empfiehlt sich eher ein Spaziergang durch die Landschaft des **Glen Nevis**. Auf dem Gipfel des Ben Nevis sieht man dann nur die verfallene Wetterstation und einige Gedenksteine.

Nördlich des Ben Nevis führt die **Nevis Range Gondola** zu einem Ski-/Bergzentrum mit Restaurant und weiteren Einrichtungen in 650 Meter Höhe.

Blick auf den Ben Nevis (1345 m)

Nevis Range Gondola
An der A82, Torlundy. (01397) 70 58 25. tägl. 10–17 Uhr (wenn es das Wetter erlaubt).
nevisrange.co.uk

Besteigung des Ben Nevis

Der Hauptweg zum Ben Nevis, Old Bridle Path genannt, beginnt im Glen Nevis. Viele Besucher wiegen sich aufgrund des milden Wetters im Tal in falscher Sicherheit, manchmal mit fatalen Folgen. Sie brauchen festes Schuhwerk (keine Turnschuhe), Mütze und Handschuhe und ausreichend Kleidung, weil selbst im Sommer die Temperaturen auf dem Gipfel unter 0 °C liegen können. Nehmen Sie auch genug zu essen und zu trinken mit sowie eine gute Wanderkarte und eventuell einen Kompass. Besonders beim Abstieg kann man im Nebel oder bei Schneefall schnell vom Weg abkommen.

Routeninfos

Start 1: Besucherzentrum.
Start 2: Achintee.
Start 3: 400 m vom Campingplatz (wenig Parkmöglichkeiten).
Länge: 16 km; hin und zurück etwa 6–8 Stunden.
Wetterdienst: **mwis.org.uk**
Schwierigkeitsgrad: Unproblematisch bei gutem Wetter, doch rascher Wetterumschwung ist möglich; bei Schnee extrem schwierig. Informieren Sie sich über die aktuellen Bedingungen.

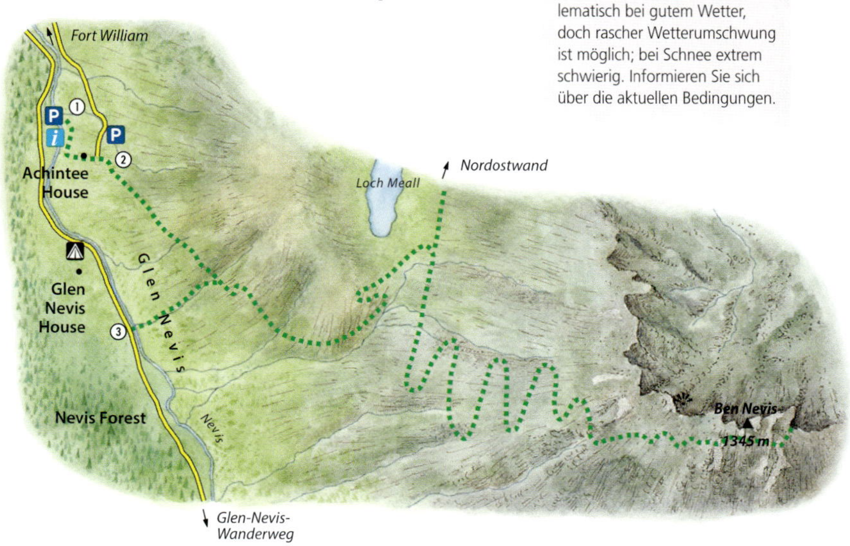

Legende
Old Bridle Path
Nebenstraße

Weitere Zeichenerklärungen *siehe hintere Umschlagklappe*

⓮ Tour: Road to the Isles

Die malerische Tour führt durch Bergtäler, vorbei an Traumstränden und Dörfern nach Mallaig, einem der Häfen, von denen Fähren zu den Inseln Skye, Rum, Eigg, Muck und Canna verkehren. Die Landschaft wurde durch die Jakobiten *(siehe S. 151)* nachhaltig geprägt.

Routeninfos

Länge: 72 km.

Rasten: Das Glenfinnan NTS Visitors' Centre (01397 72 22 50) erläutert den Jakobitenaufstand und serviert Erfrischungen. In der Old Library Lodge in Arisaig gibt es ausgezeichnetes Essen.

⑦ Mallaig
Die Tour zu den Inseln endet in Mallaig, einem hübschen Fischerort mit Hafen. Eine der Fähren fährt zur Isle of Skye *(siehe S. 156f)*.

⑥ Morar
Die Straße durchquert Morar, bekannt für seinen weißen Sand und für Loch Morar, in dem ein zwölf Meter langes Monster namens Morag hausen soll.

⑤ Prince's Cairn
Die Straße führt über Ardnish zum Loch Nan Uamh, wo ein Steinhügel die Stelle markiert, an der Bonnie Prince Charlie 1746 das Land verließ.

⓯ Ardnamurchan-Halbinsel

Argyll. Corran Ferry ab A82 von Glencoe nach Fort William oder von Fishnish (Mull) nach Kilchoan. (01967) 40 23 82.

Die Halbinsel sowie Moidart und Morvern sind durch eine zerklüftete Küste, Felsgebirge und Strände geprägt. Sie gelten als Geheimtipp. Einige der schönsten Strände findet man an der Spitze der Halbinsel, dem westlichsten Punkt Großbritanniens.

Im **Ardnamurchan Point Visitor Centre** von Kilchoan kann man mehr über die Geschichte der Leuchttürme erfahren. Der dortige stammt von 1846 und wurde wie viele andere in Großbritannien von Alan Stevenson, dem Onkel von Robert Louis Stevenson, entworfen. In Glenmore lohnt das **Nàdurra Centre** einen Besuch. Das Areal ist so konzipiert, dass sich Tiere darin niederlassen können, Rotwild kann sogar auf dem Torfdach grasen.

Straßen führen von Salen nach Strontian und Acharacle.

Blick von Roshven bei Arisaig hinüber zu den Inseln Eigg und Rum

Ardnamurchan Point Visitor Centre
Kilchoan. (01972) 51 02 10.
Apr–Okt: tägl.
ardnamurchanlighthouse.com

Nàdurra Centre
Glenmore. (01972) 50 02 09.
Ostern–Okt: tägl.; Nov–Ostern: Di–Fr.

⓰ Rum, Eigg, Muck und Canna

Small Isles. 150. von Mallaig oder Arisaig. nur Canna. Fort William, (01397) 70 18 01.

Die vier »kleinen Inseln« haben ihren je eigenen Charakter, doch alle bieten Ruhe und Erholung. **Canna** ist von Klippen umrahmt und hat verstreut liegende archäologische Stätten. Die Insel gehörte einst dem gälischen Gelehrten John

④ **Glenfinnan Monument**
Das 18 Meter hohe Denkmal erinnert an jene, die Bonnie Prince Charlie 1745 während des Jakobitenaufstandes unterstützten. In Glenfinnan hisste er erstmals seine Fahne.

③ **Corpach**
Von Corpach gen Osten bietet sich über den Loch Linnhe eine herrliche Sicht auf den Ben Nevis.

② **Neptune's Staircase**
Das von Thomas Telford konstruierte System mit acht Schleusen bildet den imposantesten Teil des Caledonian Canal *(siehe S. 153)*.

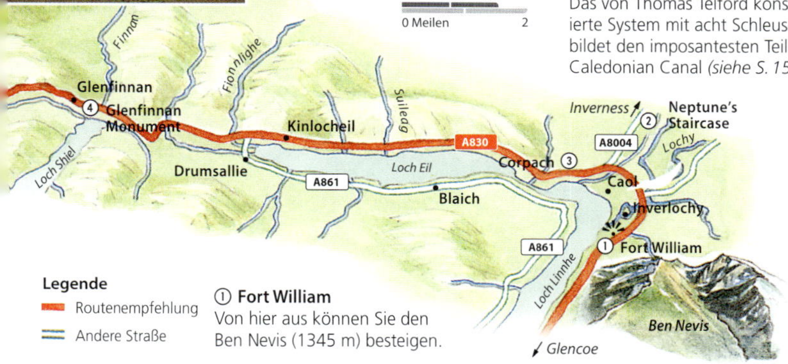

Legende
Routenempfehlung
Andere Straße

① **Fort William**
Von hier aus können Sie den Ben Nevis (1345 m) besteigen.

Lorne Campbell, heute dem National Trust for Scotland. Es gibt hier nur wenige Herbergen.

Eigg ist am abwechslungsreichsten und wird vom Sgurr of Eigg überragt. Die schönen Strände machen recht ungewöhnliche Geräusche, wenn die Füße der Spaziergänger oder der Wind den »singenden Sand« berühren. Die Insulaner kauften nach einer engagierten Kampagne die Insel ihrem Grundbesitzer ab und bewirtschaften sie nun gemeinsam.

Da die Umrisse von **Muck** an ein Schwein erinnern, taufte man sie mit dem gälischen Wort dafür. Die kleinste der Inseln gehört einer Familie, die heute noch eine Farm bewirtschaftet.

Rum, die größte der Inseln, wird von schroffen Gipfeln mit altnordischen Namen dominiert, auf denen eine recht ungewöhnliche Kolonie von Schwarzschnabel-Sturmtauchern lebt.

Heute ist Scottish Natural Heritage Eigentümer der Insel, die zum Zentrum der Rotwildforschung wurde. Früher war die Insel im Besitz der wohlhabenden Familie Bullough, die **Kinloch Castle** errichtete. Sein Äußeres und die Möblierung galten bereits zu jener Zeit als revolutionär und faszinieren noch immer – auch wenn das Anwesen verfällt.

Bunte Fischerboote im Hafen von Mallaig

Kinloch Castle, Rum
(01687) 46 20 37.
kinlochcastlefriends.org

⓱ Mallaig

Lochaber. 800. von Ardvasar (Skye). Fort William, (01397) 70 18 01.

Das Herz von Mallaig ist der Hafen mit einer Fischereiflotte und den Fähren zu den Small Isles und nach Skye. Die Atmosphäre ist recht lebhaft, doch liegt der Ort in einer wunderschönen Landschaft. Themen des **Mallaig Heritage Centre** sind Fischfang, Eisenbahnen, Dampfer und Fähren.

Mallaig Heritage Centre
(01687) 46 20 85. Mo–Fr 11–16 Uhr, Sa 12–16 Uhr. nach Vereinbarung.
mallaigheritage.org.uk

Weitere Zeichenerklärungen *siehe hintere Umschlagklappe*

⓲ Tour: Killiecrankie Walk

Die Gegend ist berühmt für ihre Naturlandschaft und ihre Geschichte. Der Rundweg vermittelt typische Landschaftseindrücke der Highlands. Mitten in den Bergen ist der Weg eben. Er windet sich durch eine waldige Schlucht, vorbei am Soldier's Leap und einem Viadukt. Loch Faskally, dessen Ufer im Schatten großer Bäume liegt und schöne Picknickplätze bietet, wurde künstlich angelegt. Auf dem Rückweg entlang dem Tummel durchquert man eines der Lieblingsgebiete Queen Victorias in den Highlands.

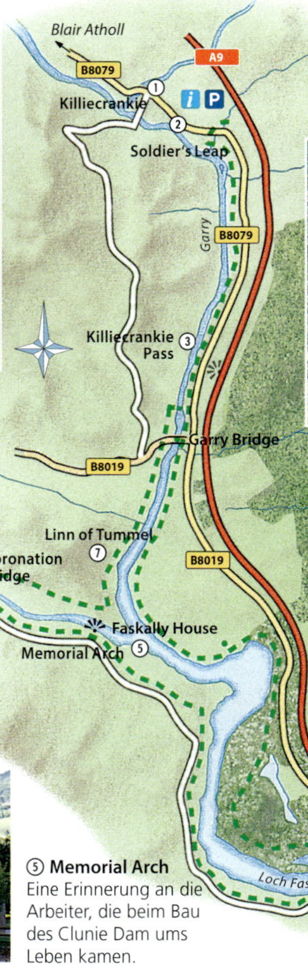

① **Killiecrankie**
Ein Besucherzentrum hält Informationen über die Schlacht von Killiecrankie (1689) bereit.

② **Soldier's Leap**
Ein Soldat namens Donald MacBean übersprang hier in der Schlacht von 1689 auf der Flucht vor den Jakobiten den Fluss.

③ **Killiecrankie Pass**
Die Militärstraße (17. Jh.) folgt der Schlucht.

④ **Clunie Foot Bridge**
Die Brücke führt über den künstlichen Loch Faskally, der durch den Bau des Tummel-Staudamms (1950er Jahre) entstanden ist.

⑤ **Memorial Arch**
Eine Erinnerung an die Arbeiter, die beim Bau des Clunie Dam ums Leben kamen.

⑥ **Coronation Bridge**
Die Fußgängerbrücke über den Tummel wurde 1860 zu Ehren von George IV gebaut.

⑦ **Linn of Tummel**
Der Weg führt an einem Teich neben den Falls of Tummel vorbei in ein schönes Waldgebiet.

Routeninfos

Start: NTS Visitor Centre Killicrankie. ☎ (01796) 47 32 33.
W **nts.org.uk**
Anfahrt: Bus von Pitlochry oder Aberfeldy.
Länge: 13 km.
Schwierigkeitsgrad: Sehr leicht.

Legende
- Wanderweg
- Hauptstraße
- Nebenstraße
- Andere Straße

0 Kilometer 1
0 Meilen 0,5

Fassade von Blair Castle in charakteristischem Weiß

⑲ Blair Castle

Blair Atholl, Perthshire. (01796) 48 12 07. Blair Atholl. Apr–Okt: tägl. 9.30–17.30 Uhr. außer Ballsaal. teilweise. **blair-castle.co.uk**

Das verschachtelte, turmbewehrte Schloss wurde in seiner rund 700-jährigen Geschichte so oft umgebaut, dass es einen einzigartigen Einblick in das Leben und den sich wandelnden Geschmack der schottischen Aristokratie gibt.

Im Flügel des 18. Jahrhunderts sind neben sehenswerten Gemälden von Meistern wie etwa Johann Zoffany und Peter Lely auch die Handschuhe sowie die Pfeife von Bonnie Prince Charlie *(siehe S. 157)* ausgestellt, der zwei Tage hier verbrachte, als er um Unterstützung für den Jakobitenaufstand warb *(siehe S. 151)*. Von Edwin Landseer stammt das im Ballsaal hängende Gemälde *Death of a Hart in Glen Tilt* (1850).

Im Jahr 1844 besuchte Queen Victoria das Schloss und verlieh den Besitzern, den Dukes of Atholl, die Erlaubnis, eine Privatarmee zu halten. Sie wurde niemals widerrufen – die Atholl Highlanders gibt es noch heute.

⑳ Pitlochry

Perthshire. 2500. 22 Atholl Rd, (01796) 47 22 15. **perthshire.co.uk**

Große Berühmtheit erlangte der Ort durch Queen Victoria – sie pries Pitlochry als einen der schönsten Urlaubsorte Europas. Im Frühsommer springen Wildlachse auf dem Weg zu Laichplätzen über die Lachstreppe des Kraftwerkdamms flussaufwärts. Oben an der Treppe genießt man eine wundervolle Sicht auf den bei Anglern beliebten Stausee Loch Faskally. Wanderwege erschließen die schöne Umgebung. In der **Blair Atholl Distillery** wird noch wie anno 1789 Bell's Whisky hergestellt. Bei Führungen kann man die Produktionsstätte besichtigen.

Eine der berühmtesten Bühnen Schottlands, das **Festival Theatre**, befindet sich in Port-na-Craig. Das ganze Jahr über wird ein täglich wechselndes Programm gezeigt.

Hauptstraße in Pitlochry

Blair Athol Distillery
Perth Rd. (01796) 48 20 03. Ostern–Okt: tägl.; Nov–Ostern: Mo–Fr. teilweise. **discovering-distilleries.com**

Festival Theatre
Port-na-Craig. (01796) 48 46 26. Mitte Mai–Okt: tägl. Aufführungen. **pitlochryfestivaltheatre.com**

Ruine der Kathedrale von Dunkeld

㉑ Dunkeld

Tayside. 1200. Birnam. The Cross, (01350) 72 76 88.

Das bezaubernde alte Dorf am Tay wurde 1689 in der Schlacht von Dunkeld, in der die Jakobiten unterlagen, fast vollständig zerstört. Die charakteristischen **Little Houses** an der Cathedral Street wurden sorgfältig wieder aufgebaut.

Auf schattigen Wiesen am Tay stehen vor den steilen, bewaldeten Hügeln die Ruinen der **Kathedrale** aus dem 14. Jahrhundert. Der Chor wurde zur Gemeindekirche umgebaut. An der Nordwand befindet sich ein Lepraauge, durch das die von der Messe ausgeschlossenen Leprakranken den Altar sehen konnten. Als die Autorin Beatrix Potter in Dunkeld Urlaub machte, wurde sie von der Landschaft zu den Peter-Rabbit-Geschichten inspiriert.

㉒ Cairngorm Mountains

Die Bergkette mit ihren bis zu 1309 Meter hohen Gipfeln ist das beliebteste Skigebiet Großbritanniens. Auf dem Cairn Gorm steht eine Wetterstation, die aktuelle Wetterberichte liefert – eine wichtige Einrichtung in dieser für rasche Wetterumschwünge bekannten Gegend. Wanderer können bedenkenlos der Beschilderung folgen. Im Sommer führt eine Standseilbahn auf den Cairn Gorm, der eine herrliche Aussicht auf das Spey-Tal bietet. Manche Landgüter im Tal haben Infozentren über das Hochlandleben eingerichtet.

Strathspey Steam Railway
Die Verbindung zwischen Aviemore und Broomhill existiert seit 1863.

Highland Wildlife Park
Hier leben Bisons, Bären, Wölfe, Eber und andere Tiere, die einst in den Highlands heimisch waren.

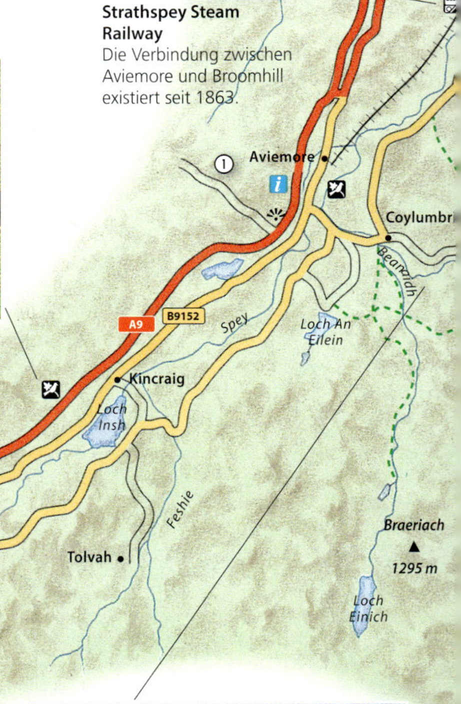

Legende
- Hauptstraße
- Nebenstraße
- Andere Straße
- Wanderweg

Rothiemurchus Estate
Hochlandrinder sind nicht die einzigen Tiere auf dem Gut, das im Rahmen einer Führung durch das Gelände besichtigt werden kann.

Außerdem

① **Von Aviemore** aus, einem der größten Ferienorte, fahren Busse ins 13 Kilometer entfernte Skigebiet.

② **Im Cairngorm Reindeer Centre** kann man inmitten von Großbritanniens einziger Rentierherde schöne Wanderungen machen.

③ **Ben MacDhui** ist nach Ben Nevis Großbritanniens zweithöchster Berg.

Hotels und Restaurants in den Highlands und auf den Inseln *siehe Seiten 176f und 187–189*

Loch Garten Osprey Centre
Hier sieht man heute wieder Fischadler, nachdem sie vor einigen Jahrzehnten beinahe ausgestorben waren.

Infobox

Information
Highlands. Grampian Rd, Aviemore, (01479) 81 09 30.
Cairngorm Reindeer Centre, Loch Morlich. (01479) 86 12 28. tägl.
cairngormreindeer.co.uk
Highland Wildlife Park
(01540) 65 12 70.
tägl. (je nach Wetterlage).
highlandwildlifepark.org
Rothiemurchus Visitor Centre, Aviemore. (01479) 81 23 45.
tägl. **rothiemurchus.net**
Loch Garten Osprey Centre
(01479) 83 14 76.
tägl. **rspb.org.uk**
Skifahren und Seilbahn
(01479) 86 12 61.
cairngormmountain.org
Strathspey Steam Railway
strathspeyrailway.co.uk

Anfahrt
Aviemore.

Skifahren und Seilbahn
Im Winter sind etwa 30 Abfahrtsstrecken an der Nordflanke der Berggruppe über eine Standseilbahn *(links)* sowie Sessel- und Schlepplifte erreichbar.

Pflanzenwelt der Berge

Mit Mischwald am Fuß der Berge und subpolaren Gipfelplateaus bieten die Cairngorm Mountains einer großen Pflanzenvielfalt ein Zuhause. Im Abernethy Forest überlebte die früher heimische Kaledonische Kiefer, auf den Gipfeln gedeihen kälteliebende, arktische Pflanzen.

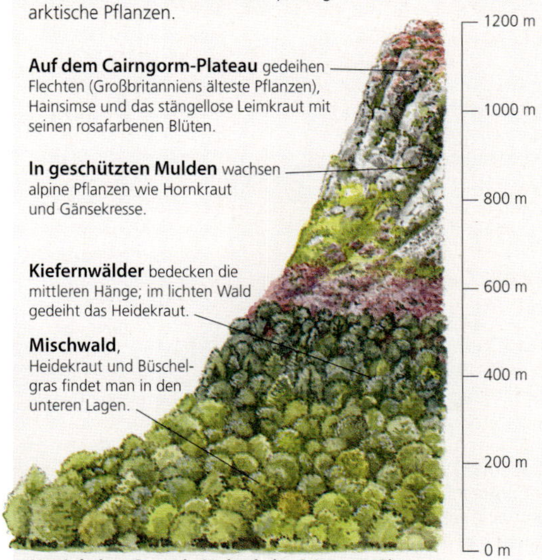

Auf dem Cairngorm-Plateau gedeihen Flechten (Großbritanniens älteste Pflanzen), Hainsimse und das stängellose Leimkraut mit seinen rosafarbenen Blüten.

In geschützten Mulden wachsen alpine Pflanzen wie Hornkraut und Gänsekresse.

Kiefernwälder bedecken die mittleren Hänge; im lichten Wald gedeiht das Heidekraut.

Mischwald, Heidekraut und Büschelgras findet man in den unteren Lagen.

Vereinfachter Querschnitt durch das Cairngorm-Plateau

Die Cairngorms bei Aviemore

23 Aberdeen

Schottlands drittgrößte Stadt und Europas Zentrum der Ölindustrie blüht seit der Entdeckung von Öl in der Nordsee Anfang der 1970er Jahre auf. Etwa 50 Erdölfelder sind inzwischen erschlossen. Die eher düsteren Konturen der »Granitstadt« werden durch Parks aufgelockert. Die Duthie Park Winter Gardens sind Europas größte überdachte Parkanlage. Einen schönen Blick auf Aberdeens Hafen hat man von Footdee, einem hübschen Dorf am südlichen Ende eines drei Kilometer langen Sandstrands.

Die Türme von Aberdeen erheben sich hinter dem Stadthafen

Überblick: Aberdeen

Das Stadtzentrum gruppiert sich um die etwa 1,5 Kilometer lange Union Street, die im Osten am Mercat Cross endet. Das Kreuz ziert den Marktplatz Castlegate. Von hier aus schlängelt sich die Shiprow zum Hafen, vorbei an Provost Ross's House. Ein Bus fährt nach Old Aberdeen, das sich rund 1,5 Kilometer weiter nördlich befindet. Mit seinen mittelalterlichen Straßen und engen Gassen wirkt es wie ein selbstständiges Dorf. Auf manchen Straßen ist Autofahren nur eingeschränkt möglich.

King's College

College Bounds, Old Aberdeen. (01224) 27 20 00. tägl. (**Kapelle** Mo–Fr 10–15.30 Uhr).

Das 1495 gegründete King's College war die erste Universität der Stadt (1495). Das Visitor Centre informiert über seine Geschichte. Der Turmaufbau der interkonfessionellen Kapelle wurde 1633 nach einem schweren Sturm erneuert. Die Buntglasfenster von Douglas Strachan geben dem Inneren einen modernen Anstrich. In die Kanzel von 1540 wurden später die Köpfe der Stuart-Könige gemeißelt.

Laternenturm, King's College

St Andrew's Cathedral

King St. (01224) 64 01 19. Mai– Mitte Sep: Di–Fr 11–16 Uhr; ganzjährig: So 10.30–13 Uhr. nach Vereinbarung.

St Andrew's ist die Mutterkirche der Episkopalisten in den USA. Ein Denkmal erinnert an Samuel Seabury, den ersten Episkopalbischof der USA, der 1784 in Aberdeen geweiht wurde. Im Kontrast zu den weißen Wänden und Säulen zieren bunte Wappen die Decke der Seitenschiffe. Sie repräsentieren die einzelnen Staaten der USA und der Jakobitenfamilien von Aberdeenshire.

Art Gallery

Schoolhill. (01224) 52 37 00. bitte der Website entnehmen. **aagm.co.uk**

Der Schwerpunkt der in einem klassizistischen Gebäude residierenden Art Gallery liegt auf moderner Kunst. Gezeigt werden Bilder, Skulpturen, Drucke und Kunstgewerbe vom 18. bis 20. Jahrhundert. Vertreten sind u. a. die britischen Künstler Raeburn und Reynolds sowie französische Maler wie Toulouse-Lautrec oder Monet.

St Nicholas Kirk

Union St. (01224) 64 34 94. Mai–Sep: Mo–Fr 12–16, So 9.30–13 Uhr; zu anderen Zeiten nach Vereinbarung. **kirk-of-st-nicholas.org.uk**

Das heutige Gebäude der ältesten Pfarrkirche Schottlands stammt von 1752, innen sieht man jedoch noch Relikte des 12. Jahrhunderts. Nach der Reformation wurde die Kirche zweigeteilt. In der Kapelle der Ostkirche kettete man im 17. Jahrhundert angebliche Hexen an Eisenringe. Stickereibilder von Mary Jameson (1597–1644) zieren die Wände der Westkirche.

Maritime Museum

Shiprow. (01224) 33 77 00. Mo–Sa 10–17, So 12–15 Uhr. **aagm.co.uk**

Das Provost Ross's House mit Blick auf den Hafen ist eines der ältesten Wohnhäuser der Stadt (1593). Das darin untergebrachte Maritime Museum illustriert die Seefahrtstradition Aberdeens. Es informiert über Themen wie Schiffbau und Schiffbruch und veranschaulicht anhand von Modellen die Arbeiten auf den Ölbohrinseln vor der Ostküste Schottlands.

St Machar's Cathedral

The Chanonry. (01224) 48 59 88. Apr–Okt: tägl. 9–16.30 Uhr; Nov–März: tägl. 10–16 Uhr. **stmachar.com**

Das älteste Granitgebäude der Stadt ist die St Machar's Cathedral (15. Jh.). Die kunstvollen Steinmetzarbeiten reichen bis in das 14. Jahrhundert zurück. Das Hauptschiff dient heute als Pfarrkirche. Seine prächtige Eichendecke ist mit den Wappen von Päpsten und Kaisern geschmückt.

Hotels und Restaurants in den Highlands und auf den Inseln *siehe Seiten 176f und 187–189*

Provost Skene's House

Guestrow. (01224) 64 10 86. Mo–Sa 10–17 Uhr. teilweise.
Das 1545 gebaute Haus, eines der ältesten der Stadt, war der Wohnsitz von Sir George Skene, der im 17. Jahrhundert Bürgermeister von Aberdeen war. Erhalten geblieben ist die Originalmöblierung. Die Wochen vor der Schlacht von Culloden *(siehe S. 150)* verbrachte der Duke of Cumberland hier.

Infobox

Information
Grampian. 230 000.
23 Union St. Fr, Sa.
aberdeencity.gov.uk

Anfahrt
13 km nordwestlich von Aberdeen. Guild St.

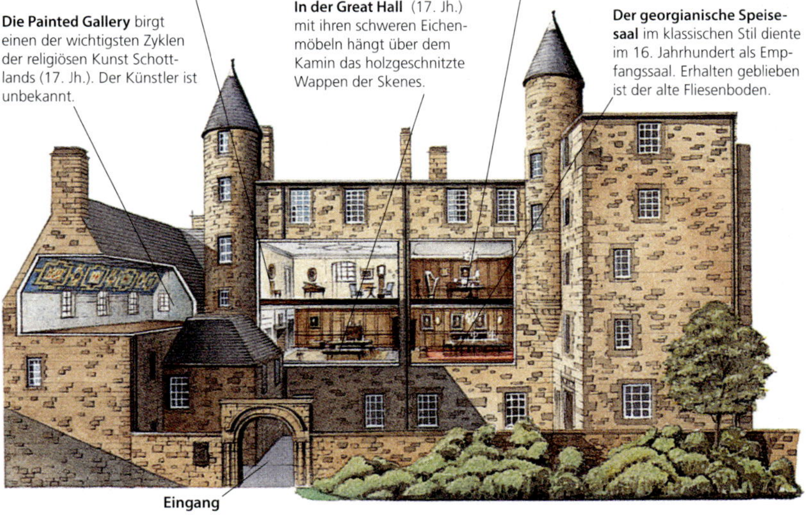

Zentrum von Aberdeen

① Art Gallery
② St Nicholas Kirk
③ Provost Skene's House
④ Marischal College
⑤ St Andrew's Cathedral
⑥ Mercat Cross
⑦ Maritime Museum

Zeichenerklärung *siehe hintere Umschlagklappe*

㉔ Tour: Royal Deeside

Deeside wurde zwar seit Robert the Bruce (14. Jh.) mit dem Königshaus assoziiert, doch erst nachdem Queen Victoria 1852 Balmoral Estate erworben hatte, wurde die Region als Sommerresidenz der britischen Königsfamilie bekannt. Die Route folgt dem Dee, einem der weltweit besten Lachsgründe, durch die schöne Grampian-Region.

④ Muir of Dinnet Nature Reserve
Ein Informationszentrum an der A97 ist der geeignete Ausgangspunkt für die Erkundung des wunderbaren Waldgebiets, das sich nach der letzten Eiszeit entwickelt hat.

⑤ Ballater
In dieser alten Eisenbahnstadt hängen an vielen Ladenfassaden königliche Wappen. Das hiesige Wasser galt als Heilmittel gegen Tuberkulose.

⑥ Balmoral
Nur 30 000 Guineen zahlte Queen Victoria für das Schloss, nachdem sein Besitzer an einer Fischgräte erstickt war. Der schottische Baronial Style entsprach dem Wunsch Prinz Alberts.

㉕ Speyside Malt Whisky Trail

Moray. ℹ Elgin, (01343) 56 26 08.
W maltwhiskytrail.com

Klima und Geologie der Grampians und Spey-Täler sind für die Whisky-Herstellung äußerst günstig. Deshalb findet man die Hälfte aller schottischen Whisky-Brennereien entlang dem Spey. Sie sind über die Region verstreut und nur mit dem Auto zu erreichen. Der ausgeschilderte »Malt Whisky Trail« führt zu sieben Destillerien und einer Böttcherei.

Die Whisky-Herstellung *(siehe S. 36f)* ist kein Geheimnis: Man lässt Gerste in Wasser keimen (mälzen), dann wird sie in Torfrauch getrocknet, gemahlen und mit Wasser vermischt. Danach braucht sie Zeit zum Gären. Die Flüssigkeit wird zweimal destilliert. Ergebnis ist ein rauer Whisky, der in Eichenfässern bis zu 50 Jahre lang gelagert wird. In dieser Zeit erhält er sein charakteristisches Aroma. Weltweit werden etwa 30 Flaschen schottischer Whisky pro Sekunde verkauft. Die Besucherzentren der Brennereien am Whisky Trail bieten Führungen durch ihre Anlagen sowie Ausstellungen zu ihrer Geschichte an. Oft erhält man den Eintritt zurück, wenn man eine Flasche kauft.

Eichenfässer, in denen der reifende Whisky gelagert wird

Die **Speyside Cooperage** erläutert den Herstellungsprozess von anderer Seite: Hier kann man sich über die Produktion der Holzfässer informieren, in denen Whisky gelagert wird.

Benromach Distillery
Forres. (01309) 67 59 68.
Okt–Apr: Mo–Fr; Mai, Sep: Mo–Sa; Juni–Aug: tägl.
W benromach.com

Routeninfos

Länge: 111 km.
Rasten: Café im Crathes Castle.
Mai–Sep: tägl. Im Schlosspark wurde ein spektakulärer Hochseilgarten eingerichtet.

③ Banchory
Hier wird Lavendelwasser produziert. Südlich der Stadt kann man an der Brig o' Feugh (18. Jh.) Lachse springen sehen.

② Crathes Castle and Gardens
Familiensitz der Burnetts, die Robert the Bruce zu Königlichen Förstern von Drum ernannte. Das elfenbeinfarbene Horn of Leys, das er Alexander Burnett überreichte, ist noch immer ausgestellt.

① Drum Castle
Zum Dank für seine Dienste überließ Robert the Bruce seinem Fahnenträger William de Irwyn 1323 diesen eindrucksvollen Wohnturm (13. Jh.).

Legende
Tourenverlauf
Andere Straße

Cardhu Distillery
Knockando. (01479) 87 46 35.
Okt–Juni: Mo–Fr; Juli–Sep: tägl.
discoveringdistilleries.com

Glen Grant Distillery
Rothes. (01340) 83 21 03.
tägl. teilweise.
glengrant.com

Glenfiddich Distillery
Dufftown. (01340) 82 03 73.
tägl.
glenfiddich.com

The Glenlivet Distillery
Glenlivet. (01340) 82 17 20.
Ostern–Okt: tägl.
teilweise. **theglenlivet.com**

Speyside Cooperage
Craigellachie. (01340) 87 11 08.
Mo–Fr. teilweise.
speysidecooperage.co.uk

Strathisla Distillery
Keith. (01542) 78 30 44.
Mitte März–Mitte Nov: tägl.; Jan–Mitte März: Mo–Fr.
teilweise.
spiritofspeyside.com

㉖ Elgin

Moray. 23 000. Elgin Library, Cooper Park. Sa.

Mit dem kopfsteingepflasterten Marktplatz und den gewundenen Gassen erinnert vieles in Elgin an das Mittelalter. Von der **Kathedrale** (13. Jh.), dem »Licht des Nordens«, einer der baulichen Glanzleistungen Schottlands, sind nur Ruinen erhalten: Sie wurde 1390 vom »Wolf von Badenoch«, dem Sohn Roberts II, aus Rache für seine Exkommunikation durch den Bischof zerstört. Weiterer Schaden entstand 1576, als der Gemeinderat das Abtragen des Hauptdachs anordnete.

Erhalten sind u. a. ein piktischer Symbolstein und ein Becken, in das einer der Wohltäter der Stadt, Andrew Anderson, als Kind von seiner obdachlosen Mutter gelegt wurde. Das **Elgin Museum** zeigt anthropologische und geologische Ausstellungen, das **Moray Motor Museum** mehr als 40 Autos und Motorräder.

Elgin Museum
1 High St. (01343) 56 26 08.
Apr–Okt: Mo–Fr 10–17, Sa 11–16 Uhr.

Moray Motor Museum
Bridge St. (01343) 54 49 33. Ostern–Okt: tägl. 11–17 Uhr.
moraymotormuseum.org

Skulptur am Vierungsturm der Kathedrale von Elgin (13. Jh.)

Luftaufnahme von Fort George in imposanter Lage

27 Fort George

Inverness. (01667) 46 02 32. Inverness, Nairn. Apr–Sep: tägl. 9.30–17.30 Uhr (Okt–März: 10–16.30 Uhr). **historicenvironment.scot**

Fort George, eines der herausragenden Beispiele europäischer Militärarchitektur, liegt am Moray Firth an einem idealen Standort für die Kontrolle der Highlands. Die Anlage wurde im Jahr 1769 vollendet, um nach dem Jakobitenaufstand die Schotten von weiteren Rebellionsversuchen abzuschrecken.

Im Fort ist heute das **Regimental Museum** des Highlanders Regiment untergebracht. Einige Baracken wurden rekonstruiert, um das Soldatenleben vor 200 Jahren zu zeigen. Das **Grand Magazine** birgt eine Sammlung von Waffen und militärischer Ausrüstung. Die Zinnen von Fort George sind ein geeigneter Platz, um die Delfine in den Gewässern des Moray Firth zu beobachten.

28 Culloden

Inverness. Inverness.

Auf dem Moorland von Culloden fand am 16. April 1746 die letzte Schlacht auf britischem Boden statt *(siehe S. 49)*. Die Jakobiten unter Führung von Bonnie Prince Charlie *(siehe S. 157)* unterlagen dem Ansturm der englischen Truppen, die vom Duke of Cumberland angeführt wurden. Besucher können einen Streifzug über das Schlachtfeld unternehmen, Gräber besichtigen und die Ausstellung im **NTS Visitor Centre** ansehen.

Umgebung: 1,5 Kilometer östlich von Culloden liegen die **Clava Cairns**, neolithische Grabstätten.

NTS Visitor Centre
An der B9006 östl. von Inverness. (01463) 79 60 90. tägl. **nts.org.uk**

29 Cawdor Castle

An der B9090 (nahe der A96). (01667) 40 44 01. Nairn, dann Bus oder Taxi. von Inverness. Mai–Sep: tägl. 10–17.30 Uhr. Garten, Erdgeschoss. **cawdorcastle.com**

Mit seinem zentralen Turm, der Zugbrücke und dem Wallgraben ist Cawdor Castle wohl eines der romantischsten Schlösser der Highlands. Es ist berühmt als Heimat von Shakespeares tragischem Macbeth – im Stück ernennt König Duncan den Titelhelden zum Thane of Cawdor. Ob einer der beiden je auf dem Schloss war, ist jedoch historisch nicht bewiesen.

Eine alte Steineiche im Kellergewölbe soll jener Baum sein, unter dem 1372 Thane Williams mit Gold beladener Esel Rast machte, als sein Herr nach einem Platz für den Bau einer Festung Ausschau hielt. Nach der Legende wurde so der Standort des Schlosses bestimmt. Das seit 600 Jahren bewohnte Schloss (bis heute leben die Thanes of Cawdor hier) birgt seltene Wandteppiche sowie Porträts von Joshua Reynolds (1723–1792) und George Romney (1734–1802). Im Woodcock Room stehen Möbel aus dem 18. Jahrhundert von Chippendale und Sheraton. In der Old Kitchen erinnert der Herd an die harte Küchenarbeit früherer Zeiten.

Auf dem Schlossgelände gibt es einen Neun-Loch-Golfplatz und Spazierwege.

Zugbrücke an der Ostseite von Cawdor Castle

30 Inverness

Highland. 63 000. Castle Wynd, (01463) 25 24 01. **visitinvernesslochness.com**

Alle Wege in den Highlands führen nach Inverness, der Hauptstadt der Region sowie ein bedeutendes Verwaltungs-, Wirtschafts- und Kommunikationszentrum. Inverness ist die größte Stadt im Norden – mit

The Battle of Culloden **(1746), ein zeitgenössisches Bild von D. Campbell**

Die rote Sandsteinfassade des Inverness Castle hoch über der Stadt leuchtet im Licht des Sonnenuntergangs

der Atmosphäre einer Kleinstadt. Zum Teil wurde sie leider durch moderne Architektur verschandelt, trotzdem lohnt sich ein Besuch, um die Blumenausstellungen im Sommer und den Ness zu sehen, der durch das Zentrum fließt und zu dessen Charme beiträgt. Im Sommer ist der Fluss sogar in der Stadt Treffpunkt vieler Lachsfischer. Über Inverness ragt **Inverness Castle** auf, ein viktorianischer Bau aus rotem Sandstein, heute Sitz des Gerichts.

Kilt-Hersteller mit Stuart-Tartan

Nahe dem Informationsbüro liegt die **Museum and Art Gallery**, die Dauer- und Wanderausstellungen sowie Workshops für Kinder anbietet. Die Haupteinkaufszone erstreckt sich von hier aus fächerförmig in drei Richtungen, mit einer belebten Fußgängerzone, in der Dudelsackspieler und andere Musiker die Spaziergänger unterhalten.

Auf der anderen Seite des Flusses befindet sich das **Scottish Kiltmaker Visitor Centre**, das Teil des Highland House of Fraser ist. Hier kann man sich über die Kilt-Herstellung informieren und Einblicke in die Geschichte, Kultur und Tradition der Kilts bekommen. Etwas flussaufwärts kommt man zum **Eden Court Theatre**, auf dessen Bühne schottische und internationale Künstler auftreten. Ein Uferweg führt zu einer Fußgängerbrücke, über die man zu den **Island Walks** gelangt. An diesem schönen Ort sieht man zahlreiche Enten.

Danach gelangt man, immer noch flussaufwärts, zum sehr gut ausgestatteten Erlebnisbad **Inverness Leisure**. Der 1804–22 von Thomas Telford angelegte Caledonian Canal *(siehe S. 152 f)* wird noch genutzt. Von der Tomnahurich Bridge aus hat man einen sehr guten Blick auf ihn. **Jacobite Cruises** veranstalten im Sommer regelmäßig Ausflugsfahrten auf dem Loch Ness, eine grandiose Möglichkeit, einen sonnigen Nachmittag auf dem Wasser zu genießen.

Inverness eignet sich ideal als Ausgangspunkt für eine Highland-Tour: Von hier sind viele Sehenswürdigkeiten der Region leicht zu erreichen, auch Culloden (8 km entfernt).

Museum and Art Gallery
Castle Wynd. (01463) 23 71 14. Apr–Okt: Di–Sa; Nov–März: Do–Sa. **highlifehighland.com**

Scottish Kiltmaker Visitor Centre
4–9 Huntly St. (01463) 22 27 81. tägl. **highlandhouseoffraser.com**

Eden Court Theatre
Bishop's Rd. (01463) 23 42 34. **eden-court.co.uk**

Inverness Leisure
Bught Lane. (01463) 66 75 00. tägl.

Jacobite Cruises
Tomnahurich Bridge, Glenurquhart. (01463) 23 39 99. **jacobite.co.uk**

Jakobitenaufstände

***James II* von Samuel Cooper**

Die ersten Jakobiten (hauptsächlich Katholiken) unterstützten James VII von Schottland (James II von England), der im Zuge der »Glorreichen Revolution« (1688) vom Parlament abgesetzt wurde. Ziel war die Wiederherstellung der Stuart-Monarchie. Als der Protestant Wilhelm von Oranien den Thron bestieg, kam es 1715 und 1745 zu Aufständen. Der erste, unter James VIII, endete 1715 mit der Schlacht von Sheriffmuir, der zweite mit der Schlacht von Culloden, die den Jakobiten jede Hoffnung nahm und das Ende des Clan-Systems bedeutete. Danach wurde die Highland-Kultur über ein Jahrhundert lang unterdrückt.

㉛ Great Glen

Zwischen Inverness im Nordosten und Fort William im Südwesten führt eine malerische Strecke entlang dem Great Glen, einer geologischen Verwerfung. Das glazial überformte Tal entstand, als sich die Landmassen vor rund 400 Millionen Jahren in Bewegung setzten. Einer der vier Lochs ist das berühmte Zuhause von Nessie: Loch Ness. Die Seen sind durch den 1822 von Thomas Telford erbauten Caledonian Canal miteinander verbunden. Wer möchte, kann das Tal per Boot erkunden, als Alternative bietet sich das Auto an.

Great Glen

Steall Waterfall
Am Fuß des Ben Nevis stürzt der Wasserfall in die Tiefe. Der Ort ist Ziel einer Wanderung (45 Min.) durch eine wilde Schlucht.

Great Glen teilt die schottischen Highlands in zwei Regionen – die Grampian Mountains im Südosten sowie die Northwest Highlands. Die Verwerfung wird vom durchgängig schiffbaren Caledonian Canal *(siehe unten)* durchzogen, der eine wichtige Passage zwischen Nordsee und Atlantischem Ozean bildet.

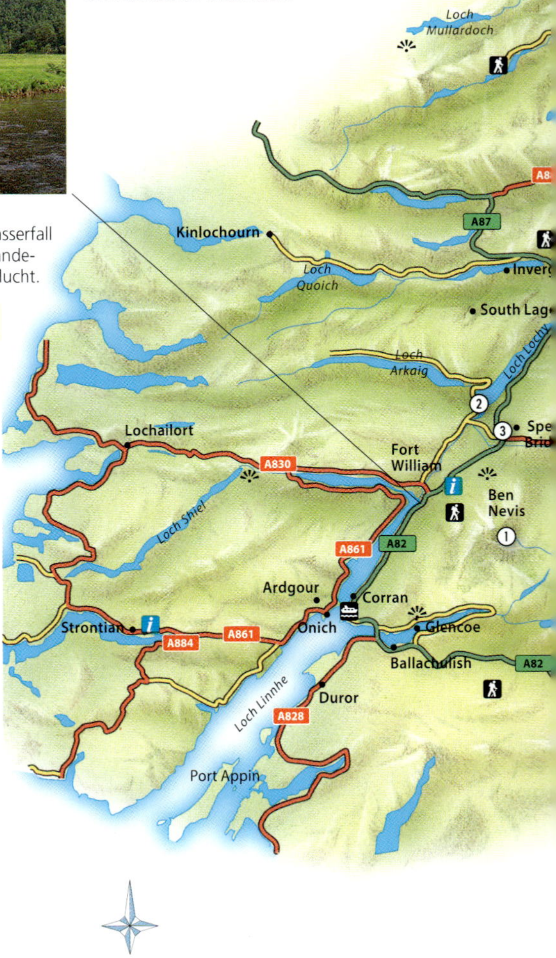

Außerdem

① **Ben Nevis** *(siehe S. 139)* ist Großbritanniens höchster Berg (1345 m). Seine breite, etwas eigentümliche Form lässt ihn niedriger erscheinen.

② **Der Loch Lochy** ist einer der Seen des Great Glen, die durch Verwerfung und glaziale Erosion entstanden sind. In den nahen Höhlen soll sich Bonnie Prince Charlie nach der Schlacht von Culloden versteckt haben.

③ **In Spean Bridge** gibt es eine Wollweberei, die traditionelle Strickwaren und Tweed verkauft. Das Memorial nahe dem Dorf erinnert an alle britischen Soldaten, die im Zweiten Weltkrieg fielen. Das Gebiet um Spean Bridge war ihr Übungsgelände.

④ **Fort Augustus** ist ein hübsches Dorf am südwestlichen Ende des Loch Ness. Von hier aus starten die Bootsfahrten um den Loch. Eine Benediktinerabtei kann besichtigt werden.

⑤ **Die Falls of Foyers** rauschen zwischen Bäumen über Loch Ness.

Hotels und Restaurants in den Highlands und auf den Inseln *siehe Seiten 176f und 187–189*

Infobox

Information
Highland. Castle Wynd, Inverness, (01463) 25 24 01.
visitscotland.com
The Loch Ness Centre and Exhibition (01456) 45 05 73. tägl. **lochness.com**
Urquhart Castle (01456) 45 05 51. tägl.
historicenvironment.scot

Zu beiden Seiten des Great Glen zeigt sich die landschaftliche Schönheit der gesamten Highlands auf relativ kleinem Raum.

Legende

- Hauptroute durch den Glen
- Hauptstraße
- Nebenstraße

0 Kilometer 10
0 Meilen 10

★ Loch Ness
Am berühmtesten Loch Schottlands (Länge: 37 km) entlang führt die Tour durch den Great Glen, vorbei am imposanten Urquhart Castle.

Das Ungeheuer von Loch Ness

»Nessie« wurde zum ersten Mal im 6. Jahrhundert gesehen und erfreut sich zunehmenden Interesses, seit in den 1930er Jahren unscharfe Fotos gemacht wurden. Erkundungen mit Sonartechnik führen immer wieder zu rätselhaften Ergebnissen: Plesiosaurier, Riesenaale und zu viel Whisky bei den Beobachtern sind beliebte Erklärungen. Das Loch Ness Exhibition Centre in Drumnadrochit zeigt Fotos von Nessie und gibt weitere Informationen.

★ Caledonian Canal
Vom Kanal aus hat man eine wunderbare Sicht auf die schöne Landschaft des Glen. Von Inverness aus führt der Kanal über Fort Augustus zu den acht Schleusen von Neptune's Staircase, einem technischen Wunderwerk.

Weitere Zeichenerklärungen *siehe hintere Umschlagklappe*

Ufer der Black Isle im Moray Firth

32 Black Isle

Ross & Cromarty. 9500. Inverness. (01463) 25 24 01.

Die Bohrplattformen im Cromarty Firth erinnern an die wirtschaftlichen Veränderungen nach den Ölfunden. Dennoch ist die Black Isle noch immer von Bauernhöfen und Fischerdörfern geprägt.

Im 18. Jahrhundert war **Cromarty** eine wichtige Hafenstadt mit Seil- und Spitzenindustrien. Viele Kaufmannshäuser stehen noch. Das Museum im **Cromarty Courthouse** zeigt die Vergangenheit der Stadt. Das **Hugh Miller Museum** informiert über den Geologen (1802–1856), der in Cromarty geboren wurde.

Fortrose rühmt sich der Ruinen einer Kathedrale (14. Jh.). Am Chanonry Point erinnert ein Stein an den Propheten Brahan Seer (17. Jh.). Er wurde von der Countess of Seaforth in einem Teerfass verbrannt, weil er die Untreue ihres Gatten vorhergesagt hatte. Im **Groam House Museum** in Rosemarkie erfährt man etwas über regionale Archäologie.

Cromarty Courthouse
Church St, Cromarty. (01381) 60 04 18. Apr–Sep: So–Do 12–16 Uhr; Okt–März: nach Vereinbarung. cromarty-courthouse.org.uk

Hugh Miller Museum
Church St, Cromarty. (01381) 60 02 45. Ende März–Sep: tägl. 12–17 Uhr; Okt: Di, Do, Fr 12–17 Uhr. teilweise. **nts.org.uk**

Groam House Museum
High St, Rosemarkie. (01463) 81 18 83. Apr–Okt: Mo–Fr 11–16.30, Sa, So 14–16.30 Uhr. Erdgeschoss. **groamhouse.org.uk**

»Highland Clearances«

In der Blütezeit des Clan-Systems *(siehe S. 32)* zahlten die Pächter den landbesitzenden Chiefs Abgaben in Form von Militärdienst. Nach der Schlacht von Culloden *(siehe S. 150)* war das Clan-System zerstört. Die Landbesitzer forderten nun Geldabgaben, die ihre Pächter aber nicht aufbringen konnten. Nach und nach wurde das Land von englischen und Lowland-Farmern aufgekauft. 1792, das als »Jahr des Schafes« in die Geschichte einging, vertrieb man Tausende Pächter z.T. aus ihren Häusern, um Platz für Viehherden zu schaffen. Viele emigrierten nach Australien, Amerika und Kanada. Ihre Häuser sind heute Ruinen.

The Last of the Clan **von Thomas Faed (1865)**

33 Strathpeffer

Ross & Cromarty. 1500. Dingwall. Inverness. Real Sweets, The Pump Room, The Square, 07801 75 92 17. **visitscotland.com**

Das Dorf liegt acht Kilometer östlich der Falls of Rogie und hat den Charme bewahrt, der es in viktorianischer Zeit als Kur- und Erholungsort bekannt machte. Die riesigen Hotels und gepflegten Anlagen lassen die Tage wieder auferstehen, als königliche Familien und Normalsterbliche zu den eisen- und schwefelhaltigen Quellen pilgerten, die Tuberkulose lindern sollten. Noch immer kann man das kühle Nass am **Water Tasting Pavilion** probieren.

Water Tasting Pavilion
The Square. Ostern–Okt: tägl.

34 Dornoch

Sutherland. 1200. Golspie, Tain. Inverness, Tain. The Square. **visitscotland.com**

Mit erstklassigem Golfplatz und langen Sandstränden ist Dornoch ein beliebter Urlaubsort, der seine friedliche Atmosphäre bewahrt hat. Die mittelalterliche Kathedrale wurde durch einen Clan-Streit 1570 fast zerstört. Die Restauration fand 1920 zu ihrem 700. Geburtstag statt. Im Jahr 2000 ließ Popstar Madonna ihr Kind hier taufen. Ein Stein am Ende der River Street markiert den Platz, an dem Janet Horne als letzte vermeintliche Hexe Schottlands im Jahr 1722 hingerichtet wurde.

Umgebung: 19 Kilometer nordöstlich von Dornoch liegt **Dunrobin Castle** auf einer Anhöhe über dem Meer, inmitten eines herrlichen Parks mit Landschaftsgärten. Das Schloss ist seit dem 13. Jahrhundert der Sitz der Earls of Sutherland. Viele Räume können besichtigt werden.

Erst Pilgerstätte, wurde das ruhige Städtchen **Tain** zum Verwaltungszentrum der »Highland Clearances«. In dieser Zeit wurde das Mauthaus als Gefängnis genutzt. Näheres erfährt man im Museum **Tain Through Time**.

Dunrobin Castle
Bei Golspie. (01408) 63 31 77.
Apr–Mitte Okt: tägl.

Tain Through Time
Tower St. (01862) 89 40 89.
Apr–Okt: Mo–Fr (Juni–Aug: Mo–Sa).
tainmuseum.org.uk

Jakobitenfestung Eilean Donan Castle bei Glen Shiel

35 Glen Shiel

Skye & Lochalsh. Kyle of Lochalsh. Glen Shiel. Bayfield House, Bayfield Road, Portree, (01478) 61 29 92.

Die Gipfel der Five Sisters of Kintail erheben sich am Nordende des Loch Cluanie – dort, wo die A87 das Glen Shiel erreicht – über eine atemberaubende Landschaft. Das **Besucherzentrum** in Morvich bietet im Sommer Führungen an. Weiter westlich führt die Straße am **Eilean Donan Castle** vorbei, das durch einen Damm mit dem Land verbunden ist. Die Jakobitenfestung *(siehe S. 151)* wurde 1719 von den Engländern zerstört und im 19. Jahrhundert restauriert. Heute informiert sie über die Jakobiten.

Eilean Donan Castle
An der A87, bei Dornie. (01599) 55 52 02. Feb–Dez: tägl.
eileandonancastle.com

36 Isle of Skye

Siehe S. 156f.

37 Wester Ross

Ross & Cromarty. Achnasheen, Strathcarron. Gairloch. Achnasheen, (01445) 79 12 21 oder 79 13 68. **visitscotland.com**

Verlässt man den Loch Carron in Richtung Süden, führt die A890 in die nördlichen Highlands und die Wildnis von Wester Ross. Im Gebiet um den Glen Torridon befinden sich einige der ältesten Berge der Welt (der Torridon-Fels ist über 600 Millionen Jahre alt). Hier leben Rotwild, Wildkatzen und Wildziegen. Wanderfalken und Steinadler nisten im Sandsteinmassiv des Beinn Eighe über dem Dorf Torridon, von dem man eine gute Sicht über Applecross nach Skye hat. Im Sommer organisiert das **Torridon Countryside Centre** Führungen und informiert über die Naturgeschichte der Region.

Weiter nördlich durchquert die A832 das **Beinn Eighe National Nature Reserve**, Großbritanniens ältestes Naturschutzgebiet. Am Ufer und auf den Inseln des Loch Maree stehen Reste des alten Bestands von Kaledonischen Kiefern, hier leben Marder und Wildkatzen. Greifvögel nisten auf den Gipfeln. Das **Beinn Eighe Visitor Centre** informiert über die Gegend. Entlang der Küste entstanden dank des Golfstroms subtropische Parks. Am schönsten sind die eindrucksvollen Inverewe Gardens *(siehe S. 160)*.

Typische Berglandschaft im Torridon-Gebiet

Torridon Countryside Centre
Torridon. (01445) 79 13 68.
Apr–Sep: So–Fr. NTS

Beinn Eighe Visitor Centre
Bei Kinlochewe, an der A832.
(01445) 76 02 58. Apr–Okt: tägl. **nnr-scotland.org.uk**

Westseite der Five Sisters of Kintail, Aussicht von einer Anhöhe über Ratagan

㊱ Isle of Skye

Die größte Insel der Inneren Hebriden erreicht man über die Brücke, die den Inselort Kyleakin mit Kyle of Lochalsh verbindet. Die Isle of Skye verdankt ihre reizvolle Landschaft einer turbulenten geologischen Vergangenheit. Das Spektrum unterschiedlicher Naturräume reicht von den Vulkanplateaus im Norden über die schroffen Felsen der Cuillins bis zu den Weiden im Süden mit Schaf- und Rinderherden. Ab und zu sieht man Ruinen der durch die »Clearances« vertriebenen Kleinpächter *(siehe S. 154)*. In die Geschichte eingegangen ist die Isle of Skye als Zufluchtsort von Bonnie Prince Charlie.

Dunvegan Castle
Seit mehr als 700 Jahren ist Dunvegan Castle Stammsitz des MacLeod-Clans. Sein kostbarster Besitz ist die Fairy Flag, ein Seidenbanner, das Zauberkräfte besitzen soll.

Legende
- Hauptstraße
- Nebenstraße
- Andere Straße

0 Kilometer 10
0 Meilen 5

Außerdem

① **Aus der Talisker Distillery** in Carbost kommt einer der besten Hochlandwhiskys, oft als »Lava der Cuillins« bezeichnet.

② **In Skeabost** befindet sich die Ruine einer Kapelle des heiligen Columban, auf dem Friedhof stehen mittelalterliche Grabsteine.

③ Das **Skye Museum of Island Life** dokumentiert das Leben auf der Insel in früheren Zeiten.

④ **Grab of Flora MacDonald**

⑤ **Kilt Rock**

⑥ **Loch Coruisk**

⑦ **In Luib** steht eine 100 Jahre alte strohgedeckte Kate.

⑧ **Brücke zum Festland**

⑨ **Otter** sieht man im Hafen von Kylerhea.

⑩ **Im Armadale Castle Gardens and Museum of the Isles** liegt das Clan Donald Skye's Visitor Centre.

Cuillins
Großbritanniens schönste Bergkette ist zu Fuß von Sligachan zu erreichen. Im Sommer gibt es eine Bootsverbindung von Elgol zum abgeschiedenen Loch Coruisk. Bonnie Prince Charlie soll auf seiner Flucht durch das Moor gerufen haben: »Selbst der Teufel wird mir hierher nicht folgen!«

Hotels und Restaurants in den Highlands und auf den Inseln *siehe Seiten 176f und 187–189*

Quiraing
Erosion hat fantastisch geformte Felszinnen, Säulen und Türme aus Basalt präpariert. Betrachten lassen sie sich am besten von der Straße zwischen Uig und Staffin.

Storr
Der bizarre Basaltmonolith »The Old Man of Storr« ragt beeindruckende 49 Meter hoch in den Himmel.

Infobox

Information
The Highlands. 9500.
Bayfield House, Portree, (01478) 61 29 92.
Dunvegan Castle, Dunvegan. (01470) 52 12 06. Apr–Mitte Okt: tägl. teilw. **dunvegancastle.com**
Armadale Castle, Armadale. (01471) 84 43 05. Apr–Okt: tägl. **clandonald.com**
Talisker Distillery, Carbost. (01478) 61 43 08. Juni–Sep: tägl.; Apr, Mai, Okt: Mo–Sa; Nov–März: Mo–Fr. teilweise.

Anfahrt
Kyle of Lochalsh.
Portree.
von Mallaig oder Glenelg.

Portree
Den Namen »Hafen der Könige« (Portree) erhielt die Inselhauptstadt nach einem Besuch von James V im Jahr 1540.

Kilchrist Church
Der letzte Gottesdienst in der Kirche dieser einst dicht besiedelten Gegend wurde 1843 abgehalten. Das umliegende Moorland ist inzwischen verlassen.

Bonnie Prince Charlie

Charles Edward Stuart (1720–1788) war 1745 das letzte Mitglied des Adelsgeschlechts der Stuarts, das Anspruch auf die englische Krone erhob. Sein Heer marschierte bis Derby, wurde aber bei Culloden vernichtend geschlagen. Fünf Monate lang hielt sich der Prinz im Hochland versteckt, bis er, von Flora MacDonald als Magd verkleidet, aus Uist auf die Isle of Skye fliehen konnte. Im September 1746 schiffte er sich nach Frankreich ein, 1788 starb er in Rom. Flora wurde 1790 in Kilmuir auf Skye im Leintuch des »bonnie« (hübschen) Prinzen begraben.

Der als Magd verkleidete Prinz

Duart Castle auf Mull vor der schottischen Westküste *(siehe S. 137)* ▶

38 Inverewe Gardens

An der A832, bei Poolewe, Ross-shire. (01445) 78 12 29. tägl. nts.org.uk

Das nationale Kulturerbe der Inverewe Gardens lockt jährlich über 130 000 Besucher an. Hier wächst eine außergewöhnliche Vielfalt an Bäumen, Sträuchern und Blumen aus der ganzen Welt, obwohl der Garten auf einer nördlichen Breite von 57,8 Grad liegt.

Inverewe wurde 1862 von dem 20-jährigen Osgood Mackenzie angelegt, der direkt neben dem Gut seiner Familie ein 4860 Hektar großes Stück Ödland erhielt. Mackenzie pflanzte zunächst Schutz bietende Bäume und schuf dann mit importierter Erde einen von Mauern umgebenen Garten. Dabei stellte er fest, dass das durch den nordatlantischen Golfstrom *(siehe S. 27)* begünstigte Klima das Wachstum exotischer Arten förderte.

Bis zum Jahr 1922 hatte die Pflanzensammlung internationales Ansehen erlangt. 1952 wurde sie dem National Trust for Scotland übergeben. Heute bestaunen die Besucher hier exotische Lilien, die höchsten in Großbritannien wachsenden Fieberheilbäume und Rhododendren aus China. Ziel ist, das ganze Jahr blühende Pflanzen zu zeigen, allerdings sind die Inverewe Gardens zwischen Frühling und Herbst am schönsten.

Einige der exotischen Pflanzen in den Inverewe Gardens

39 Ullapool

Highland. 1300. Inverness. Argyle St, (01854) 61 24 86. **ullapool.com**

Mit seinen ordentlich getünchten Häusern, breiten Straßen, Palmen und gälischen Straßenschildern zählt Ullapool sicherlich zu den schönsten Dörfern an der Westküste. Der im Jahr 1788 als Fischereistation erbaute Ort liegt auf einer Halbinsel, die in den Loch Broom hineinragt. Die Fischerei hat hier allerdings kaum noch Bedeutung; das Wichtigste ist die Fähre nach Stornoway auf Lewis *(siehe S. 221)*. Das **Ullapool Museum** gibt Einblicke in die Geschichte dieser Region.

Ullapool Museum
7–8 West Argyle St. (01854) 61 29 87. Apr–Okt: Mo–Sa. teilweise.
ullapoolmuseum.co.uk

Umgebung: Zu den Naturwundern des Gebiets gehören die zerklüfteten Assynt Mountains weiter nördlich und die steile, im Süden gelegene Corrieshalloch-Schlucht. Das Besucherzentrum Rock Stop in Unapool informiert über den **North West Highlands Geopark**. In Achiltibuie lohnt sich ein Besuch des **Achiltibuie Garden**, des »Gartens der Zukunft«, in dem Blumen ohne Erde gedeihen.

Von hier wie von Ullapool starten Boote zu den **Summer Isles**, einst Heimat des Umweltschützers Fraser Darling.

Achiltibuie Garden
Achiltibuie. (01854) 62 22 02. März–Sep: Mo–Fr. teilweise.

North West Highlands Geopark
Unapool. (01971) 48 87 65.
nwhgeopark.com

Abendstimmung über Ullapool und Loch Broom an der Nordwestküste Schottlands

Kliffs auf Handa Island – Zufluchtsort für zahlreiche Seevögel

40 Handa Island

Highland. von Tarbet bei Scourie, Apr–Aug (Mo–Sa), (07780) 96 78 00. Scottish Wildlife Trust, (07920) 46 85 72.

Die kleine Insel, die auf der Höhe von Scourie vor der Westküste liegt, ist Brutstätte für viele Seevogelarten.

Früher lebte hier ein zähes Volk mit eigener Königin und Parlament. Die letzten 60 Bewohner wurden 1847 nach einer Missernte umgesiedelt. Handa wurde auch als Begräbnisstätte genutzt, da die Insel vor den auf dem Festland lebenden Wölfen sicher war.

Heute verwaltet der Scottish Wildlife Trust Handa. Ein Spaziergang führt zu den 100 Meter hohen nördlichen Kliffs. Erschrecken Sie nicht, wenn Möwen im Tiefflug über Ihren Kopf hinwegsausen. Zu Jahresbeginn halten sich auf Handa rund 11 000 Tordalk-Paare und 66 000 Lummen-Paare, Großbritanniens größte Brutkolonie der Vogelart, auf.

Umgebung: Mit 180 Metern ist **Eas Coul Aulin** Großbritanniens höchster Wasserfall. Am besten machen Sie nach einem Regentag eine Bootstour von Kylesku aus, 24 Kilometer südlich von Handa.

41 Cape Wrath und Nordküste

Highland. Mai–Sep: (01971) 51 12 46. John o' Groats, (01955) 61 13 73.

An der schottischen Nordküste kann der Besucher die gesamte Highland-Topografie erleben: bergige Moorlandschaft, blendend weiße Strände und grünes Weideland.

Cape Wrath beeindruckt mit Klippen, an denen die Wellen des Atlantiks hochbranden. Aus dem Meer ragen viele von Seevögeln bevölkerte Felssäulen hervor. Der Leuchtturm wurde erst 1998 automatisiert. Im Sommer gibt es einen Minibus-Service zum Cape Wrath. Um die Bushaltestelle zu erreichen, muss man erst ein Boot der **Cape Wrath Ferry** nehmen, das am Pier des Cape Wrath Hotel anlegt, denn das Kap ist durch den Kyle of Durness abgeschnitten. In Durness lohnt sich der Besuch der **Smoo Innercave**, einer faszinierenden Kalksteinhöhle. **Smoo Cave Tours** bieten Führungen (auch mit dem Schlauchboot) an. Bei Durness hat eine Künstlergruppe das **Balnakeil Craft Village** gegründet, in dem Töpferwaren und Bilder ausgestellt sind.

Nistende Möwe (Rissa)

Die Küste wird von weißen Stränden gesäumt. Die Straße umrundet Loch Eriboll, den tiefsten Meeresarm Schottlands.

Das **Strathnaver Museum** in Bettyhill widmet sich den berüchtigten Sutherland »Clearances«, der Vertreibung von 15 000 Menschen, um Platz für Weideland zu schaffen. In Rossal, 16 Kilometer südlich von Bettyhill, informiert ein Lehrpfad um ein ausgegrabenes Dorf über das Leben in der Zeit vor der »Säuberung«.

Die auffällige weiße Kuppel in der Nähe von **Dounreay** ist Teil eines Atomkraftwerks, das in nächster Zeit stillgelegt werden soll. Der wichtigste Ort dieses Küstenbereichs ist **Thurso**. Früher war er für die Anfertigung von Steinplatten berühmt, doch der Zement bedeutete das Ende der Industrie. Im September findet hier das Scottish Nordic Music Festival statt.

John o' Groats ist der bekannteste Ort an der Nordküste, weil er als Nordspitze Großbritanniens gilt. Tatsächlich ist das aber **Dunnet Head**, und in John o' Groats ist eigentlich nur der kleine Hafen mit Ausflugsbooten zu den Orkneys interessant. Lohnender ist ein Ausflug zu den Klippen von **Duncansby Head**, wo man die Wildheit des Pentland Firth erleben kann.

Smoo Cave Tours
Durness. (01971) 51 17 04.
Apr–Okt: tägl.
smoocavetours.weebly.com

Strathnaver Museum
Clachan, Bettyhill. (01641) 52 14 18. Apr–Okt: Mo–Sa.
teilweise.
strathnavermuseum.org.uk

Duncansby Head, Caithness, an der Nordostspitze Schottlands

42 Orkney Islands

Der Orkney-Archipel liegt vor dem Pentland Firth und weniger als zehn Kilometer vor der schottischen Küste. Er besteht aus 70 Inseln. Es heißt, der Unterschied zwischen den Bewohnern der Orkneys und der Shetlands liege darin, dass Erstere Bauern mit Booten und Letztere Fischer mit Höfen seien. Jedenfalls bringt der fruchtbare Boden der leicht hügeligen Inseln zusammen mit dem vom Golfstrom beeinflussten milden Klima sattes Gras und gutes Getreide hervor. Anhand von archäologischen Stätten kann man die lange Siedlungsgeschichte nachvollziehen.

Kirkwall

Traditionelle Häuser und kleine Kunstläden säumen die Straßen von Orkneys Hauptort. Gegenüber der fast 900 Jahre alten **St Magnus Cathedral** befindet sich die Ruine des **Bishop's Palace**, der fast ganz aus dem 16. Jahrhundert stammt. Das **Orkney Museum** illustriert die Siedlungsgeschichte der Inseln. Südlich vom Stadtzentrum schenkt die **Highland Park Distillery** am Ende einer jeden Führung einen Probierschluck aus.

St Magnus Cathedral
(01856) 87 48 94. Mo–Fr (im Sommer tägl.).
stmagnus.org

Bishop's Palace
(01856) 87 19 18. Apr–Okt.

Orkney Museum
(01856) 87 35 35. Mo–Sa.
orkney.gov.uk

Highland Park Distillery
(01856) 87 46 19. Apr: Mo–Fr; Mai–Sep: tägl.; Okt–März: Mo–Fr nur nachmittags. (mit Verkostung).

Bunte Steinfassade der St Magnus Cathedral

West Mainland

Viele der Ufergebäude in **Stromness**, der größten Stadt auf Orkneys größter Insel, stammen aus dem 18. und 19. Jahrhundert. Darunter ist auch das **Pier Arts Centre**, das eine schöne Sammlung von Werken des 20. Jahrhunderts beherbergt. Im **Stromness Museum** wird Orkneys Bedeutung als Handelshafen verdeutlicht.

Insulaner mit Fahrrad

West Mainland ist für seine prähistorischen Stätten bekannt. **Maeshowe** ist eine Megalithenanlage (vermutlich um 2750 v. Chr.), deren Kammereingang auf den Sonnenuntergang am Tag der Wintersonnenwende ausgerichtet ist. Wikinger plünderten die Anlage um 1150 und ließen Runen an den Wänden zurück. In der Nähe sind auch die **Standing Stones of Stenness** und der **Ring of Brodgar**, eine Anlage aus 36 Steinen. Das neolithische Dorf **Skara Brae** wurde 1850 entdeckt, als ein Sturm die Dünen aufwühlte. Im Sand fand man gut erhaltene Zeugnisse der Jungsteinzeit.

Die Klippen von **Marwick Head** überblicken Birsay Bay und sind ein Reservat für Seevögeln, die im Sommer auf West Mainland nisten. An Lord Kitchener und die HMS *Hampshire*, die 1916 vor der Landzunge von einer deutschen Mine versenkt wurde, erinnert ein Denkmal.

Italian Chapel mit Fresken auf East Mainland

Pier Arts Centre
(01856) 85 02 09. Di–Sa 10.30–17 Uhr. **pierartscentre.com**

Stromness Museum
(01856) 85 00 25. Mo–Sa (Apr–Okt: tägl.).
orkneycommunities.co.uk

Maeshowe
(01856) 76 16 06. tägl.

Standing Stones of Stenness und Ring of Brodgar
tägl.

Skara Brae
(01856) 84 18 15. tägl.
historicenvironment.scot

East Mainland

Östlich von Kirkwall verläuft die Straße über mehrere Dämme, die die südlichsten Inseln mit dem Festland verbinden. Die **Churchill Barriers** wurden von italienischen Kriegsgefangenen in den 1940er Jahren gebaut, um die britische Flotte in Scapa Flow zu schützen. Daneben errichteten sie die **Italian Chapel** mit schönem Innenraum.

Auf South Ronaldsay wurde kürzlich von einem Bauern mit dem **Tomb of the Eagles** ein 5000 Jahre altes Grab entdeckt. Etwa 340 Grabstätten sowie Steinwerkzeuge und Klauen von Seeadlern wurden auf den Klippen freigelegt.

Italian Chapel
(01856) 78 12 68. tägl. (Messe: Apr–Sep: 1. So im Monat).

Tomb of the Eagles
(01856) 83 13 39. März–Okt; Nov–Feb nach Vereinb.
tomboftheeagles.co.uk

Hotels und Restaurants in den Highlands und auf den Inseln *siehe Seiten 176f und 187–189*

Hoy
Orkneys zweitgrößtes Eiland mit seinen mächtigen Klippen ist nach dem altnordischen Wort für »Hohe Insel« benannt worden. Hoy unterscheidet sich vom Rest des Archipels. Seine nördlichen Hügel eignen sich für Spaziergänger und Vogelliebhaber gleichermaßen. Der 137 Meter hohe **Old Man of Hoy**, eine vertikale Säule vor der Westküste, ist das Wahrzeichen der Insel und eine populäre Herausforderung für Kletterer. Das 5000 Jahre alte Grab **Dwarfie Stane** bei Rackwick wurde in einen riesigen Steinblock gehauen.

In Lyness an der Ostküste befindet sich das **Scapa Flow Visitor Centre** mit einer Ausstellung zu den Ereignissen vom 16. Juni 1919 vor der Küste Orkneys. Damals wurde die eingeschlossene deutsche Flotte auf Anweisung ihres höchsten Offiziers versenkt, um eine Übergabe zu verhindern: 74 Schiffe liefen auf Grund. Manche wurden mittlerweile geborgen, andere sind zur Attraktion für Wracktaucher geworden. Auf Touren vom Houton Pier kann man per Unterwasserkamera einen Blick auf den unheimlichen Schiffsfriedhof werfen.

Old Man of Hoy, die imposante Felssäule vor der Küste von Hoy

Scapa Flow Visitor Centre
(01856) 79 13 00. Apr, Okt: Mo–Fr; Mai–Sep: Mo–Sa.
orkney.gov.uk

The Northern Isles
Orkneys abseitsliegende Inseln sind nur dünn besiedelt und zumeist das Terrain von Robben und Seevögeln. **Rousay** wird wegen seiner vielen Ausgrabungsstätten auch »Ägypten des Nordens« genannt. Auf **Egilsay** wurde St Magnus 1115 ermordet. Die ihm gewidmete Kirche (12. Jh.) mit dem runden Turm ist ein einzigartiges Beispiel für den Baustil der irischen Wikinger. Auf der Insel **Sanday** liegen Sandstrände neben grünen Feldern. **North Ronaldsay**, das nördlichste Eiland, ist bekannt für seine Seetang fressenden Schafe und seltenen Zugvögel.

Infobox

Information
Orkney. 21 000.
Kirkwall, (01856) 87 28 56.
visitorkney.com

Anfahrt
von Scrabster oder Gill's Bay (Caithness), Aberdeen, Lerwick (Shetland) und John o'Groats (Mai–Sep).

Andere Inseln
Von Kirkwall gibt es mehrmals wöchentlich Flüge und täglich Fährverbindungen zu einem Dutzend Inseln. Die zwei Minuten zwischen **Westray** und **Papa Westray** sind wohl der weltkürzeste Flug. Verbindungen sind wetterabhängig.

Legende
Hauptstraße
Nebenstraße
Gipfel

0 Kilometer 10
0 Meilen 10

Weitere Zeichenerklärungen *siehe hintere Umschlagklappe*

43 Shetland Islands

Mehr als 100 felsige Inseln bilden den nördlichsten Teil Schottlands. Kein Ort der Eilande liegt mehr als fünf Kilometer vom Meer entfernt. Fischerei und Lachszucht sind die Hauptwirtschaftszweige. In jüngster Zeit hat die Ölindustrie für Einkünfte und Arbeitsplätze gesorgt. Der Winter ist durch heftige Stürme geprägt, im Hochsommer scheint die Sonne bis zu 19 Stunden. Das Zwielicht, *simmer dim* genannt, hält sich die gesamte Nacht hindurch.

Lerwick

Shetlands größter Ort ist das schöne Lerwick mit seinen grauen Steingebäuden und engen, gepflasterten Gassen. Es wurde von holländischen Fischern im 17. Jahrhundert gegründet, der Walfang brachte Wohlstand. Hinter der heutigen Betriebsamkeit am Hafen steckt allerdings das Nordseeöl.

Die Commercial Street bildet das Stadtzentrum, an ihrem nördlichen Ende steht **Fort Charlotte**, von dessen Mauern man einen guten Blick hat. Im **Shetland Museum and Archive** am Hay's Dock werden alte Boote, archäologische Fundstücke und Stoffe von den Inseln ausgestellt.

Am Stadtrand liegen das prähistorische Fort **Clickminin Broch** (700 v. Chr.) und mit dem **Böd of Gremista** (18. Jh.) die Geburtsstätte von Arthur Anderson, Mitbegründer der P&O Schiffsgesellschaft. In seinem Geburtshaus befindet sich ein Textilmuseum.

Shetland Museum and Archive
(01595) 69 50 57. tägl. **shetlandmuseumandarchives.org.uk**

Böd of Gremista
(01595) 69 4386. Mai–Sep: Di–Sa. **shetlandtextilemuseum.com**

Central Mainland

Wehrturm von Mousa Broch

Bressay eignet sich für Spaziergänge. Von Lerwick fahren Schiffe nach **Noss** an Bressays Ostküste. Das Reservat beherbergt Tausende von nistenden Seevögeln, u. a. Tölpel und Raubmöwen.

Westlich von Lerwick liegt der kleine Fischerhafen von **Scalloway**, früher Hauptstadt der Inselgruppe. **Scalloway Castle** besteht heute aus einer Turmruine von etwa 1600. Im **Scalloway Museum** erfährt man mehr über den »Shetland Bus«, der Aktion einer Widerstandsgruppe im Zweiten Weltkrieg, die mit Fischerbooten Norweger aus ihrem von Deutschland besetzten Land rettete. Nahe **Tingwall** gibt es ein bekanntes Angelzentrum. **Burra** und **Trondra** sind durch Brücken mit dem Central Mainland verbunden. Hier kann man die schönen Strände genießen.

Scalloway Castle aus dem 17. Jahrhundert

Noss National Nature Reserve
(01595) 69 33 45. Mai–Aug: Di, Mi, Fr–So.

Scalloway Museum
(01595) 88 07 34. Mai–Sep: tägl. **scallowaymuseum.org**

South Mainland

Hier gibt es zwei archäologische Stätten. Der **Mousa Broch** auf einer östlichen Insel, die man im Sommer von Sandwick mit der Fähre erreicht, ist ein gutes Beispiel für historische Wehrtürme in Großbritannien. **Jarlshof** im äußersten Süden ist über 3000 Jahre alt und sehr beeindruckend. Auch die Klippen und der Leuchtturm bei **Sumburgh Head** sind besuchenswert.

Die ausschließlich von Schafen bewohnte Insel **St Ninian's** ist mit South Mainland durch einen Damm verbunden.

Mousa Broch
(07901) 87 23 39. Apr–Sep. im Preis für die Fähre inbegriffen. **mousa.co.uk**

Jarlshof Prehistoric and Norse Settlement
(01950) 46 01 12. tägl. teilweise. auf Nachfrage.

Sumburgh Head Lighthouse (RSPB)
(01595) 69 46 88. Apr–Sep: tägl. **sumburghhead.com**

Abendstimmung im Hafen von Lerwick

Hotels und Restaurants in den Highlands und auf den Inseln *siehe Seiten 176f und 187–189*

Legende

Nebenstraße

Gipfel

North Mainland

Nördlich von Lerwick erhebt sich inmitten von Mooren Shetlands höchster Hügel, **Ronas Hill** (454 m). Der größte europäische Erdöl-Terminal, am Meeresarm bei **Sullom Voe** gelegen, wird von Landungsbrücken und Verwaltungsgebäuden dominiert. An der Westküste erstrecken sich landschaftlich schöne Gegenden, darunter etwa die roten Granitklippen von **Esha Ness**. Hier kann man auch die Felsen **The Drongs** und den riesigen Steinbogen **Dore Holm** bewundern. Auf der küstennahen Insel **Papa Stour** findet man weitere faszinierende vulkanische Formationen.

Rote Granitklippen von Esha Ness auf North Mainland

Andere Inseln

Die nördlichen Eilande **Yell**, **Fetlar** und **Unst** erreicht man von Mainland mit regelmäßigen Bootsverbindungen. Auf Yell leben viele Otter, auf Fetlar kann man seltene Wandervögel beobachten, u. a. den Odinswassertreter oder die Schneeeule. Auf Unst gibt es die abwechslungsreichste Landschaft und die vielfältigste Flora und Fauna. Zudem existiert ein gutes Informationscenter beim **Hermaness National Nature Reserve**. Hinter dem Leuchtturm von Muckle Flugga liegt **Out Stack**, Großbritanniens nördlichster Punkt.

Foula punktet mit bizarren Klippen. **Fair Isle** gehört dem National Trust for Scotland.

Infobox

Information

Shetland. 23 000. Lerwick, (01595) 69 34 34. Up Helly Aa (Jan). **shetland.org**

Anfahrt

von Aberdeen und Stromness auf Orkney.

Hermaness National Nature Reserve

(01595) 69 33 45. tägl. (Informationscenter: Apr–Sep).

nnr-scotland.org.uk

Tagesausflüge

Fair Isle, Foula und Papa Stour erreicht man per Flugzeug. Zudem verkehren viele Fähren, die zumeist von Tingwall auf Central Mainland ablegen.

Neugieriger Otter, einer von vielen auf Yell

Vögel der Orkney und Shetland Islands

Papageitaucher

Auf den Inseln leben mehrere Millionen von einheimischen Vögeln, zahlreiche Zugvögel verbringen hier den Sommer. Über 20 Seevogelarten brüten regelmäßig hier, mehr als 340 sind auf Fair Isle registriert worden. Unzugängliche Klippen sorgen für Sicherheit während der Brutzeit der Tölpel, Trottellummen, Papageitaucher, Dreizehenmöwen, Eissturmvögel, Tordalken, Riesenraubmöwen, Schmarotzerraubmöwen und Sturmschwalben.

㊹ Western Isles

Die aus dem ältesten Gestein der Erdoberfläche geformten Western Isles werden auf Deutsch Äußere Hebriden genannt. Sie bilden den westlichen Rand Schottlands. Zahlreiche Flüsse und Bäche durchziehen die baumlose Landschaft, die Westküste ist von langen weißen Sandstränden gesäumt. Siedlungen gibt es seit 6000 Jahren, die Menschen lebten vom Fischfang und vom Torf. Verfallene Gebäude wie eine Walstation auf Harris zeugen von den rauen Bedingungen, unter denen die Inselbewohner früher leben mussten. Viele sprechen noch Gälisch, die Ausschilderung ist allerdings zweisprachig.

Die monumentalen Standing Stones of Callanish im Norden von Lewis

Lewis und Harris

Lewis und Harris sind eine einzige Insel, die größte der Western Isles. Allerdings spricht man in den beiden Gebieten unterschiedliche Dialekte. Das Verwaltungszentrum **Stornoway** mit lebhaftem Hafen und bunten Häuserfronten liegt nur 26 Kilometer von den **Standing Stones of Callanish** im Westen entfernt. An der Straße nach Callanish findet man die Ruinen des **Carloway Broch**, eines piktischen *(siehe S. 45)*, über 2000 Jahre alten Turms. Das Leben der Crofters vor 50 Jahren zeigt Arnols **Blackhouse**.

Südlich der Torfmoore von Lewis markiert eine Bergkette die Grenze zu Harris. Man überquert sie auf einem Weg, der an der Spitze des Loch Seaforth an der Aline Lodge vorbeiführt. Die Berge von Harris sind wie die der Isle of Skye ein Wanderparadies. An klaren Tagen sieht man von den Gipfeln die rund 80 Kilometer westlich liegende Insel St Kilda. Der Fährhafen von Tarbert liegt an der Landenge, die Nord- und Süd-Harris verbindet. Das Informationsbüro verrät, wo es den unverwüstlichen Harris-Tweed gibt. Einige Weber verwenden heimische Pflanzen für die Farben. Von Leverburgh an Harris' Südspitze verkehrt eine Fähre nach Nord-Uist, das durch einen Damm mit Berneray verbunden ist.

The Blackhouse
Arnol. (01851) 71 03 95.
Apr–Sep: Mo–Sa; Okt–März: Mo, Di, Do–Sa.
historicenvironment.scot

Inneres eines Crofter-Hauses im Blackhouse

Die Uists und Benbecula

Nach der atemberaubenden Landschaft von Harris wirken die tiefer gelegenen südlichen Inseln weniger spektakulär – sie enthüllen ihren Reiz nach und nach: Weiße Sandstrände säumen die Atlantikküste, die in den fruchtbaren und kalkhaltigen, *machair* genannten Boden übergehen. Im Sommer ist er mit Wildblumen bedeckt, deren Duft man noch auf dem Meer riechen kann.

Von **Lochmaddy**, dem größten Dorf auf Nord-Uist, führt die A 867 über einen fünf Kilometer langen Damm nach **Benbecula**, von wo aus Bonnie Prince Charlie von Flora MacDonald auf die Isle of Skye geschmuggelt wurde *(siehe S. 157)*. Die flache Insel ist von kleinen Seen bedeckt. Wie ihre Nachbarn ist sie für ihre Forellen bekannt. Hier und im Norden dominiert der Protestantismus, auf den südlichen Inseln der Katholizismus. Benbeculas Haupteinnahmequelle ist ein Raketenversuchsgelände

Hafen bei Stornoway, dem größten Ort auf Lewis und Harris

mit Zentrale in Bailivanich, dem größten Dorf der Insel. Ein zweiter Damm führt nach Süd-Uist mit den goldenen Stränden, die zur National Scenic Area erklärt wurden.

Eriskay

Die kleinste Insel der Western Isles verkörpert Schönheit und Ruhe. Bekannt ist Eriskay für den Schiffbruch der SS *Politician* 1941, der zu dem Buch und Film *Whisky Galore* inspirierte. In Eriskays einziger Bar sind Wrackteile des Schiffs zu bewundern.

Am schönen Strand von Coilleag A'Phrionnsa (Prinzen-Bucht) betrat Bonnie Prince Charlie zu Beginn seines Feldzugs von 1745 erstmals schottischen Boden. Eine hier wachsende seltene Windenart wird seitdem mit ihm in Verbindung gebracht.

Das blaue Wasser vor der Küste von Barra mit der Isle of Rum im Osten

Barra

Ein Flug nach Barra ist aufregend: Die Landebahn ist ein Strand und die Landung von den Gezeiten abhängig. Den Kern der Insel bilden Hügel, die von einer Straße umrundet werden. An der Westseite dominieren Strände. Mehr als 1000 Blumenarten wurden von Botanikern entdeckt.

Einzigartig ist der Blick über die Castlebay von der Mutter-Kind-Statue am Gipfel des Heaval. **Kisimul Castle** war im 15. Jahrhundert Stammburg des MacNeil-Clans. Attraktionen sind auch das **Barra Heritage Centre** und ein Golfplatz.

Kisimul Castle
(01871) 81 03 13. Apr–Sep: tägl. mit Bootsfahrt.
historicenvironment.scot

Barra Heritage Centre
(01871) 81 04 13. Mai–Sep: Mo–Sa.
barraheritage.com

Männer auf St Kilda mit ihrem Fang

St Kilda

Die »Inseln am Rande der Welt« waren das abgelegenste Siedlungsgebiet Schottlands, bis die alternde Bevölkerung 1930 bat, umgesiedelt zu werden. Ihre Lebensgrundlage war der Fang von Seevögeln. Heute lebt hier die größte Tölpelkolonie der Welt (40 000 Paare). Es gibt drei Inseln und drei Felsentürme mit 425 Meter hoch aufragenden Klippen. In der Abgeschiedenheit der Inseln haben sich endemische Mäuse- und Zaunkönigarten entwickelt. Fahrten dorthin bieten **Westernedge Charters** und **Island Cruising** an.

Freiwillige können sich im Sommer bei Arbeitseinsätzen des National Trust for Scotland engagieren, dem **St Kilda World Heritage Site** gehört.

Westernedge Charters
Isle of Lewis. (01851) 70 59 65.
westernedge.co.uk

Island Cruising
1 Erista, Uig, Isle of Lewis. (01851) 67 23 81. **island-cruising.com**

St Kilda World Heritage Site
(01463) 23 20 34.
kilda.org.uk

Infobox

Information
Western Isles. 28 000. 26 Cromwell St, Stornoway, (01851) 70 30 88. **visithebrides.com**

Anfahrt
Stornoway, Benbecula, Barra. von Uig (Skye), Oban, Mallaig, Kyle of Lochalsh und Ullapool.

Crofting (Kleinpacht)

»Crofts« sind Pachtgrundstücke und so klein, dass eine zweite Einkommensquelle nötig ist, um den Lebensunterhalt zu sichern. Sie haben ihren Ursprung im frühen 19. Jahrhundert, als die Landbesitzer an der Küste unfruchtbare Landstücke zur Verfügung stellten, um sich selbst das fruchtbarere Land zu sichern. Die Betroffenen betrieben Fischerei oder sammelten Seetang zur Herstellung von Alkali. Als diese Ressourcen versiegten, litten die Crofters 50 Jahre lang unter Hunger, hoher Pacht und Vertreibung. Erst 1886 wurde ein Gesetz verabschiedet, das den Crofter-Familien erlaubte, ihr Pachtgrundstück weiterzuvererben, aber nicht zu besitzen. Heute sind 17 000 Crofts registriert, vor allem in den Highlands und auf den Inseln. Da die Bildung neuer Einheiten verboten ist, sind die Crofters berechtigt, Sonderzuschüsse zu beantragen. Die meisten von ihnen züchten Schafe, neuerdings pflanzt man auch Bäume. Das Crofting ist aus den Highland-Gemeinden nicht mehr wegzudenken.

Traditionelles, strohgedecktes Crofter-Haus auf Nord-Uist

CORNER SHOP
DAWN TREADER

ZU GAST IN SCHOTTLAND

Hotels

Das Angebot an Hotels und anderen Unterkünften ist in Schottland so groß, dass sicherlich jeder das seinem Geschmack und Budget Entsprechende finden kann. Das Hotelverzeichnis auf den Seiten 172–177 führt einige der besten Übernachtungsmöglichkeiten auf, von Luxushotels, Herrensitzen und Schlössern bis hin zu gemütlichen Bed and Breakfasts (B&Bs) und Campingplätzen. Neben Lage und Ausstattung wurde bei der Auswahl auch das Preis-Leistungs-Verhältnis berücksichtigt. Ferien mit Selbstverpflegung werden immer beliebter. Sie eignen sich vor allem für Reisende mit kleinem Budget oder auch für Familien mit Kindern, die Hotels als zu steif und unflexibel empfinden. Außerdem finden Sie Informationen zu Caravanparks und Campingplätzen, die eine preisgünstige Alternative zu Hotels und Pensionen darstellen und ein Gefühl von Abenteuer vermitteln.

Zimmer im Monachyle MHOR Hotel ***(siehe S. 175)***

Offizielle Kategorien

Die Qualitätsstandards von **VisitScotland** (»Quality Assurance Scheme«) helfen bei der Auswahl. Sie beziehen sich auf Hotels, B&Bs und Unterkünfte für Selbstversorger. Eingeteilt wird mit einem bis fünf Sternen, die Kategorien der Ausstattung reichen dabei von »akzeptabel« bis »außergewöhnlich«.

Preise und Reservierung

Hotelpreise verstehen sich in der Regel pro Zimmer inklusive Mehrwertsteuer und Bedienung. Hotels der gehobenen Kategorie kosten oft über 200 £, ein Durchschnittshotel in Edinburgh oder Glasgow 75 bis 150 £ für zwei Personen inklusive Frühstück. Außerhalb der Stadt bezahlt man 60 bis 100 £ oder zwischen 30 und 60 £ pro Person im B&B.

Trinkgelder werden nur in sehr exklusiven Hotels erwartet. Teuer sind von den Zimmern aus geführte Telefonate. Es lohnt sich, mit einer Telefonkarte aus der Hotelhalle zu telefonieren.

Frühzeitige Reservierung ist das ganze Jahr über zu empfehlen, im Sommer ist sie jedoch unbedingt erforderlich – vor allem in Edinburgh, wenn dort die renommierten Festivals stattfinden. Auch um Weihnachten und Neujahr kann es schwierig werden, noch kurzfristig ein Zimmer zu bekommen.

Einige Hotels verlangen eine nicht zurückzuzahlende Anzahlung. Wenn Sie Ihre Buchung lange genug im Voraus stornieren, wird man Ihnen einen Teil zurückerstatten. Tourismusbüros bieten für eine kleine Gebühr einen Reservierungsservice an. Sollten Sie bei der Ankunft in Schottland noch kein Zimmer haben, helfen Ihnen die Mitarbeiter der Tourismusbüros gerne weiter.

Landsitze

Der Begriff »Landsitz« wird von einigen Hoteliers, die glauben, Kaminfeuer-Imitationen und Stilmöbel rechtfertigten diese Bezeichnung, sehr großzügig ausgelegt. Dabei ist ein echter Landsitz leicht als solcher zu erkennen: Er ist stets von architektonischem Wert, mit echten Antiquitäten ausgestattet und meist in ein weitläufiges Gelände eingebettet. In jedem Fall ist das Ambiente sehr speziell, Besucher können sich auf ein außergewöhnliches Erlebnis freuen.

Schlösser

Umgebaute Schlösser bieten die Chance, wie die Lordschaft zu nächtigen und zu speisen. In edler Atmosphäre werden gutes Essen und edle Weine serviert. Die Zimmerpreise sind zwar fürstlich, dafür ist Stil kombiniert mit hohem Komfort und Luxus garantiert.

Jagdhütten

In den ländlicheren Gebieten bieten auch einige Jagdhütten Unterkunft an. Oft sind sie Teil eines großen Anwesens und gehören ortsansässigen Landeigentümern. Sie sind nicht luxuriös, aber bequem und relativ preisgünstig. Interessierten werden Jagdausflüge angeboten, es besteht aber keine Verpflichtung zur Teilnahme.

Inns

Inns (Gasthöfe) findet man in ganz Schottland. Früher machten hier Gäste halt, die mit der Kutsche unterwegs waren. Die Pferde wurden gewechselt, die Reisenden erhielten für die Nacht ein Dach über dem Kopf.

Die historischen Gebäude sind heute oft Mittelpunkt der Orte. Einige wurden im Cottage-Stil mit strohgedecktem Dach gebaut, andere eher georgianisch oder viktorianisch. Die Einrichtung ist fast immer traditionell. Im Restaurant gibt es regionale Gerichte.

Bed and Breakfast und Pensionen

Eine gute Unterkunft und die Option, mit Einheimischen in näheren Kontakt zu kommen, bieten B&Bs. In entlegenen Gebieten sind sie oft die einzige Übernachtungsmöglichkeit. B&Bs sind meist hübsch und einfach ausgestattete Familien-

◀ **Bunt bemalte Häuser im Hafen von Tobermory auf Mull** ***(siehe S. 137)***

betriebe. Sie gehören der unteren Preiskategorie an, können aber durchaus auch etwas teurer und luxuriöser sein. Im Preis enthalten ist ein warmes Frühstück.

Pensionen sind auch eine preisgünstige, einfache Übernachtungsmöglichkeit. Sie haben meistens mehrere Zimmer und ein gemeinsames Wohn- oder Esszimmer. **VisitScotland** bietet mehr als 1500 B&B- und Pensionsadressen. Auch unter www.airbnb.com findet man viele Optionen.

Boutique-Hotels

Bei diesen Häusern handelt es sich um Hotels mit besonderem Charme und meist nur wenigen Zimmern. Sie sind eine gute Option für Urlauber, die Wert auf besonderen Stil (und einen Hauch von Luxus) legen.

Selbstverpflegung

Wer sich länger an einem Ort aufhält, unabhängig sein will, mit kleinen Kindern reist oder über begrenzte Mittel verfügt, ist mit einer Unterkunft mit Selbstverpflegung gut bedient. Es gibt sie in jeder Kategorie, vom Luxusapartment in Städten bis hin zu Cottages auf dem Land.

Camping und Caravaning

Schottland verfügt über viele Campingplätze, die meisten haben von Ostern bis Oktober geöffnet. Da sie im Sommer relativ schnell belegt sind, ist eine Reservierung dringend anzuraten. Schilder weisen an vielen Hauptverkehrsstraßen auf Campingplätze hin. Zwei Clubs, der **Caravan Club** und der **Camping and Caravanning Club**, veröffentlichen detaillierte Campingführer. Sie haben ein eigenes Bewertungssystem. Unter Umständen lohnt es sich, Mitglied zu werden. Ein Camping- oder Caravanplatz kostet 8 bis 15 £ pro Nacht.

Jugendherbergen

In Schottland gibt es etwa 80 Jugendherbergen der **Scottish Youth Hostels Association (SYHA)**. Die meisten haben Duschen, Zentralheizung und bieten günstiges Abendessen. Die Schlafsäle sind nach Geschlechtern getrennt, einige haben auch Familienzimmer. Man muss Mitglied der SYHA sein, um in einer Jugendherberge zu übernachten, kann dies aber auch erst bei der Ankunft werden.

Hotelkategorien

Die Hotelauswahl dieses Reiseführers *(siehe S. 172–177)* umfasst Übernachtungsmöglichkeiten auf Campingplätzen, in gemütlichen B&Bs bis zu gepflegten Boutique-Hotels und Fünf-Sterne-Resorts. Alle gelisteten Hotels wurden wegen ihrer Qualität und, in einigen Fällen, auch wegen ihres günstigen Preises ausgewählt.

Die **Vis-à-Vis-Tipps** listen besondere Häuser auf – Hotels mit schönen Zimmern, historischem Flair, überdurchschnittlichem Service und grandiosem Ausblick.

Traditionelles Crofter-Cottage, das Selbstversorgern Unterkunft bietet

Auf einen Blick

Information

Visit Scotland
3 Princes St, Edinburgh
EH2 2QP.
T (0131) 473 3868.
W **visitscotland.com**

Camping und Caravaning

Camping and Caravanning Club
T (024) 7647 5448.
W **campingandcaravanningclub.co.uk**

Caravan Club
T (01342) 32 69 44
W **caravanclub.co.uk**

Jugendherbergen

Scottish Youth Hostels Association (SYHA)
T (01786) 89 14 00.
W **syha.org.uk**

Wunderschön gelegener Campingplatz in Invercoe, Glencoe

Hotelauswahl

Edinburgh

NEW TOWN: Tune Hotel £
Preisgünstig SK D4
7 Clifton Terrace, EH12 5DR
(0131) 347 9700
tunehotels.com/our-hotels/haymarket-edinburgh
Das elegante Quartier im West End ist sehr preisgünstig, aber einige Extras wie WLAN werden gesondert berechnet. Einige Zimmer haben keine Fenster.

NEW TOWN: The Bonham ££
Boutique SK D4
35 Drumsheugh Gardens, EH3 7RN
(0131) 226 6050
thebonham.com
The Bonham bietet individuell gestaltete Zimmer in kräftigen Farben. Exzellentes Restaurant.

NEW TOWN: Channings Hotel ££
Individuell SK D4
12–16 South Learmonth Gardens, EH4 1EZ
(0131) 315 2226
channings.co.uk
Das schicke Hotel umfasst mehrere edwardianische Gebäude, von denen eines vom Polarforscher Sir Ernest Shackleton bewohnt wurde. Es bietet individuell ausgestattete Zimmer mit eleganten Möbeln und Blick auf den Garten.

NEW TOWN: Gerald's Place ££
B&B SK D4
21b Abercromby Place, EH3 6QE
(0131) 558 7017
geraldsplace.com
Zentral gelegenes B&B mit nur zwei Zimmern und einem freundlichen Besitzer.

NEW TOWN: Hotel Indigo ££
Boutique SK D4
51–59 York Place, EH1 3JD
(0131) 556 5577
hiedinburgh.co.uk
Schickes, gut ausgestattetes Hotel mit zeitgemäßen Zimmern und schönen Luxussuiten.

Gemütlich eingerichtetes Zimmer im The Caledonian, Edinburgh

NEW TOWN: The Balmoral £££
Luxus SK D4
1 Princes Street, EH2 2EQ
(0131) 556 2414
roccofortehotels.com
Internationales Fünf-Sterne-Hotel mit schöner Fassade, prachtvollem Dekor und Champagnerbar.

Vis-à-Vis-Tipp

NEW TOWN: The Caledonian £££
Luxus SK D4
Princes Street, EH1 2AB
(0131) 222 8888
waldorfastoriaedinburgh.com
The Caledonian, ein Wahrzeichen der Stadt, wurde in einem viktorianischen Haus eingerichtet. Es verfügt über elegante Zimmer, eine gute Brasserie und ein Gourmetrestaurant. Wundervolles Spa.

NEW TOWN: The Chester Residence £££
Selbstversorger SK D4
9 Rothesay Place, EH3 7SL
(0131) 226 2075
chester-residence.com
Gemütliche Apartments mit Designerküche in einem georgianischen Stadthaus.

NEW TOWN: Crowne Plaza Edinburgh £££
Luxus SK D4
18 Royal Terrace, EH7 5AQ
(0131) 557 3222
ihg.com/crowneplaza
Nobles Hotel nahe Calton Hill mit komfortablen Zimmern und einem Pool.

NEW TOWN: Nira Caledonia £££
Boutique SK D4
10 Gloucester Place, EH3 6EF
(0131) 225 2720
niracaledonia.com
Nira Caledonia in einer Häuserzeile bietet seinen Gästen modernen Komfort wie etwa iPod-Docking-Stationen.

NEW TOWN: The Principal £££
Luxus SK D4
19–21 George Street, EH2 2PB
(0131) 225 1251
phcompany.com
Traditionsreiches, angenehmes Hotel mit hohen Standards. Gut geeignet für Tagungen.

NEW TOWN: Rock House £££
Individuell SK D4
28 Calton Hill, EH7 5AA
(0131) 558 1108
rockhouse-edinburgh.com

Preiskategorien
Die Preise gelten für ein Standard-Doppelzimmer pro Nacht (Hochsaison), inklusive Steuern und Service.

£	unter 100 £
££	100–200 £
£££	über 200 £

Das geradezu umwerfende historische Gebäude ist eine perfekte Option für Selbstversorger. Den wundervollen Blick über die Stadt gibt es gratis dazu.

NEW TOWN: The Roxburghe £££
Historisch SK D4
38 Charlotte Square, EH2 4HQ
(0131) 240 5500
theroxburghe.com
Georgianisches Hotel mit Wellnessbereich, Swimmingpool und einem gefeierten Restaurant.

NEW TOWN: Tigerlily £££
Boutique SK D4
125 George Street, EH2 4JN
(0131) 225 5005
tigerlilyedinburgh.co.uk
Preisgekröntes Boutique-Hotel mit individuell und in zeitgenössischem Stil gestalteten Zimmern mit großen Betten. Das Restaurant ist exzellent.

OLD TOWN: Classic Guest House £
Inn SK D4
50 Mayfield Road, EH9 2NH
(0131) 667 5847
classicguesthouse.co.uk
Das stilvolle viktorianische Hotel mit komfortablen Zimmern liegt nur eine kurze Busfahrt vom Zentrum entfernt. Frühstück genießt man im Wintergarten.

OLD TOWN: Apex International Hotel ££
Business SK D4
31–35 Grassmarket, EH1 2HSU
0800 049 8000
apexhotels.co.uk
Das zu einer Kette gehörende Hotel bietet modern eingerichtete Zimmer mit freiem WLAN und Blick auf Edinburgh Castle. Weitere Attraktionen sind Fitness-Center und Pool.

OLD TOWN: Ten Hill Place ££
Historisch SK D4
10 Hill Place, EH8 9DS
(0131) 662 2080
tenhillplace.com
Ein stilvolles Hotel mit herrlichem Ausblick vom obersten Stockwerk auf Arthur's Seat. Es ist im Besitz des Royal College of Surgeons und überzeugt mit exzellentem Restaurant und schöner Bar.

OLD TOWN: G&V Royal Mile £££
Luxus SK D4
1 George IV Bridge, EH1 1AD
(0131) 220 6666
quorvuscollection.com
Beliebt bei Einheimischen und bei Prominenten. Annehmlichkeiten wie Nespresso-Maschine und iPod-Docking-Station.

OLD TOWN: The Inn on the Mile £££
Individuell SK D4
82 High St, EH1 1LL
(0131) 556 9940
theinnonthemile.co.uk
Die 1923 an der Royal Mile errichtete British Linen Bank wurde zu einem modernen Hotel umgestaltet. Zimmer mit freiem WLAN, Bäder mit Regenduschen.

OLD TOWN: The Knight Residence £££
Selbstversorger SK D4
12 Lauriston Street, EH3 9DJ
(0131) 622 8120
bymansley.com
Erstklassige, preisgekrönte Apartments mit einem, zwei oder drei Zimmern mit Service, sehr zentral gelegen.

OLD TOWN: The Scotsman £££
Luxus SK D4
20 North Bridge, EH1 1TR
(0131) 556 5565
scotsmanhotel.co.uk
Das Interieur im ehemaligen Gebäude eines Zeitungsverlags besteht aus schönem italienischem Marmor.

OLD TOWN: The Sheraton Grand Hotel & Spa £££
Luxus SK D4
1 Festival Square, EH3 9SR
(0131) 229 9131
starwoodhotels.com
Schöne Zimmer, gute Business-Einrichtungen. Entspannen Sie im herrlichen One Spa.

ABSTECHER: Blinkbonny House £
B & B SK D4
23 Blinkbonny Gardens, EH4 3HG
(0131) 467 1232
blinkbonnyhouse.co.uk
Bezaubernder Bungalow mit bequemen, aber schicken Möbeln und grandiosem Frühstück.

ABSTECHER: Fraoch House £
Inn SK D4
66 Pilrig Street, EH6 5AS
(0131) 554 1353
fraochhouse.com
Das zeitgenössische Mobiliar in den Zimmern des viktorianischen Stadthauses sorgt für modernes Flair. Genießen Sie das typisch schottische Frühstück.

Himmelbett im Dalhousie Castle Hotel, etwas außerhalb von Edinburgh

ABSTECHER: Redcraig Bed & Breakfast £
B & B SK D4
Morton, Mid Calder, EH53 0JT
(01506) 88 42 49
redcraigbedandbreakfast.co.uk
B & B mit geschmackvoll eingerichteten Zimmern. Schottisches und vegetarisches Frühstück. Ein wunderbarer Standort für Ausflüge in die Umgebung.

ABSTECHER: Dakota ££
Boutique SK D4
Ferrymuir Retail Park, South Queensferry, EH30 9QZ
(0131) 319 3690
dakotahotels.co.uk
Schickes, ultramodernes Hotel nahe der Forth Bridge und nicht weit vom Flughafen entfernt. Bar und Restaurant sind erstklassig.

ABSTECHER: Ducks at Kilspindie House ££
Inn SK E4
Aberlady, East Lothian, EH32 0RE
(01875) 87 06 82
ducks.co.uk
Einfaches Hotel mit ausgezeichnetem Restaurant. Es liegt nahe einem Tierschutzgebiet mit artenreicher Vogelwelt.

ABSTECHER: Kew House ££
Inn SK D4
1 Kew Terrace, EH12 5JE
(0131) 313 0700
kewhouse.com
Historische Villa, umgebaut zu einem stilvollen Gästehaus. Das Frühstück ist grandios. Rugby-Fans schätzen die geringe Entfernung zum Murrayfield Stadium

ABSTECHER: Orocco Pier ££
Boutique SK D4
17 High Street, South Queensferry, EH30 9PP
0870 118 1664
oroccopier.co.uk
Stilvolles kleines Hotel in einem schmucken, alten Gasthof direkt am Wasser. Der Blick auf die Forth Bridge ist faszinierend.

ABSTECHER: The Sun Inn ££
Inn SK D4
Lothianbridge, Dalkeith, EH22 4TR
(0131) 663 2456
thesuninnedinburgh.co.uk
Der in einer früheren Kutscherherberge untergebrachte gemütliche Gasthof liegt am Stadtrand am Ufer des Flusses Esk. Das Pub ist preisgekrönt.

ABSTECHER: Dalhousie Castle Hotel £££
Landsitz SK D4
Bonnyrigg, EH19 3JB
(01875) 82 01 53
dalhousiecastle.co.uk
Schwelgen Sie in Luxus auf einer bezaubernden Burg aus dem 13. Jahrhundert. Das Aqueous Spa hat auch ein Dampfbad.

Südschottland

AYR: 26 The Crescent £
B & B SK C5
26 Bellevue Crescent, KA7 2DR
(01292) 28 73 29
26crescent.co.uk
Fünf-Sterne-B & B in einem viktorianischen Gebäude. Die hübsch eingerichteten Zimmer bieten u. a. Flachbild-TV und ausgewählte Toilettenartikel.

GRETNA: Gretna Chase Hotel ££
Historisch SK D5
Sark Bridge, Dumfriesshire, DG16 5JB
(01461) 33 75 17
gretnachase.co.uk
Hotelbau aus dem 19. Jahrhundert mit wundervoller Gartenanlage und großen Zimmern.

KELSO: Edenwater House £
B & B SK E5
Ednam, Scottish Borders, TD5 7QL
(01573) 22 40 70
edenwaterhouse.co.uk
Zur Auswahl stehen drei Zimmer und ein Apartment. Sehr gutes Restaurant, hübscher Garten.

SK = Straßenkarte *siehe hintere Umschlaginnenseiten*

KELSO: Roxburghe Hotel ££££
Landsitz SK E5
Roxburghshire, TD5 8JZ
(01573) 45 03 31
roxburghe-hotel.net
Prächtiges, erstklassig ausgestattetes Landhaus mit Spa, Golfplatz für Könner und einem Forellenweiher.

MELROSE: Burts Hotel ££
Preisgünstig SK E5
Market Square, TD6 9PN
(01896) 82 22 85
burtshotel.co.uk
Familiengeführtes Hotel aus dem 18. Jahrhundert in einem denkmalgeschützten Gebäude mit Bar und Restaurant.

MELROSE: Roulotte Retreat £££
Individuell SK E5
Bowden Mill House, TD6 OSU
0845 094 9729
roulotteretreat.com
Hübsche Wohnwagen an einem idyllisch gelegenen See. Für Kinder nur bedingt geeignet.

Vis-à-Vis-Tipp

PEEBLES: Cringletie House ££
Landsitz SK D5
Edinburgh Road, EH45 8PL
(01721) 72 57 50
cringletie.com
Cringletie House liegt auf einem Privatgrundstück und bietet traditionelle, luxuriöse Zimmer mit moderner Ausstattung wie Flachbildfernseher und kostenlosem WLAN. Acht-Gänge-Menü und edle Weine im preisgekrönten Restaurant.

PEEBLES: Horseshoe Inn ££
Inn SK D5
Eddleston, Peebles, EH45 8QP
(01721) 73 02 25
horseshoeinn.co.uk
Das Restaurant zwischen Edinburgh und Peebles bietet auch Zimmer. Flauschige Bademäntel und sehr gute Toilettenartikel.

PEEBLES: Macdonald Cardrona Hotel, Golf & Spa ££
Luxus SK D5
Cardrona, EH45 8NE
0844 879 9024
macdonaldhotels.co.uk
Der perfekte Rückzugsort mit geräumigen Zimmern, 18-Loch-Golfplatz und exzellentem Restaurant.

PORTPATRICK: Knockinaam Lodge ££
Landsitz SK C6
Dumfries & Galloway, DG9 9AD
(01776) 81 04 71
knockinaamlodge.com

Schöne Gartenanlage im Cringletie House, Peebles

Genießen Sie die idyllische Lage am Meer und die gehobene Kochkunst in diesem Luxushotel.

SANQUHAR: The Station Master's House ££
Selbstversorger SK D5
Station Road, DG4 6BT
(07979) 398 9831
sanquharstation.co.uk
Unterkunft in einem renovierten Bahnhofsgebäude (um 1850) mit großer Küche und Wohnzimmer.

TURNBERRY: Trump Turnberry Resort £££
Luxus SK C5
Ayrshire, KA26 9LT
(01655) 33 10 00
trumpturnberry.com
Luxuriöse Zimmer und Unterkünfte für Selbstversorger in Donald Trumps Golfresort.

Glasgow

ZENTRUM: Abode Glasgow £
Inn SK D4
129 Bath Street, G2 2SZ
(0141) 221 6789
abodeglasgow.co.uk
Großes Hotel mit modernen, gut ausgestatteten Zimmern (einige mit Kaffeemaschinen). Das Restaurant serviert leichte Kost.

ZENTRUM: Alison Guesthouse £
Preisgünstig SK D4
26 Circus Drive, G31 2JH
(0141) 556 1431
thealison.co.uk
Original erhaltenes, stimmungsvolles viktorianisches Gästehaus mit schöner Lage in einem Naturschutzgebiet.

ZENTRUM: Blythswood Square ££
Luxus SK D4
11 Blythswood Square, G2 4AD
(0141) 248 8888
blythswoodsquare.com
Hotel in einem eindrucksvollen alten Gebäude. Luxuriös ausgestatteter Wellnessbereich.

ZENTRUM: Dakota Hotel ££
Luxus SK D4
179 West Regent St, G2 4DP
(0141) 404 3680
glasgow.dakotahotels.co.uk
Schickes Hotel mit eleganten Zimmern. Die Grillbar serviert ausgezeichnetes Essen.

ZENTRUM: Grand Central Hotel ££
Historisch SK D4
99 Gordon Street, G1 3SF
(0141) 240 3700
grandcentralhotel.co.uk
Eindrucksvoll renoviertes Hotel nahe dem Bahnhof in einem Wahrzeichen der Stadt. Von der Originalausstattung sind einige viktorianische Elemente erhalten.

ZENTRUM: Hotel Indigo ££
Boutique SK D4
75 Waterloo Street, G2 7DA
(0141) 226 7700
hinglasgow.com
Boutique-Hotel mit stilvollen, zeitgemäß ausgestatteten Zimmern und Bädern mit Regendusche. Die Grillbar ist exzellent.

ZENTRUM: Malmaison ££
Individuell SK D4
278 W George St, G2 4LL
08446 93 06 53
malmaison.com/locations/glasgow
Boutique-Hotel mit schicken Zimmern in einem alten Kirchengebäude. Das Restaurant verwöhnt mit schottischen Spezialitäten.

ZENTRUM: Radisson Blu Hotel Glasgow ££
Business SK D4
301 Argyle Street, G2 8DL
(0141) 204 3333
radissonblu.com
Ultramodernes Kettenhotel mit eleganten Zimmern, Swimmingpool und Fitness-Center. Für Familien und Geschäftsreisende gleichermaßen geeignet.

WEST END: Kirklee Hotel £
Individuell SK D4
11 Kensington Gate, G12 9LG
(0141) 334 5555
kirkleehotel.co.uk
Mit rotem Sandstein erbautes edwardianisches Stadthaus. Antiquitäten geben dem Haus sein besonderes Ambiente.

WEST END: 15Glasgow ££
Boutique SK D4
5 Woodside Place, G3 7QL
(0141) 332 1263
15glasgow.com
Das Hotel in einem viktorianischen Stadthaus liegt perfekt für Museumsbesuche. Tolles Flair.

Vis-à-Vis-Tipp

WEST END: Hotel du Vin £££
Luxus SK D4
1 Devonshire Gardens, G12 0UX
0330 016 0390
hotelduvin.com/locations/glasgow
Das atemberaubende Hotel du Vin, das berühmteste Hotel in Glasgow, ist auf fünf Stadthäuser verteilt. Schwelgerischer Luxus bei der Ausstattung der geräumigen, individuell eingerichteten Zimmer sowie bei Whisky-Bar und Restaurant.

Zentralschottland

Vis-à-Vis-Tipp

ARRAN: Auchrannie Resort ££
Resort SK C5
Auchrannie Rd, Brodick, KA27 8BZ
(01770) 30 22 34
auchrannie.co.uk
Ob für Familien, Reisegruppen oder Paare in den Flitterwochen, Auchrannie Resort bietet für jeden Geschmack etwas. Das Areal mit herrlichem Blick auf die Arran Hills ist sehr gut ausgestattet mit modernen Freizeiteinrichtungen wie Spa, Hallenbad und einem Spielbereich für Kinder.

AUCHTERARDER: The Gleneagles Hotel £££
Luxus SK D4
Perthshire, PH3 1NF
(01764) 66 22 31
gleneagles.com
Prachtvolles Refugium mit Spa, Golfplatz und einem Restaurant, das mit einem Michelin-Stern ausgezeichnet ist.

BALQUIHIDDER: Monachyle MHOR Hotel ££
Luxus SK C4
Lochearnhead, Perthshire, FK19 8PQ
(01877) 38 46 22
mhor.net
Das Hotel in Familienbesitz bietet 14 gemütliche Zimmer. Die Zutaten für die Speisen stammen aus dem hauseigenen Garten.

BUTE: Munro's £
B&B SK C4
17 Ardmory Road, Rothesay, PA20 0PG
(01700) 50 23 46
visitmunros.co.uk
Gemütliches B&B, das von einem netten Ehepaar geführt wird. Erstklassiges Frühstück.

CALLANDER: Roman Camp Country House & Restaurant ££
Landsitz SK D4
Nähe Main Street, FK17 8BG
(01877) 33 00 03
romancamphotel.co.uk
Luxuriöses Herrenhaus im Trossachs National Park. Zu den Pluspunkten des Hotels zählen der wundervolle Garten und die große Whisky-Auswahl.

CUPAR: The Peat Inn £££
Landsitz SK D4
Fife, bei St Andrews, KY15 5LH
(01334) 84 02 06
thepeatinn.co.uk
Behagliches Landgasthaus mit stilvollen Luxussuiten und einem Fünf-Sterne-Restaurant.

DUNBLANE: DoubleTree by Hilton Dunblane Hydro ££
Luxus SK D4
Perth Road, FK15 0HG
(01786) 82 25 51
doubletreedunblane.com
Traditionelles Wellnesshotel auf einer imposanten Anlage. Der Spa-Bereich umfasst u. a. einen 17 Meter langen Pool, das Restaurant wird von einem Küchenchef mit Michelin-Stern geführt.

DUNDEE: Apex Dundee City Quay Hotel & Spa £
Luxus SK D4
1 West Victoria Dock Road, DD1 3JP
0845 365 0000
apexhotels.co.uk
Stilvolles Hotel am Hafen, modern ausgestattet. Grandioser Blick auf den River Tay.

KILFINAN: Kilfinan House £££
Selbstversorger SK C4
Argyll, PA21 2BE
(01381) 61 04 96
kilfinanhouse.chris-robb.co.uk
Feriendomizil mit individuell gestalteten, geschmackvoll eingerichteten Zimmern in einem historischen Landhaus. Zu den Gästen zählen viele Familien.

LOCH LOMOND: Cameron House £££
Landsitz SK C4
Alexandria, G83 8QZ
(01389) 31 07 77
cameronhouse.co.uk
Das prächtige Hotel bietet Spa, 18-Loch-Golfplatz, Sterne-Restaurant und wunderbaren Blick auf den See. Sie können mit dem Wasserflugzeug anreisen. Viel Prominenz mietet sich hier ein.

METHVEN: Cloag Farm ££
Selbstversorger SK D4
Cloag Farm, PH1 3RR
(01738) 84 02 39
cloagfarm.co.uk
Preiswerte Landunterkunft mit drei netten Häuschen. Ideal, um Perthshire zu erkunden.

PERTH: Parklands £££
Individuell SK D4
2 St Leonard's Bank, PH2 8EB
(01738) 62 24 51
theparklandshotel.com
Komfortable Zimmer mit Blick auf den Park. Superbes Speiserestaurant und entspanntes Bistro.

PORTAVADIE: Portavadie Marina £
Inn SK C4
Loch Fyne, Argyll, PA21 2DA
(01700) 81 10 75
portavadie.com
Das glanzvolle Küstenhotel bietet Apartments mit eigener Sauna, gemütliche Häuschen, Hotelzimmer und behagliche Schlafsäle.

ST ANDREWS: Old Course Hotel £££
Luxus SK E4
Kingdom of Fife, KY16 9SP
(01334) 47 43 71
oldcoursehotel.kohler.com
Von einem der besten Resorthotels in Europa hat man eine fantastische Sicht auf einen perfekt angelegten Golfplatz. Lassen Sie Ihren Blick über die Anlage und die Küste schweifen.

Stilvolles Zimmer im Auchrannie Resort, Arran

STANLEY: Ballathie House ££
Landsitz **SK** D4
Kinclaven, Perthshire, PH1 4QN
(01250) 88 32 68
ballathiehousehotel.com
Stattlicher Landsitz am Tay mit eigenem Grundstück. Restaurant und Bar sind exzellent.

STIRLING:
The Stirling Highland Hotel ££
Historisch **SK** D4
Spittal Street, Stirlingshire, FK8 1DU
(01786) 27 27 27
stirlinghighlandhotel.co.uk
Denkmalgeschütztes Hotel mit eigener Sternwarte, nur ein kurzer Spaziergang vom Schloss.

STRACHUR: The Creggans Inn ££
Inn **SK** C4
Argyll, PA27 8BX
(01369) 86 02 79
creggans-inn.co.uk
Weiß gekalkter Gasthof mit schöner Sicht über den Loch Fyne. Beliebte Gourmetbar.

Highlands und Inseln

ABERDEEN:
Arden Guest House £
Inn **SK** E3
61 Dee Street, AB11 6EE
(01224) 58 07 00
ardenguesthouse.co.uk
Einladendes Gästehaus in einem alten Granitbau. Für das Frühstück werden viele Zutaten aus der Region verwendet.

ABERDEEN:
Malmaison Aberdeen ££
Individuell **SK** E3
49–53 Queens Road, AB15 4YP
0844 693 0649
malmaison.com/locations/aberdeen
Große, individuell gestaltete Zimmer. Behagliche Brasserie mit netter Bar.

ACHILTIBUIE:
Summer Isles Hotel ££
Luxus **SK** C2
Ross-shire, IV26 2YG
(01854) 62 22 82
summerisleshotel.com
Romantischer Zufluchtsort mit stilvollen Zimmern und wunderschönem Blick auf Summer Isles und Hebriden.

APPLECROSS: Applecross Inn ££
Inn **SK** C2
Wester Ross, IV54 8LR
(01520) 74 42 62
applecross.uk.com/inn
Das Restaurant des idyllisch gelegenen Gasthofs ist bekannt für sein gutes Seafood und seine üppigen Portionen.

ARDEONAIG: Ardeonaig Hotel & Restaurant ££
Luxus **SK** D3
South Loch Tay Side, nahe Killin, FK21 8SU
(01567) 82 03 51
ardeonaighotel.co.uk
Denkmalgeschütztes Gasthaus (16. Jh.) mit komfortablen Zimmern und Bungalowsuiten.

ARDUAINE:
Loch Melfort Hotel £££
Inn **SK** C4
Nähe Oban, Argyll, PA34 4XG
(01852) 20 02 33
lochmelfort.co.uk
Schöne Gärten und Aussicht auf Schottlands Westküste machen den Aufenthalt in diesem Hotel so angenehm. Weitere Pluspunkte: Kaminfeuer, schöne Lounge-Möbel und das gute Restaurant.

AULDEARN: Boath House £££
Luxus **SK** D2
Nairn, IV12 5TE
(01667) 45 48 96
boath-house.com
Boath House liegt inmitten einer wunderschönen Anlage und bietet stilvoll möblierte Zimmer. Das Restaurant dieses historischen Hotels wird gerühmt.

AVIEMORE: Macdonald Aviemore Resort ££
Resort **SK** D3
Inverness-shire, PH22 1PN
0344 879 9152
macdonaldhotels.co.uk
Vier Hotels und 18 gut ausgestattete Holzhütten. 3-D-Kino und Abenteuerspielplatz.

BARRA: Castlebay Hotel ££
Individuell **SK** A3
Castlebay, Isle of Barra, HS9 5XD
(01871) 81 02 23
castlebay-hotel.co.uk
Ein charmantes Hotel mit sehr schönen Zimmern und fantastischem Blick auf Kisimul Castle und Vatersay Island.

The Creggans Inn in Strachur, ein beliebter Gasthof

COLL: The Coll Hotel ££
Inn **SK** B3
Ariangour, Isle of Coll, PA78 6SZ
(01879) 23 03 34
collhotel.com
Familiengeführtes Hotel mit hervorragendem Seafood-Restaurant und schöner Sicht auf Staffa, Iona und Jura.

CRINAN: Crinan Hotel ££
Luxus **SK** C4
Lochgilphead, Argyll, PA31 8SR
(01546) 83 02 61
crinanhotel.com
Die geschmackvoll eingerichteten Zimmer (einige mit Balkon) wurden nach schottischen Künstlern benannt und bieten eine tolle Aussicht. Nehmen Sie Platz im Seafood-Restaurant.

DINNET: Loch Kinord Hotel ££
Selbstversorger **SK** E3
Ballater Road, Royal Deeside, AB34 5JY
(01339) 88 52 29
lochkinord.com
Unterkunft mit Zwei- und Dreibettzimmern, voll ausgestatteter Küche und Wohnzimmer. Die Mitnahme von Haustieren ist gestattet.

DUNKELD:
Birnam Guest House £
Inn **SK** D3
4 Murthly Terrace, Birnam, PH8 0BG
(01350) 72 72 01
birnamguesthouse.co.uk
Familiengeführtes Gästehaus mit komfortablen Suiten. Gutes schottisches Frühstück.

ERISKA: Isle of Eriska Hotel £££
Landsitz **SK** C3
Benderloch, Argyll, PA37 1SD
(01631) 72 03 71
eriska-hotel.co.uk
Bezauberndes Landhaus mit geräumigen Zimmern, einem mit Michelin-Stern prämierten Restaurant und schönem Spa. Auch Unterkünfte für Selbstversorger.

FORT AUGUSTUS: The Lovat ££
Historisch **SK** C3
Inverness-shire, PH32 4DU
(01456) 49 00 00
thelovat.com
Das umweltfreundliche Hotel an der Südspitze von Loch Ness bietet sehr gute Mahlzeiten.

FORT WILLIAM: The Grange ££
B&B **SK** C3
Grange Road, PH33 6JF
(01397) 70 55 16
grangefortwilliam.com
B&B mit individuell und opulent ausgestatteten Zimmern mit Blick auf Loch Linnhe.

Herrliches Wohnzimmer im Torridon Hotel, Torridon

FORT WILLIAM:
Inverlochy Castle £££
Landsitz SK C3
Torlundy, PH33 6SN
(01397) 70 21 77
inverlochycastlehotel.com
Schönes Luxushotel mit alten Möbeln und modernem Dekor. Das von Spitzenköchen geleitete Restaurant wurde mehrfach ausgezeichnet.

FRASERBURGH:
Cortes House £££
Selbstversorger SK E2
Lonmay, AB43 8UU
0845 057 4212
perfect-manors.com
Herrenhaus im Regency-Stil mit individuell eingerichteten Zimmern. Großes Wohnzimmer. Auch für größere Familien bestens geeignet.

HARRIS: Blue Reef Cottages £££
Selbstversorger SK B2
Scarista, Isle of Harris, HS3 3HX
(01859) 55 03 70
stay-hebrides.com
Luxuriöses Hotel mit zwei individuell gestalteten Häusern mit Grasdächern. Die Lage auf einer Anhöhe gewährleistet einen fantastischen Ausblick.

INVERNESS: Beach Cottage ££
Selbstversorger SK D2
3 Alturlie Point, IV2 7HZ
(01463) 23 16 76
beachcottageinverness.co.uk
Delfinbeobachtungen im Moray Firth sind bei den Gästen der umgebauten Fischerhütte (18. Jh.) sehr beliebt. Tolles Frühstück.

INVERNESS: Pentahotel ££
Preisgünstig SK D2
63 Academy St, IV1 1LU
(01463) 22 88 50
pentahotels.com
Hotel mit schickem Design, Bar, Restaurant und Fitness-Center im Zentrum von Inverness. Die Zimmer verfügen über Flachbild-TV, Filme kann man gratis ausleihen.

ISLE OF SKYE: The Stein Inn £
Inn SK B2
Waternish, IV55 8GA
(01470) 59 23 62
stein-inn.co.uk
Gasthof (18. Jh.) auf der abgelegenen Halbinsel Waternish. Die Zimmer sind gemütlich, die Bar ist sehr beliebt.

ISLE OF SKYE:
The Three Chimneys £££
Luxus SK B2
Colbost, Dunvegan, IV55 8ZT
(01470) 51 12 58
threechimneys.co.uk
Von den verschwenderisch ausgestatteten Suiten hat man einen wundervollen Blick aufs Meer.

KILCHRENAN: Ardanaiseig £££
Landsitz SK C4
Nähe Taynuilt, Argyll, PA35 1HE
(01866) 83 33 33
ardanaiseig.com
Vornehmes Hotel am Ufer des Loch Awe. Privates Hausboot für einen romantischen Aufenthalt.

MONESS: Moness Resort ££
Historisch SK D3
Crieff Road, Aberfeldy, PH15 2DY
07877 82 21 08
moness.com
Sowohl Hotelzimmer als auch Unterkünfte für Selbstversorger, zeitgemäß ausgestattet.

MULL: Highland Cottage ££
Individuell SK B3
24 Breadalbane Street, Tobermory, Isle of Mull, PA75 6PD
(01688) 30 20 30
highlandcottage.co.uk
Individuell und luxuriös ausgestattete Zimmer. Kreative, zeitgemäße schottische Küche.

MULL: Pennygate Lodge ££
Inn SK B4
Craignure, Isle of Mull, PA65 6AY
(01680) 81 23 33
pennygatelodge.scot
Vom georgianischen Pfarrhaus blickt man auf die Craignure Bay.

ORKNEY ISLANDS:
The Foveran ££
Inn SK F3
Kirkwall, St Ola, KW15 1SF
(01856) 87 23 89
thefoveran.com
Familiengeführtes Hotel mit Suiten und großartigem Restaurant.

PITLOCHRY:
East Haugh House ££
Inn SK D3
East Haugh, Perthshire, PH16 5TE
(01796) 47 31 21
easthaugh.co.uk
Kleines familienbetriebenes Hotel mit gutem Restaurant mit Wild- und Seafood-Gerichten.

PLOCKTON: Plockton Hotel ££
Individuell SK C2
41 Harbour St, Ross-shire IV52 8TN
(01599) 54 42 74
plocktonhotel.co.uk
Küstenhotel mit komfortablen Zimmern und atemberaubendem Blick über Bucht und Hügel.

SHETLAND ISLANDS:
The Queen's Hotel £
Historisch SK G2
Commercial St, Lerwick, ZE1 0AB
(01595) 69 28 26
kgqhotels.co.uk
Hotel mit gutem Restaurant und Blick auf Lerwick Harbour.

SPEYSIDE: Craigellachie Hotel ££
Inn SK D2
Victoria St, Banffshire, AB38 9SR
(01340) 88 12 04
craigellachiehotel.co.uk
Zum dem freundlichen Landsitz am Spey gehört eine berühmte Quaich-Whisky-Bar.

TARBERT: Stonefield Castle ££
Historisch SK C4
Loch Fyne, Argyll, PA29 6YJ
0843 178 7141
bespokehotels.com/stonefield castle
Atemberaubende Burg (1837) mit gut eingerichteten Zimmern.

Vis-à-Vis-Tipp

TORRIDON: The Torridon £££
Landsitz SK C2
Achnasheen, Wester Ross, IV22 2EY
(01445) 79 12 42
thetorridon.com
Von dem Luxushotel am Loch Torridon hat man einen schönen Blick auf die Hügel und Berge der Region. Das Torridon bietet stilvolle Zimmer, aber auch großzügige Unterkünfte für Selbstversorger. Exzellentes Restaurant mit gehobener Küche.

Restaurants

Die Qualität der schottischen Restaurants entspricht schon lange nicht mehr ihrem einstmals schlechten Ruf. Das liegt nicht zuletzt an dem Zustrom internationaler Köche und dem Einfluss fremder Kulturen, denen es zu verdanken ist, dass sich das kulinarische Angebot vor allem in Edinburgh und Glasgow durchaus sehen lassen kann. Auch die heimische Küche hat sich entwickelt und in den letzten Jahrzehnten so verbessert, dass sie kaum wiederzuerkennen ist. Inzwischen kann man in jeder Preisklasse und in den großen Städten auch zu jeder Tageszeit fantastisch speisen. Die Restaurants auf dem Land sind ebenfalls exzellent, wenn auch weniger flexibel. In Brasserien und Cafés isst man meist recht preisgünstig und gut. Im Restaurantverzeichnis auf den Seiten 181 –189 finden Sie einige der besten und beliebtesten Lokale. Bitte vergessen Sie nicht, dass in allen schottischen Bars, Cafés und Restaurants Rauchverbot herrscht.

Große Auswahl an Bier und Whisky in einem typischen schottischen Pub

Preise und Reservierung

Alle Restaurants sind dazu verpflichtet, ihre Preise auszuhängen. Preise verstehen sich inklusive Mehrwertsteuer (VAT, 20 Prozent). Ausgewiesen sind zudem das Trinkgeld und gegebenenfalls der Gedeckpreis.

Wein kann in Schottlands Restaurants sehr teuer sein, auch der Preis für kleine Extras wie Kaffee oder Mineralwasser ist im Vergleich zum Essen teilweise überhöht. Das Trinkgeld (meist zwischen 10 und 15 Prozent) ist manchmal im Preis inbegriffen. Ist das nicht der Fall, erwartet man von Ihnen ein Aufrunden der Rechnung – den Betrag werden Sie davon abhängig machen, wie gut der Service war. In den meisten Restaurants kann man mit Kreditkarte bezahlen, doch in den Pubs sollten Sie bar zahlen.

In Restaurants empfiehlt es sich zu reservieren. Vor allem am Wochenende sind manche Lokale sehr voll, einige oft bis zu einen Monat im Voraus ausgebucht.

Frühstück, Mittag- und Abendessen

Zum traditionellen schottischen Frühstück gehören Cornflakes und Milch, Schinken, Eier und Tomaten, *black pudding* (Blutwurst) oder gar *haggis* (gefüllter Schafsmagen). Toast mit Marmelade und Tee sowie süßer Haferflockenbrei runden das Frühstück ab. Die Alternative ist ein kontinentales Frühstück mit Kaffee und Croissants oder Toast.

Mittags isst man in den Pubs oft Sandwiches, Salate, Backkartoffeln oder *ploughman's lunches* (Brötchen, Käse oder Schinken und Chutneys).

Manche Hotels bieten zum Abendessen fünf oder sechs Gänge an, üblich sind aber nur drei. Den Abschluss bilden oft Käsesorten und Haferkekse. Auf dem Land wird das Abendessen zwischen 18 und 21 Uhr serviert. In Schottland wird das Mittagessen auch *dinner* und das Abendessen *tea* genannt.

Afternoon Tea

Kein Besucher sollte einen *afternoon tea* versäumen. Neben dem Frühstück ist er die genussvollste Mahlzeit des Tages. Teestuben servieren eine Auswahl an Kuchen und Sandwiches. Favoriten sind Dundee Cake, Shortbread und in Butter schwimmende Pfannkuchen.

***Afternoon tea* in Schottland – ein genussvoller Zeitvertreib**

Mit Kindern essen

Vielerorts sind Kinder willkommen, zumindest während des Tages und in den frühen Abendstunden. Manche Restaurants bieten ein eigenes Menü für sie an oder servieren Kinderportionen. In einigen gibt es auch Hochstühle für die jungen Gäste. Bei Italienern, Spaniern, Indern und in Fast-Food-Restaurants sind Kinder beinahe immer gerne

Fish-and-Chips-Bude auf Edinburghs Portobello Promenade

gesehen. Die jetzt rauchfreien Pubs stellen sich zunehmend mit Spielecken auf Kinder ein.

Vegetarische Gerichte

In diesem Punkt ist Großbritannien den meisten europäischen Staaten um einiges voraus, und Schottland bildet da keine Ausnahme. Einige im Verzeichnis ausgewiesene Restaurants servieren ausschließlich vegetarische Gerichte, die meisten bieten sie als Alternative an. Edinburgh und Glasgow haben die größte Auswahl, doch auch kleinere Städte und Dörfer experimentieren heute mit fleischlosem Essen.

Vegetarier, die eine größere Auswahl wünschen als die von der schottischen und englischen Küche gebotene, sollten die Vielfalt der Chinesen, Inder und anderer Kulturen probieren. Diese bieten traditionell gute vegetarische Gerichte an.

Fisch und Seafood

Schottland verfügt über rund 16 000 Kilometer Küste – kein Wunder also, dass Fisch und Meeresfrüchte in der Wirtschaft und der Landesküche eine große Rolle spielen. In den Läden und Restaurants gibt es Kabeljau, Schellfisch, Hering und Makrele, während an der Westküste Lachs und Regenbogenforelle gefangen und gezüchtet werden. In fast allen schottischen Gewässern wimmelt es von Hummern, Krabben und Garnelen. In den letzten Jahren wird allerdings immer stärker Wert auf die Kultivierung und Erhaltung natürlicher Seafood-Vorkommen (vor allem Muscheln und Austern) gelegt.

Witchery by the Castle *(siehe S. 182)* in Edinburgh

Fast Food

Schottland ist zu Recht berühmt für seine Fish-and-Chips-Mahlzeiten. Bars an der Küste verkaufen wunderbar frischen Fisch mit Pommes frites, aber auch Hühnchengerichte. Im Inland kommt der Fisch nicht direkt aus dem Meer auf den Tisch, aber man hat eine riesige Auswahl an guten Verkaufsständen.

Überall gibt es die üblichen Fast-Food-Ketten sowie Sandwichläden und Fast-Food-Cafés, die vorrangig fettig Frittiertes, mitunter aber auch gutes Frühstück servieren.

Pubs und Style Bars

Schottland hat nicht so strenge Alkoholgesetze wie das übrige Großbritannien. Das zeigen vor allem die etablierten langen Öffnungszeiten. Vor allem in den Städten schließen die Bars und Pubs um Mitternacht oder erst um 1 oder 2 Uhr. Während des Festivals *(siehe S. 84f)* im August ist in Edinburgh oft erst um 3 Uhr morgens oder gar nicht Feierabend – manche Bars haben dann 24 Stunden durchgehend geöffnet.

Die altmodischen, dunklen Pubs gibt es zwar immer noch, aber in jüngster Zeit erfreut sich ein neuer Trend zunehmender Beliebtheit: In den Style Bars ist, anders als in traditionellen Pubs, die Auswahl nicht auf wenige Biersorten beschränkt. Die etwas lauten Locations werden zumeist von jungen Leuten frequentiert. Es gibt eine lebhafte Happy Hour und interessante Cocktails.

Restaurantkategorien

Die Restaurantauswahl *(siehe S. 181–189)* dieses Reiseführers legt Wert auf Lokale mit gutem Essen und aufmerksamem Service. Die Palette ist breit – von Sterne-Tempeln in Städten bis zu kleinen Lokalen auf dem Land. Viele ländliche Restaurants gehören zu einem Hotel, bedienen aber auch Nicht-Hotelgäste. Sie sind meist gut und zudem das soziale Zentrum eines Orts. In vielen schottischen Restaurants werden traditionelle Speisen wie *haggis* serviert, in den modernen Lokalen dagegen geht man neue Wege.

Die **Vis-à-Vis-Tipps** listen besondere Häuser auf – etwa Lokale mit außergewöhnlich guten Gerichten, moderaten Preisen, romantischem Ambiente, schöner Aussicht, besonders guter traditioneller schottischer Küche – oder einer Kombination aus allem.

Douglas Bistro im Douglas Hotel *(siehe S. 186)* auf Arran

Schottische Küche

Die schottische Natur liefert die Zutaten für sehr viele landestypische Gerichte. Angusrind zählt zu den besten Fleischsorten, auch Hirschfleisch ist hervorragend: Das Fleisch wird mit wenig Sauce oder Gewürzen serviert. Lachs und Forelle sind sehr bekannt, darüber hinaus gibt es Muscheln, Hummer und Krebse. Weizen wächst hier nicht, *oatcakes* und *bannocks* aus Hafer ersetzen das Brot. Zwischendurch lieben die Schotten Süßes, nicht nur Kuchen und *shortbread*, sondern auch *tablet*, eine dem *fudge* ähnliche, jedoch bröselige Süßware.

***Tablet*, eine krümelige Süßware**

Highland-Rinder auf schottischen Moorlandschaften

Lowlands

Auf den fruchtbaren Weiden im südlichen Schottland grasen Kühe und Schafe. Aus ihrer Milch werden Käsesorten wie Bonnet, Bonchester und Galloway Cheddar hergestellt. Im Carse of Gowrie am River Tay reifen Loganbeeren, *tayberries* – eine Kreuzung aus Brom- und Himbeeren – sowie Erdbeeren. Hafer ist das vorherrschende Getreide, nicht nur *porridge* oder *oatcakes* werden aus ihm gemacht. Auch für das Nationalgericht *haggis* (Innereien, in einen Schafsmagen eingenäht) ist Hafer eine wichtige Zutat. Häufig wird es mit *neeps and tatties* (Rüben- und Kartoffelbrei) serviert. Nach Meinung des Poeten Burns ist *haggis* der »Häuptling« der *puddings*. Für Suppen verwendet man oft auch Graupen.

Highlands

Wild wie Moor-, Rebhühner, *capercaillie* (eine große Art des Moorhuhns) und Hirsch kommt aus den Highlands. Am Meer wird Fisch geräuchert, an der Westküste liebt man Räucherhering, an der Ostküste Heilbutt. Geräucherter Weißfisch ist die Hauptzutat von Cullen skink, einer Suppe, die in der Burns Night gegessen wird.

Auswahl an frischem Fisch und Seafood

Typische schottische Gerichte

Hafer

Traditionell beginnt man den Tag mit *kippers* (geräucherten Heringen) oder mit *porridge*, das eher salzig als süß schmeckt, aber auch Haferkekse oder *scones* zählen zum typischen Frühstücksgebäck. Eine Schüssel mit *porridge* hielt einst eine Woche lang vor, *broth* (Suppe) brodelte oft fünf Tage lang über dem Feuer. Sie wurde mit Kohl oder Linsen zubereitet, manchmal auch mit einem *cock* (Hahn) und *leek* (Lauch), in diesem Fall hieß sie *cock-a-leekie*. Fleischreste rührte man in *stovies*, einen Kartoffelbrei mit Zwiebeln. Das Abendessen in Schottland war traditionell der *high tea* am späten Nachmittag, mit geräuchertem Fisch, kaltem Fleisch und Pasteten. Danach gab es *shortbread*, Früchtekuchen oder *scones*, und alles wurde mit Tee hinuntergespült.

Haggis* mit *neeps and tatties
Das schottische Nationalgericht wird in der Burns Night (25. Jan) häufig gegessen.

Restaurantauswahl

Edinburgh

NEW TOWN: The Abbotsford £
Pub SK D4
3–5 Rose Street, EH2 2PR
(0131) 225 5276
Lebhafte Bar mit traditioneller Holztäfelung. Man bekommt typische Pubkost wie Fish and Chips. Breiteres Angebot im Restaurant »Above«. Gutes Bier.

NEW TOWN: The Cambridge Bar £
Pub SK D4
20 Young Street, EH2 4JB
(0131) 226 2120
Ein wenig unpassende Möblierung, Steinboden und gedämpftes Tageslicht erzeugen Kelleratmosphäre. Herzhafte Burger und vegetarische Gerichte.

NEW TOWN: Coffee Angel £
Café SK D4
24–27 Brandon Terrace, EH3 5DZ
(0131) 622 6235
Angenehm helles Café mit einem sehr guten Speisenangebot wie Suppe mit Fleischbällchen oder mexikanische Rinderfladen. Bis 19 Uhr geöffnet.

NEW TOWN: Urban Angel £
International SK D4
121 Hanover Street, EH2 1DJ
(0131) 225 6215 abends
Vielseitige Speisekarte mit Gerichten wie gebratenes Lachsfilet mit Glasnudeln in der Brühe, mediterran inspirierte Salate.

NEW TOWN: Café St Honoré ££
Französisch SK D4
34 North West Thistle Street Lane, EH2 1EA
(0131) 226 2211
Das pulsierende Bistro wird von Neil Forbes geführt, einem der besten Köche Edinburghs. Fantasievoll zubereitete Speisen aus einheimischen Produkten.

NEW TOWN: Chao Phraya ££
Thai SK D4
4th Floor, 33 Castle Street, EH2 3DN
(0131) 226 7614
Das stilvolle Restaurant weicht stark ab von der traditionellen Thai-Küche, serviert aber auch typische rote Thai-Currys. Man hat eine unvergleichliche Aussicht auf Edinburgh Castle.

NEW TOWN: Contini Ristorante ££
Italienisch SK D4
103 George Street, EH2 3ES
(0131) 225 1550
Edinburghs bestes italienisches Restaurant serviert authentische Pastagerichte. Eine wunderbare Lokalität für ein Mittagessen, ein Abendmahl oder einen Snack.

NEW TOWN: The Dome ££
Modern schottisch SK D4
14 George Street, EH2 2PF
(0131) 624 8624
Ein prächtiges Gebäude aus dem 18. Jahrhundert birgt dieses Hotel mit zwei Restaurants und einem Café. Im Grill Room gibt es moderne schottische Küche, im Club Room Steaks.

NEW TOWN: Galvin Brasserie de Luxe ££
Brasserie SK D4
Princes Street, EH1 2AB
(0131) 222 8988
Die vornehme Brasserie im Hotel Caledonian bietet Gaumenfreuden der französischen Kochkunst, darunter eine große Auswahl an Bistro-Klassikern. Vorzügliche Weinkarte und großartige Menüs.

NEW TOWN: The Pompadour by Galvin ££
Französisch SK D4
Princes Street, EH1 2AB
(0131) 222 8777
mittags (außer Sa), Mo & Di
Die Brüder Galvin haben frischen Wind in das hochrangige Kultlokal im Hotel Caledonian gebracht. Hier zelebriert man Kochkunst der Extraklasse.

Innenausstattung im Pariser Stil im Café St Honoré, Edinburgh

Preiskategorien
Die Preise gelten für ein Drei-Gänge-Menü pro Person mit einer halben Flasche Hauswein, inklusive Steuern und Service.

£	**unter 35 £**
££	**35–50 £**
£££	**über 50 £**

NEW TOWN: A Room in the West End ££
Modern schottisch SK D4
26 William Street, EH3 7NH
(0131) 226 1036
Das gemütliche Lokal unterhalb der belebten Teuchters Bar bietet moderne schottische Küche mit einer Auswahl an Wildgerichten und Wurstspezialitäten.

NEW TOWN: Vincaffè ££
Café SK D4
11 Multrees Walk, EH1 3DQ
(0131) 557 0088 So abends
Vincaffè, geführt von einer italienischen Familie, bietet Pastagerichte, scharfe Würste sowie exzellenten Kaffee und Wein.

NEW TOWN: 21212 £££
Französisch SK D4
3 Royal Terrace, EH7 5AB
(0131) 523 1030 So & Mo
Genießen Sie einfallsreiche, schön präsentierte Kochkunst in Paul Kitchings Sterne-Restaurant.

NEW TOWN: Kyloe Restaurant & Grill £££
Steakhouse SK D4
1–3 Rutland Street, EH1 2AE
(0131) 229 3402
Von dem Restaurant im Rutland Hotel hat man einen herrlichen Blick auf die Burg. Sehr große Auswahl an Steakgerichten.

NEW TOWN: Number One £££
Modern schottisch SK D4
1 Princes Street, EH2 2EQ
(0131) 557 6727
Preisgekröntes Restaurant im Fünf-Sterne-Hotel Balmoral. Wählen Sie ein Sieben-Gänge-Menü und dazu den passenden edlen Tropfen.

NEW TOWN: Stac Polly £££
Modern schottisch SK D4
29–33 Dublin Street, EH3 6NL
(0131) 556 2231
Stac Polly serviert interessante schottische Küche, darunter Highlights wie Steaks mit Blutwurst und Weißfisch. Im Obergeschoss befindet sich eine Gin- und Weinbar.

OLD TOWN: Amber £
Schottisch **SK** D4
354 Castlehill, The Royal Mile, EH1 2NE
(0131) 477 8477
Das Lokal liegt in der sogenannten Royal Mile. Umfangreiche Auswahl an Whisky-Sorten und dazu die passenden Speisen.

OLD TOWN: David Bann £
Vegetarisch **SK** D4
56–58 St Mary's Street, EH1 1SX
(0131) 556 5888
Elegantes Gourmetrestaurant mit Gerichten wie Kürbisrisotto mit Lauch, Estragon und Butternuss oder Törtchen mit gebratenem Käse und getrockneten Tomaten.

OLD TOWN: Elephant House £
Café **SK** D4
22 George IV Bridge, EH1 1EN
(0131) 220 5355
In diesem Café schrieb Erfolgsautorin Joanne K. Rowling den ersten *Harry-Potter*-Band. Hier findet man eine reiche Auswahl an Kuchen und Suppen, sehr gut ist auch der Hackfleischauflauf *shepherd's pie*.

OLD TOWN: Mother India's Café £
Indisch **SK** D4
3–5 Infirmary Street, EH1 1LT
(0131) 524 9801
Superbe indische Küche für jeden Geschmack: von mildem Hähnchen-*tikka makhani* bis hin zu scharfen Chili-Fischfrikadellen und Tapas-artigen Gerichten.

OLD TOWN: MUMS Great Comfort Food £
Schottisch **SK** D4
14a Forrest Road, EH1 2QN
(0131) 260 9806
Sehr gute Mahlzeiten wie Würste mit Kartoffelpüree oder Steakgerichte. Bemerkenswertes Preis-Leistungs-Verhältnis.

OLD TOWN: Aizle ££
Modern schottisch **SK** D4
107–109 St Leonard's St, EH8
(0131) 662 9349 ● So & Mo

Speiseraum im Wedgwood the Restaurant, Edinburgh

Die Auswahl an Fleisch- und Fischgerichten ist groß. Vegetarier sollten vorher anfragen.

OLD TOWN: Spoon £
Café **SK** D4
6a Nicolson Street, EH8 9DH
(0131) 623 1752 ● So (außer beim Edinburgh Festival)
Das moderne Café serviert das beste vegetarische Frühstück der Stadt, aber auch die nichtvegetarische Version ist sehr gut. Auch glutenfreie Optionen.

OLD TOWN: Kanpai ££
Japanisch **SK** D4
8–10 Grindlay Street, EH3 9AS
(0131) 228 1602 ● Mo
Das stilvolle, preisgekrönte Speiselokal bietet das beste Sushi und Sashimi der Stadt. Dazu gibt es sehr gutes japanisches Bier.

OLD TOWN: Michael Neave Kitchen and Whisky Bar ££
Modern schottisch **SK** D4
21 Old Fishmarket Close, EH1 1RW
(0131) 226 4747
Das freundliche Restaurant wird von einem der profiliertesten jungen Küchenchefs Schottlands geführt. Schmackhafte Gerichte und erstklassige Whisky-Bar.

Moderne Einrichtung im La Favorita in Leith, Edinburgh

OLD TOWN: Outsider £
Bar **SK** D4
15 George IV Bridge, EH1 1EE
(0131) 226 3131
Das lebhafte Bar-Restaurant präsentiert eine vielseitige Speisekarte, z. B.: Seehecht mit Kokosnuss- und Orangenrisotto oder Gnocchi mit Birne, Walnüssen und Pesto.

OLD TOWN: Wedgwood the Restaurant ££
Modern schottisch **SK** D4
267 Canongate, EH8 8BQ
(0131) 558 8737
In diesem vornehmen Restaurant an der Royal Mile kreiert Küchenchef Paul Wedgwood köstliche, ästhetisch präsentierte Gerichte aus regionalen Erzeugnissen.

OLD TOWN: The Witchery by the Castle ££
Modern schottisch **SK** D4
Castlehill, Royal Mile, EH1 2NF
(0131) 225 5613
Gute Steak- und Hummergerichte. Wählen Sie ein exzellentes Fixpreismenü im romantischen Speiseraum Secret Garden vor oder nach einem Theaterbesuch.

OLD TOWN: Castle Terrace £££
Französisch **SK** D4
33–35 Castle Terrace, EH1 2EL
(0131) 229 1222
Ein renommiertes Spitzenrestaurant mit wunderbaren Sechs-Gänge-Menüs, darunter auch einem für Vegetarier.

OLD TOWN: Ondine £££
Seafood **SK** D4
2 George IV Bridge, EH1 1AD
(0131) 226 1888 ● So
Ondine bietet begeisternde Kochkunst, zubereitet mit den besten einheimischen Produkten der Saison. Probieren Sie Krebse in Knoblauchbutter oder in französischer Manier auf Eis.

ABSTECHER: La Favorita £
Italienisch **SK** D4
325–327 Leith Walk, EH6 8SA
(0131) 554 2430
La Favorita ist ein aussichtsreicher Kandidat für das Prädikat »beste Pizzeria der Stadt«. Die Auswahl an verschiedenen Belägen ist überwältigend. Sehr gutes Eis.

ABSTECHER: Jo's Kitchen £
Modern schottisch **SK** E4
73 Market St, Haddington, EH41 3JJ
(0131) 554 2430
Das Restaurant serviert Klassiker der schottischen Küche, die hier um eine internationale Note verfeinert werden, u. a. Lamm mit Steinpilzen oder Hummerrisotto.

Restaurantkategorien *siehe S. 179* **Preiskategorien** *siehe S. 181*

ABSTECHER: The King's Wark £
Pub SK D4
36 The Shore, EH6 6QU
(0131) 554 9260
Edinburghs vermutlich bestes Gastro-Pub bietet herzhafte Gerichte. Speisen Sie bei Kerzenlicht im Pub oder noch gemütlicher im Esszimmer.

ABSTECHER: The Lobster Shack £
Seafood SK E4
The Harbour, North Berwick, EH39 4JL
07910 620 480 ● Nov–März
Dieses schön gelegene Hafenrestaurant – genau genommen handelt es sich um eine Strandhütte mit Stühlen im Freien – bietet wunderbare Gerichte mit Meeresfrüchten.

ABSTECHER: Orocco Pier £
International SK D4
17 High Street, South Queensferry, EH30 9PP
08709 118 1664
Wählen Sie Pubkost in der wunderbar entspannten Antico Café Bar oder Seafood in der Grillbar Samphire. Grandioser Blick auf den River Forth.

ABSTECHER: Al Dente ££
Italienisch SK D4
139 Easter Road, EH7 5QA
(0131) 652 1932 ● So
Das bei Einheimischen beliebte Restaurant bietet ausgezeichnete italienische Küche zu akzeptablen Preisen. Die Weinkarte bietet eine exzellente Auswahl.

ABSTECHER: The Boat House ££
Seafood SK D4
22 High Street, South Queensferry, EH30 9PP
(0131) 331 5429
Ein reizendes Seafood-Restaurant mit Bistro. Die Spezialität des Küchenchefs Paul Steward sind Jakobsmuscheln getrüffelt.

ABSTECHER: Chez Roux ££
Französisch SK E4
Muirfield, Gullane, EH31 2EG
(01620) 84 21 44
Das Top-Restaurant im Greywalls Hotel bietet seinen Gästen einzigartige kulinarische Erlebnisse. Französische Kochkunst mit Zutaten aus Schottland.

ABSTECHER: Ducks at Kilspindie House ££
Modern schottisch SK E4
Main Street, Aberlady, EH32 0RE
(01875) 87 06 82 ● Mo & Di
Das intime Speiselokal mit Gourmetrestaurant und Bistro wird von dem legendären Gastronomen Malcolm Duck geführt.

ABSTECHER: Jeremy Wares ££
Modern schottisch SK D4
Macdonald Houstoun House Hotel, Uphall, West Lothian, EH52 6JS
(01506) 85 38 31
Zu den Klassikern der modernen Küche von Jeremy Wares zählen Wildgerichte. Das Ambiente des Restaurants im Hotel Macdonald Houstoun House ist romantisch.

ABSTECHER: La Potinière ££
International SK E4
Main St, Gullane, EH31 2AA
(01620) 84 32 14 ● Mo & Di
Dieses Speiselokal der Spitzenklasse ist bei Einheimischen sehr beliebt. Wundervolle Gerichte aus einheimischen Produkten.

ABSTECHER: The Sun Inn ££
Pub SK D4
Lothianbridge, Dalkeith, EH22 4TR
(0131) 663 2456
Das preisgekrönte Gastro-Pub bietet eine vielseitige Speisekarte für jede Gelegenheit, vom formellen Geschäftsessen bis hin zum romantischen Dinner zu zweit.

ABSTECHER: Champany Inn £££
Modern schottisch SK D4
Linlithgow, West Lothian, EH49 7LU
(01506) 83 45 32
Das Restaurant mit Übernachtungsmöglichkeit bringt Steaks und Seafood auf den Tisch. Man kann auch im Chop & Ale House die Mahlzeiten einnehmen.

Vis-à-Vis-Tipp

ABSTECHER: The Kitchin £££
Modern schottisch SK D4
78 Commercial Quay, EH6 6LX
(0131) 555 1755
● So & Mo
Der begeisternde Küchenchef Tom Kitchin, bekannt aus TV-Sendungen und ausgezeichnet mit einem Michelin-Stern, führt das gleichnamige Restaurant. Die wohlausgewogenen Menüs umfassen exquisite Speisen wie Seeigelcremesuppe oder Schneehuhn. Exzellente Weinauswahl.

ABSTECHER: Livingston's £££
Schottisch SK D4
52 High Street, Linlithgow, EH49 7AE
(01506) 84 65 65 So & Mo
Einfallsreiche Küche mit frischen schottischen Zutaten ist Markenzeichen des Hauses. Auf der Speisekarte finden sich sautierte Jakobsmuscheln und zarter Rinderbraten. Köstliche Desserts.

Angenehmes, helles Interieur im The Kitchin in Leith, Edinburgh

ABSTECHER: Restaurant Martin Wishart £££
Französisch SK D4
54 The Shore, Leith, EH6 6RA
(0131) 553 3557 ● So & Mo
Küchenchef Martin Wishart bietet Liebhabern der französischen Küche ein kulinarisches Erlebnis. Klassische Kochkunst mit erlesenen, frischen Zutaten.

Südschottland

EYEMOUTH: Mackays of Eyemouth £
Fish and Chips SK E4
20–24 High St, Berwickshire TD14 5EU
(01890) 75 11 42
Gönnen Sie sich eine leckere Mahlzeit mit Fisch, Hummer und Pommes, und beobachten Sie die Fischerboote auf dem Meer.

KELSO: The Terrace Café £
Café SK E5
Floors Castle, Roxburghe Estates Office, Roxburghshire, TD5 7SF
(01573) 225 714
Das beliebte, charmante Café bietet gesunde Suppen, Sandwiches und gute Hausmannskost. Aufwendigere Gerichte wie geschmortes Wildbret finden sich ebenfalls auf der Speisekarte.

Vis-à-Vis-Tipp

KELSO: The Roxburghe Hotel & Golf Course £££
Modern schottisch SK E5
Roxburghshire, TD5 8JZ
(01573) 45 03 31
Genießen Sie gutes Essen in diesem großartigen Hotel auf dem Roxburghe-Anwesen. Küchenchef Albert Roux kreiert wunderbare schottische Fleisch-, Wild- und Fischgerichte. Gute Weinkarte, große Auswahl an Whisky-Sorten.

Rustikaler Wandschmuck im City Merchant in Glasgow

LAUDER: Black Bull Hotel **££**
Pub **SK E5**
Market Place, Berwickshire, TD2 6SR
(01578) 72 22 08
Das Pub serviert hochwertige Speisen in einem georgianischen Esszimmer und in einer legeren Bar: Fish and Chips, große Burger und gute Kindermenüs.

MELROSE: Burts Hotel **££**
Inn **SK E5**
Market Square, TD6 9PN
(01896) 82 22 85
Wegen seines hohen Standards bei Service und Speisen ist das Restaurant im Burts Hotel eine Institution in Melrose. Exzellente Fleischgerichte und wunderbares Seafood aus Eyemouth.

PEEBLES: Coltman's Delicatessen & Kitchen **££**
Café **SK D5**
71–73 High Street, EH45 8AN
(01721) 72 04 05
So–Mi abends
Bezaubernder Delikatessenladen und Restaurant mit Blick auf den River Tweed. Man bietet Sandwiches und internationale Gerichte. Gutes Drei-Gänge-Menü.

PEEBLES: Osso **££**
Schottisch **SK D5**
Innerleithen Rd, EH45 8BA
(01721) 72 24 20
So abends
Ein beliebtes Restaurant mit grandioser Auswahl und freundlichem Service. Ideal zum Frühstück oder für ein herzhaftes Abendessen.

PEEBLES: Horseshoe Inn **£££**
Modern schottisch **SK D5**
Eddleston, EH45 8QP
(01721) 73 02 25
Zur einfallsreichen Kochkunst von Darren Miranda gehören Speisen wie Orkney-Muscheln mit luftgetrocknetem Schinken, Aprikosen- und Orangenmus sowie gedünstetem Chicorée.

PORTPATRICK: Knockinaam Lodge **£££**
International **SK C6**
Dumfries & Galloway, DG9 9AD
(01776) 81 04 71
Das Restaurant wurde mit einem Michelin-Stern prämiert. Küchenchef Tony Pierce bereitet erstklassige mehrgängige Menüs.

SANQUHAR: Blackaddie Country House Hotel **£££**
Modern schottisch **SK D5**
Dumfries & Galloway, DG4 6JJ
(01659) 502 70
Erstklassige Gerichte aus hochwertigen lokalen Zutaten machen dieses kleine Restaurant zu einer Empfehlung. Probieren Sie zartes Rindfleisch und Wildbret.

TROON: MacCallum's of Troon Oyster Bar **££**
Seafood **SK C5**
Harbourside, Troon, KA10 6DH
(01292) 31 93 40 Mo
Bekannt für seine Austerngerichte. Auch köstlich: Rotzunge mit Kapern, Garnelen-Tempura und *cullen skink* (dicke Fischsuppe).

TURNBERRY: Il Tramonto at 1906 **££**
Italienisch **SK C5**
Ayrshire, KA26 9LT
(0165) 533 1000
Das Restaurant im Trump Turnberry Resort überzeugt rundum: elegantes Dekor, grandioser Meerblick und gehobene Küche.

Glasgow

ZENTRUM: Café Gandolfi **£**
Café **SK D4**
64 Albion Street, G1 1NY
(0141) 552 6813
Das Café-Restaurant ist Teil des Gandolfi-Imperiums. Großartiges Frühstück, leichte Mittagsmahlzeiten und deftiges Abendessen.

ZENTRUM: The Chippy Doon the Lane **£**
Fish and Chips **SK D4**
84 Buchanan Street, McCormick Lane, G1 3AJ
(0141) 225 6650
Dieses legere Restaurant bietet hochklassige Fischgerichte wie Seeteufelschwänze, Seehecht, Rotzunge, Kabeljau und Schellfisch. Süßigkeiten für Kinder.

ZENTRUM: Fratelli Sarti **£**
Italienisch **SK D4**
121 Bath Street, G2 2SZ
(0141) 204 0440
Das lebhafte Restaurant in der Bath Street bietet typisch italienische Gerichte in riesigen Portionen. Auch das Café nebenan ist sehr nett.

ZENTRUM: Red Onion **£**
International **SK D4**
257 West Campbell Street, G2 4TT
(0141) 221 6000
Große Speisekarte mit zahlreichen veganen Optionen wie etwa Bohnen-Burger und Tomaten-*hummus*. Frühzeitige Reservierung ist anzuraten.

ZENTRUM: Rogano **£**
Schottisch **SK D4**
11 Exchange Place, G1 3AN
(0141) 248 4055
Das populäre, 1935 eröffnete Restaurant bietet eine reiche Auswahl an Speisen in einem Esszimmer und in einer Bar. Probieren Sie die Krebsgerichte.

ZENTRUM: City Merchant **££**
Schottisch **SK D4**
97–99 Candleriggs, G1 1NP
(0141) 553 1577
Lebhaftes familiengeführtes Esslokal, bekannt für hochwertiges Seafood. Schmausen Sie Austern, Krabben, Langusten oder Hummer. Die Speisekarte hält neben Fisch und Meeresfrüchten viele weitere Optionen bereit.

Gehobenes Ambiente im Blackaddie Country House Hotel, Sanquhar

ZENTRUM: Gandolfi Fish ££
Seafood SK D4
84 Albion Street, G1 1NY
(0141) 552 9475
Sehr gutes Seafood-Restaurant mit umfangreicher Speisekarte: perfekt zubereitete Austern, Jakobsmuscheln und Hummer.

ZENTRUM: Jamie's Italian ££
Italienisch SK D4
7 George Square, G2 1DY
(0141) 404 2690
Das großartige italienische Restaurant wird von TV-Koch Jamie Oliver geführt. Was das Herz begehrt: Rucola-Salat mit Parmesan, Risotto mit Trüffeln und ein gutes Sortiment italienischer Weine.

ZENTRUM: Restaurant at Blythswood Square ££
International SK D4
11 Blythswood Square, G2 4AD
(0141) 248 8888
Hotelrestaurant der gehobenen Klasse mit großem Speisesaal. Man bietet fantastische Mittagsmahlzeiten zu günstigen Preisen.

ZENTRUM: Brian Maule at Chardon d'Or £££
Französisch SK D4
176 West Regent Street, G2 4RL
(0141) 248 3801 So
Der gefeierte Chefkoch Brian Maule verwendet für seine gehobene französische Küche einheimische Produkte wie Geflügel, Wild und frischen Fisch.

ZENTRUM: Gamba £££
Seafood SK D4
225a West George Street, G2 2ND
(0141) 572 0899
Gamba bietet eine einfallsreiche Speisekarte mit Gerichten wie etwa Jakobsmuscheln oder Wildlachs mit Ingwer, Frühlingszwiebeln und Sesamkörnern. Guter Service.

ZENTRUM: Two Fat Ladies at the Buttery £££
Modern schottisch SK D4
652–654 Argyle Street, G3 8UF
(0141) 221 8188
Das beliebte Lokal befindet sich in einer Postkutschenstation aus der viktorianischen Zeit und bietet Speisen wie gegrillte Scholle mit Bananen, dazu Schnittlauchbutter und Weißwein.

WEST END: The Ashoka £
Indisch SK D4
19 Ashton Lane, G12 8SJ
(0141) 337 1115
Das indische Restaurant bietet eine vielseitige Speisekarte mit ungewöhnlichen Gerichten wie *haggis pakora* (geröstete Knödel). Reservieren Sie rechtzeitig.

Flaschen in der Auslage der Oyster Bar im Rogano, Glasgow

WEST END: Distill £
Pub SK D4
1102–1106 Argyle Street, G3 8TD
(0141) 337 3006
Die gemütliche Bar bietet mehr als 100 Sorten Rum, Cocktails und Bier. Übliche Pubkost wie Fish and Chips, aber auch wunderbare Vorspeisenteller und marokkanische Gerichte wie Lamm-Tajine.

WEST END: Eusebi Deli £
Deli SK D4
152 Park Rd, G4 9HB
(0141) 648 9999
Familienbetriebenes Deli mit italienischen Gerichten, u. a. *pappardelle* mit Hasen-*ragù*. Oder Sie bestellen eine *pinsa romana*. Trotz des ähnlich klingenden Namens sollte man diese Art von *focaccia* nicht mit einer Pizza verwechseln.

WEST END: Mother India £
Indisch SK D4
28 Westminster Terrace, Sauchiehall Street, G3 7RU
(0141) 221 1663
Äußerst beliebtes indisches Speiselokal in einem großartigen alten Glasgower Stadthaus. Reichhaltige Palette an gesunden Curry- und Reisgerichten. Freundliches Personal.

WEST END: The University Café £
Café SK D4
87 Byres Road, G11 5HN
(0141) 339 5217
Das Café mit wunderschöner Retro-Atmosphäre serviert Klassiker wie *mince and tatties* (Gericht mit Rinderhackfleisch und Kartoffeln), Suppen und Schinkenröllchen.

WEST END: Bistro du Vin ££
Modern schottisch SK D4
One Devonshire Gardens, G12 0UX
08447 36 42 56
Gehobene Küche im Hotel du Vin: großartig zubereitete Fleisch- und Fischgerichte. Gönnen Sie sich das schier unwiderstehliche Sieben-Gänge-Menü.

Vis-à-Vis-Tipp

WEST END: Crabshakk ££
Seafood SK D4
1114 Argyle Street, G3 8TD
(0141) 334 6127
Gut besuchtes Restaurant mit einer reizvollen Champagnerbar. Das geschäftige Personal ist sehr aufmerksam und schleppt Seafood-Platten mit Miesmuscheln, Austern und Jakobsmuscheln herbei. Gute, preiswerte Weinauswahl. Erstklassiger Service.

WEST END: Òran Mór ££
Brasserie SK D4
Byres Road, G12 8QX
(0141) 357 6226 Mo
Große, vielseitige Lokalität mit Bar, Brasserie, Theater, Club und einer beliebten Whisky-Bar. Schottische Gerichte wie *haggis* mit Kartoffeln und Burger. Reservierung empfohlen.

WEST END: Stravaigin ££
International SK D4
28 Gibson Street, G12 8NX
(0141) 334 2665
Belebte Café-Bar mit abwechslungsreicher Speisekarte, darunter preisgekrönte internationale Gerichte wie Curryente, *nasi goreng* oder Shetland-Muscheln.

WEST END: Ubiquitous Chip ££
Modern schottisch SK D4
12 Ashton Lane, G12 8SJ
(0141) 334 5007
Ubiquitous Chip, ein gastronomischer Pionier in Glasgow, bietet kreative schottische Küche. Postmodernes Ambiente. Bar mit entspannter Atmosphäre.

WEST END: Cail Bruich £££
Modern schottisch SK D4
725 Great Western Rd, G12 8QX
(0141) 334 6265
Serviert wird der Jahreszeit entsprechende Küche, darunter viele vegetarische Gerichte. Oder Sie wählen das Sieben-Gänge-Menü.

WEST END: La Parmigiana £££
Italienisch SK D4
447 Great Western Road, G12 8HH
(0141) 334 0686 So abends
Kleines, freundliches und populäres Esslokal. Auf der Speisekarte stehen u.a. Tintenfisch-Gnocchi, Hummerravioli und Bouillabaisse mit Fisch und Schalentieren.

ABSTECHER:
Art Lover's Café £
Café SK D4
Bellahouston Park, 10 Dumbreck Road, G41 5BW
(0141) 353 4779 So
Das kunstvoll gestaltete Café in einem Gebäude entworfen von Charles Rennie Mackintosh bietet Speisen wie geräucherte Hirschlende mit Honigbirnen.

Zentralschottland

ABERDOUR:
Room with a View ££
Seafood SK D4
Hawkcraig Point, Fife, KY3 0TZ
(01383) 86 04 02 Mo & Di
Der erfindungsreiche Küchenchef Tim Robson kreiert kulinarische Meisterstücke im Forth View Hotel. Zu den Leckerbissen gehören schwarze Riesentigergarnelen in Blätterteig. Wunderbarer Blick auf den Firth of Forth in Richtung Edinburgh.

ANSTRUTHER:
Anstruther Fish Bar £
Fish and Chips SK E4
42–44 Shore Street, Fife, KY10 3AQ
(01333) 31 05 18
Legendäres Fish-and-Chips-Lokal mit hohen Ansprüchen – sie haben sogar ein eigenes Fischerboot. Probieren Sie die exotischeren Gerichte wie Garnelen, Makrele oder Hummer.

ANSTRUTHER: The Cellar ££
Modern schottisch SK E4
24 East Green, Fife, KY10 3AA
(01333) 31 03 78
Das hübsche Restaurant in dem kleinen Fischerdorf überzeugt mit moderner Küche. Klassiker des Hauses sind Kabeljaugerichte und Tintenfischpüree.

ARRAN:
Auchrannie Resort ££
Schottisch SK C5
Auchrannie Rd, Brodick, KA27 8BZ
(01770) 30 22 34
Im Auchrannie Resort gibt es drei Restaurants: Cruize Bar Brasserie und Brambles Seafood and Grill servieren leichte Mahlzeiten, eighteen69 (geöffnet von Ostern bis Okt) bietet gehobene Küche.

ARRAN: The Douglas Bistro ££
Brasserie SK C5
Isle of Arran, KA27 8AW
(01770) 30 29 68
Im Bistro des Douglas Hotel serviert man leckere Grillsteaks und perfekt zubereitetes Seafood. Der Blick über die Insel ist ebenso grandios wie das Essen.

Vis-à-Vis-Tipp

AUCHTERARDER: Andrew Fairlie at Gleneagles £££
Modern schottisch SK D4
Perthshire, PH3 1NF
(01764) 69 42 67 So
Das großartige Gleneagles Hotel birgt Schottlands einziges Restaurant, das mit zwei Michelin-Sternen ausgezeichnet ist. Probieren Sie geräucherten Hummer und Anjou-Täubchen gebraten.

BALQUHIDDER:
Monachyle MHOR £££
Modern schottisch SK C4
Lochearnhead, Perthshire, FK19 8PQ
(01877) 38 46 22
Küchenchefin Marysia Paszkowska verwendet bei der Zubereitung Gemüse aus dem hoteleigenen Garten. Probieren Sie das fünfgängige *table d'hôte*-Menü.

BRIDGE OF EARN:
The Roost Restaurant ££
Schottisch SK D4
Forgandenny Road, Kintillo,PH2 9AZ
(01738) 81 21 11 So abends
Dieses gemütliche Restaurant liegt südlich von Perth und bietet einfache, gut zubereitete Gerichte aus einheimischen Produkten.

CALLANDER: Roman Camp Country House & Restaurant £££
International SK D4
Bei der Main Street, FK17 8BG
(01877) 33 00 03
Dinieren Sie in einem vornehmen Hotelrestaurant, und probieren Sie das sechsgängige Degustationsmenü. Üppige Weinkarte.

Luxusrestaurant in Gleneagles, geführt von Andrew Fairlie

COMRIE: Deil's Cauldron Restaurant and Wine Bar ££
Schottisch SK D4
27 Dundas Street, PH6 2LN
(01764) 67 03 52 Mo
Legeres Speiselokal, bekannt für stetig gutes Essen und Wein. Das Angebot reicht von Rind über Wild bis zu Seafood. An der Bar stehen Tapas zur Auswahl.

CUPAR: The Peat Inn £££
Modern schottisch SK D4
Fife, bei St Andrews, KY15 5LH
(01334) 84 02 06 So & Mo
In dem mit Michelin-Stern ausgezeichneten Restaurant verwendet man Produkte aus der Region wie Lachs, Langusten und Rindfleisch.

DUNDEE: Jute Café Bar £
Café SK D4
152 Nethergate, DD1 4DY
(01382) 90 92 46
Das Café im Contemporary Arts Centre von Dundee bietet mittags leichte Mahlzeiten, abends dreigängige Menüs. Solide Küche mit Gerichten wie Steaks und Schokoladentorte als Nachtisch.

FALKLAND: Pillars of Hercules £
Vegetarisch SK D4
Strathmiglo Road, Fife, KY15 7AD
(01337) 85 77 49
Wohlschmeckende vegetarische Gerichte wie pikant gewürzte Suppen, herzhafte Sandwiches, Salate und Gebäck. Veranda mit wuchtigen Möbeln und einem Sandkasten für Kinder.

INVERARNAN:
The Drovers Inn £
Pub SK C4
Arrochar, G83 7DX
(01301) 704 2349
Gemütliches Pub mit nostalgischem Flair und schottischen Spezialitäten wie *haggis*.

LAKE OF MENTEITH:
The Lake of Menteith Hotel & Waterfront Restaurant ££
Schottisch SK D4
Port of Menteith, Perthshire, FK8 3RA
(01877) 38 52 58
Glanzvolles Restaurant in eindrucksvoller Umgebung mit Blick auf den See. Seafood und tadellos zubereitete Fleischgerichte.

LOCH LOMOND: Martin Wishart at Loch Lomond £££
Französisch SK C4
Alexandria, Dunbartonshire, G83 8QZ
(01389) 72 25 04 Mo & Di
Einer der besten Sterne-Köche Schottlands führt dieses Restaurant im Cameron House Hotel.

Geschmackvoll eingerichteter Speiseraum im Boath House, Auldearn

NORTH QUEENSFERRY:
The Wee Restaurant £££
Modern schottisch SK D4
17 Main Street, Fife, KY11 1JG
(01383) 61 62 63 Mo
Wundervolle Gaumenfreuden wie Roastbeef oder Shetland-Muscheln in einem kleinen Restaurant, das hochrangige kulinarische Erfahrungen ermöglicht.

PERTH: Deans @ Let's Eat £
Modern schottisch SK D4
77–79 Kinnoull Street, PH1 5EZ
(01738) 64 33 77 So & Mo
Das Nobelrestaurant hat einen sehr guten Ruf für seine beständig gute schottische Küche. Gute Auswahl an Weinen.

PERTH: 63 Tay Street ££
Modern schottisch SK D4
63 Tay Street, PH2 8NN
(01738) 44 14 51 So & Mo
Das zeitgemäße Speiselokal bietet schottische Kost in stilvollem Ambiente. Highlights auf der Speisekarte sind Seeteufelschwänze, Perthshire-Wildbret und Aberdeen Angus Beefsteak.

PORTAVADIE:
Marina Restaurant and Bar ££
Schottisch SK C4
Loch Fyne, Argyll, PA21 2DA
(01700) 81 10 75
Das eindrucksvolle Hafenrestaurant serviert frisches Seafood und Austern vom Loch Fyne. Gäste genießen zudem den herrlichen Blick auf die Halbinsel Kintyre und die Arran Hills in der Ferne. Gute Auswahl an Drinks.

ST ANDREWS:
The Seafood Ristorante £
Seafood SK E4
Bruce Embankment, Fife, KY16 9AB
(01334) 47 94 75
Von dem stilvollen Restaurant mit raumhohen Fenstern hat man eine herrliche Sicht auf die Küste. Preiswerte Mittagsmenüs.

ST ANDREWS:
Road Hole Restaurant £££
Edelrestaurant SK E4
Old Station Rd, Fife, KY16 9SP
(01334) 47 43 71
Das Restaurant im Hotel Old Course wird für seine erlesene Küche gerühmt. Die Karte listet viele Seafood-Gerichte, darunter einige mit Langusten, Krabben und Jakobsmuscheln.

ST MONANS:
Craig Millar @ 16 West End £££
Modern schottisch SK E4
16 West End, Fife, KY10 2BX
(0133) 73 03 27 Mo & Di
Esslokal am Hafen mit schönem Meerblick. Auf der Speisekarte dominiert Seafood – von einfach bis aufwendig zubereitet.

STANLEY: Ballathie House £££
Modern schottisch SK D4
Kinclaven, Perth, PH1 4QN
(01250) 88 32 68
Der Küchenchef wirkt wahre kulinarische Wunder mit schottischen Erzeugnissen: Langusten aus Pittenweem und Wild aus Perthshire. Fulminante Desserts.

Highlands und Inseln

ABERDEEN:
The Silver Darling £££
Seafood SK E3
Pocra Quay, North Pier, AB11 5DQ
(01224) 57 62 29 So
Im Silver Darling erhält man frisches Seafood, zubereitet mit französischem Touch. Gute Auswahl an französischen Weinen. Toller Blick über Hafen und Bucht.

ABOYNE: At the Sign of the Black Faced Sheep £
Café SK E3
Ballater Road, AB34 5HN
(01339) 88 73 11
Hübsches Café mit einer eindrucksvollen Ausstattung an Geschirr. In dem vornehmen Lokal serviert man leckere Sandwiches, Scones mit getrockneten Tomaten und sehr gute Seafood-Teller.

ACHILTIBUIE:
Summer Isles Hotel £££
Seafood SK C2
Ross-shire, IV26 2YG
(01854) 62 22 82 Winter
Das preisgekrönte Restaurant des Summer Isles Hotel bietet exzellentes Seafood, perfekt zubereitet von Küchenchef Alan White.

APPLECROSS: Applecross Inn ££
Pub SK C2
Wester Ross, IV54 8LR
(01520) 74 42 62
Gutes einheimisches Seafood wie Riesengarnelen und Hummer in großzügigen Portionen.

ARDEONAIG: Ardeonaig Hotel & Restaurant £££
Modern schottisch SK D3
South Loch Tay Side, bei Killin, FK21 8SU
(01567) 82 03 51 Mo & Di
Schön eingerichteter Speiseraum mit Blick auf den Loch Tay. Auf der einfallsreichen Speisekarte findet man Gerichte wie Hirschlende und geräucherten Lachs.

ARDUAINE:
Asknish Bay Restaurant £££
Modern schottisch SK C4
Bei Oban, Argyll, PA34 4XG
(01852) 20 02 33
Vom Restaurant des Loch Melfort Hotel hat man eine grandiose Aussicht auf die Inseln und den Atlantik. Lassen Sie sich das Abendmenü schmecken und dazu den passenden Tropfen aus dem gut gefüllten Weinkeller.

AULDEARN: Boath House £££
Modern schottisch SK D2
Nairn, IV12 5TE
(01667) 45 48 96
Das Restaurant des Hotels Boath House bietet ein preisgekröntes Speisenangebot. Genießen Sie das Sechs-Gänge-Menü.

Herrlicher Blick auf den Hafen im Seafood Ristorante, St Andrews

Stilvoll gedeckter Tisch im Three Chimneys, Isle of Skye

AVIEMORE: Mountain Café £
Café SK D3
111 Grampian Road, PH22 1RH
(01479) 81 24 73 abends
Das freundliche Café in lockerer Atmosphäre bietet gesunde Suppen, herzhafte Burger und hausgemachtes Gebäck. Kinderbücher und Spielzeug halten die lieben Kleinen bei Laune.

BADACHRO: Badachro Inn £
Pub SK C2
Gairloch, Ross-shire, IV21 2AA
(01445) 74 12 55
Das angenehme, freundliche Pub serviert typische Barkost und Abendmahlzeiten: Pellkartoffeln, Panini, Sandwiches, Fisch und Meeresfrüchte sowie schottischen Rinder- und Lammbraten.

CAIRNDOW: Loch Fyne Oyster Bar ££
Seafood SK C4
Clachan, PA26 8BL
(01499) 60 04 82 So
Genießen Sie frische Austern und Muscheln aus dem klaren Wasser des gleichnamigen Sees in der Nähe des Restaurants.

COLL: Gannet Restaurant ££
Seafood SK B3
Ariangour, PA78 6SZ
(01879) 23 03 34
Das Hafenrestaurant im Coll Hotel bringt frisches Seafood von der Insel auf den Tisch. Versuchen Sie Muscheln in Zwiebelpüree und Blutwurst.

FINDHORN: The Bakehouse £
Café SK D2
91–92 Findhorn Rd, IV36 3YG
(01309) 691 826
The Bakehouse ist für seine regionalen Bioprodukte und vor allem für seine vegetarischen Gerichte bekannt. Es gibt auch eine Reihe von Fleischgerichten.

FORT WILLIAM: Crannog ££
Seafood SK C3
Town Pier, PH33 6DB
(01397) 70 55 89
Das famose Seafood-Restaurant mit Blick auf den Loch Linnhe offeriert Speisen mit interessanter kulinarischer Note, u. a. Weißfisch, Mollusken und Schalentiere aus dem nahe gelegenen Loch.

FORT WILLIAM: Lime Tree ££
Modern schottisch SK C3
The Old Manse, Achintore Road, PH33 6RQ
(01397) 70 18 06
Hochgepriesenes Hotelrestaurant, bekannt für seine angenehme Atmosphäre und sein exzellentes Speisenangebot: Wild aus Glenfinnan, Makrele, Krabben und geräucherter Schellfisch.

FORT WILLIAM: Inverlochy Castle £££
Modern schottisch SK C3
Torlundy, PH33 6SN
(01397) 70 21 77
Unvergessliche kulinarische Erfahrungen in den drei noblen Speiseräumen von Inverlochy Castle. Genießen Sie schottische Küche mit französischem Touch. Probieren Sie Cranachan-Soufflé.

GLENCOE: Clachaig Inn £
Pub SK C3
Argyll, PH49 4HX
(01855) 81 1252
Stilvolles altes Gasthaus im Herzen von Glencoe. Herzhafte Pubgerichte, wunderbares Bier und einige Sorten Malt Whisky.

INVERIE: The Old Forge ££
Pub SK C3
Knoydart, Mallaig, PH41 4PL
(01687) 462 267
Das abgelegenste Pub im United Kingdom ist ein guter Ort, um Weißfisch und Schellfisch von der Halbinsel Knoydart zu genießen.

INVERNESS: Rocpool Restaurant ££
Brasserie SK D2
1 Ness Walk, IV3 5NE
(01463) 71 72 74 So
Modernes Esslokal mit europäischer Küche. Auf der Speisekarte findet man Gerichte wie Salat mit Parmaschinken, gebratenen Feigen und Balsamico. Gute Weinauswahl.

ISLE OF SKYE: The Three Chimneys £££
Modern schottisch SK B2
Colbost, Dunvegan, IV55 8ZT
(01470) 51 12 58
Mitte Dez–Mitte Jan
Herausragende kulinarische Erfahrung in spektakulärer Umgebung mit den Speisen des visionären Küchenchefs Scott Davies. Reservieren Sie im Voraus.

KILBERRY: The Kilberry Inn ££
Gasthof SK C4
Argyll & Bute, PA29 6YD
(01880) 77 02 23
Mo; Winter
Der preisgekrönte, gemütliche Gasthof serviert einwandfreie Gerichte mit regionalen Zutaten: Spaghetti mit Muscheln in Sahnesauce und dazu Weißwein.

Vis-à-Vis-Tipp

KINLOCHLEVEN: Lochleven Seafood Café ££
Seafood SK C3
Onich, Fort William, Inverness-shire, PH33 6SA
(01855) 82 10 48
Nov–Anfang März
Das Restaurant ist ein Paradies für Liebhaber von Seafood. Man serviert Jakobsmuscheln, leckere Austern und Schellfisch, dazu den passenden Weißwein. Grandiose Aussicht von der Terrasse.

Terrasse des Lochleven Seafood Café, Kinlochleven

KILCHRENAN: Ardanaiseig £££
Modern schottisch SK C4
Bei Taynuilt, Argyll, PA35 1HE
(01866) 83 33 33
Für die Kreation fabelhafter Gourmetmenüs verwendet man im Restaurant des großartigen Landhotels lokale Zutaten. Um 19 Uhr gibt es ein Fünf-Gänge-Menü.

KISHORN: Kishorn Seafood Bar £
Seafood SK C2
Strathcarron, Ross-shire, IV54 8XA
(01520) 73 32 40 ● So abends
Weltklasse-Speisen in rustikalem Ambiente. Probieren Sie die preisgünstige Seafood-Platte mit Krabben, Austern, Jakobsmuscheln und Hummer.

KYLESKU: Kylesku Hotel £
Schottisch SK C1
Bei Lairg, Sutherland, IV27 4HW
(01971) 50 22 31
Geräumige Barlounge in einer ehemaligen Postkutschenstation. Hochwertige Mahlzeiten mit Hummer, Langusten und Krabben sowie Fisch und Fleisch.

MULL: Highland Cottage £££
Schottisch SK B3
24 Breadalbane Street, Tobermory, Argyll, PA75 6PD
(01688) 30 20 30
Der talentierte Küchenchef Jo Currie stellt eine Speisekarte mit hochwertigen lokalen Erzeugnissen zusammen. Gute Weinkarte.

OBAN: Waterfront Fishouse Restaurant ££
Seafood SK C4
1 Railway Pier, PA34 4LW
(01631) 56 31 10
Langusten, große Jakobsmuscheln und Hummer aus den einheimischen Gewässern in einem Hafenrestaurant. Spektakulärer Blick über die Bucht.

Frankie's Fish and Chips in Brae, Shetland Islands

Farbenprächtiger Speisesaal des Ardanaiseig, Kilchrenan

PLOCKTON: Plockton Hotel ££
Seafood SK C2
41 Harbour St, Ross-shire, IV52 8TN
(01599) 54 42 74
Abwechslungsreiche Speisekarte mit frischem Fisch, Schellfisch, Scampi und Langusten, Wildragout, Burger sowie Fish and Chips. Im Freien hat man einen wundervollen Meerblick.

PLOCKTON: Plockton Inn & Seafood Restaurant ££
Seafood SK C2
Innes Street, Ross-shire, IV52 8TW
(01599) 54 42 22
Preisgekröntes, traditionelles Gasthaus im malerischen Dorf Plockton. Opulente Seafood-Platten, Rindfleisch-, Lamm- und Wildgerichte. Auch vegetarische Optionen.

PORT APPIN: The Airds Hotel & Restaurant £££
Französisch SK C3
Argyll & Bute, PA38 4DF
(01631) 73 02 36
Die gehobene Küche in diesem feinen Hotelrestaurant steht unter dem Einfluss der französischen Küche. Genießen Sie Muscheln, Heilbutt aus Mallaig und pochiertes Hähnchen.

SCRABSTER: The Captain's Galley £££
Seafood SK D1
The Harbour, KW14 7UJ
(01847) 89 49 99 ● So & Mo
The Captain's Galley ist in einem ehemaligen Kühlhaus untergebracht. Hier kommt fangfrischer Fisch in Dutzenden von Variationen auf den Tisch.

SHETLAND ISLANDS: Frankie's Fish and Chips £
Fish and Chips SK G1
Brae, Shetland, ZE2 9QJ
(01806) 52 27 00
Preisgekröntes Fish-and-Chips-Restaurant auf den Shetland-Inseln. Man serviert frischen Fisch mit ungewöhnlichen Zutaten wie Jakobsmuscheln und Miesmuscheln. Herzhaftes Frühstück.

SHETLAND ISLANDS: Busta House ££
Schottisch SK G1
Busta, Shetland, ZE2 9QN
(01806) 52 25 06
Das Restaurant in einem alten Haus liegt etwas abseits, überzeugt aber mit erstklassiger Küche zu vernünftigen Preisen. Lamm, Muscheln und Heilbutt sind besonders gefragt.

TORRIDON: The Torridon Restaurant £££
Modern schottisch SK C2
Achnasheen, Wester Ross, IV22 2EY
(01445) 79 12 42
Stattlicher Speiseraum im vornehmen Hotel Torridon. Der perfekte Ort, um die gehobene Küche des Chefkochs David Barnett zu genießen. Wählen Sie das Sieben-Gänge-Menü.

TYNDRUM: The Real Food Café £
Café SK C4
Perthshire, FK20 8RY
(01838) 40 02 35
Möglicherweise das beste Lokal in ganz Schottland, um Fish and Chips zu essen. Genießen Sie das köstliche Seafood.

Blick aufs Wasser vom Restaurant des Kylesku Hotel in Kylesku

Themenferien und Aktivurlaub

Schottland kann seinen Besuchern zwar weder Sonne nonstop garantieren, noch hat es eine extravagante Strandkultur zu bieten, doch seine unzähligen Freizeitangebote und das herausragende kulturelle Erbe haben das Land zu einem überaus beliebten Urlaubsziel gemacht. Die Einnahmen im Tourismussektor spielen in der schottischen Wirtschaft eine zunehmend wichtige Rolle. Eine Vielzahl an regionalen Unternehmen versucht, dem Gast des Landes das zu bieten, wonach er sucht. Das kann Golfspielen am Meer, ein Ausritt durch die Highlands oder Angeln auf dem Tweed sein, im Sommer Walbeobachtung vor der Westküste, im Winter Skifahren in den verschneiten Cairngorms, der Genuss frischer Austern in einem Restaurant an einem der wunderbaren Lochs oder die Suche nach Informationen über die eigenen Vorfahren, die das Land vor 200 Jahren verlassen haben. Das Angebot an interessanten Freizeitmöglichkeiten ist hervorragend und vielfältig.

Ahnenforschung in Edinburgh

Ahnenforschung

Seit der Säuberungswelle im 18. Jahrhundert *(siehe S. 154)* sind viele Schotten auf der Suche nach einem besseren Leben ausgewandert, z. B. nach Australien, Kanada, Neuseeland oder in die USA. Heute gibt es Millionen von Menschen auf der ganzen Welt, deren Vorfahren in Schottland lebten. Für viele ist die Suche nach ihren Wurzeln ein wichtiges Motiv für eine Schottland-Reise.

Wer Nachforschungen anstellen will, sollte am besten das **General Register House** kontaktieren, wo alle Geburten, Todesfälle und Hochzeiten ab dem Jahr 1500 verzeichnet sind. Hilfreich ist auch die **Scottish Genealogy Society**, die ebenfalls in Edinburgh ansässig ist.

Gälische Kultur

Der Nordwesten Schottlands ist das Zentrum des Gälischen, einer keltischen Sprache, die sich im 4. Jahrhundert v. Chr. vom europäischen Festland nach Irland und Schottland ausbreitete. Die Engländer des 18. Jahrhunderts setzten Gälisch jedoch mit einem rebellischen Clan-System gleich, das man nach den Jakobitenaufständen von 1745 *(siehe S. 49)* ächtete. Gälisch wurde immer seltener gesprochen und kaum noch gepflegt.

In jüngster Zeit strebt man mit Fernseh- und Radioprogrammen sowie Unterricht in den Schulen eine Wiederbelebung des Gälischen an. **An Comunn Gàidhealach**, Schottlands Gälische Gesellschaft, organisiert das Royal National Mod *(siehe S. 42)*, einen Wettbewerb darstellender Künste. Eine weitere renommierte Gesellschaft ist **Comunn na Gàidhlig**. **Sabhal Mòr Ostaig** auf der Isle of Skye bietet Besuchern Gälischkurse an.

Schottland für Gourmets

Schottland ist zu Recht für seine guten landwirtschaftlichen Erzeugnisse bekannt, und in den letzten Jahren wurden in Glasgow und Edinburgh viele gute Restaurants eröffnet. Edinburgh gilt heute in puncto Restaurantkultur nach London als Nummer zwei in Großbritannien.

Wer die schottische Küche testen will, kann einen Urlaub über **Connoisseurs Scotland** buchen. Arrangiert wird ein Aufenthalt in einem Landsitz mit erstklassiger Küche, z. B. dem Crinan Hotel in Argyll oder dem Gleneagles.

Die **Scotch Malt Whisky Society** bietet Informationen für Whisky-Liebhaber. Destillerien werden gerne besucht *(siehe S. 36f und S. 148f)*. Man-

Whisky, das »Wasser des Lebens« – Besuch einer Destillerie am Spey

che, etwa die **Glenfiddich Distillery**, bieten Führungen an.

Edinburghs **Caledonian Brewery** erklärt die Herstellung von Ale. Eine Ausstellung in den **Inverawe Smokehouses** bei Taynuilt zeigt die Techniken des Fisch- und vor allem des Lachsräucherns.

Tümmlerbeobachtung auf der ruhigen Oberfläche eines Meeresarms

Tierbeobachtung

Verglichen mit weiten Teilen Großbritanniens besitzt Schottland noch sehr viel unberührte Natur: große Moorgebiete, einsame Berglandschaften und eine lange, relativ unerschlossene Küste, an der eine große Vielfalt an Tier- und Pflanzen-

Wanderer im Glencoe, Heimat von Rotwild und Raubvögeln

arten lebt. Ranger des **Cairngorm Reindeer Centre** in den Bergen bei Aviemore leiten Wanderungen zu einer Rentierherde. Will man die Meeresfauna sehen, nimmt man am besten ein Boot der **Maid of the Forth Cruises**, die von South Queensferry bei Edinburgh Fahrten auf dem Forth anbieten, dem Habitat von Delfinen und Seehunden. Abenteuerlicher sind Whale-Watching-Touren, angeboten von **Sea Life Surveys**, die von der Isle of Mull aus starten.

Doch auch wer individuell wandert, kann in den Highlands Raubvögel, in den Seen Otter und auf den Bergen Rotwild erspähen. In Schottland, wo viele Vögel heimisch sind, aber auch Zugvögel Station machen, gibt es eine Reihe wichtiger Vogelschutzgebiete. Das berühmteste liegt auf Handa Island vor Scourie an der Nordwestküste *(siehe S. 161)*. St Abb's Head *(siehe S. 90)* östlich von Edinburgh und Baron's Haugh bei Motherwell (unweit Glasgow) liegen mehr in Stadtnähe.

Viele Tierbeobachtungs-Touren werden von Privatunternehmen organisiert, detaillierte Informationen geben die Tourismusbüros.

Auf einen Blick

Ahnenforschung

General Register House
New Register House, 3 West Register St, Edinburgh EH1 3YT.
(0131) 334 0380.
nrscotland.gov.uk

Scottish Genealogy Society
15 Victoria St, Edinburgh EH1 2JL.
(0131) 220 3677.
scotsgenealogy.com

Gälische Kultur

An Comunn Gàidhealach
Balnain House, 40 Huntly St, Inverness IV3 5HR.
(01463) 70 97 05.
ancomunn.co.uk

Comunn na Gàidhlig
5 Mitchell's Lane, Inverness IV2 3HQ.
(01463) 23 41 38.
cnag.org

Sabhal Mòr Ostaig
Sleat, Isle of Skye IV44 8RQ.
(01471) 88 80 00.
smo.uhi.ac.uk

Schottland für Gourmets

Caledonian Brewery
42 Slateford Rd, Edinburgh EH11 1PH.
(0131) 337 1286.
caledonianbeer.com

Connoisseurs Scotland
PO Box 26164, 10a Ridgeway, Suite 3, Fife KY11 9JN.
(01383) 82 58 00.
luxuryscotland.co.uk

Glenfiddich Distillery
Dufftown, Keith, Banffshire AB55 4DH.
(01340) 82 03 73.
glenfiddich.com

Inverawe Smokehouses
Taynuilt, Argyll PA35 1HU.
0344 847 5490.
smokedsalmon.co.uk

Scotch Malt Whisky Society
The Vaults, 87 Giles St, Edinburgh EH6 6BZ.
(0131) 554 3451.
smws.com

Tierbeobachtung

Cairngorm Reindeer Centre
Glenmore, Aviemore PH22 1QU.
(01479) 86 12 28.
cairngormreindeer.co.uk

Maid of the Forth Cruises
South Queensferry EH30 9TB.
(0131) 331 5000.
maidoftheforth.co.uk

Sea Life Surveys
Ledaig, Tobermory, Isle of Mull PA75 6NU.
(01688) 30 29 16.
sealifesurveys.com

Sport und Aktivurlaub

Nur wenige Seen und Küstengewässer werden von kommerziellen Boots- und Wassersportunternehmen genutzt, doch kann man viele kleinere Lochs in unerschlossenen Gebieten mit dem eigenen Boot befahren. In Schottland gibt es fünf organisierte Skizentren. Das Land besitzt zudem viele Hundert Golfplätze, die meisten liegen im Landesinneren und im Süden. Die Karte zeigt die Hauptzentren verschiedener beliebter Freizeitaktivitäten. Weitere Informationen zu einzelnen Sportarten finden Sie auf den Seiten 194–203.

Handa Island vor der Nordwestküste ist eines von vielen Seevogel-Schutzgebieten.

Kletterer und Bergsteiger *(siehe S. 200)* zieht es ins Glencoe, zu den Cairngorms und den Cuillin Hills auf Skye. Die Torridon-Kette und andere Gebirgszüge weiter nördlich sind ebenfalls sehr beliebt.

Die fünf schottischen Skizentren *(siehe S. 201)* sind White Corries (Glencoe), Nevis Range, Cairngorm *(oben)*, Glenshee und The Lecht. Die Skisaison beginnt gewöhnlich im Dezember und dauert bis April.

Der West Highland Way ist der beliebteste Fernwanderweg Schottlands. Er führt durch abwechslungsreiches Terrain.

Segeln *(siehe S. 203)* kann man gut vor der Westküste und den Inseln. Das ruhige Wasser geschützter Buchten eignet sich für Anfänger; die offene See kann aufregend, aber auch tückisch sein. Auf dem Loch Ness kann man ebenfalls gut segeln.

Legende

- Wassersport
- Segeln
- Golfplatz
- Vogelbeobachtung
- Skipiste
- Angelplatz
- Reitstall
- Wandergebiet
- Bergsteigergebiet
- Fernwanderweg

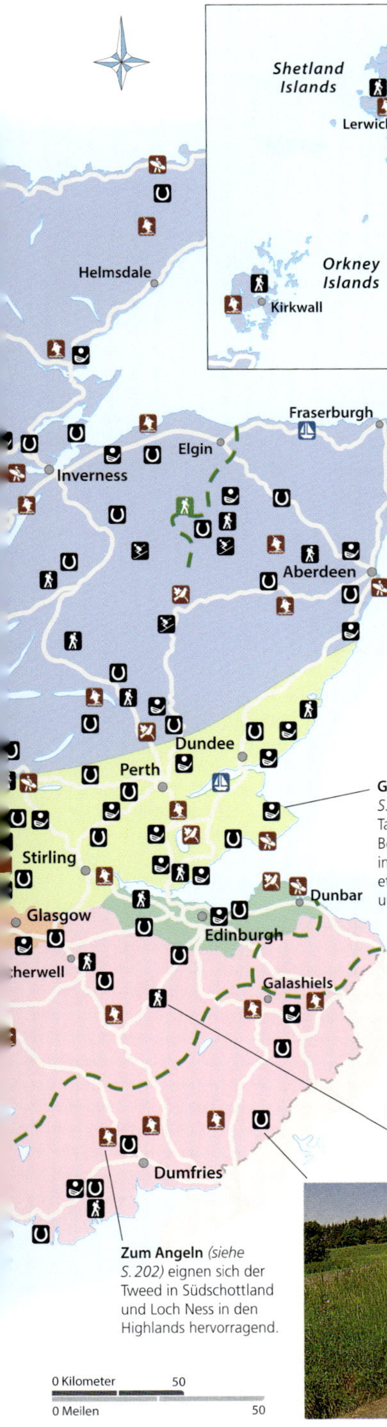

Vogelbeobachtung *(siehe S. 191)* ist Anlass genug für einen Schottland-Besuch. Die besten Schutzgebiete liegen im Küstenbereich, wo so faszinierende Arten wie die Papageitaucher auf steilen Klippen leben.

Zu den Wassersportarten *(siehe S. 203)* gehören Kanufahren, Surfen, Windsurfen und Tauchen. Besucher können bei Sportzentren Kurse buchen und die Ausrüstung ausleihen.

Golfspielen *(siehe S. 194–197)* lockt jährlich Tausende Besucher an. Berühmt sind die Plätze in Zentralschottland, etwa St Andrews und Carnoustie.

Wandern *(siehe S. 198f)* ist in Schottland besonders beliebt. Große Teile des Landes können zu Fuß durchquert werden.

Zum Angeln *(siehe S. 202)* eignen sich der Tweed in Südschottland und Loch Ness in den Highlands hervorragend.

Reiten *(siehe S. 202)* kann man unweit der Städte in der herrlichen Landschaft des Südens und im Landesinneren. In der Moor- und Bergwildnis der Highlands machen Ausritte allerdings besonderen Spaß.

Golf

Golf, das uralte Spiel, ist so schottisch wie der Kilt und wird seit Jahrhunderten gespielt. Wo auch immer Sie hinreisen, stets werden Sie in der Nähe einen Golfplatz finden. Nur wenige Länder können Schottland hinsichtlich Anzahl (über 550), Qualität und Vielfalt der Plätze das Wasser reichen. Und ebenso wenige können eine so schöne Landschaft bieten. Golf wird in Schottland von Menschen jeden Alters gespielt. Ob Sie sich an die legendären Meisterschaftsplätze heranwagen oder doch eher eine weniger große Herausforderung annehmen wollen – in Schottland gibt es den passenden Platz.

Anfänge

Variationen des heutigen Golfspiels gab es in ganz Europa bereits im 14. Jahrhundert, möglicherweise sogar schon zur Zeit der Römer. Doch es waren die Schotten, die Golf als offizielles Spiel einführten und seine Verbreitung in der ganzen Welt förderten. In Schottland wurde die Leidenschaft für dieses Spiel geboren. Mitte des 16. Jahrhunderts war es zu einem beliebten Zeitvertreib der Reichen und Mächtigen geworden – James VI war ein passionierter Golfer, genauso wie seine Mutter Mary, Queen of Scots.

Ende des 19. Jahrhunderts folgte die gehobene Mittelschicht aus England dem Beispiel der königlichen Familie und verbrachte ihren Urlaub in Schottland. Erleichtert wurde ihnen das durch den verstärkten Ausbau des Bahnnetzes in Richtung Norden.

Die Engländer waren so vernarrt in das Golfspiel, dass sie es zu Hause einführten. 1744 verfassten die Gentlemen Golfers of Leith, angeführt von Duncan Forbes, die ersten *Articles & Laws in Playing at Golf*. Das damals aufgestellte Regelwerk wurde später überarbeitet, bildete jedoch die Grundlage für das Golfspiel, wie wir es heute noch kennen.

Ausrüstung

Der Einfluss der Schotten auf das Golfspiel reichte allerdings noch weiter. Viele der damaligen Profis waren gleichzeitig Tischler und trugen selbst zur Entwicklung der Schläger und Bälle bei. Willie Park Senior, der Gewinner der ersten Scottish Open (1860), stellte erstklassige Schläger her. Old Tom Morris wurde dank seines grandiosen Spiels und seiner Handwerkskunst zu einer Golflegende. Bevor es Maschinen gab, fertigte man jeden Holzschläger ausschließlich von Hand, ebenso die ersten Köpfe aus Eisen sowie die Schläger mit Aluminiumköpfen, die sich nur wenig von den aktuellen unterschieden. Der harte, 1848 erfundene Ball ersetzte den teuren und leicht kaputtgehenden »fedrigen« Ball. Der heute verwendete Ball mit seinem Gummikern kam zu Beginn des 20. Jahrhunderts in Mode.

Altes Poster mit den Verlockungen von St Andrews

Spielen

Beinahe alle schottischen Golfclubs freuen sich über Besucher. Bei starkem Betrieb kann es allerdings manchmal zu Beschränkungen für Nichtmitglieder kommen. Die meisten Golfclubs sind mittlerweile online vertreten, bei manchen kann man bequem über das Internet buchen, einige verlangen allerdings noch immer eine schriftliche Anmeldung. Auf jeden Fall sollten Sie weit im Voraus buchen. Eine Golfreise, bei der man auf den gewünschten Plätzen garantiert spielen kann, ist sicherlich die bessere und angenehmere Alternative.

Gleneagles, einer der schottischen Meisterschaftsplätze

Die umfassende Liste aller schottischen Golfplätze *Official Guide to Golf in Scotland* mit zahlreichen hilfreichen Informationen und Ratschlägen kann man gratis bei VisitScotland (www.visitscotland.com) bestellen.

Etikette

Man muss durchaus kein Snob sein, um in Schottland Golf zu spielen, allerdings sind manche Clubs konservativer als andere. Einige rümpfen bei Jeans und Turnschuhen die Nase, aber nur sehr wenige bestehen auf Jackett und Schlips im Clubhaus. Vergessen Sie bitte keinesfalls, einen Nachweis über Ihr aktuelles Handicap mitzubringen.

Spielzeiten

Organisatorisch ist es einfacher (und preiswerter), unter der Woche und in der Nebensaison zu spielen. Die Golfsaison läuft eigentlich von April bis Mitte Oktober, doch die meisten Clubs haben das ganze Jahr geöffnet – besonders die in den klimatisch milden Küstenorten. Mai und September sind die idealen Monate zum Spielen: Die Temperatur ist mild, und die Landschaft steht in voller Blüte. Je nördlicher man reist, umso stärker variiert das Tageslicht. An Mittsommer kann man auf den Orkney und Shetland Islands noch um Mitternacht abschlagen.

Golfveranstaltungen

Viele begeisterte Golfer kombinieren einen Urlaub mit dem Besuch einer Golfveranstaltung. Neben der Open Championship, die jedes zweite Jahr stattfindet, ziehen auch die Aberdeen Asset Management Scottish Open (im Sommer an diversen Orten), die Dunhill Links Championship (Okt) sowie die beiden Turniere für Frauen Besucher an: Women's British Open und Ladies' Scottish Open. Für Amateure gibt es die St Andrews Links Trophy (Juni) und die Scottish Amateur Championship (Juli–Aug). Golfwochen werden in St Andrews (Apr), Royal Deeside und Machrihanish (beide Mai) sowie Pitlochry (Juni) veranstaltet. Die Fife, Ayrshire und Highland Classics sind bekannte Turniere.

Abschlag bei Sonnenuntergang auf dem Platz des Royal Troon Golf Club

Einrichtungen

In einer Übersicht mit dem Titel *Visiting Golfers Welcome* von VisitScotland erfährt man, welche Clubs was für Nichtmitglieder anbieten. Ambitionierte stellen Unterkünfte auf dem Gelände bereit, die durchaus sehr luxuriös sein können, wie z. B. das **Gleneagles** oder der **Ballater Golf Club** in Royal Deeside. Andere können B & Bs oder Hotels in der Nähe empfehlen, von denen viele den Golfern einen guten Preis für das Zimmer oder einen Rabatt auf die Greenfees gewähren. Oft befinden sich Trockenräume im Haus, es gibt auf Golfer abgestimmte Essenszeiten. Halten Sie bei der Suche nach einer Unterkunft nach dem »Golfers Welcome«-Logo Ausschau.

Schläger und Trolley können bei den meisten Plätzen gemietet werden. Wenn Sie einen Caddie brauchen, reservieren Sie lieber frühzeitig. Buggies gibt es nur auf größeren Anlagen, in Schottland ist es noch immer die Norm zu laufen, es sei denn, man ist körperlich eingeschränkt.

Lange Tradition

Viele Golfplätze Schottlands sind geschichts- und traditionsträchtig. Ohne Zweifel liegt die Wiege des Golfs in **St Andrews** auf Fife, wo das Spiel im 15. Jahrhundert (Aufzeichnungen nennen das Jahr 1457) entstand. Der St Andrews Links Trust betreibt heute sieben Plätze auf dem heiligen Stück Boden am Meer, der ehrwürdigste unter ihnen ist natürlich der Old Course. Jeder Golfer träumt davon, einmal hier abzuschlagen. Wenn das Glück auf Ihrer Seite ist, wird Ihr Traum wahr. Unter kurzfristigen Besuchern wird mittels einer Ziehung über deren Spielwunsch abgestimmt. Kontaktieren Sie den Trust einen Tag, bevor Sie spielen wollen, und Sie sind bei der Ziehung dabei. Die erfolgreichen Anwärter werden auf der Website bekannt gegeben.

Claret-Jug-Trophäe

St Andrews' heimischer Royal and Ancient Golf Club (R & A) wurde 1754 gegründet und bestimmt nun die Welt des Golfs. Der R & A organisiert The Open Championship, die außerhalb Großbritanniens meist British Open heißt, das einzige in Europa ausgespielte Major-Turnier ist und traditionell alle fünf Jahre auf dem Old Course in St Andrews stattfindet (2020, 2025 etc.). Der Besuch des British Golf Museum gegenüber vom R & A-Clubhaus lohnt sich.

Nahe St Andrews sitzt die **Crail Golfing Society** (1786). Deren Balcomie-Platz ist wegen seiner Küstenlage ein harter Test. **Royal Burgess** (1735) ist die weltweit älteste Golfgesellschaft. Sie besitzt einen Kurs nördlich von Edinburgh. Besucher sind willkommen.

Aberdeen Asset Management Scottish Open, Royal Aberdeen Golf Club

Luftaufnahme von Machrihanish, einem Golfplatz am Atlantischen Ozean

Meisterschaftsplätze

Weitere Plätze, auf denen Open Championships ausgetragen werden, sind **Carnoustie**, **Royal Troon** und **Muirfield** (Austragungsort 2013). **Prestwick** und **Royal Musselburgh** sind beeindruckend, werden allerdings nicht mehr für Meisterschaften genutzt, da man keine Möglichkeit hat, die Zuschauermassen unterzubringen. Qualifikationen werden in **Gullane**, **North Berwick** und **Glasgow Gailes** gespielt.

Das am Moray Firth gelegene und im Jahr 2009 eröffnete **Castle Stuart Golf Links** war drei Jahre lang die Austragungsstätte der Scottish Open.

Auch **Gleneagles**, ein Luxushotel mit insgesamt vier Plätzen, ist sehr berühmt. Hier findet alljährlich im Spätsommer The Johnnie Walker Championship statt.

Golfplatz-Architekten

Carnoustie, Royal Musselburgh, der King's sowie der Queen's Course auf Gleneagles wurden von James Braid entworfen, der in den 1920er Jahren fünfmal die Open gewann. Auf dem nach ihm benannten Trail kann man einige der 250 Plätze erkunden, die er geplant oder umgestaltet hat. Braid war es auch, der Doglegs und Bunker einführte. Seine bekanntesten Kurse sind **Nairn**, **Boat of Garten**, **Crieff**, **Haggs Castle**, **Brora** und **Dalmahoy**. Braid lernte die Kunst des Golfens in **Elie**, seinem Geburtsort. Auf den jetzigen Platz dort hatte er allerdings wenig Einfluss.

Dave Thomas konnte vor einiger Zeit Erfolge als Designer von Golfplätzen feiern. Unter seinen Projekten finden sich u. a. **Deer Park** in Livingston, **Roxburghe** in den Borders und der Meisterschaftsplatz **Spey Valley** vor der Kulisse der Cairngorm Mountains.

Der Golfplatz bei Cruden Bay, nahe Aberdeen

Landschaft

Es ist eher selten, dass ein Golfplatz nicht zusätzlich durch seine Umgebung beeindruckt. **Elgin**, einer der besten Inlandsplätze, wird von einer herrlichen Parklandschaft umgeben, **Kingussie** liegt vor den fantastischen Cairngorms. **Pitlochry** ist der ideale Platz für ein kleines Spiel im Urlaub, und **Traigh** bietet an seinen neun Löchern eine unglaubliche Sicht auf die Inneren Hebriden. **Shiskine** auf Arran ist mit seinen zwölf Löchern und seiner tollen Lage ein außergewöhnlicher Geheimtipp. Die **Isle of Skye** hat einen kleinen Kurs mit schönem Panorama zu bieten, **Stromness** auf den Orkney Islands verspricht ein anspruchsvolles Spiel mit bestem Blick auf Scapa Flow.

Trotzdem sind die klassischen, an der See und in den Dünen gelegenen Plätze wohl die charakteristischsten. Sie bieten vielfältige und spannende Herausforderungen: einen Abschlag über den Atlantik bei **Machrihanish** oder die bizarre Mondlandschaft von **Cruden Bay**. **Kingsbarns** bei St Andrews wurde erst im Jahr 2000 mit spektakulärer Aussicht aufs Meer eröffnet. **Royal Dornoch** ist ein echter Klassiker und wurde einst von Tom Morris gestaltet.

Ausgaben reduzieren

Golf kann ein teures Hobby sein, aber es ist durchaus möglich, eine Runde für unter 20 £ zu spielen – z. B. auf **Braid Hills** in Edinburgh, einem herrlichen Kurs mit Blick auf die Stadt und das Castle, oder auf dem Platz **Merchants of Edinburgh**. Wenn Sie nicht so viel Geld auf Fifes **Leven Links** lassen wollen, spielen Sie doch den angrenzenden Platz **Lundin Ladies** mit neun Löchern. Er wurde von James Braid entworfen, das Greenfee kostet nur ein Drittel, und Besucher sind willkommen. Auch **Colvend** und **Ballater** sind eine gute Alternative.

Eine andere Option ist, sich bei einem Anbieter, der im *Official Guide to Golf* aufgelistet ist, einen Golfpass zu besorgen. Mit diesem kann man auf 21 Plätzen in den Borders spielen. Mit dem Aviemore & Cairngorms Golf Pass kann man sieben Tage lang acht Plätze in den Highlands entdecken.

Golfen in atemberaubender Szenerie auf der Isle of Skye

Auf einen Blick

Information

W scotlands-golf-courses.com
W scottishgolf.com
W golf.visitscotland.com

Golf-organisationen

Scottish Golf Union
(01334) 46 64 77. W scottishgolf.org

Scottish Veteran Ladies Golfing Association
W slga.co.uk

Anbieter

Fairtime Touristik GmbH
0049 (8142) 418 61 23. W fairtime.de

Golf International
800 833 1389. W golfinternational.com

Hayes Golfreisen
0049 (6192) 96 19 65. W hayes-golfreisen.de

Links Golf St Andrews
(01334) 47 86 39. W linksgolfstandrews.com

Scottish Golf Tours
(0131) 657 1984. W scottish-golftours.com

Edinburgh und Südschottland

Braid Hills
15 Braid Hills Approach, Edinburgh. (0131) 447 6666. W edinburgh leisuregolf.co.uk

Colvend
Sandyhills, Colvend. (01556) 63 03 98. W colvendgolfclub.co.uk

Dalmahoy
Marriott Hotel & CC, Kirknewton, Edinburgh. (0131) 333 8026.

Deer Park
Golf Course Rd, Livingston, West Lothian. (01506) 44 66 99. W deer-park.co.uk

Gullane
West Links Road, Gullane, East Lothian. (01620) 84 22 55. W gullanegolfclub.com

Merchants of Edinburgh
10 Craighill Gardens, Edinburgh. (0131) 447 1219. W merchantsgolf.com

Muirfield
Duncur Rd, Gullane, East Lothian. (01620) 84 21 23. W muirfield.org.uk

North Berwick
New Clubhouse, Beach Rd, North Berwick. (01620) 89 21 35. W northberwick golfclub.com

Prestwick
2 Links Road, Prestwick, Ayrshire. (01292) 67 10 20. W prestwickgc.co.uk

Roxburghe
Village of Heiton, Kelso, Borders. (01573) 45 03 33. W roxburghe golfclub.co.uk

Royal Burgess
181 Whitehouse Road, Barnton, Edinburgh. (0131) 339 2075. W royalburgess.co.uk

Royal Musselburgh
Prestongrange House, Prestonpans, East Lothian. (01875) 81 02 76. W royalmusselburgh.co.uk

Royal Troon
Craigend Road, Troon, Ayrshire. (01292) 31 15 55. W royaltroon.com

Glasgow und Zentralschottland

Carnoustie
Links Parade, Carnoustie, Angus. (01241) 80 22 70. W carnoustie golflinks.co.uk

Crail
Balcomie Clubhouse, Fifeness, Crail, Fife. (01333) 45 06 86. W crailgolfingsociety.co.uk

Crieff
Perth Road, Crieff, Perthshire. (01764) 65 29 09. W crieffgolf.co.uk

Elie
Golf Course Lane, Elie, Fife. (01333) 33 33 01. W golfhouseclub.org

Glasgow Gailes
Gailes, Irvine. (01294) 31 12 58. W glasgowgolfclub.com

Gleneagles
Gleneagles, Auchterarder, Perthshire. (01764) 66 22 31. W gleneagles.com/golf

Haggs Castle
70 Dumbreck Road, Dumbreck, Glasgow. (0141) 427 1157. W haggscastle golfclub.com

Kingsbarns
Kingsbarns, St Andrews, Fife. (01334) 46 08 60. W kingsbarns.com

Leven Links
The Promenade, Leven, Fife. (01333) 42 88 59. W leven-links.com

Lundin Ladies
Woodielea Road, Lundin Links, Fife. (01333) 32 08 32. W lundinladies golfclub.co.uk

St Andrews Links
St Andrews Links Trust, Fife. (01334) 46 66 66. W standrews.org.uk

Shiskine
Blackwaterfoot, Shiskine, Isle of Arran. (01770) 86 02 26. W shiskinegolf.com

Highlands und Inseln

Ballater Golf Club
Victoria Rd, Ballater, Aberdeenshire. (01339) 75 55 67. W ballatergolfclub.co.uk

Boat of Garten
Boat of Garten, Inverness-shire. (01479) 83 12 82. W boatgolf.com

Brora
Golf Road, Brora, Sutherland. (01408) 62 14 17. W broragolf.co.uk

Castle Stuart Golf Links
Inverness. (01463) 79 61 11. W castlestuartgolf.com

Cruden Bay
Aulton Road, Cruden Bay, Peterhead. (01779) 81 22 85. W crudenbaygolf club.co.uk

Elgin
Birnie Road, Elgin, Moray. (01343) 54 23 38. W elgingolfclub.com

Isle of Skye
Sconser, Isle of Skye. (01478) 65 04 14. W isleofskye golfclub.co.uk

Kingussie
Gynack Road, Kingussie. (01540) 66 16 00. W kingussie-golf.co.uk

Machrihanish
Campbeltown, Argyll. (01586) 81 02 13. W machgolf.com

Nairn
Seabank Road, Nairn. (01667) 45 32 08. W nairngolfclub.co.uk

Pitlochry
Golf Course Road, Pitlochry. (01796) 47 27 92. W pitlochrygolf.co.uk

Royal Dornoch
Golf Road, Dornoch, Sutherland. (01862) 81 02 19. W royaldornoch.com

Spey Valley
Dalfaber Golf & Country Club, Aviemore. (01479) 81 17 25. W resorts.macdonald hotels.co.uk/spey-valley/

Stromness
Ness, Stromness, Orkney. (01856) 85 07 72. W stromnessgc.co.uk

Traigh
Traigh Golf Club, Arisaig. (01687) 45 03 37. W traighgolf.co.uk

Wandern

Schottland ist ein Wanderparadies. Die großartige und abwechslungsreiche Landschaft reicht von zerklüfteten Bergen bis zu sanften Flusstälern, ganz zu schweigen von der eindrucksvollen Küste und den kleinen Inseln. Das Netz der gut ausgeschilderten Wanderwege wird stetig ausgebaut. Die regionalen Tourismusbüros sind eine gute erste Anlaufstelle für Routenvorschläge. Oft verkauft man hier detaillierte Wanderkarten der Gegend. Ob Sie nur eine Stunde lang spazieren oder ganztägig unterwegs sein möchten: Sie werden feststellen, dass Schottland Ihre Wünsche erfüllt.

Wanderstiefel

Wegweiser für den Fernwanderweg im Spey-Tal

Wegerecht

Schottland verfügt über ein Wegerecht, das viele Erholungsgebiete mit einschließt. Die Wegerechtgesetze des Scottish Outdoor Access Code von 2005 regeln die Wegbenutzung durch Wanderer und Grundbesitzer.

Aufgrund der langen Tradition des freien Zugangs sind nur wenige Wanderrouten in Karten erfasst (die historischen Wegerechte sind in der Regel eingezeichnet). **Scotways** bietet eine Reihe von Karten, in denen alle Routen berücksichtigt werden.

Wanderführer sind in gut sortierten Buchhandlungen wie **WHSmith** und **Waterstones** erhältlich. Darin werden leichte Wanderrouten beschrieben, von denen viele gut ausgeschildert sind. Einschränkungen gibt es in der Jagdsaison (Juli–Ende Okt), Gebiete, die dem **National Trust for Scotland** gehören, sind hingegen ganzjährig zugänglich.

Kleidung und Ausrüstung

Schottlands Wetter ist ziemlich unbeständig: Im Juni kann es schon einmal schneien und im Februar mild sein. Zudem schlägt das Wetter schnell um. Das macht es schwierig, die richtige Kleidung und Ausrüstung auszuwählen. Selbst in den Sommermonaten sollten Sie stets eine Regenjacke mitnehmen, bei Tageswanderungen auch eine Wasser abweisende Hose und einen wärmenden Pullover.

Kleiden Sie sich stets flexibel: Viele dünne Schichten sind immer besser als eine dicke. Denken Sie auch an einen Sonnenhut bzw. für kältere Tage eine Mütze. Für mehrstündige Touren sollte man Getränke und Snacks, auf Tagestouren kohlenhydratreiche Produkte und ausreichend zu trinken mitnehmen.

Gutes Schuhwerk ist unerlässlich – auch auf Feldwegen braucht man feste Schuhe. Auf breiten Wegen oder Straßen reichen Turnschuhe, doch auf unebenem Untergrund brauchen die Knöchel eine Stütze.

Flachland-Wanderungen

Der Abschnitt befasst sich mit leichten Wanderungen. Die Seiten 200f informieren über anspruchsvollere Bergbesteigungen. Auskunft erteilt auch **Mountaineering Council of Scotland**.

In den vergangenen Jahren ist ein stark verbessertes Wanderwegnetz entstanden, einige Wege dank der **Paths for All Partnership**. Zu den schönsten gehören diejenigen in den Borders und im Gebiet um Galloway, in Perthshire (um Dunkeld und Pitlochry), in Aberdeenshire (bei Huntly), in Braemar und auf der Insel Bute. Hier findet der Besucher sichere und markierte Wege vor.

Gemeindeverwaltungen und andere Einrichtungen geben Wanderführer für entlegenere Gebiete, z. B. Wester Ross, die Western Isles, Shetland und Orkney heraus. Oft sind die Wanderungen mit einer Fährfahrt verbunden oder schließen Attraktionen wie Schlösser oder Wasserfälle mit ein. Die Strecken sind in der Regel etwa sechs bis zwölf Kilometer lang. Einzelheiten erfahren Sie entweder in Tourismusbüros oder in der Broschüre *New Walking Scotland* von **Visit-**

Weiter Blick über Rannoch Moor

Über den Wolken in Knoydart: Blick auf die Cuillin Hills auf Skye

Scotland, die Wanderungen in allen Teilen Schottlands beinhaltet. Auch Wanderfestivals werden aufgeführt. Die Veranstaltungen, die bis zu einer Woche dauern, umfassen geführte Wanderungen und meist ein Programm für den Abend. Das erste Festival fand im Jahr 1995 in den Borders statt, inzwischen gibt es ähnliche Veranstaltungen in den Highlands, in Deeside und Perthshire – und jedes Jahr kommen neue hinzu.

Typischer Wanderkompass

Genaue Informationen zu organisierten Wanderungen gibt **Ramblers' Scotland**. Allgemeine Auskünfte zu den unzähligen Waldpfaden und querfeldein führenden Wanderwegen erteilt die **Forestry Commission**.

Zu den längeren und leichteren Routen gehören der Fife Coastal Path, der Clyde Walkway und die Verlängerung des Speyside Way nach Aviemore. Alle können bequem in einem Tag zurückgelegt werden. Im Frühling und Herbst macht das Wandern in Schottland besonderen Spaß. Die Farbenpracht ist fantastisch, und man findet außerhalb der Saison auch viel leichter eine günstige Unterkunft.

Fernwanderwege

Schottland hat wenige offizielle Fernwanderwege, dafür aber unbegrenzte Möglichkeiten, eigene Routen zu planen. Die drei Hauptstrecken sind der 152 Kilometer lange West Highland Way von Glasgow nach Fort William, der 340 Kilometer lange Southern Upland Way von Portpatrick nach Cockburnspath und der Speyside Way (84 km), der von der Spey Bay nach Tomintoul führt.

Andere gut erschlossene Touren sind u. a. der St Cuthbert's Way (100 km) von Melrose nach Lindisfarne und der Fife Coastal Path von North Queensferry nach Tayport in der Nähe der Tay-Brücke, die nach Dundee führt.

Die drei Hauptrouten sind auf der Überblickskarte *(siehe S. 192 f)* eingezeichnet. Informationen erteilen auch **Scottish Natural Heritage** und die Tourismusbüros.

Bergwanderer in der Winterlandschaft der Cairngorms

Auf einen Blick

Forestry Commission
231 Corstorphine Rd, Edinburgh EH12 7AT.
Tel. (0300) 067 6156.
forestry.gov.uk

Mountaineering Council of Scotland
The Old Granary, West Mill St, Perth PH1 5QP.
Tel. (01738) 49 39 42.
mountaineering.scot

National Trust for Scotland
Hermiston Quay, 5 Cultins Rd, Edinburgh EH11 4DF.
Tel. (0131) 458 0200.
nts.org.uk

Paths for All Partnership
Inglewood House, Tullibody Rd, Alloa FK10 2HU.
Tel. (01259) 21 88 88.
pathsforall.org.uk

Ramblers' Scotland
1 Redheughs Rigg, Edinburgh EH1 9DQ.
Tel. (0131) 472 7006.
ramblers.org.uk

Scottish Natural Heritage
Great Glen House, 1 Leachkin Rd, Inverness IV3 8NW.
Tel. (01463) 72 50 00.
snh.gov.uk

Scotways
24 Annandale St, Edinburgh EH7 4AN.
Tel. (0131) 558 1222.
scotways.com

Tiso
123–125 Rose Street Precinct, Edinburgh EH2 3DT.
Tel. (0131) 225 9486.
tiso.com

VisitScotland
Ocean Point One, 94 Ocean Drive, Edinburgh EH6 6JH.
Tel. (0131) 472 2222.
visitscotland.com/see-do/activities/walking

Waterstones
83 George Street, Edinburgh EH2 3ES.
Tel. (0131) 226 2666.
153–157 Sauchiehall Street, Glasgow G2 3EW.
Tel. (0141) 332 9105.
waterstones.com

WHSmith
Waverley Station, Edinburgh EH1 1BB.
Tel. (0131) 557 1175.
whsmith.co.uk

Bergwandern und Skifahren

Obwohl Schottlands höchste Berge kaum mehr als 1300 Meter erreichen, stellen sie eine anspruchsvolle bergsteigerische Herausforderung dar. Die Gipfeltouren, die weltweit wegen ihrer Schönheit und Vielfalt gerühmt werden, verlangen Erfahrung in den Bergen. Das liegt nicht zuletzt an Schottlands wechselhaftem Wetter. Im Winter können die Bedingungen extrem sein, mit Wetterumschwüngen muss man in allen Jahreszeiten rechnen. Die Wanderungen sind jedoch immer einmalig und bieten eine willkommene Erholung von der Hektik des Alltags.

Helm und Seil – Grundausrüstung für das Klettern

Sicherheit in den Bergen

Die schottische Bergwelt darf man zu keiner Jahreszeit unterschätzen. Wichtig ist die richtige Vorbereitung. Informieren Sie sich über die aktuellen Wetterbedingungen. Folgendes sollten Sie stets mitnehmen: Wasser abweisende, warme Kleidung (einschließlich Mütze und Handschuhe), Proviant, eine Karte und einen Kompass. Feste Stiefel sind unabdingbar. Wer in der Winterzeit wandert, muss mit Eispickel und Steigeisen umgehen können. Die **Glenmore Lodge** in Aviemore bietet Kurse im Klettern und Bergsteigen an.

Bergsteigen und Klettern in Schottland

In den Bergen kann man sich auf vielfältige Weise erholen. Viele zieht es auf die *Munros* und *Corbetts* genannten höheren Berge, in die abgerundeten, heidebewachsenen Gipfel der Monadhliath Moutains, in die Southern Uplands oder zu den steilen, felsigen Höhen im Westen, die oft herrliche Sicht bieten. Schmale Bergrücken wie der des Aonach Eagach über Glencoe und die der unvergleichlichen Cuillins of Skye sind eine besondere Herausforderung.

Normalerweise kann man die meisten Berge an einem Tag besteigen. Entlegenere Gipfel machen die Übernachtung in einem Zelt oder einer *bothy* (Hütte) erforderlich. Wer im Winter wandert, benötigt besondere Fertigkeiten, der Lohn ist eine atemberaubende Landschaft.

Seit über einem Jahrhundert ist das Klettern in Fels und Eis sehr beliebt. Die Hauptzentren, einschließlich des Glencoe, der Cairngorms und der Insel Skye, waren Trainingsgebiet vieler weltberühmter Kletterer. Die gewaltigen Steilwände auf der Nordseite des Ben Nevis *(siehe S. 139)* bieten eine Vielzahl unterschiedlich schwerer Aufstiege. In jüngster Zeit sind neue Gebiete, z. B. der äußerste Nordwesten und die Inseln, erschlossen worden. Auch die Techniken werden stets weiterentwickelt, sodass man immer schwierigere Routen bewältigen kann. Eistouren in den schottischen Bergen gehören zu den anspruchsvollsten der Welt. Auch wenn die Berge in Schottland keine extremen Höhen erreichen, sind das maritime, niederschlagsreiche Klima und das turbulente Wetter im Winter große Herausforderungen. Nur in der Zeit von Juli bis Ende Oktober, der Hirschjagdsaison, sind in einigen Bergregionen die Wandermöglichkeiten eingeschränkt. Die Website des **Scottish Outdoor Access Code** enthält eine interaktive Karte und Telefonnummern, über die man Auskünfte erhält. Auch die Website des **Mountaineering Council of Scotland** ist eine sehr empfehlenswerte Informationsquelle. Einzelheiten zur Berginformation finden Sie auf der rechten Seite.

Munros und Corbetts

Schottische Berge, die höher als 914 Meter (3000 ft) sind, werden nach Sir Hugh Munro, dem ersten Präsidenten des Scottish Mountaineering Club (SMC), oft *Munros* genannt. 1891 veröffentlichte Munro eine umfassende Liste dieser Gipfel. Seitdem wird sie vom SMC gepflegt, und die Berge sind nun offiziell als *Munros* eingestuft. In der Regel nennt man die Hauptgipfel eines Berges *Munros*, die niedrigeren Gipfel *Tops*. 282 *Munros* stehen inzwischen auf der Liste.

Der erste bekannte Munro-Besteiger war 1901 Pfarrer A. E. Robertson. Als dieser seine Tour auf den Meall Dearg über Glencoe beendete, küsste er, so erzählt man sich, vor lauter Begeisterung zuerst den Gipfel und dann seine Frau.

In den 1920er Jahren veröffentlichte J. Rooke Corbett eine Liste der Berggipfel mit Höhen zwischen 760 und 914 Metern (2500–3000 ft). Die 222 *Corbetts*, wie man sie

Kletterer an der Felswand des Polldubh, Glen Nevis

Das wunderbare Gebirgspanorama in den nördlichen Highlands

nennt, sind klarer definiert als die *Munros*: Sie dürfen nur einen Gipfel haben.

In einer dritten Liste geht es um die 610 bis 760 Meter (2000–2500 ft) hohen Berge, die *Grahams*. Alle Gipfel über 610 Meter sind kategorisiert und veröffentlicht. Routen sind in folgenden Führern beschrieben: im SMC-Führer *The Munros and The Corbetts, and other Scottish Hills*, in *The Munros Almanac* und in *The Corbetts Almanac*. Die dritte Kategorie findet man in der Publikation *The Grahams*.

Ski fahren

Schottland bietet fünf Skizentren: **Glencoe** *(siehe S. 138)*, **Nevis Range** *(siehe S. 139)*, **The Lecht**, **Cairngorm** *(siehe S. 144f)* und **Glenshee**. The Lecht hat die sanftesten Abfahrten; die in Glencoe sind die steilsten. In diesen zwei Zentren geht es legerer zu als in den anderen. Nevis Range, Glenshee und Cairngorm bieten gute Anlagen und Abfahrten aller Schwierigkeitsgrade.

Die Skizentren sind, abhängig von der Schneemenge, meist von Dezember bis April geöffnet. Leider spielt das Wetter nicht immer mit, aber wenn es schneit, kann man in Schottland hervorragend Ski fahren. Hotels und Gasthäuser offerieren spezielle Angebote für Wochenenden. In allen Zentren gibt es Skischulen. Beobachten Sie das Wetter, und nutzen Sie die Chance, sobald sie sich Ihnen bietet.

Auch Langlaufen ist beliebt. Bei reichlichem Schneefall gibt es viele geeignete Gebiete, von den Southern Uplands bis zu den Hügeln im Norden und im Westen sowie auf den über ganz Schottland verstreuten kilometerlangen Waldpfaden.

Snowboarder in rasanter Fahrt auf verschneiter Piste

Auf einen Blick

Sicherheit in den Bergen

Schottland hat ein gut organisiertes, dichtes Netz freiwilliger Rettungsteams. In Notfällen sollte man entweder die Nummer **112** oder die Nummer **999** anrufen.

Wettervorhersage
(Highlands)
T 0370 900 0100.
W **metoffice.gov.uk**

Glenmore Lodge
Aviemore, Inverness-shire
PH22 1QU.
T (01479) 86 12 56.
W **glenmorelodge.org.uk**

Bergsteigen in Schottland

Mountaineering Council of Scotland
The Old Granary, West Mill St, Perth PH1 5QP.
T (01738) 49 39 42.
W **mountaineering.scot**

Scottish Mountaineering Club
W **smc.org.uk**

Scottish Outdoor Access Code
W **outdooraccess-scotland.com**

Skizentren

Ski Scotland
W **visitscotland.com**

Cairngorm
Aviemore, Inverness-shire.
T (01479) 86 12 61.
W **cairngormmountain.org**

Glencoe
King's House, Glencoe, Argyll.
T (01855) 85 12 26.
W **glencoemountain.com**

Glenshee
Cairnwell, Aberdeenshire.
T (01339) 74 13 20.
W **ski-glenshee.co.uk**

The Lecht
Strathden, Aberdeenshire.
T (01975) 65 14 40.
W **lecht.co.uk**

Nevis Range
Torlundy, Inverness-shire.
T (01397) 70 58 25.
W **snowsports.nevisrange.co.uk**

Weitere Outdoor-Aktivitäten

Alle, die Schottland noch immer für ein altmodisches Reiseziel halten, werden überrascht sein. Nach wie vor sind traditionelle Sportarten wie die Hirschjagd oder der Lachsfang sehr beliebt, doch daneben geht man vielen neueren Freiluftvergnügen wie Mountainbiking und sogar Surfen nach. Von Nordsee und Atlantik umgeben, bietet Schottland viele Möglichkeiten zum Segeln, Windsurfen und Angeln. Zur Erkundung der abwechslungsreichen Landschaft eignen sich Reiten und Radfahren bestens.

Imposanter Fang aus dem River Tweed, Südschottland

Mountainbiker auf einem Trail

Radfahren und Mountainbiken

Auf Radtouren lässt sich das Land hervorragend entdecken. Die Pfade in den Highlands sind ein nahezu perfektes Mountainbike-Gelände. Zudem wurden viele Waldwege für Mountainbiker erschlossen – Informationen erteilt die **Forestry Commission**. Landesweit gibt es ein ausgedehntes Radwegenetz.

Hinter dem Namen **7stanes** verbirgt sich ein Netzwerk aus sieben Mountainbike-Zentren, deren Trails sich über den gesamten Süden Schottlands erstrecken – von der Grenzlandregion (Scottish Borders) bis Dumfries und Galloway.

Die Hauptstadt Edinburgh hat ein Tourennetz entlang alter Bahnschienen zu bieten, dazu viele Radverleiher, z. B. **BikeTrax**. **Scottish Cycling** informiert über Veranstaltungen und Radrennen in und um Edinburgh. In zahlreichen Touristenbüros ist die Broschüre *Cycling in Scotland* erhältlich. Über Touren informieren **C.T.C. National Cyclists Organisation** und **Scottish Cycling Holidays**.

Angeln

Schottland verbindet man am ehesten mit Lachsfischen, doch ist das Angeln auf See, in Süßwasserrevieren und der Forellenfang möglich. Über das Fischen informiert die **Salmon and Trout Association**. Die Angelsaison geht von Mitte Februar bis Ende Oktober. Für das Angeln in Seen ist die Genehmigung der Grundbesitzer erforderlich. Mehr Infos bieten die **Scottish Federation for Coarse Angling** und die **Scottish Federation of Sea Anglers**. Für allgemeine Ratschläge ist die **Scottish Anglers National Association** zuständig.

Jagen

Die Tradition des Jagens als Freizeitsport lässt sich bis Mitte des 19. Jahrhunderts zurückverfolgen, als Queen Victoria und Prince Albert sich auf Balmoral niederließen. Unter britischen Aristokraten wurde es Mode, im Herbst in Schottland auf die Jagd zu gehen. Große Teile der Highlands wurden Jagdsportgebiete. In Europas bestem Revier für die Hirschjagd gibt es eine Vielzahl von Rotwild und Moorhühnern, in den Flüssen und Fjorden überwintern unzählige Vögel.

In den letzten 30 Jahren hat der Jagdsport auch Besucher aus Übersee angelockt. Informationen zu Waffenscheinen und Jagdgebieten erteilt die **British Association for Shooting and Conservation**.

Reiten

In Schottland gibt es mehr als 60 Reitzentren für Reiter aller Niveaus. Nur Könnern werden Ausritte in die Highlands geboten. Einige Höfe bieten Unterkunft, Reitstunden und Ausritte, andere stundenweises Reiten an. **VisitScotland** verfügt über eine Liste der Reitzentren.

Für Ausritte in die Cairngorms wenden Sie sich an das **Newtonmore Riding Centre**. Das **Glen Tanar Equestrian Centre** liegt am Dee. Besucher der Isle of Skye sollten bei **Skye Riding Centre** vorbeischauen. Der geeignete Ansprechpartner für einen kompletten Reiterurlaub ist **Highlands Unbridled**.

Hoch zu Ross genießen diese Besucher die schottische Landschaft

Segeln

Schottland ist reich an Fjorden, Inseln und Meeresarmen, die man am besten per Boot erkundet. Man muss kein erfahrener Segler sein, da einige Unternehmen Urlaube für Anfänger auf Schulungsbooten offerieren. Mit dem entsprechenden Segelschein kann man natürlich auch eine Yacht chartern. Zentren wie **Port Edgar Marina** nahe Edinburgh oder das **Scottish National Watersports Centre** auf Cumbrae im Firth of Clyde geben Anfängern Unterricht.

Erfahrene Segler werden an herrlichen Fleckchen entlang der Westküste und im Bereich der Inseln Anlegeplätze für ihre Boote vorfinden.

Segelboot im Sund von Sleat, nahe der Isle of Skye

Wassersport

Normalerweise wird das Land nicht mit Surfen assoziiert, doch erfreut sich der Sport großer Beliebtheit. Zentren sind die Pease Bay in East Lothian und Orte an der Nordküste, z. B. die Dunnet Bay bei Thurso und die Nordwestspitze von Lewis. September und Oktober sind die besten Zeiten zum Surfen. Über Windsurfmöglichkeiten informiert die **Royal Yacht Association**. Mekka ist die Insel Tiree, wo jedes Jahr im Oktober ein großer Surf-Wettbewerb stattfindet.

Seen und geschützte Buchten kann man mit Kanu oder Kajak erkunden. Für Fragen rund um das Thema Wasserski steht das **Scottish Water Ski Centre** zur Verfügung.

Kajaktour auf dem Loch Eil mit Ben Nevis im Hintergrund

Auf einen Blick

Radfahren und Mountainbiken

7stanes
Peel Tower, Glentress Forest, Peebles EH45 8NB.
☎ 0300 067 6900.
W **7stanesmountainbiking.com**

BikeTrax
13 Lochrin Place, Edinburgh EH3 9QX.
☎ (0131) 228 6633.
W **biketrax.co.uk**

C.T.C. National Cyclists Organisation
Parklands, Railton Rd, Guildford, Surrey GU2 9JX. ☎ (01483) 23 83 01. W **cyclinguk.org**

Forestry Commission
Silvan House, 231 Corstorphine Rd, Edinburgh EH12 7AT.
☎ 0300 067 6156.
W **forestry.gov.uk**

Scottish Cycling
Sir Chris Hoy Velodrome, Emirates Arena, 1000 London Road, Glasgow G40 3HY
☎ (0141) 554 6021
W **britishcycling.org.uk/scotland**

Scottish Cycling Holidays
87 Perth St, Blairgowrie, Perthshire PH10 6DT.
☎ (01250) 87 61 00.
W **scotcycle.co.uk**

Angeln

Salmon and Trout Association
Siskin, Bonar Bridge, Sutherland IV24 3AW.
☎ (01863) 76 67 67.
W **salmon-troutscotland.org**

Scottish Anglers National Association
National Game Angling Centre, The Pier, Loch Leven, Kinross KY13 8UF.
☎ (01577) 86 11 16.
W **sana.org.uk**

Scottish Federation for Coarse Angling
☎ 07812 24 18 16.
W **sfca.co.uk**

Scottish Federation of Sea Anglers
Stitchill House, Kelso, TD5 7TB.
☎ (01573) 47 06 12.
W **fishpal.com**

Jagen

British Association for Shooting and Conservation (Scotland)
Trochry, Dunkeld, Perthshire PH8 0DY.
☎ (01350) 72 32 26.
W **basc.org.uk**

Reiten

Glen Tanar Equestrian Centre
Glen Tanar, Aboyne, Royal Deeside AB34 5EU.
☎ (01339) 88 64 51.
W **glentanar.co.uk**

Highlands Unbridled
North Wilds, Fendom, Tain IV19 1PE.
☎ (01862) 73 50 07.
W **highlandsunbridled.co.uk**

Newtonmore Riding Centre
Biallid Farm, Fort William Rd, Newtonmore, Inverness-shire PH20 1BP.
☎ (01540) 67 00 00.

Skye Riding Centre
Suladale, Portree, Isle of Skye IV51 9PA.
☎ (01470) 58 24 19.
W **theisleofskyetrekkingcentre.co.uk**

VisitScotland
☎ 0845 859 1006.
W **visitscotland.com**

Segeln

Port Edgar Marina
South Queensferry, Edinburgh EH30 9SQ.
☎ (0131) 472 2222.
W **portedgarmarina.co.uk**

Scottish National Watersports Centre
Isle of Cumbrae, Ayrshire KA28 0HQ.
☎ (01475) 53 07 57.
W **nationalcentrecumbrae.org.uk**

Wassersport

Royal Yacht Association
Caledonia House, South Gyle, Edinburgh EH12 9DQ.
☎ (0131) 317 7388.
W **ryascotland.org.uk**

Scottish Water Ski Centre
Townhill Country Park, Townhill, Dunfermline KY12 0HT.
☎ (01383) 62 01 23.
W **waterskiandwakeboardsscotland.co.uk**

GRUND-INFORMATIONEN

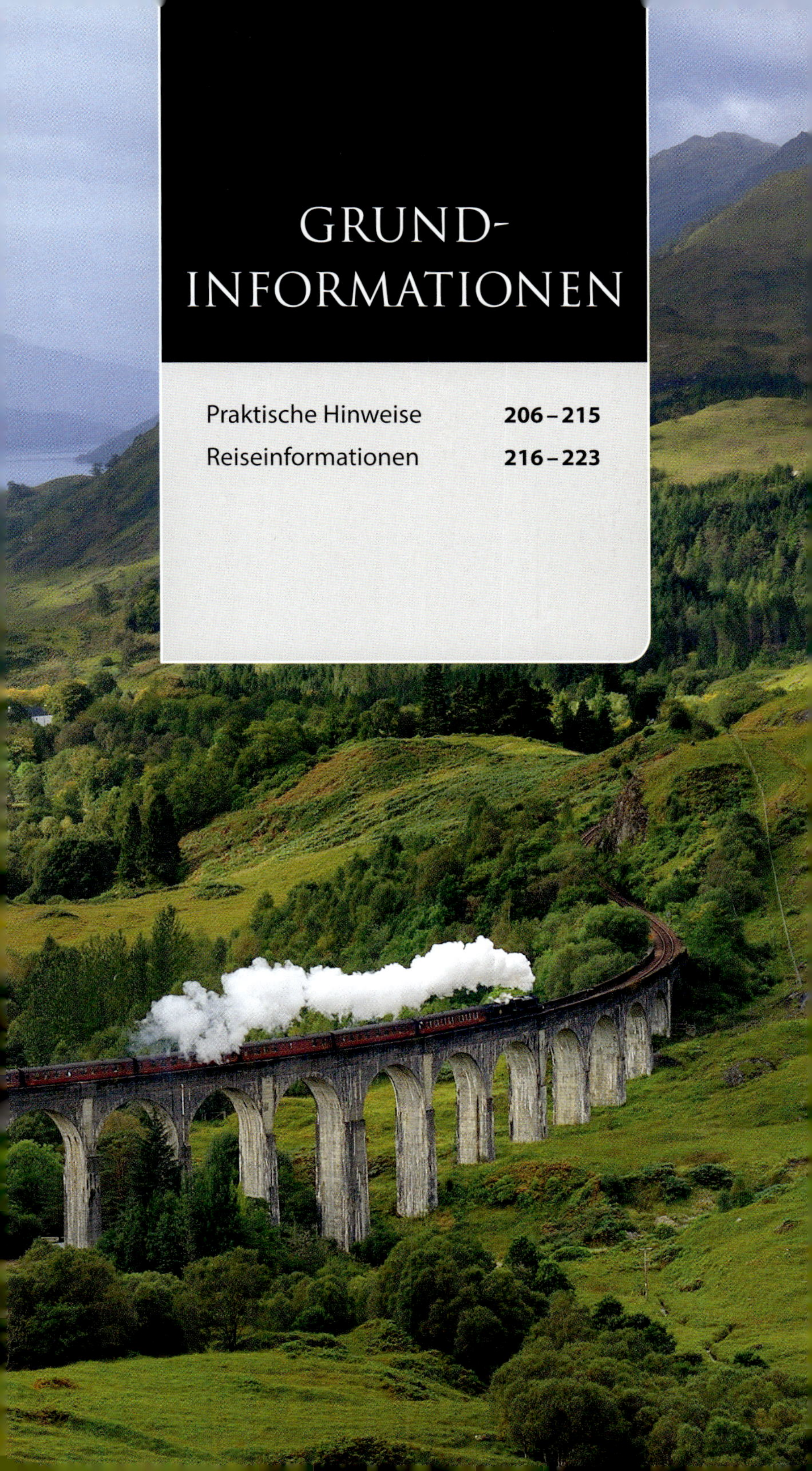

Praktische Hinweise

Um Schottland richtig genießen zu können, sollte man etwas über das Alltagsleben wissen. Die Auswahl an Angeboten für Besucher war nie besser, denn der Tourismus ist mittlerweile ein bedeutender Wirtschaftszweig, und VisitScotland, die nationale Tourismusorganisation, arbeitet beständig an Verbesserungen der Dienstleistungen. Dieses Kapitel liefert allgemeine Tipps und informiert über Anlaufstellen in Problemfällen, Banken und Kommunikation. Anschließend finden Sie Informationen zur Anreise und zu den Reisemöglichkeiten mit privaten und öffentlichen Verkehrsmitteln, einschließlich Inselfähren. Ob Schottland ein teures Land ist, hängt vor allem vom aktuellen Wechselkurs zwischen Britischem Pfund und Euro ab. Besucher, die über London anreisen, werden erfreut feststellen, dass in Schottlands Hauptstadt Edinburgh die Preise deutlich niedriger sind. Ein noch besseres Preis-Leistungs-Verhältnis bietet Schottlands größte Stadt Glasgow.

Besucherzentrum in Callander im Herzen der Trossachs

Beste Reisezeit

Schottlands Wetter ist recht wechselhaft *(siehe S. 40–43)*. Mai und Juni sind trockener als Juli und August, aber auch kühler. An der Westküste herrscht mildes und feuchtes Klima vor, an der Ostküste ein eher kühleres und trockeneres. Im Frühjahr und Herbst ist das Klima gemäßigt, man muss mit Regen rechnen, und es ist oft kühl, aber dafür kann man dann selbst touristische Gegenden mit wenig Betrieb genießen.

Schottlands Städte sind ganzjährige Reiseziele, doch viele Attraktionen sind nur zwischen Ostern und Oktober offen. In den Ferienmonaten Juli und August sowie um die Feiertage *(siehe S. 42)* ist am meisten los. Zwischen Weihnachten und Neujahr sind die Hotels schnell ausgebucht, vor allem in Edinburgh wegen der Hogmanay-Straßenparty *(siehe S. 43)*.

Vor größeren Unternehmungen und vor allem, bevor man sich zu Fuß in entlegene Bergregionen aufmacht, sollte man sich zu jeder Jahreszeit per Fernsehen, Radio, Zeitung oder Telefonansage über den aktuellen Wetterbericht informieren. Tourengeher und Kletterer werden im Gebirge oftmals von schlechtem Wetter überrascht, und in diesen Fällen muss dann häufig die Bergwacht alarmiert werden *(siehe S. 201)*.

Logo der Bergrettung

Versicherung

Es empfiehlt sich, vor der Reise eine Reiseversicherung abzuschließen, die Abbruch oder Stornierung der Reise sowie Diebstahl oder Verlust von Geld oder Gepäck abdeckt. Auch eine Reisekrankenversicherung, die private ärztliche Behandlungen und medizinische Sonderleistungen *(siehe S. 210)* sowie im Notfall den Krankenrücktransport übernimmt, ist unbedingt anzuraten.

EU-Bürger brauchen zum Autofahren lediglich den nationalen Führerschein und – für den eigenen Wagen – den Kfz-Schein. Empfehlenswert ist die Grüne Versicherungskarte. Mietautos sind in der Regel vollkaskoversichert, allerdings mit Selbstbeteiligung bis zu einer vereinbarten Höhe.

Buchung

Buchen können Besucher ihren Urlaub in Schottland u. a. über das Callcenter und die Website von **VisitScotland**, das auch eine Niederlassung in London unterhält. In der Nebensaison findet man relativ leicht eine Unterkunft oder Mietfahrzeuge, in der Hauptsaison (im Juli und August, um Ostern und um Weihnachten) sollten Sie dagegen früh reservieren.

Einreise und Zoll

Alle Bürger aus Staaten der Europäischen Union und der Schweiz brauchen für die Einreise nach Großbritannien einen gültigen Reisepass oder Personalausweis. Kinder benötigen ein eigenes Ausweisdokument, Einträge im Reisepass eines Elternteils sind nicht mehr gültig. In Großbritannien gibt es zurzeit keine weiteren Grenzformalitäten, wenn man zwischen Schottland, Wales, England und Nordirland hin- und herreist.

Bei der Einreise über einen internationalen Flug- oder Seehafen sehen Sie verschiedene Warteschlangen: für EU-Bürger und Angehörige anderer Staaten. Schottland ist Teil des EU-Mitglieds Großbritannien, daher ist das Passieren der blauen Schleusen für EU-Bürger problemlos. Wie üblich, werden Einreisende und ihr Gepäck stichprobenartig nach unerlaubten Waren durch-

Hinweis auf Infostellen

◀ **Der Jacobite Steam Train *(siehe S. 138)* auf dem Glenfinnan Viaduct bei Loch Shiel**

sucht. Es ist verboten, Drogen oder Waffen einzuführen.

Waren für den persönlichen Gebrauch können innerhalb der Europäischen Union ohne Grenzkontrollen ein- und ausgeführt werden. Über Mitnahme von Haustieren sowie Einfuhr von Pflanzen, Lebensmitteln und Medikamenten informiert das Auswärtige Amt (www.auswaertiges-amt.de).

Information

Schottlands nationale Tourismusorganisation **VisitScotland** unterhält eine informative Website, über die man auch Unterkünfte und anderes buchen kann. Darüber hinaus hat jede schottische Region ihre eigene Tourismusorganisation, die Informationen über Unterkunft, Unterhaltung und regionale Sehenswürdigkeiten bereithält. Kleinere Tourismusbüros finden sich in vielen Städten, an öffentlichen Plätzen sowie an wichtigen Orten von historischem Interesse. Halten Sie nach dem blauen Symbol für »Tourist Information« Ausschau. Deutschsprachige Informationen, von Landeskunde bis zu praktischen Tipps, liefert: www.schottland.de

Behinderte Reisende

Das Angebot an behindertengerechten Einrichtungen in Schottland verbessert sich ständig. Immer mehr Hotels und Gästehäuser sind heute für Rollstuhlfahrer leicht zugänglich. Dieser Reiseführer weist in den Infoblöcken darauf hin.

First ScotRail *(siehe S. 219)* sowie Reisebegleiter auf Fähren oder in Bussen helfen behinderten Reisenden nach Voranmeldung. Fragen Sie im Reisebüro nach der *Disabled Persons Railcard*, die in ganz Großbritannien zu ermäßigten Bahnfahrten berechtigt.

Spezialveranstalter wie **Tourism for All** stimmen ihre Programme auf Körperbehinderte ab. Informationen erhalten Sie unter 0845 124 99 71 und 0044 1539 726 111 (von außerhalb UK) sowie im Internet unter: www.openbritain.net

In Deutschland informiert der Bundesverband Selbsthilfe Körperbehinderter e.V. (www.bsk-ev.org) über Reisen für Behinderte.

Hertz Rent A Car vermietet ohne Preisaufschlag Autos mit Handapparaturen *(siehe S. 223)*. Benutzer von Behindertenparkplätzen müssen im Auto einen Berechtigungsausweis auslegen.

Wer sich allgemein über Möglichkeiten für behinderte Reisende informieren will, findet unter www.myhandicap.de/barrierefrei-reisen nützliche Informationen und Adressen zum Thema.

Beliebt bei Besuchern: der Hafen von Tobermory, Isle of Mull

Auf einen Blick

Information

VisitScotland
Hier erhalten Sie Broschüren und können Unterkünfte buchen:
T (0131) 472 2222.
W **visitscotland.com**
Auf dieser überaus hilfreichen Website finden Sie detaillierte Informationen zu den unten aufgeführten Städten und Regionen in Schottland.

Aberdeen & Grampian
T (01224) 26 91 80.

Angus & Dundee
T (01382) 52 75 27.

Argyll, The Isles, Loch Lomond, Stirling & The Trossachs
T (01786) 47 50 19 oder (01389) 75 35 33.

Ayrshire & Arran
T (01770) 30 37 74.

Dumfries & Galloway
T (01387) 25 38 62.

Edinburgh & Lothians
T (0131) 473 3868
W **edinburgh.org**

Greater Glasgow & Clyde Valley
T (0141) 566 4089.
W **peoplemakeglasgow.com**

Highlands of Scotland
T (01463) 25 24 01.
W **highlandexperience.com**

Kingdom of Fife
T (01334) 47 20 21.

Orkney Islands
T (01856) 87 28 56.
W **visitorkney.com**

Perthshire
T (01738) 45 06 00.

Scottish Borders
T (01721) 72 80 95.
W **visitscotland.com/destinations-maps/scottish-borders**

Shetland Islands
T (01595) 69 34 34.
W **shetland.org**

Western Isles
T (01859) 50 20 11.

Glamis Castle, eines der Schlösser, die Eintrittsgeld verlangen

Mit Kindern reisen

Rund um Feiertage und während der Schulferien (Juli bis Mitte August) ist in puncto Kinderunterhaltung am meisten geboten. Vielerorts gibt es während der Weihnachtszeit Angebote für Kinder. Für Reisen, Theaterbesuche etc. sind ermäßigte Kinder- und Familienkarten erhältlich.

In den Zügen von ScotRail reisen Kinder zwischen fünf und 15 Jahren in Begleitung eines Erwachsenen umsonst.

Kinderfreundliche Unterkünfte finden Sie auf den Seiten 172–177, auch Apartments für Selbstversorger sind anzuraten. Viele Hotels bieten einen Babysitter-Service oder ein Babyfon, manche stark ermäßigte oder freie Unterkunft für Kleinkinder. Auch Restaurants sind auf die Kleinen eingestellt, viele haben Kinderstühle und Kindermenüs *(siehe S. 181–189)*. In Begleitung von Erwachsenen dürfen Kinder auch in Pubs. Alkohol ist dagegen erst ab 18 Jahren erlaubt.

Interaktive Exponate in Edinburghs Museum of Childhood

Eintrittspreise

Sie variieren stark, von einem symbolischen Betrag bis zu hohen Preisen für beliebte Attraktionen. Ermäßigungen gibt es oft für Gruppen, Studenten und Senioren. Die meisten Pfarrkirchen, Museen und Kunstgalerien verlangen keinen Eintritt, solange keine Sonderausstellung gezeigt wird, erwarten aber oft Spenden. Einige der Sehenswürdigkeiten werden als kommerzielle Unternehmen oder auf Spendenbasis privat geführt.

Öffnungszeiten

Viele Läden in Schottland haben auch an Sonntagen geöffnet, vor allem in den Stadtzentren. Auf den stillen Western Isles allerdings gilt der Sonntag noch heute als Ruhetag, die meisten Cafés, Restaurants und Läden bleiben hier dementsprechend sonntags geschlossen. Montags bis freitags sind die Öffnungszeiten von 9 bis 18 Uhr, donnerstags meist auch länger. Während der großen Festivals in Edinburgh schließen die Läden oft nicht vor 22 Uhr. Museen und Sammlungen haben sonntags sowie an einigen Feiertagen kürzer geöffnet. Viele Sehenswürdigkeiten können an Feiertagen – Ausnahme 25. Dez und 1. Jan – besichtigt werden.

Mehrwertsteuer

Auf die meisten Waren wird Mehrwertsteuer (VAT) von 20 Prozent erhoben. Medikamente, die meisten Nahrungsmittel, Tickets für öffentliche Verkehrsmittel sowie Bücher und Zeitschriften sind davon befreit. Bei der Ausreise können sich Nicht-EU-Bürger die VAT zurückerstatten lassen.

Studenten

Studentenausweis

Studenten mit einem Internationalen Studentenausweis (ISIC) erhalten häufig Ermäßigungen. ISIC-Ausweise stellen **STA Travel** oder die **National Union of Students** aus. In den Trimesterferien kann man günstige Unterkünfte in den Studentenwohnheimen der Universitäten finden. Meist liegen sie sehr zentral. Der **Internationale Jugendherbergsausweis** berechtigt zur Unterkunft in einer der vielen Jugendherbergen. Adressen bekommen Sie von der **Scottish Youth Hostels Association** *(siehe S. 209)*.

National Trust for Scotland (NTS)

Viele historische Gebäude, Parks, Gärten und Naturgebiete sind in der Hand des **National Trust for Scotland (NTS)** und werden von ihm instand gehalten und gepflegt. Die Eintrittspreise sind vergleichsweise hoch. Wenn Sie den Besuch mehrerer NTS-Sehenswürdigkeiten planen, kann es sinnvoll sein, für 50 £ pro Jahr Mitglied des NTS zu werden (21 £ für alle unter 25; 37 £ für alle über 60 Jahren). Als Mitglied haben Sie freien Eintritt zu allen NTS-Liegenschaften (auch in England, Wales und Nordirland). Mitglieder erhalten zudem einen Aufkleber, der zu kostenlosem Parken bei allen NTS-Liegenschaften berechtigt, sowie dreimal pro Jahr das vom Trust herausgegebene Magazin. Mitglied kann man ganz bequem im Internet werden.

Charlotte Square, Edinburgh, Sitz des National Trust for Scotland

Historic Scotland

Die 1991 gegründete schottische Behörde Historic Scotland kümmert sich um den Erhalt und die Pflege von historisch bedeutsamen Stätten in Schottland. Mittlerweile verwaltet Historic Scotland etwa 400 Objekte, wie beispielsweise Edinburgh Castle *(siehe S. 64f)* und Stirling Castle *(siehe S. 124f)*. Mit dem Erwerb des sogenannten Explorer Pass – der Pass wird von der offiziellen Organisation für Kulturerbe der schottischen Regierung bereitgestellt, erhält der Besucher freien Eintritt zu Schottlands berühmtesten und faszinierendsten Stätten, zu insgesamt mehr als 70 Burgen, Schlössern, Parks und Gärten, die von Historic Scotland betreut werden. Neben diversen Vergünstigungen gibt es zusätzlich dazu ein Informationspaket, das aus Broschüren und einer Übersichtskarte besteht. Erhältlich sind ein Drei-Tage-Pass (innerhalb von fünf Tagen nutzbar) und ein Sieben-Tage-Pass (innerhalb von 14 Tagen nutzbar). Für Kinder, Studenten und Senioren gibt es Ermäßigungen.

Elektrizität

Die Netzspannung beträgt 230 Volt Wechselstrom. Die Stecker weisen drei vierkantige Stifte auf. Wenn Sie ausländische Geräte, z. B. einen Föhn oder einen Rasierapparat, benutzen wollen, brauchen Sie einen Adapter. In den Badezimmern vieler Hotels gibt es auch zweipolige Steckdosen.

Rauchen und Alkohol

Rauchen ist an allen öffentlichen Orten verboten. Ein generelles Trinkverbot in der Öffentlichkeit gilt für den Großraum Glasgow und das Gebiet des Clyde Valley, aber nicht für die Neujahrs-Straßenparty zu Hogmanay (31. Dez).

Maßeinheiten

Zwar hat Schottland 1995 auf das metrische System umgestellt, die alten Maße sind aber noch immer gebräuchlich.

Umrechnungswerte

1 inch = 2,5 Zentimeter
1 foot = 30 Zentimeter
1 mile = 1,6 Kilometer
1 ounce = 28 Gramm
1 pint = 0,6 Liter
1 gallon = 4,5 Liter
1 Millimeter = 0,04 inch
1 Zentimeter = 0,4 inch
1 Meter = 3 feet 3 inches
1 Kilometer = 0,6 mile
1 Gramm = 0,04 ounce

1 Kilogramm = 2,2 pounds
0 °Celsius = 32 °Fahrenheit
10 °Celsius = 50 °Fahrenheit
20 °Celsius = 68 °Fahrenheit
30 °Celsius = 86 °Fahrenheit

Zeit

In Schottland gilt die Greenwich Mean Time (GMT), der unsere Mitteleuropäische Zeit (MEZ) um eine Stunde voraus ist. Im Sommer von Ende März bis Ende Oktober werden die Uhren eine Stunde auf Sommerzeit vorgestellt.

Bars säumen eine Straße in der Altstadt von Perth

Haustiere

Für mitgebrachte Haustiere ist der EU-Heimtierausweis vorzulegen, der vom Tierarzt ausgestellt wird und nur mit einer Kennzeichnung des Tiers durch Tätowierung oder Mikrochip gültig ist. Bestimmungen zu speziellen Impfungen (z. B. Tollwut) sind zu beachten.

Auf einen Blick

Historic Scotland
(0131) 668 8831.
historic-scotland.gov.uk

National Trust for Scotland (NTS)
0844 493 2100.
nts.org.uk

Studenten

International Youth Hostel Federation
(01707) 32 41 70.
hihostels.com

National Union of Students
(0131) 556 6598.
nus.org.uk/en/nus-scotland/

Scottish Youth Hostels Association
08452 93 73 73.
syha.org.uk

STA Travel
0333 321 0099.
statravel.co.uk

Botschaften und Konsulate

Deutschland
Botschaft:
23 Belgrave Square,
London SW1X 8PZ.
(020) 78 24 13 00.
london.diplo.de
Generalkonsulat:
16 Eglinton Crescent,
Edinburgh EH12 5DG.
(0131) 337 2323.
edinburgh.diplo.de

Österreich
Honorarkonsulat:
9 Howard Place,
Edinburgh EH3 5JZ.
(0131) 558 1955.
bmeia.gv.at

Schweiz
Generalkonsulat: 58/2 Manor Place, Edinburgh EH3 7EH.
(0131) 225 9313.
eda.admin.ch

Sicherheit und Gesundheit

Schottland ist ein sicheres Reiseziel. Dass Besucher Opfer von Straftaten werden, ist ziemlich unwahrscheinlich. Aber natürlich sollte man auch in Schottland die üblichen Sicherheitsvorkehrungen treffen. Falls Sie in Schwierigkeiten geraten, zögern Sie nicht, die Polizei um Hilfe zu bitten. Der National Health Service (NHS) bietet medizinische Betreuung – die EU-Staaten und die Schweiz haben ein bilaterales Abkommen mit Großbritannien geschlossen. Hier finden Sie Tipps für einen sorgenfreien Aufenthalt.

Medizinische Versorgung

Zwischen Großbritannien und anderen EU-Mitgliedsstaaten sowie der Schweiz bestehen Abkommen, die eine kostenlose Behandlung durch den National Health Service sichern. Die Notbehandlung in einer NHS-Unfallstation ist auf jeden Fall kostenlos, bei weniger dringenden Fällen geht es manchmal etwas bürokratisch zu. Auf jeden Fall sollten Sie als gesetzlich Versicherter Ihre Europäische Krankenversichertenkarte (EHIC; identisch mit der normalen Krankenversichertenkarte einer gesetzlichen Krankenversicherung) vorweisen können. Privatbehandlungen müssen Sie vorstrecken, eine Privatversicherung oder eine zusätzliche Auslands-/Reise-Krankenversicherung übernimmt – je nach Vertrag – die Abrechnung von Sonderleistungen bzw. im Notfall den Krankenrücktransport. Zahnärztliche Behandlungen müssen Sie eventuell zu einem großen Teil selbst bezahlen, falls die Leistung nicht als zahnärztliche Notbehandlung anerkannt wird.

Besucher aus Nicht-EU-Staaten sollten vorher unbedingt eine Versicherung abschließen, die die Behandlung durch Fachärzte und in Krankenhäusern sowie den Rücktransport in die Heimat abdeckt.

Apotheken

Eine breite Palette von Medikamenten ist rezeptfrei erhältlich. Boots ist der bekannteste und größte Drogeriemarkt mit Filialen in den meisten Städten. Wer auf ein bestimmtes Medikament angewiesen ist, sollte einen Vorrat mitbringen oder vom Arzt den internationalen pharmazeutischen Namen notieren lassen. Bei Anspruch auf NHS-Versorgung ist eine Rezeptgebühr, sonst der volle Preis zu zahlen. Verlangen Sie zur Kostenerstattung durch Ihre private Versicherung eine Quittung.

Eine traditionelle Apotheke in Leith, Edinburgh

Einige Apotheken sind bis 24 Uhr offen. Ärzte haben meist vormittags sowie am frühen Abend Sprechstunde. Notaufnahmen von Krankenhäusern kann man zu jeder Uhrzeit aufsuchen.

Risiken in der Natur

Mückenstiche gehören zu den häufigsten Unannehmlichkeiten für Schottland-Reisende. Da die Insekten Feuchtigkeit lieben, sammeln sie sich vor allem an den Seen und an der Küste. Sie brüten zwischen April und Oktober und sind bei Sonnenaufgang und bei Sonnenuntergang am aufdringlichsten. Es gibt keine Möglichkeit, Mücken vollständig aus dem Weg zu gehen. Eine geeignete Vorsichtsmaßnahme ist das Auftragen eines Insektenschutzmittels (z. B. Autan), außerdem sollten Sie Arme und Beine bedeckt halten und sich nach Einbruch der Dunkelheit nicht in hellem Lichtschein im Freien aufhalten. Für ungestörte Nächte kann ein Moskitonetz durchaus sinnvoll sein.

Wer in den Bergen wandert, sollte sich auf überraschende Wetterwechsel und extreme Bedingungen einstellen. Machen Sie sich möglichst nicht allein auf den Weg, beachten Sie die üblichen Sicherheitsvorkehrungen, und unterschätzen Sie die Berge nicht.

Kriminalität und Vorsichtsmaßnahmen

Schottland ist kein gefährliches Reiseland, es ist sehr unwahrscheinlich, dass Ihr Aufenthalt durch ein Verbrechen getrübt wird. Gegen den Verlust von Eigentum kann man leicht Vorkehrungen treffen. Ideale Reviere für Taschendiebe sind überfüllte Märkte, Geschäfte und zu Stoßzeiten die öffentli-

Woman Police Constable

Police Constable

Traffic Police Officer

chen Verkehrsmittel. Lassen Sie Ihr Gepäck in der Öffentlichkeit nie unbeaufsichtigt. Legen Sie Taschen im Kino oder Theater nicht unter Ihren Sitz auf den Boden, hängen Sie Kameras und Taschen in Lokalen nicht achtlos an die Rückenlehne Ihres Stuhls. Tragen Sie nicht zu viel Bargeld oder Schmuck bei sich, nutzen Sie lieber den Hotelsafe. Viele Hotels haften nur für im Safe deponierte Wertgegenstände.

In Zeiten von Kredit- und Debitkarten ist das Mitführen größerer Bargeldsummen nicht mehr notwendig. Rund um die Uhr einsatzbereite Geldautomaten, um kurzfristig Bargeld abzuheben, gibt es in Schottland in allen Ortschaften. Die Notrufnummern zum Sperren von Kredit- und Debitkarten finden Sie auf Seite 212.

Wenn Sie nachts unterwegs sind, meiden Sie verlassene Gegenden und schlecht beleuchtete Seitenstraßen. Parken Sie Ihr Fahrzeug an hell beleuchteten Orten oder auf bewachten Parkplätzen. Lassen Sie keinesfalls Wertgegenstände im Auto.

Melden Sie einen Diebstahl oder gar einen Überfall sofort der Polizei. Wer seine Diebstahlversicherung in Anspruch nehmen will, benötigt ein schriftliches Protokoll der örtlichen Polizei.

Alle großen Bahn- und Busbahnhöfe haben Fundbüros. Es ist ratsam, Kopien von wichtigen Dokumenten wie Reisepass oder Reisepapieren anzufertigen. Den Verlust Ihres Ausweises oder Passes sollten Sie Ihrer Botschaft in London oder dem Konsulat in Edinburgh *(siehe S. 209)* melden.

Streifenwagen der Polizei

Krankenwagen

Feuerwehrauto

Polizei

Einen traditionellen Bobby mit hohem Helm sieht man heute nur noch selten, öfter jedoch den Streifenwagen mit heulenden Sirenen und Blaulicht. Den Polizisten vom alten Schlag gibt es jedoch vor allem in ländlichen Gegenden und in geschäftigen Innenstädten noch immer: Er ist höflich, umgänglich und hilfsbereit. Im Gegensatz zu anderen Ländern tragen Polizisten in Großbritannien keine Schusswaffen.

Wenn Sie sich verirrt haben, dann tun Sie gut daran, sich an einen Polizisten zu wenden. Auch die Verkehrspolizisten helfen Ihnen in der Regel bereitwillig weiter. Unter der Rufnummer 999 oder der Europäischen Notrufnummer 112 erreichen Sie rund um die Uhr Polizei, Feuerwehr und Krankenwagen. Die Anrufe sind von öffentlichen wie privaten Telefonen gebührenfrei.

Logo der Royal National Lifeboat Institution

In Küstenregionen werden Sie über die Notrufnummern 999 oder 112 auch mit dem freiwilligen Seenotrettungsdienst verbunden, der Royal National Lifeboat Institution (RNLI).

Alleinreisende Frauen

Frauen, die in den Abendstunden ohne Begleitung unterwegs sind, sind in Schottland nicht übermäßig gefährdet. Dennoch ist an einsamen Orten Vorsicht geboten. Meiden Sie öffentliche Verkehrsmittel, in denen nur ein Fahrgast oder eine Männergruppe sitzt. Nehmen Sie lieber ein Taxi *(siehe S. 223)*, als nachts durch einsame Stadtgebiete zu gehen. Das Tragen von Angriffswaffen wie Messern, Pistolen und Tränengas ist illegal, selbst wenn sie der Selbstverteidigung dienen. Erlaubt sind nur Alarmsysteme zum persönlichen Schutz.

Auf einen Blick

Polizei, Feuerwehr und Krankenwagen

T 112 (Europäische Notrufnummer; gebührenfrei).

T 999 (gebührenfrei).

Unfall und Notfallkliniken

Aberdeen Royal Infirmary
T 0345 456 6000.

Edinburgh Royal Infirmary
T (0131) 536 1000.

Glasgow Royal Infirmary
T (0141) 211 4000.

Inverness Raigmore
T (01463) 70 40 00.

NHS 24 Helpline
T 111.
W **nhs24.com**

Perth Royal Infirmary
T (01738) 62 33 11.

Zahnärztlicher Notdienst

Chalmers Dental Center
T (0131) 536 4800.

Hilfe für Behinderte

The Disability Helpline
T 0808 800 3333.
W **scope.org.uk**

Banken und Währung

In den Städten, auch in den meisten Kleinstädten, haben Besucher verschiedene Möglichkeiten, Geld zu tauschen. Banken, Postämter und Wechselstuben bieten den Service zu unterschiedlichen Kursen und Gebühren an. Fast überall gibt es Geldautomaten (ATM), an denen Sie mit Ihrer girocard (früher EC-Karte) oder mit Kreditkarte nach Eingabe der PIN Geld abheben können. Außerdem bieten sich Kreditkarten zum Bezahlen größerer Summen an.

Eine der vielen Banken mit Geldwechselservice

Wechselstuben

Private Wechselstuben locken mit Service außerhalb der Banköffnungszeiten. Ein Vergleich lohnt, da die Wechselkurse stark schwanken und teilweise hohe Gebühren anfallen. Angesehene Unternehmen wie **American Express**, **Thomas Cook** und **International Currency Exchange** bieten interessante Konditionen. International Currency Exchange hat nur eine Filiale an Edinburghs Flughafen, dagegen unterhalten American Express und Thomas Cook in ganz Schottland Filialen.

Banken und Geldautomaten

Die meisten Banken haben montags bis freitags von 9.30 bis 15.30 Uhr geöffnet. Insbesondere in Städten öffnen viele länger, einige auch am Samstagvormittag. An gesetzlichen Feiertagen *(siehe S. 42)* sind alle Banken geschlossen.

In allen Städten Schottlands gibt es Filialen zumindest einer der folgenden Banken: Bank of Scotland, Royal Bank of Scotland, Clydesdale Bank, HSBC, Lloyds Bank, NatWest und Barclays. Bei praktisch jeder Bank können Sie am Geldautomaten (ATM) mit Ihrer girocard oder Kreditkarte unter Eingabe der PIN vom Konto Bargeld abheben bzw. wechseln – bis zum individuellen Tageslimit und unabhängig von den Öffnungszeiten der Bank.

Wählen Sie auf keinen Fall die angebotene Sofortumrechnung, da Ihnen hierbei durch einen extrem schlechten Wechselkurs erhebliche Kosten entstehen.

Die Gebühren für eine Abhebung können allerdings variieren und betragen in der Regel mehrere Euro. Achten Sie bei jeder Geldabhebung immer auf Ihre unmittelbare Umgebung.

Kredit- und Debitkarten

Kreditkarten werden in ganz Schottland akzeptiert, vor allem in praktisch allen Hotels sowie in vielen Restaurants und größeren Läden. Zu den am weitesten verbreiteten Karten gehören **Visa**, **MasterCard**, **American Express** und **Diners Club**. Bar bezahlen müssen Sie hingegen noch in kleinen Läden oder auf Märkten sowie in Cafés und Pubs.

Neben den Kreditkarten kommen auch Debitkarten immer öfter zum Einsatz. Bekannteste Debitkarte ist die **girocard** (früher EC-Karte). Sie gibt es in zwei Ausführungen – mit dem Maestro-Logo oder mit dem VPay-Logo. Beide Ausführungen funktionieren gleichermaßen in Schottland. Bei Verlust sollten Sie Ihre Karte(n) sofort sperren lassen.

Schottische Banken

In fast allen Klein- und Großstädten Schottlands finden Sie Filialen der drei schottischen Bankhäuser Royal Bank of Scotland, Bank of Scotland und Clydesdale Bank. Filialen der englischen Bank NatWest gibt es nur in Großstädten. Bei den meisten können Sie Geld wechseln. Die Gebühren sind sehr unterschiedlich.

Logo der Bank of Scotland

Logo der Royal Bank of Scotland

Logo der Clydesdale Bank

Logo der NatWest

Auf einen Blick

Kartenverlust

Allg. Notrufnummer
(0049) 116 116.

American Express
(0044) 1273 696 933.

Diners Club
0345 862 29 35.

MasterCard
0800 96 47 67.

Visa
0800 89 17 25.

girocard
(0049) 69 740 987.

Währung

Die britische Währung ist das Pfund Sterling (engl. Pound Sterling; £ bzw. lb, Standard-Währungscode GBP = Great Britain Pound), das aus 100 Pence (p) besteht. Sie können Bargeld in beliebiger Höhe ein- und ausführen, müssen die Summe aber ab 10 000 Euro deklarieren.

Schottland gibt seine eigenen Banknoten heraus. Diese gelten zwar offiziell in ganz Großbritannien (mit Ausnahme der 1-£-Note), werden aber in England nicht immer oder oft nur ungern akzeptiert. Noten der Bank of England werden hingegen überall in Schottland problemlos angenommen. Der Wechselkurs des Pfund zum Euro schwankt frei, den aktuellen Kurs finden Sie in der Tagespresse.

Mit einem Sonderdruck der Fünf-Pfund-Note der Royal Bank of Scotland (ohne Abbildung) wurde 2005 der Golfer Jack Nicklaus geehrt – als erste lebende Person nach der Queen.

100-£-Note

Banknoten

Schottische Banknoten sind mit Werten von 1, 5, 10, 20, 50 und 100 £ in Umlauf. Alle Scheine zeigen auf einer Seite ein Porträt von Lord Ilay, einem der Begründer der Royal Bank of Scotland. Die 1-£-Note gilt nur in Schottland, jedoch gelten in Schottland alle Noten der Bank of England.

50-£-Note

20-£-Note

10-£-Note

5-£-Note

Münzen

Es gibt keine eigenen schottischen Münzen, im Umlauf sind die üblichen britischen Münzen.

2 Pfund (£ 2)

1 Pfund (£ 1)

50 Pence (50 p)

20 Pence (20 p)

10 Pence (10 p)

5 Pence (5 p)

2 Pence (2 p)

1 Penny (1 p)

Kommunikation

Besuchern stehen in allen Landesteilen sämtliche modernen Kommunikationsmöglichkeiten zur Verfügung, man profitiert von dem effektiven und preisgünstigen Telekommunikationssystem. Die in Europa gängigen Handys funktionieren in Schottland problemlos, die Netzabdeckung ist auch in entlegenen Gegenden in der Regel noch gut. In den meisten Hotels steht den Gästen WLAN zur Verfügung, in vielen ist die Nutzung kostenfrei. Trotz der Bedeutung von Mobiltelefonen hat auch das öffentliche Telefon noch nicht ausgedient.

Telefonzellen an den Außenmauern von Edinburgh Castle

Telefonzellen

Auch wenn die Zahl der Telefonzellen seit Jahren zurückgeht, findet man sie noch im Zentrum und in jedem Bahnhof. Öffentliche Telefone funktionieren in der Regel mit Telefonkarten oder Münzen im Wert von 10p, 20p, 50p und 1£. Neuere Telefone akzeptieren auch 2-£-Münzen. Die Mindestgebühr beträgt 60p. Verwenden Sie möglichst kleine Münzstückelungen, da nur »ungenutzte« Münzen zurückgegeben werden.

Einige öffentliche Telefone in Schottland akzeptieren auch Kreditkarten.

Mobiltelefone und Roaming

Mobilfunknetze decken fast ganz Schottland ab, in Europa gängige GSM- und UMTS-Handys sowie Smartphones funktionieren dort problemlos.

Seit 2017 können Handy-Nutzer aus Staaten der Europäischen Union ihr Mobiltelefon im ganzen EU-Raum ohne zusätzliche Kosten nutzen.

Mobilfunkanbieter können sich für die Auslandsnutzung ihrer Kunden gegenseitig Kosten in Rechnung stellen. Die festgelegten Obergrenzen betragen 3,2 Cent pro Minute für Anrufe und einen Cent für eine SMS. Für Datenvolumen sinken die Gebühren bis zum Jahr 2022 schrittweise von 7,70 Euro je GB auf 2,50 Euro.

In Schottland existieren vier große Provider: **EE** (ehem. Orange und T-Mobile) ist der beliebteste Anbieter, gefolgt von **O_2**, **Vodafone** und **3**. O_2 verfügt im Allgemeinen über das beste Netz, vor allem in den entlegeneren Gebieten Schottlands, wo das Netz der Mobilfunkdienste manchmal noch lückenhaft ist.

Internet

Viele größere Hotels bieten WLAN. In Büchereien ist die PC-Benutzung oft gratis, in Internet-Cafés wird meist im Minutentakt abgerechnet. Viele Cafés und Kneipen bieten kostenloses WLAN für ihre Gäste an. Das Password erfragt man am Tresen.

Gelbe Seiten

Branchenverzeichnisse wie die *Yellow Pages* und *Thomson Local* liegen in Postämtern, Bibliotheken sowie in den meisten Hotels und B&Bs aus.

Postdienste

Neben den Hauptpostämtern, die sämtliche Postdienstleistungen anbieten, gibt es vor allem in abgelegenen Gegenden und Kleinstädten Poststellen in Läden und Informationszentren. Oft betreibt der einzige Dorfladen auch das Postamt. Postämter haben in der Regel montags bis freitags von 9 bis 17.30 Uhr, samstags bis 12.30 Uhr geöffnet.

Briefmarken gibt es in Postämtern, aber auch in vielen Läden, im Supermarkt und an Tankstellen. Hotelrezeptionen haben oft Briefkästen.

Postbus auf dem Land

Versehen Sie die Adressen stets mit Postleitzahl. Inlandsbriefe und -postkarten können Sie *first class* oder *second class* aufgeben. *Second-class*-Sendungen brauchen einen oder zwei Tage länger als *First-class*-Sendungen. Infos über die verschiedenen Tarife finden Sie unter: www.royalmail.com *(siehe auch S. 215)*.

Internet-Zugang rund um die Uhr in einem Internet-Café

Luftpostbrief

1.-Klasse-Marke

2.-Klasse-Marke

Sondermarken mit Motiven von Kindermärchen

Postlagernde Sendung

Größere Postämter in schottischen Städten bieten einen Postlagerungsservice an. Die Briefe werden mit dem Empfängernamen und dem Vermerk *poste restante* adressiert, gefolgt von der Anschrift des Postamts. Bei der Abholung der Briefe muss sich der Empfänger ausweisen.

Die Post lagert Sendungen einen Monat lang. Edinburghs Postamt mit der zentralsten Lage befindet sich im St James Centre, EH1, nahe dem Hauptbusbahnhof.

Briefkästen

Leuchtend rot sind beide Arten von Briefkästen – sowohl die frei stehenden *pillar boxes* als auch die Hängekästen. Manche Briefkästen verfügen über zwei Einwurfschlitze, einen für Übersee- und *First-class*-Sendungen, einen anderen für *Second-class*-Sendungen.

Briefkästen findet man auch in den kleinsten Dörfern, es gibt sie in allen Formen und Größen. An Postämtern sind sie häufig in die Wand eingelassen. Die Leerungszeiten sind auf den Briefkästen vermerkt. An Wochentagen werden sie mehrmals täglich geleert, an Samstagen seltener, sonntags sowie an Feiertagen äußerst selten.

Auslandssendungen

»Pillar box«

Die meisten Sendungen ins Ausland werden als Luftpost verschickt. Ein Standardbrief oder eine Postkarte nach Deutschland, Österreich oder in die Schweiz kostet 1,17 Pfund. Ziele innerhalb Europas erreichen Sendungen in etwa drei bis fünf Tagen, die Zustellung in andere Länder dauert länger. Falls die Postkarte internationalen Standardmaßen nicht entspricht und damit unterfrankiert ist, wird sie auf dem Land-/Seeweg befördert. Es kann bis zu zwölf Wochen dauern, bis sie eintrifft.

Die meisten Hauptpostämter bieten einen Eilzustellservice per **Parcelforce Worldwide** an. Die Preise sind in etwa vergleichbar mit denen privater Firmen wie **UPS**, **DHL** oder **Crossflight**.

Medien

Die überregionalen Zeitungen gliedern sich in zwei Kategorien: seriöse Zeitungen, wie z. B. Edinburghs *The Scotsman* oder Glasgows *The Herald*, und die Boulevardpresse wie *The Sun* oder *The Daily Record*. Sonntagsausgaben wie *Scotland on Sunday* und *Sunday Herald* sind teurer als die Tagespresse und haben Beilagen zu den verschiedensten Themen wie Kunst, Restaurants, Unterhaltung, Reisen und Literatur.

Im Zeitschriftenhandel sind Spezialzeitschriften zu allen nur denkbaren Themen erhältlich. In größeren Städten, Bahnhöfen und Großbuchhandlungen kann man auch ausländische Zeitungen und Zeitschriften kaufen.

Die BBC (British Broadcasting Corporation) betreibt zwei TV-Kanäle ohne Werbeunterbrechungen. Die privaten Konkurrenten sind ITV, Channel 4 und Channel 5. Der BBC gehören auch einige Radiosender, von Radio 1 über den Mainstream-Kanal Radio 4 bis zum nationalen Sender BBC Radio Scotland. Außerdem gibt es zahlreiche schottische Lokalsender.

Zeitungsstand in Glasgow mit Verkäufer

Auf einen Blick

Internationale Vorwahlen
Edinburgh: 00 44 131.
Glasgow: 00 44 141.

Notruf
999 oder 112 (Polizei, Feuerwehr, Krankenwagen/Notarzt, Küstenwache, Bergwacht).

Auskunft
118 500 (BT).

Auslandsauskunft
118 505 (BT).

Auslandsgespräche
00, dann Landeskennzahl.
Deutschland: 49.
Österreich: 43.
Schweiz: 41.

Yellow Pages
11 82 47.
Telefonisches Branchenverzeichnis.

Deutschland Direkt
0800 89 00 49.

Postsendungen

Crossflight
(01753) 77 60 00.
crossflight.co.uk

DHL
dhl.co.uk

Parcelforce Worldwide
0344 800 4466.
parcelforce.com

Royal Mail
0345 774 0740.
royalmail.com

UPS
ups.com

Reiseinformationen

Schottland besitzt gute Anbindungen an den internationalen Flug- und Schiffsverkehr – nicht zuletzt via England. Vom europäischen Festland gibt es mehrere Direktflüge. Die Anreise per Fähre und Bus ist billig, dafür aber zeitraubend, Bahnfahrten haben sich durch den Bau des Eurotunnels stark verkürzt. Reisen in Schottland selbst sind das reine Vergnügen: Inlandsflüge bedienen die Städte auf der Hauptinsel sowie die Inselgruppen, die durch Fähren miteinander verbunden sind. In den städtischen Regionen ist das Straßennetz sehr dicht. Dafür sind die Intercity-Verbindungen in Schottland etwas seltener, allerdings gibt es zahlreiche Bahnstrecken in die ländlichen Regionen. Busse sind das preiswerteste Fortbewegungsmittel, sie fahren beinahe alle Städte an. Und am nettesten reist man wohl mit dem Postbus durch das Land.

Abflugschalter im internationalen Flughafen von Glasgow

Internationale Flüge

Edinburgh und Glasgow haben die beiden größten Flughäfen Schottlands. Die vier anderen internationalen Flughäfen des Landes sind Aberdeen, Prestwick, Inverness und Sumburgh auf den Shetland Islands. Inverness hat den wichtigsten Flughafen in den Highlands – die beste Anlaufstelle für Reisen in den Norden.

Diverse Fluglinien bieten Flüge vom europäischen Festland nach Schottland an, darunter **Lufthansa**, **Austrian**, **Swiss**, **British Airways**, **bmi regional** (British Midland Airways), **Air France** oder **KLM**. Bei einigen Angeboten muss man einen Zwischenstopp (oft in London) einlegen. Billigfluglinien wie **easyJet** und **Ryanair** haben teilweise Direktflüge im Angebot, doch das ändert sich je nach Nachfrage. Glasgow und Edinburgh werden am häufigsten angeflogen.

Linienflüge sind vergleichsweise teuer. Eine günstigere Lösung kann ein preiswerter Flug nach London sein. Von dort bekommt man leicht einen billigen Inlandsflug nach Norden – bei früher Buchung gibt es Inlandsflüge schon für weniger als 30 £. Als preisgünstige Alternative empfiehlt sich außerdem eine Bahnfahrt von London in den Norden. Nach Edinburgh sind es mit dem Zug etwa vier Stunden, nach Glasgow etwas über fünf Stunden.

Die internationalen Flughäfen von Glasgow – der zweitgrößte Flughafen in Schottland (ca. 9 Mio. Fluggäste pro Jahr) –, Edinburgh (sechstgrößter Flughafen Großbritanniens; ca. 12 Mio. Fluggäste pro Jahr) und Aberdeen bieten den üblichen Komfort, etwa Geldwechselschalter, Läden, Mietwagenschalter, Informationsbüros, Cafés, Restaurants und Hotels sowie ausreichend Parkplätze. Per öffentlichem Bus gelangt man von diesen Flughäfen schnell und preiswert ins jeweilige Stadtzentrum.

Flüge innerhalb Schottlands

Flüge sind auch innerhalb Schottlands eine schnelle, wenn auch nicht gerade preiswerte Fortbewegungsmöglichkeit. Es gibt relativ gute Flugverbindungen von Edinburgh und Glasgow nach Inverness, der Hauptstadt der Highlands.

Passagiere aus dem Ausland in der Ankunftshalle

Flughafen	Information	Entfernung zum Zentrum	Taxi zum Zentrum	Öffentliche Verkehrsmittel
Aberdeen	0844 481 6666	11 km (7 Meilen)	14 £	Bus: 30 Min. Taxi: 20 Min.
Edinburgh	0844 448 8833	13 km (8 Meilen)	20 £	Bus: 25 Min. Taxi: 20 Min.
Glasgow	0844 481 5555	13 km (8 Meilen)	19 £	Bus: 25 Min. Taxi: 20 Min.
Prestwick	0871 223 0700	47 km (29 Meilen)	44 £	Bahn: 45 Min. Taxi: 40 Min.

Terminal des Glasgow International Airport

Besonders zu den Inseln erweist sich Fliegen als praktische Alternative zur Fähre.

Hinweisschild auf Abflüge im Flughafengebäude

Hinweis auf die Informationsabteilung des Zolls

Flybe und **Loganair**, beide ursprünglich Tochterfirmen von British Airways, bieten regelmäßige Flüge von Edinburgh und vor allem von Glasgow zu den Western Isles (Äußere Hebriden) an sowie von Edinburgh, Glasgow, Aberdeen und Inverness zu den Orkney Islands und den Shetland Islands.

Transport vom und zum Flughafen

Schottlands große internationale Flughäfen liegen außerhalb der Stadtzentren von Glasgow, Edinburgh und Aberdeen. Sämtliche Flughäfen sind jedoch gut mit öffentlichen Verkehrsmitteln an die Innenstädte angebunden.

Taxis sind das bequemste, aber auch teuerste Transportmittel. Busse sind wesentlich günstiger, doch wie Taxis stehen auch sie zu Stoßzeiten im Stau. Vom Flughafen Glasgow erreicht man die Innenstadt mit dem Glasgow Flyer Airport Express (alle zehn Minuten). Der Flughafen Glasgow-Prestwick International – der zweite Flughafen für Glasgow wird meistens von Billigfluggesellschaften genutzt und ist der drittgrößte Schottlands – liegt knapp 50 Kilometer südwestlich von Glasgow und hat einen eigenen Bahnhof. Jede halbe Stunde fährt ein Zug ins Zentrum von Glasgow. Vom Flughafen Edinburgh fährt der Airlink 100 alle zehn Minuten zur Waverley Bridge (bei der Princes Street) sowie zum Bahnhof und Busbahnhof. In naher Zukunft soll eine neue Straßenbahn den Flughafen mit der Edinburgher Innenstadt verbinden.

National Express sowie **Scottish Citylink** *(siehe S. 219)* unterhalten Busverbindungen zwischen den großen Flughäfen und zahlreichen Städten.

Flugpreise

Die Flugpreise nach Schottland sind von Juni bis September am höchsten und von November bis April am niedrigsten (ausgenommen ist die Weihnachtszeit).

Es lohnt sich immer, bei Fluggesellschaften nach Sondertarifen zu forschen. Informieren Sie sich entweder über ein Internet-Reiseportal oder direkt auf den Websites der Fluglinien über die aktuellen Konditionen und Sonderangebote. Pauschalreiseveranstalter werben oft in Zeitungen und Reisemagazinen mit Billigreisen. Studenten, Reisende unter 26 Jahren und Senioren können innerhalb Großbritanniens Ermäßigung erhalten. Kinder reisen ebenfalls zu günstigeren Tarifen.

AVIS-Zweigstelle am Glasgow International Airport

Pauschalreisen können sich auch für Individualreisende eignen. Zahlreiche Reiseveranstalter stellen individuelle Angebote zusammen – so können beispielsweise Mietwagen, Bahnfahrten oder auch Hotelaufenthalte inbegriffen sein. Solche Angebote strapazieren Ihren Geldbeutel oft weniger als eigenständige Arrangements vor Ort.

Auf einen Blick

Fluglinien

Air France
0871 663 3777 (in UK).
(069) 2999 3772 (in D).
airfrance.com

Austrian
0870 1257 257 (in UK).
(05) 1766 1000 (in A).
austrian.com

bmi regional
0844 417 2600 (in UK).
(01805) 36 37 35 (in D).
flybmi.com

British Airways
0344 493 0787 (in UK).
(01805) 26 65 22 (in D).
britishairways.com

easyJet
easyjet.com

Flybe und Loganair
flybe.com

KLM
(020) 7660 0293 (in UK).
(01805) 25 47 50 (in D).
klm.com

Lufthansa
0371 945 9747 (in UK).
(069) 86 799 799 (in D).
lufthansa.com

Ryanair
ryanair.com

Swiss
0345 601 0956 (in UK).
0848 700 700 (in CH).
swiss.com

Bahn und Bus

Schottlands Eisenbahn, ScotRail, verkehrt im ganzen Land. Edinburgh und Glasgow sind viertelstündlich verbunden, von beiden Städten verlaufen die Strecken sternförmig zu vielen schottischen Zielen, etwa nach Inverness (und weiter nach Thurso und Wick), Aberdeen, Mallaig, Oban und Stranraer. Die Fahrt London – Edinburgh dauert vier, London – Glasgow über fünf Stunden. Schottland hat ein gutes Fernreisebusnetz: Eine Busfahrt ist günstiger, aber langsamer als eine Zugfahrt. Wochenendausflüge mit Bus und Bahn sind beliebt, buchen Sie vorher.

Virgin-Superfast-Zug in Edinburghs Waverley-Bahnhof

Bahnfahrkarten

Planen Sie genügend Zeit für den Fahrkartenkauf ein, fragen Sie stets nach Ermäßigungen. Tickets für Intercity-Strecken sollte man wenigstens 14 Tage im Voraus erwerben. Die besten Angebote findet man online im Internet. Tickets für kürzere Strecken kann man auch kurzfristig direkt am Bahnhof kaufen. Die erste Klasse kostet ein Drittel Aufschlag, zuweilen ist sie auch günstiger. Zwei Einzelkarten können manchmal billiger sein als eine Rückfahrkarte. ScotRail bietet einige Preisreduzierungen an. So reisen beispielsweise Kinder zwischen fünf und 15 Jahren in Begleitung eines Erwachsenen umsonst. Auch Gruppen mit mehr als drei Reisenden können sparen.

Bahnpässe

Wer häufig mit dem Zug fährt, sollte sich einen Bahnpass zulegen, erhältlich z. B. bei **Rail Europe**. Die Pässe sind auf verschiedene Bedürfnisse zugeschnitten. Mit dem »Freedom of Scotland«-Pass können Sie in einem bestimmten Zeitraum unbegrenzt reisen. Der »Highland Rover«-Pass gilt für die West-Highland-Strecken und die Inverness-to-Kyle-Strecke. Der »Central Scotland Rover«-Pass gilt zwischen der Queen Street in Glasgow und dem Waverley-Bahnhof in Edinburgh an drei von sieben aufeinanderfolgenden Tagen. Die Pässe sind auch bei einigen Bus- und Fährdiensten gültig, ebenso in der Glasgower U-Bahn. Gute Informationsquellen sind die Websites von **ScotRail** und **National Rail Enquiries**.

Ein Drittel Preisermäßigung gibt es für alle 16- bis 25-Jährigen mit der »16-25 Railcard«. Die »Senior Railcard« und die »Disabled Persons Railcard« gewähren Senioren bzw. Behinderten ein Drittel Rabatt. Darüber hinaus gibt es auch interessante Angebote für Familien.

The Flying Scotsman, einer der schnellen Intercity-Züge

Allgemeine Hinweise

Die schnellsten und komfortabelsten Züge verkehren auf den Intercity-Strecken. Rechtzeitige Platzreservierung ist vor allem für Hauptverkehrszeiten wie Freitagabend und Sonntagnachmittag anzuraten. Intercity-Züge halten nur an wichtigen Bahnhöfen. Eine Fahrt von Edinburgh nach Glasgow dauert mit dem Intercity rund 50 Minuten.

An Sonn- und Feiertagen verkehren deutlich weniger Züge. Auf den meisten Bahnhöfen stehen Kofferkulis, mit denen man sein Gepäck bequem transportieren kann.

Behinderte Reisende und Menschen, die beim Einsteigen auf Hilfe angewiesen sind, sollten die Bahngesellschaft mindestens einen Tag vor Antritt der Fahrt benachrichtigen.

Broschüre über die Dampflok

Eisenbahnnetz in Schottland

Historische Züge

Auf einigen besonders schönen Bahnstrecken verkehren historische Züge mit Dampfloks. Freunde der Eisenbahnromantik erhalten Informationen über Strecken, Abfahrtszeiten sowie Tickets bei den regionalen Informationsbüros und an den Kartenschaltern der First ScotRail.

Über den spektakulären Viadukt von Glenfinnan können Sie im alten Jacobite-Dampfzug von Fort William nach Mallaig fahren. Eine schöne Möglichkeit ist auch die Strathspey Steam Railway von Aviemore nach Boat of Garten.

Die Jacobite-Dampflok auf der reizvollen Fahrt nach Mallaig

Internationale Fernbusse

Obwohl die Fahrt im Fernreisebus vergleichsweise preisgünstig ist, reist man damit nicht unbedingt auf die bequemste und schnellste Art durch Europa. Wenn Sie aber viel Zeit haben und die Reise gerne auch einmal unterbrechen, kann eine Busfahrt für Sie genau das Richtige sein. Die Fahrkarten gelten in der Regel für sämtliche Streckenabschnitte inklusive Fähre und Eurotunnel.

Nationales Überlandbusnetz

Die bekanntesten Busunternehmen in Schottland sind **Scottish Citylink**, **Megabus** und **National Express**, die größere Städte und Destinationen in Großbritannien anfahren. Reservieren Sie auf jeden Fall einen Platz.

Studenten und Personen unter 25 Jahren erhalten mit einem Buspass Ermäßigungen. Über 50-Jährige und Kinder von 5 bis 15 Jahren bekommen ebenfalls Rabatt. Kinder unter fünf Jahren reisen in Schottlands Bussen kostenlos. Wer in einem bestimmten Zeitraum viel reisen will, fährt mit einem »Brit Xplorer Pass« wesentlich preiswerter. Er gilt für alle National-Express-Routen in Schottland sowie auf der ganzen Insel. Sie können den Pass in Großbritannien an Flughäfen, am Busbahnhof Buchanan in Glasgow und im Tourist Information Centre in Edinburgh kaufen. Den sogenannten »Explorer«-Pass (nur gültig in Schottland und mit den Linien von Scottish Citylink) kann man bei Verkaufsstellen oder am Flughafen Glasgow erstehen.

Bustouren

Die unzähligen in Schottland angebotenen Busreisen bieten eine enorme Vielfalt unterschiedlichster Ziele für alle Interessen- und Altersgruppen an. Die Reisedauer variiert zwischen einigen Stunden bei einer Stadtrundfahrt und mehreren Tagen bei einer Rundreise durch ganz Schottland.

Mit **Scottish Tours** kann man Stadtrundfahrten und individuelle Fahrten durch Edinburgh, Glasgow und Inverness unternehmen. Aus Edinburgh kommt **Scotline Tours** mit Halb- und Ganztagestouren. **Rabbie's Trail Burners** offeriert Reisen von drei und mehr Tagen.

Informieren Sie sich im Hotel oder Tourismusbüro über das Angebot an regionalen Bussen. Mit ihnen fährt man günstig. Viele Städte bieten Rundfahrten im Bus mit offenem Deck.

Entlegenere Gegenden wie die Western Isles (Äußere Hebriden) bedient **Royal Mail** mit dem Postbus. Reisende fahren hier einfach mit – eine der interessantesten Arten, durch Schottland zu reisen.

Der Postbus bedient abgelegenere Gebiete in den Highlands

Stadtrundfahrt mit offenem Deck in Edinburgh

Auf einen Blick

Bahnfahrten

DB Bahn
W **bahn.de**

Fundbüro
T 0330 223 0893 (Flughafen Edinburgh).

National Rail Enquiries
T 08457 48 49 50.
W **nationalrail.co.uk**

Rail Europe
W **raileurope.co.uk**

ScotRail
T 0344 811 0141.
W **scotrail.co.uk**

Busfahrten und -touren

Megabus
T (0141) 352 4444.
W **uk.megabus.com**

National Express
T 0871 781 8181.
W **nationalexpress.com**

Rabbie's Trail Burners
T (0131) 226 3133.
W **rabbies.com**

Royal Mail
T 0345 774 0740.
W **royalmail.com**

Scotline Tours
T (0131) 557 0162.
W **scotlinetours.co.uk**

Scottish Citylink
T 0871 266 3333.
W **citylink.co.uk**

Scottish Tours
T (0141) 237 4294.
W **scottishtours.co.uk**

Fähren

Mit welchem Verkehrsmittel Sie auch anreisen – Sie müssen immer den Ärmelkanal oder die Nordsee überqueren. Autofähren verbinden regelmäßig die Häfen des Festlands mit England. Mit dem Eurotunnel sind auch direkte Bahnverbindungen zwischen Frankreich bzw. Belgien und England möglich. Mittlerweile herrscht ein wahrer Preiskampf zwischen Fährgesellschaften und Eurotunnel. »Island Hopping« mit der Fähre ist eine angenehme Art, die Inseln vor der Küste Schottlands zu bereisen.

Autofähre von Oban nach Lochboisdale auf South Uist

Fähren nach Schottland

Die einzige Fährverbindung zwischen Schottland und dem europäischen Festland wurde eingestellt. Jedoch verkehren täglich Fähren zwischen Amsterdam und Newcastle upon Tyne in Nordengland, unweit der Grenze zu Schottland.

Von Nordirland nach Schottland fährt **Stena Line** mehrmals täglich zwischen Belfast und Stranraer (Fahrtzeit: 2:20 Std.). **P&O Ferries** bietet täglich mehrere Verbindungen zwischen Larne (Nordirland) und Cairnryan (Fahrtzeit: 2 Std.) bzw. Troon (Fahrtzeit: 2:15 Std.) an.

Vom Festland nach England

Viele Fähren über den Ärmelkanal schaffen Verbindungen zwischen dem europäischen Festland und Großbritannien, die meisten verkehren zwischen Calais und Dover.

Wer die lange Fahrt durch England vermeiden will, kann mit **DFDS Seaways** von Amsterdam nach Newcastle upon Tyne in Nordengland reisen. Von dort sind es 170 Autobahnkilometer nach Edinburgh. Die Fähren fahren täglich (Fahrtzeit: 17.30 bis 9 Uhr).

P&O Ferries bietet täglich Überfahrten von Rotterdam oder Zeebrügge nach Hull an (Fahrtzeit: 21 bis 8 Uhr bzw. 19 bis 8.30 Uhr).

Nicht gerade billig ist der Weg durch den Eurotunnel. Busse und Autos werden auf den **Eurotunnel**-Zug verladen, Passagiere bleiben während der 35 Min. langen Fahrt von Calais nach Folkstone im Fahrzeug. Der **Eurostar** verbindet Paris bzw. Brüssel mit London, befördert aber keine Autos.

Passagiere bei der Abfahrt aus Tobermory auf der Isle of Mull

Logo der Fährgesellschaft Caledonian MacBrayne

»Island Hopping« in Schottland

Vor der schottischen Küste liegen 800 bewohnte und unbewohnte Inseln, deren zerklüftete Schönheit man wunderbar von der Fähre betrachten und genießen kann. Die Inseln lassen sich grob in zwei Gruppen aufteilen: die vor der Westküste gelegenen Inneren und Äußeren Hebriden (Western Isles) sowie die Orkney und Shetland Islands im Nordosten.

Die Reederei **Caledonian MacBrayne** besitzt 30 Schiffe, die zwischen 23 westlichen Inseln und Zentralschottland verkehren. Sie laufen Häfen an wie Arran, Islay, Mull, Barra, Lewis, Harris, Skye, Raasay, Coll, Tiree und Eigg. Der Sommerfahrplan gilt von Ostern bis Mitte Oktober, im restlichen Jahr ist der Service eingeschränkt. Die meisten Routen werden zwei- bis dreimal täglich bedient, manche auch nur einmal. Es gibt Einfach-, Rückfahr- und Fünf-Tage-Tickets.

Weiterhin gibt es zwei Sonderfahrkarten: »Island Hopscotch«-Tickets gelten ab Reiseantritt einen Monat lang auf 25 Routen. Mit dem »Island Rover« kann man seine individuelle Inselroute auswählen. Das Ticket gilt ab Reiseantritt acht bzw. 15 Tage. Es wird auf allen Caledonian-Fähren akzeptiert, doch garantiert es keinen Platz auf einer bestimmten Fähre. Es ist ratsam, einen Pkw-Platz zu reservieren.

NorthLink Ferries bedient den Fährverkehr zwischen Zentralschottland und den Orkney und Shetland Islands. Die Fähren haben eine große Kapazität, es gibt Restaurants, bequeme Kabinen, Läden und Spielmöglichkeiten für mitreisende Kinder. NorthLink verkehrt von Scrabster, nördlich von Thurso, nach Stromness

Eine Caledonian-MacBrayne-Fähre verlässt den Hafen von Mallaig

auf der Hauptinsel Orkney sowie von Aberdeen nach Orkney und Shetland. Auch zwischen den beiden Hauptinseln besteht ein Fährdienst.

Autofähren der **Pentland Ferries** verkehren auch zu den Orkney Islands. Die Route verläuft von Gill's Bay westlich von John o' Groats nach St Margaret's Hope auf South Ronaldsay. Die Insel ist über den Churchill-Barrier-Damm mit der Hauptinsel Orkney verbunden. Um einen der 46 Auto-Stellplätze auf der älteren Fähre zu erhalten, sollten Sie reservieren.

Nur im Sommer betreibt **John o' Groats Ferries** einen Personenfährdienst nach Burwick auf South Ronaldsay. Die Überfahrt dauert 40 Minuten. Von Burwick besteht eine Busverbindung nach Kirkwall auf der Insel Orkney Mainland.

Kleinere Personen- und Autofähren verbinden die neun abgelegeneren der Orkney Islands mit Orkney Mainland. Erkundigen Sie sich rechtzeitig nach den Abfahrtszeiten und Reservierungsmöglichkeiten.

Ausflugsfahrten

Schifffahrten machen Spaß: **Caledonian MacBrayne** bietet von einigen Orten an der Westküste eine Fahrt mit Übernachtung sowie Abendfahrten ohne Landgang.

John o' Groats Ferries hat Tagesfahrten nach Orkney Mainland von John o' Groats und Inverness im Programm. **Caledonian Discovery** veranstaltet Kreuzfahrten auf dem Caledonian Canal von Fort William nach Inverness, aber auch auf dem Loch Ness.

Fahrt auf Loch Ness mit der *Fingal of Caledonia* von Caledonian Discovery

Auf einen Blick

Caledonian Discovery
T (01397) 77 21 67.
W **caledonian-discovery.co.uk**

Caledonian MacBrayne
T 0800 066 5000.
W **calmac.co.uk**

DFDS Seaways
T 0871 522 9955.
W **dfdsseaways.co.uk**

Eurostar
T 03432 18 61 86.
W **eurostar.com**

Eurotunnel
T 08443 35 35 35.
W **eurotunnel.com**

John o' Groats Ferries
T (01955) 61 13 53.
W **jogferry.co.uk**

NorthLink Ferries
T 0845 600 0449.
W **northlinkferries.co.uk**

P&O Ferries
T 0800 130 0030.
W **poferries.com**

Pentland Ferries
T (01856) 83 12 26.
W **pentlandferries.co.uk**

Stena Line
T 08447 70 70 70.
W **stenaline.co.uk**

Autofähre	Information	Tage	Check-in	Fahrtzeit
Aberdeen – Kirkwall (Orkney)	0845 600 0449	zweitäglich	30 Min.	6:30 Std.
Aberdeen – Lerwick (Shetland)	0845 600 0449	täglich	30 Min.	13:00 Std.
Ardrossan – Brodick (Arran)	0800 066 5000	täglich	30 Min.	0:55 Std.
Gill's Bay – St Marg.'s Hope (Ork.)	(01856) 831226	täglich	30 Min.	1:00 Std.
Kennacraig – Port Ellen (Islay)	(01880) 73 02 53	täglich	45 Min.	2:10 Std.
Kilchoan – Tobermory (Mull)	0800 066 5000	täglich	30 Min.	0:35 Std.
Lerwick (Shet.) – Kirkwall (Ork.)	0845 600 0449	zweitäglich	30 Min.	5:30 Std.
Mallaig – Armadale (Skye)	0800 066 5000	täglich	30 Min.	0:30 Std.
Oban – Castlebay (Barra)	0800 066 5000	täglich außer Mi	45 Min.	5:15 Std.
Oban – Craignure (Mull)	0800 066 5000	täglich	30 Min.	0:45 Std.
Scrabster – Stromness (Orkney)	0845 600 0449	täglich	30 Min.	1:30 Std.
Uig (Skye) – Tarbert (Harris)	0800 066 5000	täglich außer So	30 Min.	1:35 Std.
Ullapool – Stornoway (Lewis)	0800 066 5000	täglich außer So	45 Min.	2:40 Std.

Auto

Auch in Schottland fährt man links. Entfernungen werden in Meilen angegeben. Im Süden und zwischen Edinburgh und Glasgow gibt es ein gebührenfreies Autobahnnetz, dessen Benutzung die Fahrzeiten erheblich verkürzen kann. In größeren Städten kann die Verkehrsdichte zu Staus führen, an Ferienwochenenden fließt der Verkehr in die Highlands nur zäh. Im ländlichen, landschaftlich schönen Schottland ist das Fahren angenehm, auch Straßen in abgelegenen Regionen sind meist in gutem Zustand.

Die A68 führt von Northumbria nach Edinburgh

Fahrzeugpapiere

Autofahrer benötigen in Schottland einen gültigen nationalen und internationalen Führerschein und müssen den Fahrzeugschein bzw. den Vertrag für den Mietwagen mit den üblichen Versicherungsdokumenten bei sich führen.

Autobahnschild

Straßen

Die Rushhour dauert an Werktagen von 8–9.30 und von 17–18.30 Uhr. Radio Scotland und lokale Radiostationen senden regelmäßig Verkehrsmeldungen. Sie können sich auch bei **Traffic Scotland** nach der Verkehrslage erkundigen. Außerhalb der Städte helfen gute Straßenkarten weiter, beispielsweise die übersichtlichen AA- oder RAC-Reiseatlanten, in abgelegenen Gebieten die genauen Karten der Ordnance-Survey-Reihe. Auf allen britischen Karten sind Autobahnen mit einem M für *Motorway* gekennzeichnet, gefolgt von einer Zahl (z. B. M 8). Die meist vierspurigen Hauptstraßen werden mit einem A bezeichnet, z. B. A 71. Nebenstrecken, die weniger befahren sind als die A-Straßen, werden als B-Straßen bezeichnet.

In ländlichen Regionen gibt es häufig nur einspurige Straßen mit oft schwer einsehbaren Kurven, die eine umsichtige Fahrweise erfordern. In den Highlands gibt es generell weniger Straßen.

Behinderten Fahrern erteilt die **AA Disability Helpline** detaillierte und aktuelle Fahrinformationen.

Verkehrsschilder

Verkehrsschilder entsprechen dem europäischen Standard, sind aber etwas kleiner. Wegweiser unterscheiden sich farblich: Blau verweist auf Autobahnen, Grün auf Haupt-, Weiß auf Nebenstraßen. In den Highlands und auf den Inseln ist die Beschilderung englisch und gälisch, in Zentralschottland nur englisch. Braune Schilder (mit blauer Distel) weisen auf Sehenswürdigkeiten hin. Warnschilder sind weißrote Dreiecke mit leicht verständlichen Symbolen. Auf Autobahnen wird auf elektronischen Tafeln auf Straßenarbeiten, Unfallstellen und andere Gefahren hingewiesen.

Bahnübergänge sind oft mit automatischen Warnschranken gesichert: Rotes Licht kündigt einen Zug an und gebietet unbedingt Halt.

Absolutes Halteverbot

Geschwindigkeitsbegrenzung

Durchfahrt verboten

Rechtsabbiegen verboten

Beschrankter Bahnübergang

Vorfahrt beachten

Einbahnstraße

Steigung (20%)

Verkehrsregeln

Die Höchstgeschwindigkeit beträgt in geschlossenen Ortschaften 48–65 km/h (30–40 mph), auf Autobahnen und Schnellstraßen 112 km/h (70 mph). Sicherheitsgurte sind Pflicht. Ohne Freisprechanlage darf mit dem Handy im Auto nicht telefoniert werden. Wer alkoholisiert (Grenze: 0,8 Promille) fährt, muss mit harten Strafen rechnen.

Parken

Parkscheinautomaten sind in Städten weitverbreitet. Der Parkschein muss hinter die Windschutzscheibe gelegt werden. Einige Städte bieten »Park and Ride«-Möglichkeiten, bei denen Busse Sie ins Zentrum bringen. In manchen Städten benötigt man eine Parkscheibe.

Gelbe Doppelstreifen am Randstein bedeuten Parkverbot, bei einfachen gelben Streifen ist das Parken abends und am Wochenende erlaubt. Verkehrspolizisten stellen Strafzettel aus, lassen Krallen anbringen oder den Wagen abschleppen. Stellen Sie im Zweifel Ihr Auto auf einen bewachten Parkplatz. Außerhalb von Innenstädten und touristisch beliebten Orten kann man meist leicht parken.

Die Innenstadt Edinburghs meidet man mit dem Auto besser ganz, da nur wenige Autos eine Zugangsberechtigung haben. Zudem sind die meisten Sehenswürdigkeiten sehr gut zu Fuß erreichbar.

Natürlich können Sie auch ein Taxi nehmen. Die amtlich zugelassenen Wagen müssen ein »For-Hire«-Schild, Kleintaxis eine Karte mit der Identität des lizenzierten Fahrers mitführen. Falls Sie ein Taxi ohne Taxameter besteigen, sollten Sie sich auf jeden Fall vor Antritt der Fahrt nach dem Fahrpreis erkundigen.

Schwarzes Taxi in Glasgow

Tanken

An Autobahnen ist Tanken am teuersten, die großen Supermärkte bieten die günstigsten Preise für Benzin.

An den meisten Tankstellen herrscht Selbstbedienung. Die Anweisungen an den Zapfsäulen sind leicht verständlich. Grüne Schläuche kennzeichnen bleifreies Benzin. Es wird nach Litern abgerechnet.

Bedenken Sie, dass das Tankstellennetz in abgelegeneren Regionen weniger dicht ist, füllen Sie den Tank vorher auf.

Pannenhilfe

Die beiden großen britischen Automobilclubs, **AA** (Automobile Association) und **RAC** (Royal Automobile Club), bieten flächendeckend rund um die Uhr Pannen- und Unfallhilfe. Der AA ist Partnerclub des **ADAC**.

An Autobahnen können Sie von Notrufsäulen aus die AA oder den RAC erreichen. Fast alle Autoverleiher haben einen umfassenden Versicherungsschutz im Angebot, der die Mitgliedschaft in AA oder RAC für die Mietzeit beinhaltet. Folgen Sie den Empfehlungen in dem Mietvertrag. Die Pannenhilfe ist auch für ADAC-Mitglieder kostenpflichtig. Im Rahmen der ADAC Plus-Mitgliedschaft wird ein Teil der Kosten erstattet.

RAC-Logo

Im Falle eines Unfalls, bei dem Sie oder Ihr Fahrzeug zu Schaden kommen, sollten Sie auf jeden Fall die örtliche Polizei rufen. Sehr hilfreich ist bei einem Unfall mit dem eigenen Wagen sowohl die Internationale Grüne Versicherungskarte als auch das Europäische Unfallprotokoll, das Sie von Ihrer Autoversicherung bekommen bzw. auf deren Website finden.

Die stark befahrene M8 in den Außenbezirken von Glasgow

Autovermietung

Mietwagen können teuer sein. Zu den günstigeren Verleihern gehört **Autos Abroad**. Weitere günstige Firmen sind **Arnold Clark**, **Budget**, **Hertz**, **Europcar** und **National Car Rental**. Führerschein und Ausweis sowie eine Kreditkarte sind vorzulegen, andernfalls wird Bargeld als Kaution einbehalten. Das Mindestalter für das Mieten eines Autos liegt bei 21 Jahren, das Höchstalter beträgt in der Regel 70 Jahre. Verleiher befinden sich an Flughäfen, Bahnhöfen und in den Stadtzentren. In kleineren Städten und Orten gibt es teils günstigere lokale Autovermieter.

Auf einen Blick

Pannendienste

AA
T 0800 88 77 66.
W theaa.com

ADAC
T (0049) 89 22 22 22.
W adac.de

RAC
T 0800 82 82 82.
W rac.co.uk

Autovermietung

Arnold Clark
T (0141) 237 4374.
W arnoldclarkrental.com

Autos Abroad
T 0844 826 6536.
W autosabroad.com

Avis
T 0808 284 6666.
W avis.co.uk

Budget
T 0808 284 4444.
W budget.co.uk

Europcar
T 0371 384 0235.
W europcar.co.uk

Hertz
T 0843 309 3103.
W hertz.com

National Car Rental
T 0800 121 8303.
W nationalcar.co.uk

Allgemeine Informationen

AA Disability Helpline
T 0800 26 20 50.

Traffic Scotland
W trafficscotland.org

Textregister

N

O

P

Danksagung und Bildnachweis

Dorling Kindersley bedankt sich bei allen, die bei der Herstellung dieses Buches mitgewirkt haben.

Design und Assistenz
Namrata Adhwaryu, Jasneet Arora, Claire Baranowski, Hilary Bird, Emer FitzGerald, Claire Folkard, Camilla Gersh, Alrica Green, Kathleen Greig, Swati Gupta, Lydia Halliday, Carolyn Hewitson, Jessica Hughes, Donnie Hutton, Marie Ingledew, Laura Jones, Sumita Khatwani, Elly King, Priyanka Kumar, Rahul Kumar, Kathryn Lane, Nicola Malone, Sue Megginson, Sonal Modha, Claire Naylor, Rakesh Kumar Pal, Catherine Palmi, Susie Peachey, Helen Peters, Clare Pierotti, Tom Prentice, Rada Radojicic, Alice Reese, Ellen Root, Sands Publishing Solutions, Scottish Tourist Board (vor allem Vineet Lal), Pamela Shiels, Ankita Sharma, Rituraj Singh, Helena Smith, Susana Smith, Priyanka Thakur, Rachel Thompson, Vinita Venugopal, Stewart Wild, Christian Williams, Alice Wright, Sophie Wright.

Kartografie
Uma Bhattacharya, Mohammad Hassan, Jasneet Kaur.

DTP Design
Vinod Harish, Azeem Siddiqui, Vincent Kurien.

Ergänzende Fotografien
Sarah Ashun, Joe Cornish, Andy Crawford, Philip Dowell, Chris Dyer, Andreas Einsiedel, Peter Gathercole, Steve Gorton, Paul Harris, Dave King, Cyril Laubscher, Brian D. Morgan, Ian O'Leary, Stephen Oliver, Tim Ridley, Kim Sayer, Karl Shore, Clive Streeter, Kim Taylor, Mathew Ward, Stephen Whitehorne.

Picture Research
Rachel Barber.

Illustrationen
Aerographica: Patricia & Angus Macdonald; London Aerial Photo Library.

Fotografiererlaubnis
City of Edinburgh Council Heritage and Arts Marketing/People's Story Museum; Royal Botanic Garden, Edinburgh; House for an Art Lover, Glasgow; Glasgow School of Art; Glasgow Botanic Gardens.

Bildnachweis
o = oben; u = unten; m = Mitte; l = links; r = rechts.
Dorling Kindersley bedankt sich bei folgenden Personen, Firmen und Bildbibliotheken für die Druckerlaubnis folgender Abbildungen:

123RF.com: Luca Quadrio 158–159.
3x1 Public Relations/Highland Spring: 79mlu.
Aberdeen Tourist Board: 55mro. **Aberdeen University Library:** George Washington Wilson Collection 167om. **Aerographica:** Patricia & Angus Macdonald 20ol/um, 21ol, 22mro. **Alamy:** Arch White 18ol; archphotography 211mo; Duncan Bryceland 124ol; Bertrand Collet 180mlo; BL images Ltd 52–53; Bill Coster 165ur; Robert Estall Photo Agency 84; Fencewood Studio/Landscape 176um; Tim Gainey 162or; D Hale-Sutton 66ol; Doug Houghton 164or; Jason Smalley Photography 41mr; Iain Masterton 103ul; Allan Milligan 189ur; Skyscan Photolibrary 196ol; David Tipling 165mr; Steve Vidler 107mru; Worldwide Picture Library/Iain Sarjent 165ul. **Allsport:** T & R Annan & Son 105ur. **Andrew Fairlie at Gleneagles:** 186um. **Ardanaiseig:** 189or. **Atholl Estates/Stephen Farthing:** 143ol. **Auchrannie Resort:** 175ur.

Bank of Scotland: 212mu. **Blackaddie Country House Hotel:** 184ur. **Boath House:** 187ol. **Bridgeman Art Library, London/New York:** 31ur, 150ur, 151ur; City of Edinburgh Museums & Galleries 32ul; Fine Art Society, London 105ml; Robert Fleming Holdings Limited, London 47mru; National Gallery of Scotland, Edinburgh 44; National Museet Copenhagen 46m; Collection of Andrew McIntosh Patrick, UK 105mlo; Smith Art Gallery and Museum, Stirling 124ur; South African National Gallery, Cape Town 105mro; Trinity College Library, Dublin 46or. **Britainonview.com:** 195om. **The Burrell Collection, Glasgow:** 109mru. **Burt Greener Communications:** 80mru.

Café St. Honoré/Mitchell Macgregor PR: 181ul. **CairnGorm Mountain:** 145m. **Laurie Campbell:** 22mlu/ul, 131um, 161ol/ml; Peter Evans 144ol; Gordon Langsbury 145ol. **City Merchant:** 184ol. **Corbis:** Christophe Boisvieux 204–205; Demotix/Darren Hector 16; Olimpio Fantuz/SOPA 2–3; Fine Art Photographic Library 6–7; Will Gray/JAI 168–169; Sportsfile/Stephen McCarthy 81ol. **Doug Corrance:** 27ur, 33ur, 34m, 34um, 35ur, 42mlo, 94ol, 112ml/u, 114, 137ur, 148mru, 150ol, 151o, 193mro/mru/mu, 200mlo, 202or/ur, 206mlo, 220ul. **Eric Crichton Photos:** 27mu/mr. **Cringletie House:** 174om. **Crown Copyright:** Historic Scotland 64or/ml, 65ul, 125mro.

Dalhousie Castle Hotel & Spa: 173or. **Dreamstime.com:** Steve Allen 130; Astar321 114; Serge Bertasius 4mr; John Braid 24ml; Valeria Cantone 17um; Claireshearer 98; Creativehearts 56, 122–123; Lian Deng 9ur; Diggerman 198ur; Chris Dorney 66ur; Kevin Eaves 26or; Eudaemon 51mru; John Holmes 5or; Julietphotography 12um; Jan Kranendonk 41ur; Orion 9ml, 13or; Lagartija 4om; Lindamore 155ml; Lowsun 143ul; Magspace 156–157; Svetlana Poselentseva 180or; Michalakis Ppalis 8mlo; David Purves 9ol; Elena Rostunova 11um; Jörg Sabel 211om; Shutter1970 13ul; Simon Taylor 5ml; Vitaly Titov & Maria Sidelnikova 214mlo; Tt 75ur; David Watmough 35ol; Linda Williams 68mlu; Yjacobzone 12om. **The Douglas Hotel:** 179ur.

Empics: 113mro. **Mary Evans Picture Library:** 30or/m/ur, 48m, 49mru, 92mlu, 127ul, 157ur, 169. **Falkirk Wheel:** 129ul. **La Favorita:** 182ul. **Louis Flood:** 32ur. **Frankie's Fish and Chips:** 189ul.

Gallery of Modern Art, Glasgow: 10ur. **Getty Images:** 201ul; DEA PICTURE LIBRARY 109ml; Alex Livesey 115mr; Stanley Chou 195m; Richard Heathcote 195ul; Anna Henly 202mlo; Three Lions/Stringer 6–7; VisitBritain/Britain on View 16. **Glasgow Museums:** Art Gallery & Museum, Kelvingrove 106om, 138ul, 154u; Burrell Collection 108–109 außer 108ol; Museum of Transport 29ul. **Ronald Grant Archive:** 31ml. **V. K. Guy Ltd:** Mike Guy 22mlo, 38ml, 137o.

Robert Harding Picture Library: 134or; Van der Hars 146mlo; Michael Jenner 166mlo; Julia K. Thorne 24ul; Adina Tovy 24mru; Adam Woolfitt 144or. **Dennis Hardley:** 38m, 39ol/mru, 86or, 88mr/um, 94ul, 95ol, 117mr, 118om/ul, 119ul, 140u, 141um, 160u, 167ur, 207ul. **Gordon Henderson:** 23mro, 39mro/u, 161ur, 163ml, 166ur, 221ol. **House of Lords Record Office:** Abbildung mit Erlaubnis von Clerk of the Records 49or. **Hulton Getty Collection:** 29mro, 50ol, 121ur, 153mru. **Hunterian Art Gallery, University of Glasgow:** 107ol; Mackintosh Collection 105mru. **Hutchison Library:** Bernard Gerard 19ol.

ISIC: 208mro. **The Kitchin:** 183ol. **Andrew Lawson:** 26ul, 27ol/or, 160om. **Lochleven Seafood Café:** 188ur. **Monachyle MHOR:** 170mlo. **Museum of Childhood, Edinburgh:** 62ul.

National Galleries of Scotland: Scottish National Gallery of Modern Art *Study For Les Constructeurs: The Team At Rest* by Fernand Léger 1950 © Adagp, Paris and Dacs, London, 2011 73ol. **Natural History Photographic Agency:** Laurie Campbell 23mlu, 40ml; Manfred Danegger 23ur/mru. **National Museums of Scotland:** 67m, 68ml, 69om, 69mr, 69mru, 69u. **National Trust for Scotland:** 54ur, 60ul, 96or, 97ol/or/ur, 128um, 209ol; Lindsey Robertson 97ul; Glyn Satterley 104ur. **Network Photographers:** Laurie Sparham 18ul.

Ortak Jewellery, Edinburgh: 78mlo. **Pa News:** 35ul; Chris Bacon 43m; Roslin Institute 29ur. **Polygram Filmed Entertainment:** 31ur © 1996. **The Post Office:** 214mr, 215ol, 215mlo; Glyn Satterley 219um.

RBS Group: Racingfotos.com/Dan Abraham 40ur. **Rex Features:** J. Sutton Hibbert 51mru. **Rogano:** 185or. **Royal Automobile Club (Rac):** 223u. **Royal Botanic Garden, Edinburgh:** 27ul. **Royal Collection:** © 1999, Her Majesty Queen Elizabeth II 33om. **Royal Photographic Society:** 29ol.

Science & Society Picture Library: Science Museum 29mru. **Alastair Scott:** 21ur, 23mlo, 35mu, 199um, 203mlo. **Scottish Highland Photo Library:** 23om, 139om. **Scottish National Portrait Gallery:** 67ur. **Scottish National Portrait Gallery:** 67ur. **Scottish Viewpoint:** 162m; Iain McLean 11or; Ken Patterson 10ol; Paul Tomkins 162m; VisitScotland 162ul; 196m; VisitScotland/P Tomkins 196ur. **The Seafood Ristaurante:** 187ur. **Phil Sheldon Golf Picture Library:** 194or. **James Shuttleworth:** 219mlo. **Still Moving Picture Company:** Gordon Allison 34ur; Marcus Brooke 21or; Wade Cooper 51om; Doug Corrance 34or, 85u, 134u, 190ml, 198ml; Peter Davenport 22ur; Distant Images 93or; Robert Lees 43u, 192mo, 199ol; Paisley Museum 93ur; David Robertson 26ml, 153ul; Glyn Satterley 193or; Colin Scott 35ml; Scottish Tourist Board 34ul, 144ur, 190mlo, 191or; Paul Tomkins/STB 166or, 190ur, 192u; Stephen J. Whitehorne 121ol. **Strathclyde Passenger Transport (Spt):** Richard McPherson 100ul.

The Three Chimneys: 188ol. **The Torridon Hotel:** 177ol. **Tron Theatre:** Keith Hunter 112mr. **Charlie Waite:** 135o. **Waldorf Astoria Edinburgh – The Caledonian:** 172ul. **David Ward:** 138o. **Wedgwood the Restaurant/Crimson Edge PR Ltd.:** Paul Wedgwood 182om. **Stephen J. Whitehorne:** 23ol, 35mro, 38u, 41ml, 67or, 70ul, 87mru, 119o, 136om, 152u, 167ml, 200ur, 201ol, 203or, 213mlo, 215ml, 221mlu. **The Witchery by the Castle:** 179ul.

Umschlaginnenseiten vorne: **Alamy:** Robert Estall Photo Agency lu; **Dreamstime.com:** Steve Allen lo; Astar321 lm; Claireshearer rm; Creativehearts ru; Vitaly Titov & Maria Sidelnikova 214mlo.

Umschlag und Buchrücken: **Dorling Kindersley/Rough Guides:** Helena Smith.

Sprachführer Gälisch

Gälisch, eine keltische Sprache, gilt in den schottischen Highlands und auf den Western Isles noch heute als lebende Zweitsprache. Schätzungen zufolge sprechen landesweit noch etwa 80 000 Menschen Gälisch. Gefördert durch Behörden, Fernsehen und Radio, erlebt die Sprache seit einiger Zeit eine Renaissance. Besucher finden das Gälische jedoch eher auf Straßenschildern: Wörter wie *glen*, *eilean* und *kyle* werden noch häufig verwendet. Verkehrssprache Schottlands ist Englisch. Da Schottland jedoch über ein eigenes Erziehungs- und Rechtswesen sowie ein eigenes politisches und religiöses System verfügt, sind viele Wörter und umgangssprachliche Wendungen entstanden, die die schottische Kultur widerspiegeln. Das in Schottland gesprochene Englisch gliedert sich in vier Dialekte. Den von Zentralschottland hört man vom Zentralgürtel bis zum Südwesten. Da ein Viertel der Bevölkerung nicht weiter als 32 Kilometer von Glasgow entfernt wohnt, ist West-Zentral-Schottisch der am meisten gesprochene Unterdialekt des Zentralschottischen. Südschottisch spricht man im Osten von Dumfries und Galloway sowie im Grenzland, Nordschottisch im Nordosten, Inselschottisch auf den Orkney und Shetland Islands.

Aussprache gälischer Wörter

Buchstabe	Beispiel	Aussprache
ao	craobh	ausgesprochen wie das **uh** in Kuh
bh	dubh	das »h« ist stumm, außer am Wortanfang, wo man es wie **w** in Wasser ausspricht
ch	deich	wird ausgesprochen wie das **ch** in Bach
cn	cnoc	wird **kr** ausgesprochen wie in Krieg
ea	leabhar	wird als **e** ausgesprochen wie in nett oder als **ä** wie in hätte
eu	sgeul	spricht man **ie** aus, wie in Bier
gh	taigh-òsda	gh ist stumm, außer am Wortanfang, wo man es als **g** wie in gut ausspricht
ia	fiadh	wird ausgesprochen als **ie** wie in hier
io	tiocaid	wird **ie** ausgesprochen wie in tief oder **u** wie in Zucker
rt	ceart	spricht man aus als **scht**
th	theab	am Wortanfang spricht man es als **h** aus wie in Haus
ua	uaine	wie **u** in nur

Wörter in Ortsbezeichnungen

ben	Berg
bothy	Hütte
brae	Hügel
brig	Brücke
burn	Bach
cairn	Steinpyramide oder Steinhügel
close	Wohnblock mit gemeinsamem Eingang und gemeinsamer Treppe
craig	steiler Gipfel
croft	kleines Stück Ackerland mit Katen in den Highlands
dubh	schwarz
eilean	Insel
firth	Meeresarm
gate/gait	Straße (bei Straßennamen)
glen	Tal
howff	Treffpunkt, gewöhnlich ein Pub
kirk	eine presbyterianische Kirche
kyle	Flussmündung
links	Golfplatz am Meer
loaning	Feld
loch	See
moss	Moor
Munro	Berg über 914 Meter
strath	Flusstal
wynd	Gasse
yett	Tor

Essen und Trinken

Arbroath smokie	kleiner gesalzener und geräucherter Schellfisch
breid	Brot
clapshot	Kartoffel-Rüben-Brei
clootie dumpling	mächtiger Obstpudding
Cullen skink	Fischsuppe aus geräuchertem Schellfisch
dram	ein Glas Whisky
haggis	Schafsinnereien, Nierenfett, Hafermehl und Gewürze, gewöhnlich im Magen des Tieres gekocht
Irn-Bru	beliebter Softdrink
neeps	Rüben
oatcake	köstlicher Haferkeks
porridge	warmes Frühstück aus Haferflocken, Milch und Wasser
shortie	Shortbread
tattie	Kartoffel
tattie scone	eine Art Kartoffelpfannkuchen

Kulturelle Begriffe

Burns Night	der 25. Januar ist der Geburtstag des Dichters Robert Burns, der mit einem Haggis-Essen gefeiert wird
Caledonia	Schottland
ceilidh	traditioneller Tanz- und Liederabend
clan	Großfamilie
first foot	die erste Person, die an Silvester nach Mitternacht ein Haus betritt
Highland dress	Tracht der Highlander, einschließlich des Kilts
Hogmanay	Silvester
kilt	knielanger Tartan-Faltenrock, getragen als Highland-Tracht
Ne'erday	Neujahrstag
pibroch	Dudelsackmusik
sgian-dubh	ein kleines Messer, das als Teil der traditionellen Highland-Tracht um das rechte Fußgelenk getragen wird
sporran	Tasche aus Dachsfell, die über dem Kilt um die Hüfte getragen wird
tartan	bunt kariertes Wolltuch; jeder Clan trägt eine andere Farbe

Umgangssprachliche Wendungen

auld	alt
auld lang syne	vor langer Zeit
Auld Reekie	Edinburgh
aye	ja
bairn	Kind
barrie	toll
blether	Schwätzchen
bonnie	hübsch
braw	klasse
dreich	nass (Wetter)
fae	aus/von
fitba	Fußball
hen	informelle Anrede einer Frau oder eines Mädchens
ken	kennen; wissen
lassie	junge Frau/Mädchen
lumber	Freund/Freundin
Nessie	legendäres Monster des Loch Ness
Old Firm	Celtic und Glasgow Rangers, Glasgows wichtigste Fußballmannschaften
wean	Kind
wee	klein

Vis-à-Vis

VIS-À-VIS-REISEFÜHRER

Ägypten • Alaska • Amsterdam • Apulien • Argentinien Australien • Bali & Lombok • Baltikum • Barcelona & Katalonien • Beijing & Shanghai • Belgien & Luxemburg Berlin • Bodensee • Bologna & Emilia-Romagna Brasilien • Bretagne • Brüssel • Budapest • Chicago Chile • China • Costa Rica • Dänemark • Danzig Delhi, Agra & Jaipur • Deutschland • Dresden Dublin • Florenz & Toskana • Florida Frankreich • Gardasee • Gran Canaria Griechenland • Großbritannien • Hamburg Hawaii • Indien • Irland • Istanbul • Italien • Italienische Riviera • Japan • Jerusalem • Kalifornien • Kambodscha & Laos Kanada • Karibik • Kenia • Korsika • Krakau • Kreta • Kroatien Kuba • Las Vegas • Lissabon • Loire-Tal • London • Madrid • Mailand Malaysia & Singapur • Mallorca • Marokko • Mexiko • Moskau München & Südbayern • Myanmar • Neapel • Neuengland • Neuseeland New Orleans • New York • Niederlande • Nordspanien • Norwegen Österreich • Paris • Peru • Polen • Portugal • Prag • Provence & Côte d'Azur Rom • San Francisco • St. Petersburg • Sardinien • Schottland Schweden • Schweiz • Sevilla & Andalusien • Sizilien • Slowenien Spanien • Sri Lanka • Stockholm • Straßburg & Elsass • Südafrika Südengland • Südtirol • Südwestfrankreich • Teneriffa Thailand • Thailand – Strände & Inseln • Tokyo Tschechien & Slowakei • Türkei • Umbrien USA • USA Nordwesten & Vancouver • USA Südwesten & Las Vegas • Venedig & Veneto • Vietnam & Angkor Washington, DC • Wien • Zypern

www.dorlingkindersley.de

Vis-à-Vis

Straßenkarte